中国工程院重大咨询项目

国际化绿色化背景下国家区域食物安全可持续发展战略研究丛书

第 五 卷

西北地区食物安全可持续发展战略研究

中国工程院"西北地区食物安全可持续发展战略研究"课题组

山 仑 吴普特 上官周平 主编

科学出版社

北 京

内 容 简 介

本书是中国工程院重大咨询项目"国际化绿色化背景下国家区域食物安全可持续发展战略研究"丛书的第五卷,是咨询项目的课题"西北地区食物安全可持续发展战略研究"的总结。全书分为课题综合报告和专题研究,课题综合报告就西北七省(区)及不同生态类型区食物产需平衡变化动态、区域食物安全状况及主障因素、可实现的食物最大产量、未来区域食物安全远景、农业生产结构及其宏观布局做了总体分析和阐述。专题研究以更为翔实的数据和分析对西北地区食物安全现状与可持续发展前景、农业水资源与粮食安全关系、畜牧业发展潜力与可持续策略、退耕还林还草生态工程对区域食物安全的影响、农业整体产业布局、农业生产能力开发的技术策略和保障食物安全的社会经济发展策略进行了剖析与研究。

本书作为食物安全宏观战略研究成果,适合农业生态、农业经济、旱地农业、水土保持研究的从业人员,以及农业战略研究、农业发展管理的从业者参考使用。

图书在版编目(CIP)数据

西北地区食物安全可持续发展战略研究/山仑,吴普特,上官周平主编. —北京:科学出版社,2021.11

(国际化绿色化背景下国家区域食物安全可持续发展战略研究丛书)

中国工程院重大咨询项目

ISBN 978-7-03-070152-7

Ⅰ.①西⋯ Ⅱ.①山⋯ ②吴⋯ ③上⋯ Ⅲ.①粮食安全–研究–西北地区 ②绿色农业–农业发展–研究–西北地区 Ⅳ.①F327.4

中国版本图书馆 CIP 数据核字(2021)第 214016 号

责任编辑:马 俊 李 迪 陈 倩 / 责任校对:严 娜
责任印制:吴兆东 / 封面设计:刘新新

斜 学 出 版 社 出版

北京东黄城根北街 16 号
邮政编码:100717
http://www.sciencep.com

北京建宏印刷有限公司 印刷

科学出版社发行 各地新华书店经销

*

2021 年 11 月第 一 版 开本:787×1092 1/16
2021 年 11 月第一次印刷 印张:23 3/4
字数:551 000

定价:238.00 元

(如有印装质量问题,我社负责调换)

"国际化绿色化背景下国家区域食物安全可持续发展战略研究"项目组

顾　问

宋　健　徐匡迪　周　济　潘云鹤　沈国舫

组　长

刘　旭

副组长

邓秀新　尹伟伦　盖钧镒

成　员

陈温福　康绍忠　陈剑平　山　仑　荣廷昭　朱有勇

宋宝安　刘广林　李召虎　梅旭荣　姚江林　万　忠

曾玉荣　吴普特　郑有良　陈代文　上官周平　黄季焜

王济民　吴伯志　高中琪　左家和　王东阳　王秀东

项目办公室

高中琪　左家和　黄海涛　张文韬　鞠光伟　王　波

"西北地区食物安全可持续发展战略研究"
课题组成员名单

组　长：山　仑　　中国工程院，院士；西北农林科技大学，研究员
　　　　吴普特　　西北农林科技大学，校长、研究员
　　　　上官周平　西北农林科技大学，研究员

副组长：冯永忠　　西北农林科技大学农学院，教授
　　　　赵西宁　　西北农林科技大学水土保持研究所，研究员
　　　　昝林森　　西北农林科技大学动物科技学院，教授
　　　　朱玉春　　西北农林科技大学经济管理学院，教授
　　　　张岁岐　　西北农林科技大学水土保持研究所，研究员

专题研究组及主要成员

1. 西北地区食物安全现状与可持续发展前景研究专题组

组　长：冯永忠　　西北农林科技大学农学院，教授
组　员：王晓娇　　西北农林科技大学农学院，副教授
　　　　杨改河　　西北农林科技大学农学院，教授
　　　　吕新刚　　西北大学食品学院，副教授
　　　　韩新辉　　西北农林科技大学农学院，教授
　　　　任广鑫　　西北农林科技大学农学院，副教授
　　　　任成杰　　西北农林科技大学农学院，副教授
　　　　邓　健　　延安大学生命科学学院，副教授
　　　　王彦东　　河北农业大学农学院，副教授

李　娜　　西北农林科技大学农学院，博士研究生

林　玥　　西北农林科技大学农学院，硕士研究生

2. 西北地区农业水资源与粮食安全关系研究专题组

组　长：吴普特　　西北农林科技大学水土保持研究所，研究员

组　员：赵西宁　　西北农林科技大学水土保持研究所，研究员

王玉宝　　西北农林科技大学水利与建筑工程学院，研究员

刘　显　　西北农林科技大学水利与建筑工程学院，博士研究生

史利洁　　西北农林科技大学水利与建筑工程学院，博士研究生

3. 西北地区畜牧业发展潜力与可持续策略研究专题组

组　长：昝林森　　西北农林科技大学动物科技学院，教授

组　员：高玉鹏　　西北农林科技大学动物科技学院，教授

孙世铎　　西北农林科技大学动物科技学院，教授

呼天明　　西北农林科技大学草业与草原学院，教授

孙秀柱　　西北农林科技大学草业与草原学院，教授

赵春平　　西北农林科技大学动物科技学院，副教授

曹阳春　　西北农林科技大学动物科技学院，副教授

杨培志　　西北农林科技大学草业与草原学院，副教授

梅楚刚　　西北农林科技大学草业与草原学院，副研究员

吴克选　　青海省畜牧兽医科学院畜牧研究所，研究员

周继平　　青海省畜牧兽医科学院畜牧研究所，研究员

韩向敏　　甘肃农业大学动物科学技术学院，教授

敖日格乐　内蒙古农业大学动物科学学院，教授

何高明　　石河子大学动物科技学院，教授

4. 西北地区退耕还林还草生态工程对区域食物安全的影响研究专题组

组　　长： 上官周平　西北农林科技大学水土保持研究所，研究员

组　　员： 赵敏娟　　西北农林科技大学经济管理学院，教授

邓　蕾　　西北农林科技大学水土保持研究所，研究员

李建平　　宁夏大学农学院，副教授

钱　冬　　西北农林科技大学经济管理学院，副教授

苏冰倩　　西北农林科技大学水土保持研究所，博士研究生

5. 西北地区农业整体产业布局研究专题组

组　　长： 朱玉春　　西北农林科技大学经济管理学院，教授

组　　员： 王永强　　西北农林科技大学经济管理学院，教授

张晓宁　　西北农林科技大学经济管理学院，副教授

赵殷钰　　西北农林科技大学经济管理学院，讲师

6. 西北地区农业生产能力开发的技术策略研究专题组

组　　长： 张岁岐　　西北农林科技大学水土保持研究所，研究员

组　　员： 王仕稳　　西北农林科技大学水土保持研究所，研究员

严家坤　　榆林学院生命科学学院，副教授

邓西平　　西北农林科技大学水土保持研究所，研究员

王凤娇　　陇东学院土木工程学院，讲师

李红兵　　西北农林科技大学水土保持研究所，副研究员

7. 西北地区保障食物安全的社会经济发展策略研究专题组

组　　长： 朱玉春　　西北农林科技大学经济管理学院，教授

组　　员： 胡华平　　西北农林科技大学经济管理学院，讲师

冀　昊　　西北农林科技大学经济管理学院，讲师

徐家鹏　　西北农林科技大学经济管理学院，副教授

刘天军　　西北农林科技大学经济管理学院，教授

丛 书 序

食物安全既是一个经济问题，更是一个重要的社会问题，事关国民经济发展和社会稳定大局。近些年我国的粮食连续增产，为保障国家粮食安全和食物安全，支撑经济社会发展提供了有力保障。但与此同时，我国生态环境承载压力在不断加大，耕地水资源的约束也越来越紧，农业环境污染比较突出，耕地质量下降，生产成本上升，灾害风险加大。面对资源、市场、气候、生态等各方面的挑战，实施新形势下国家粮食安全战略势在必行。2015 年《中共中央 国务院关于加快推进生态文明建设的意见》明确要求，"协同推进新型工业化、信息化、城镇化、农业现代化和绿色化"，从而形成新型工业化、城镇化、信息化、农业现代化和绿色化"五化"协同发展的战略推进格局。绿色化成为我国现代化建设的重要内涵，自然也成为农业现代化的重要遵循。"绿起来"同时也成为我国新阶段食物安全发展的新目标和新遵循。同时，加入世贸组织近 20 年来，我国农业全面对外开放的格局基本形成，我国农业与世界市场的关联程度日益增强，对我国农业产生了深刻的影响。

面对经济新常态和国际发展新形势，如何在国际化和绿色化背景下，充分发挥自然禀赋优势和市场决定性作用，促进资源、环境和现代生产要素的优化配置，加快推进形成人口分布、食物生产布局与资源环境承载能力相适应的耕地空间开发格局，就成为保障我国食物安全的关键问题。

2016 年 1 月至 2019 年 3 月，中国工程院开展了"国际化绿色化背景下国家区域食物安全可持续发展战略研究"重大咨询项目研究。项目在自然资源可持续利用原则指导下，以地理位置、地貌、气候、经济、农业与农作制的综合相似性为依据（分东北、华北、华中、东南沿海、西北、西南六个研究区域），结合经济社会发展重大区域（"一带一路"、京津冀和长江经济带）战略布局及产业效率效益引导，对我国区域食物安全可持续发展战略分专题进行系统深入研究。

项目对我国食物生产能力、消费水平、贸易情况及食物生产对环境影响情况进行了整体分析，并对我国区域食物在生产区域格局、区域自给率、各品种消费区域特征及粮食区域供需及流通格局进行了研究，发现如下问题：一是绿色化背景下我国区域食物安全面临着农产品国际竞争力不足的状况；二是资源环境约束日益趋紧，各区域面临不同模式资源环境制约绿色发展的现状；三是西部地区基础设施薄弱；四是区域食物安全协同发展存在利益协调机制不健全、协同调控机制不完善的问题。在此基础上，对我国区域食物安全保障应对国际化绿色化发展的资源、经济、环境及科技潜力进行了分析，为国际化绿色化区域食物安全可持续发展提出全国层面及各区域的战略构想和相关政策建议。

研究认为，我国粮食生产区域格局呈现生产重心由南向北、由东西部向中部转移；各区域食物自给率不均，呈现东北、华北、华中地区较高，西南、东南地区较低的特征；谷物各品种消费区域特征明显，稻谷消费主要集中于华东、中南和西南地区，玉米消费主要集中在中南、华东和西南地区，小麦消费主要集中于华东、中南和华北地区；中国粮食主产区和主销区位置变迁，由历史上的"南粮北调"变为"北粮南运"，三种类型粮食流通区域基本形成，六大跨省物流通道保障区域产销平衡。

研究提出了国际化绿色化区域食物安全可持续发展的战略构想，为确保实现区域粮食安全、食物质量安全、生态环境安全、农业竞争力提升和农民持续增收提供了重要决策依据。全国层面战略主要包括区域大食物安全战略、区域产业融合战略、区域统筹协调发展战略、区域绿色可持续战略、区域国际化开放战略及农业品牌提升战略六大战略，各区域重点战略主要如下：东北地区为"保护黑土地，推进'粮经饲'三元结构和农牧结合"；华北地区为"发展水资源短缺条件下的适水农业"；华中地区为"走资源集约、资本集约、技术集约和规模经营发展道路"；东南沿海地区为"发展特色农业、精品农业、开放农业和三产融合新业态"；西南地区为"生态屏障、适度发展"；西北地区为"退耕还林还草、调整产业结构"。

"国际化绿色化背景下国家区域食物安全可持续发展战略研究"丛书是众多院士和多部门多学科专家、企业工程技术人员及政府管理者辛勤劳动和共同努力的结果，在此向他们表示衷心的感谢，特别感谢项目顾问组的指导。

希望本丛书的出版，对深刻认识国际化绿色化背景下我国食物安全面临的新挑战和新机遇，强化各区域食物安全保障能力，确保国家食物安全起到积极的作用。

"国际化绿色化背景下国家区域食物安全
可持续发展战略研究"项目组

2021 年 11 月 23 日

前　言

　　"民以食为天"，食物是人类赖以生存和发展的基本物质条件，食物安全问题事关国家安全和社会稳定，关系着每个国民的切身利益和幸福，是我国政府和学界一直关注的热点问题。我国作为一个人口大国，食物的有效供给尤为重要。我国进入全面建成小康社会、加快推进社会主义现代化的新发展阶段，同时也面临着土地资源、水资源、人口数量庞大、环境污染等问题，食物安全问题也会更加突出。在此背景下，我们必须在更高层次上保障国家食物安全，树立科学的食物安全观，增强高效协同的食物安全保障能力，守住粮食安全的底线。

　　我们的工作有幸获得中国工程院重大咨询项目（2016-ZD-09）——国际化绿色化背景下国家区域食物安全可持续发展战略研究的支持，我们承担第五课题——西北地区食物安全可持续发展战略研究（2016-ZD-09-05）相关工作。在本项工作中，西北地区界定为陕西省、甘肃省、青海省、宁夏回族自治区、新疆维吾尔自治区、内蒙古自治区（除东四盟）、山西省共 7 个省（区），面积 375.98 万 km²，占全国国土面积的 39.16%，其地域辽阔、地貌类型多样、自然条件复杂，是我国生态环境最为脆弱的区域。本研究中的食物界定为植物性食物和动物性食物，植物性食物主要指粮食（小麦、玉米、水稻、薯类、杂粮等）、棉籽油、蔬菜、水果、木本粮油等，动物性食物包括肉、奶、禽蛋、水产品等。

　　鉴于西北地区生态类型的多样性、食物安全问题的复杂性，在工作中运用系统科学的方法，开展耕地动态、生产潜势、安全评价和开发策略四个层次上的综合研究。研究过程中坚持理论研究和实证研究相结合、空间尺度与时间尺度相结合、大尺度与小尺度相结合的总体思路，从时间和空间两个层面分析西北地区农业生产理论潜力、实际潜力和潜力实现程度，核算食物供给能力及其影响因素，评价食物安全的状态，提出保障食物安全的具体对策；同时通过监测数据和调研数据进行实证研究来检验理论研究，提出确保西北地区食物安全与耕地质量可持续发展的对策，为指导区域农业可持续发展提供科学依据。

本课题在自然资源可持续利用原则指导下，以地理、地貌、气候、经济、农业和农作制的综合相似性为依据，结合社会经济发展重大区域战略布局及产业效率效益引导，分解为如下七个专题：食物安全现状与可持续发展前景研究、农业水资源与粮食安全关系研究、畜牧业发展潜力与可持续策略研究、退耕还林还草生态工程对区域食物安全的影响研究、农业整体产业布局研究、农业生产能力开发的技术策略研究、保障食物安全的社会经济发展策略研究。每个专题均由西北地区积累了丰富工作经验的科研人员来负责，经过各位专家在2016～2018年的大量调研与分析，完成了本课题设定的主要内容与目标。

课题研究工作得到西北地区众多同行专家、单位的大力支持与无私帮助，同时上百位国内外参考文献的作者，为本书的编写提供了宝贵的理论、方法和案例支撑；西北农林科技大学科学技术发展研究院原副院长张俊杰、中国旱区节水农业研究院办公室秘书牛秀峰承担了大量的课题管理工作，在此一并表示诚挚的感谢。

在成书过程中，各位专家学者在各自领域做了大量调研与深入分析，专题之间难免在内容、方法与结果上有所不同，我们理解、尊重这些不同领域专家的观点与看法，这不仅增加了本项工作成果的丰富性，也反映了西北地区食物安全工作的艰巨性。由于不同专题中所参考的资料不同，因此，同一年份的同一变量可能不完全一致，特此说明。尽管我们做了很大努力，但面对区域食物安全如此宏大的新命题，仍自知浅陋，所持观点仅仅是一种视角，也可能是一种见解。书中难免存在不足之处，敬请国内外学者和广大读者不吝赐教。

"西北地区食物安全可持续发展战略研究"课题组

2020 年 5 月

目　　录

专 题 研 究

课题综合报告

第一章　区域食物安全的现状

本研究中西北地区界定为陕西省、甘肃省、青海省、宁夏回族自治区、新疆维吾尔自治区、内蒙古自治区（除东四盟）、山西省，共 70 个地级市，519 个县级行政区划单位，面积 375.98 万 km²，占全国国土面积的 39.16%；其地域辽阔，地貌类型多样，自然条件复杂，资源丰富；冬季严寒干燥，夏季高温少雨，年均降雨量 150～650mm，年均蒸发量 2500～3000mm，是典型的大陆性气候，也是我国生态环境最为脆弱的区域。本研究中的食物界定为植物性食物、动物性食物。植物性食物主要指粮食（小麦、玉米、水稻、薯类、杂粮等）、棉籽油、蔬菜、果品、木本粮油等；动物性食物包括肉、奶、禽蛋、水产品等。

西北地区是种植业、畜牧业等农业生产模式多元化比较突出的区域，以占全国 10% 的水资源和 15% 的粮食种植面积生产全国 12% 的粮食，可以说西北地区在确保中国粮食安全中具有举足轻重的地位，是我国重要的粮食生产战略后备区和农畜产品生产基地。在国际化绿色化背景下，评估西北地区近 10 年食物安全状况及主障因素，探查未来 15 年区域食物安全可能的远景；明确区域耕地质量提升的社会经济策略，提出适于国际化绿色化背景的西北农业生产结构及其宏观布局；明晰西北地区农业生产在未来全国食物安全中的作用与地位，提出西北现代农业可持续发展的外部社会结构优化对策，对于构建新型食物安全观，实现区域的绿色可持续发展意义重大。

一、食　物　生　产

粮食产量：西北地区 2000～2015 年的 16 年中粮食产量从 4289.32 万 t 增加到 6709.45 万 t，增加了 2420.13 万 t，2015 年相对于 2000 年增加了 56.4%，远高于全国同期增长率 34.5%；西北地区人均粮食产量在 2001 年为最低，仅为 294.87kg，远低于全国 355.89kg 的水平，在 2012 年，人均粮食产量才达到 413kg，达到联合国关于粮食安全的标准，比全国达到 400kg 晚了 2 年，2015 年西北地区人均粮食产量为 449kg，低于全国平均水平的 452kg。

肉类产量：从 2000 年至今，西北七省（区）肉类的产量和人均产量都呈上升趋势，肉类产量从 2000 年的 381.7 万 t 增加到 2015 年的 599.91 万 t，16 年增加了 218.2 万 t，相对于基础年份增加了 57.17%，高于全国的同期增长率 43.4%；七省（区）人均肉产品产量仅 2000 年为 29.64kg，2005 年、2006 年、2014 年和 2015 年均超过 40kg，其余年份均在 30～39kg，保持相对稳定，七省（区）人均肉产品产量低于全国同期任何年份的值，2000 年低于全国 18kg，2015 年仅为全国的 64%，人均肉产品产量远低于全国的数量。

奶产品产量：七省（区）奶产品产量从 2000 年的 235.6 万 t，增加到 2006 年的 1132 万 t，用了 6 年的时间，2008 年达到历史最高峰 1204 万 t，之后一直稳定在 1140 万～1190 万 t，目前基本上保持在全国的 30%左右；七省（区）人均奶产品产量从 2000 年的 17.46kg 增加到 2015 年的 76.46kg，增加了 3 倍多，人均奶产品产量远高于全国水平，基本保持在 3 倍左右的水平。

禽蛋产量：禽蛋产量从 2000 年的 129.64 万 t，增加到 2015 年的 215.22 万 t，16 年中增加了 66.0%，全国同期增长率为 26.8%；人均禽蛋产量在 2000 年为 9.67kg，2014 年为 14.42kg，仅分别占全国同期的 56%和 66%。

二、食　物　流　通

2009～2012 年，陕西省粮食出口量呈现快速增长趋势，2012 年粮食出口量达 9.82 万 t，增长了 3 倍多；果蔬出口量有降低趋势；乳品出口量也从 2009 年的 70t 降低至 2012 年的 20t；鲜蛋出口量增长较快，2012 年出口量为 542.4 万个；果品和食用油进口量在 2010 年有较大增长，之后又大幅度降低至 2009 年的水平。

2009～2013 年，山西省植物产品出口总额呈现增长趋势，增长速度较快，出口总额年均增长 621.60 万美元（United States dollar，USD）；进口总额从 2009 年到 2012 年增长缓慢，2013 年进口总额快速增长至 11 443 万 USD，是 2009 年的 21.83 倍。山西省活动物及动物产品的进出口总额增长幅度较小，2013 年出口总额是进口总额的 5 倍多。

2009～2013 年，甘肃省植物产品进出口总额均呈缓慢增长趋势，在 2014 年快速增长，分别达 20 575 万 USD 和 194 908 万 USD，出口总额是进口总额的 9 倍多；出口总额 2015 年又快速下降至 49 933 万 USD。活动物及动物产品的进出口总额在 2015 年有快速增长，分别达 16 809 万 USD 和 208 399 万 USD。

三、食　物　消　费

口粮消费变化：小麦、玉米、水稻、马铃薯是北方地区的主要口粮，山西、陕西和甘肃三省的口粮需求量较大，年需求量在 500 万～700 万 t，在 2012 年前需求量有明显降低，2013 年和 2014 年有较大幅度增加；其次为新疆，年需求量稳定在 300 万 t 左右，并呈现缓慢下降趋势；宁夏和青海的年需求量分别稳定在 100 万 t 和 80 万 t；内蒙古需求变化波动大，目前年需求量为 100 万 t。

食用油消费：陕西和山西对食用油的年均需求量相近，分别为 30.4 万 t 和 29.0 万 t；其次为甘肃，为 20.8 万 t；新疆、内蒙古、宁夏和青海的年均需求量依次为 17.5 万 t、10.2 万 t、5.2 万 t 和 4.6 万 t。各省（区）的需求在 2000～2012 年均比较平稳。

果蔬消费变化特征：陕西和山西对果品与蔬菜的年消费量较高，陕西年最大消费量分别为 150.4 万 t 和 399.9 万 t；山西年最大消费量分别为 149.6 万 t 和 372.6 万 t；甘肃果品和蔬菜年均消费量分别稳定在 80 万 t 和 264.9 万 t；新疆年均消费量分别为 72.1 万 t 和 219.4 万 t，但 2007 年前有较大幅度下降，其后趋于平缓；内蒙古、宁夏和青海果品年均消费量分别稳定在 46.1 万 t、22.0 万 t 和 19.5 万 t；青海省蔬菜的年均消费量最低，为 58.3 万 t。

肉奶禽蛋的消费量：陕西、山西、甘肃、新疆、内蒙古、宁夏和青海对肉类的年均需求量分别为 73.8 万 t、69.4 万 t、48.9 万 t、41.5 万 t、24.7 万 t、12.4 万 t 和 11.0 万 t。

2012 年之前，陕西、山西和甘肃对肉类的需求量呈小幅增加趋势，其后有较大幅度增加，增幅在 20%～30%。

奶类消费：山西和陕西奶类年均需求量大，分别为 32.1 万 t 和 31.1 万 t，且 2000～2015 年需求量增幅大，由 2000 年的 13.5 万 t 和 14.4 万 t 增加到 2015 年的 44.9 万 t 和 46.0 万 t，增幅超过 200%；甘肃和新疆年均需求量相近，分别为 19.1 万 t 和 17.7 万 t，需求量呈稳步增加趋势，增加了 2 倍左右；内蒙古年均需求量为 11.8 万 t，呈缓慢增加趋势；青海和宁夏年均需求量相近，分别为 5.5 万 t 和 4.8 万 t，总体需求趋于稳定。

禽蛋消费：陕西、山西、甘肃、新疆、内蒙古、宁夏和青海对禽蛋的年均需求量分别为 50.8 万 t、48.3 万 t、32.6 万 t、28.5 万 t、17.6 万 t、8.6 万 t 和 7.6 万 t；陕西、山西、甘肃、新疆对禽蛋类的需求量呈较大幅度增加趋势；内蒙古、宁夏和青海需求量低且较为稳定。

四、区域食物安全面临的问题

（一）现代农业发展的资源约束加剧，干旱等灾害是食物生产的主要制约因素

西北地区水资源总量占全国水资源总量的 10% 左右，且省（区）间水资源占有量的差异显著，其中宁夏、山西、甘肃水资源占有量占全国水资源总量的比例基本不足 1%，表现出严重的资源型缺水。资源型缺水和工程型缺水并存，用水粗放和管理无序导致水资源过度利用及不合理利用，放大了匮乏的水资源对产业发展的制约作用；生态与环境资源开发利用过度而有效保护不足，生态脆弱、环境恶化趋势无明显好转，水土质量下降，化肥、农药、农膜等污染加重，区域可持续发展面临挑战。近年该地区有效灌溉率呈下降趋势，既限制了化肥等投入品的利用效率，也较大程度地制约了西北农业经营效率与发展水平的提高。

（二）农业可持续发展的基础设施相对薄弱

西北地区财政支农的实际力度在相对降低，较低的投入水平是制约西北地区现代农业发展水平提升的共性瓶颈问题。长期的低水平投入导致西北地区产业基础设施建设欠账较多，使得该地区本已不容乐观的生产条件进一步恶化。例如，农田水利基础设施薄弱，高效节水灌溉率低，有效灌溉率近年有下降趋势；适合山地、旱地的小型实用机械尚无显著突破，农业机械投入及机耕比例无明显提高，阻碍了高效率生产要素对低效率生产要素的有效替代；高标准农田规划建设面积占耕地比例不足，中低产田改造力度不大，较大程度地制约了该地区农业产出效率的提高。因此，需要切实加大财政支撑力度，加强公共基础设施建设，改善西北地区发展现代农业的产业基础。

（三）退耕还林还草生态工程给食物生产带来巨大影响

西北地区的退耕还林还草必然会给当地的经济发展与粮食生产带来巨大影响，其中

最直接的便是退耕带来的耕地的大面积减少，从而引起粮食总产的降低。仅就此而言，退耕将使原为粮食基本平衡区和缺粮区的西北旱区陷入缺粮境地。但从另一角度来看，退耕对粮食生产也存在着积极的影响：一是退耕节省下来的生产要素的转移可以带来未退耕耕地粮食产量的增长；二是西北地区生态环境以及局地小生境的改善可以对粮食生产产生促进作用，并降低灾害风险。此外，退下来的耕地均是受坡度、水分等条件严重制约的耕地，单产有限，而农业科技的进步和工程设施建设的加强，必然会对保留耕地上的粮食生产起到极大的推动作用，进而促进区域经济的协同发展。

（四）耕地退化与污染问题影响食物安全

西北地区耕地质量存在退化和土地污染加重的问题。耕地质量退化，土地等别偏低，耕地中以旱地居多，土地利用粗放，产出率低；重用轻养、高强度利用引起了耕地质量退化，致使部分区域水土流失、次生盐渍化严重，如新疆、甘肃、宁夏、内蒙古等地的盐碱化，致使耕地质量等别总体水平偏低，高等地不足 7%，93%以上的耕地都是中、低等地。

人均耕地减少，土地污染加重。首先，农业生产中过量使用化肥、农药、农膜的现象十分普遍，甘肃省长期覆膜农田地膜残留量达 4.8～15.4kg/亩[①]，严重威胁耕地产地环境和农产品质量安全。其次，随着工业化、城镇化步伐加快，工矿企业周边及工矿业废弃地的土壤重金属污染逐年加重，如陕北、山西等工矿区污染比较重。最后，土地投入不足、人均耕地减少、耕地占补缺乏质量平衡等现象使得西北地区耕地资源保护与维持农业生态平衡的冲击力度持续增加。

（五）区域农村一二三产业融合度较低

西北地区特色优势农业通过外延扩张实现了较快发展，但是与东部及全国相比差距依然明显，如传统作物比例过高、特色产业集群产业优势不突出、特色不够鲜明；区域分工与合作格局深化不足，地区间产业存在低水平的过度竞争和单一产品供给过剩的市场风险；现代农业产业集群规模化、集约化程度不够，产业优势未得到深度开发、链条短、加工层次低、转化能力弱、品牌带动力不强、产品附加值不高，产业扶贫效果有待提升。从生态资源均衡利用和环境可持续角度考虑，需要进一步立足区域比较优势，按照国家农业可持续发展规划精神，甄别并培育支撑未来区域经济增长的优势产业，建立粮食作物、经济作物、饲料作物有机结合的"三元"结构，协调农牧区域合作，紧密促进农牧结合、种养循环、牧繁农育一体化发展。

（六）现代农业发展的创新驱动能力不足

西北地区农业农村信息化正处于起步阶段，基础薄弱、发展滞后、体系不全，农业物联网尚未实现规模量产，信息化对现代农业发展的支撑作用尚未充分显现；现代种业

---

① 1 亩≈666.7m^2。

自主创新能力不足、农技推广体系不健全、科技成果转化率和技术到位率不高等问题影响该地区旱作节水农业可持续发展能力的提升；以农业示范园区和农业科技园区为主要载体的科技示范体系，在新技术、新品种、新模式、新产业示范推广和产业提升、农民增收方面发挥了重要作用，但示范推广产生的效果较差，区域适宜性现代农业创新发展模式及示范效应亟待加强，应通过总结与探索区域发展创新，进一步发挥示范基地引领产业发展的作用。

第二章 区域食物安全供求变化及其潜力分析

一、2000～2015 年食物产需变化特征及安全状况

（一）口粮的产需变化特征及安全状况

西北地区在 2000 年、2005 年、2010 年和 2015 年 4 个时间点口粮总生产分别为 2161.7 万 t、2121.4 万 t、2373.4 万 t 和 2662.9 万 t，总需求分别为 2638.1 万 t、2205.7 万 t、1973.0 万 t 和 2014.1 万 t，2000 年总需求大于总生产，2005 年基本持平，2010 年和 2015 年总生产超过总需求 20%～33%。七省（区）中，宁夏和新疆历年总生产均大于总需求（表 2-1）；甘肃在 2000 年总需求大于总生产，但 2005 年、2010 年、2015 年总生产大于总需求；内蒙古在 2010 年及之前总生产大于总需求，但 2015 年总需求大于总生产；陕西在 2000 年和 2005 年总需求大于总生产，但 2010 年和 2015 年总生产大于总需求；山西总需求一直高于总生产，平均高 1 倍左右。

表 2-1 西北地区口粮的产需变化 （单位：万 t）

省（区）	项目	2000 年	2005 年	2010 年	2015 年
山西	总生产	288.8	249.3	253.93	305.3
	总需求	622.1	514.3	476.8	489.8
内蒙古	总生产	225.6	195.2	175.3	155.6
	总需求	208.6	173.5	153.4	160.0
陕西	总生产	585.4	520.1	545.7	661.5
	总需求	714.4	589.4	506.8	509.1
甘肃	总生产	377.3	458.8	440.2	527.0
	总需求	527.9	430.7	371.9	362.0
青海	总生产	58.8	71.8	73.8	71.3
	总需求	99.2	85.3	77.0	79.9
宁夏	总生产	154.5	168	182.8	157.1
	总需求	108.3	91.2	84.6	89.2
新疆	总生产	471.3	458.2	701.62	785.1
	总需求	357.6	321.3	302.5	324.1

（二）油料的产需变化特征及安全状况

西北地区在 2000 年、2005 年、2010 年和 2015 年 4 个时间点油料总生产分别为 281.7 万 t、262.8 万 t、333.5 万 t 和 379.3 万 t，总需求分别为 100.6 万 t、101.1 万 t、107.4 万 t 和 155.3 万 t，总体生产比总体需求大 1.7 倍左右（表 2-2）。七省（区）中，除

山西外，其他省（区）总生产均显著大于总需求；山西在2000年总生产大于总需求，但之后总需求大于总生产，且近几年两者差距越来越大，2015年总需求约为总生产的2.5倍。

表 2-2　西北地区油料的产需变化　（单位：万 t）

省（区）	项目	2000 年	2005 年	2010 年	2015 年
山西	总生产	44.8	21.3	17.6	15.3
	总需求	24.3	24.8	26.8	38.2
内蒙古	总生产	69.9	62.8	73.8	121.0
	总需求	8.8	8.9	9.4	13.2
陕西	总生产	38.8	45.4	56.1	62.7
	总需求	27.2	26.7	27.8	39.5
甘肃	总生产	41.7	50.3	64.1	71.6
	总需求	18.5	17.8	18.4	26.9
青海	总生产	19.4	31.9	34.4	30.5
	总需求	3.9	4.0	4.2	6.1
宁夏	总生产	7.0	12.2	20.9	15.3
	总需求	4.1	4.4	4.7	6.9
新疆	总生产	60.1	38.9	66.6	62.9
	总需求	13.8	14.5	16.1	24.5

注：因保留的小数点位数不同，故同一变量可能不完全一致

（三）果蔬的产需变化特征及安全状况

西北地区在 2000 年、2005 年、2010 年和 2015 年 4 个时间点果品总生产分别为 1627.3 万 t、2242.5 万 t、3944.5 万 t 和 5662.4 万 t，总需求分别为 460.9 万 t、468.6 万 t、502.9 万 t 和 601.1 万 t，总体生产比总体需求大 5.6 倍左右（表 2-3）。七省（区）中，除青海外，其他省（区）总生产均显著高于总需求；青海总生产仅为总需求的 1/6 左右，缺口较大。

表 2-3　西北地区果品的产需变化　（单位：万 t）

省（区）	项目	2000 年	2005 年	2010 年	2015 年
山西	总生产	318.6	314.4	474.9	842.6
	总需求	113.4	117.8	128.0	149.6
内蒙古	总生产	161.7	157.2	243.1	272.4
	总需求	43.9	43.8	46.8	54.3
陕西	总生产	567.8	906.1	1476.5	1930.9
	总需求	123.9	122.8	130.7	150.4
甘肃	总生产	226.2	280.7	488.6	679.0
	总需求	78.3	77.9	80.9	99.9
青海	总生产	2.8	2.6	3.8	3.6
	总需求	18.6	18.5	19.5	23.4
宁夏	总生产	47.3	69.6	228.8	298.9
	总需求	18.9	21.0	22.6	27.3
新疆	总生产	302.9	511.9	1028.8	1635.0
	总需求	63.9	66.8	74.4	92.6

西北地区在 2000 年、2005 年、2010 年和 2015 年 4 个时间点蔬菜总生产分别为 2777.6 万 t、4015.0 万 t、6161.9 万 t 和 7934.7 万 t，总需求分别为 1475.1 万 t、1511.0 万 t、1498.6 万 t 和 1446.4 万 t，总体生产约为总体需求的 3.5 倍（表 2-4）。除 2000 年的内蒙古外，其他各省（区）的总生产均显著大于总需求，表现为蔬菜在以上区域供大于求。

表 2-4　西北地区蔬菜的产需变化　　　　　　　　　（单位：万 t）

省（区）	项目	2000 年	2005 年	2010 年	2015 年
山西	总生产	920.3	901.5	909.1	1302.2
	总需求	355.5	366.2	372.6	356.6
内蒙古	总生产	61.0	246.4	357.1	310.8
	总需求	128.7	130.2	129.1	124.4
陕西	总生产	556.5	869.9	1384.0	1822.5
	总需求	398.2	399.9	387.4	368.5
甘肃	总生产	501.3	866.9	1235.5	1823.1
	总需求	273.2	272.8	259.9	248.3
青海	总生产	60.3	84.5	134.4	166.4
	总需求	56.6	59.0	58.3	56.8
宁夏	总生产	150.4	183.6	407.4	575.8
	总需求	60.6	65.1	66.0	65.0
新疆	总生产	527.8	862.2	1734.4	1933.9
	总需求	202.3	217.8	225.3	226.8

（四）动物性食物的产需变化特征及安全状况

西北地区在 2000 年、2005 年、2010 年和 2015 年 4 个时间点肉总生产分别为 381.7 万 t、536.5 万 t、520.3 万 t 和 599.9 万 t，总需求分别为 219.0 万 t、274.1 万 t、285.3 万 t 和 390.1 万 t，总体生产约为总体需求的 1.7 倍（表 2-5）。各省（区）的供求关系中，除山西外，其他各省（区）总生产均大于总需求，特别是内蒙古、青海和新疆，总生产为总需求的 2～4 倍，陕西、甘肃、宁夏表现为总生产略大于总需求。山西省在 2010 年及之前表现为总生产略大于总需求，但 2015 年总需求表现为比总生产大 10.7 万 t，缺口为 11.1%。

表 2-5　西北地区肉的产需变化　　　　　　　　　（单位：万 t）

省（区）	项目	2000 年	2005 年	2010 年	2015 年
山西	总生产	63.7	68.2	72.4	85.6
	总需求	53.1	67.0	71.4	96.3
内蒙古	总生产	53.0	88.1	85.2	84.6
	总需求	19.6	24.0	25.1	33.8
陕西	总生产	83.2	102.8	102.6	116.2
	总需求	59.1	72.4	73.9	99.5

省（区）	项目	2000 年	2005 年	2010 年	2015 年
甘肃	总生产	58.9	82.1	84.4	96.4
	总需求	39.6	48.7	48.5	66.6
青海	总生产	20.8	25.8	28.3	34.7
	总需求	8.5	10.7	11.1	15.3
宁夏	总生产	18.5	26.2	25.7	29.2
	总需求	9.0	11.9	12.6	17.6
新疆	总生产	83.6	143.3	121.7	153.2
	总需求	30.1	39.4	42.7	61.0

西北地区在 2000 年、2005 年、2010 年和 2015 年 4 个时间点奶总生产分别为 235.6 万 t、923.9 万 t、1108.7 万 t、1141.2 万 t，总需求分别为 53.6 万 t、120.1 万 t、119.7 万 t 和 178.4 万 t，总体生产约为总体需求的 7.2 倍（表 2-6）。各省（区）的总生产历年均高于总需求，特别是内蒙古、宁夏，总生产高出总需求几十倍。可以看出西北七省（区）为全国重要的奶源基地，也是奶产品的生产基地。

表 2-6　西北地区奶的产需变化　（单位：万 t）

省（区）	项目	2000 年	2005 年	2010 年	2015 年
山西	总生产	33.5	71.3	73.2	91.9
	总需求	13.5	30.9	30.7	44.9
内蒙古	总生产	32.9	474.4	622.3	545.1
	总需求	5.7	11.8	11.4	17.0
陕西	总生产	39.2	113.3	137.5	141.2
	总需求	14.4	31.3	31.2	46.0
甘肃	总生产	13.3	31.2	36.3	39.3
	总需求	8.1	18.8	18.8	28.5
青海	总生产	20.6	23.6	26.2	31.4
	总需求	2.2	4.8	4.6	6.9
宁夏	总生产	23.6	57.9	84.6	136.5
	总需求	2.2	5.5	5.4	8.2
新疆	总生产	72.5	152.2	128.6	155.8
	总需求	7.5	17.0	17.6	26.9

西北地区在 2000 年、2005 年、2010 年和 2015 年 4 个时间点禽蛋总生产分别为 129.6 万 t、163.7 万 t、173.6 万 t 和 215.2 万 t，总需求分别为 151.0 万 t、175.5 万 t、205.8 万 t 和 265.0 万 t，各年度总生产均小于总需求（表 2-7）。各省（区）中除山西各年度总生产大于总需求外，其他省（区）在各年度供求关系变化较大。陕西和宁夏在 2000 年与 2005 年总生产大于等于总需求，但其后总需求大于总生产，表现为供不及求。内蒙古、甘肃、青海和新疆历年总需求均大于总生产，特别是甘肃和青海，总生产不及总需求的一半。

表 2-7　西北地区禽蛋的产需变化　　　　　　（单位：万 t）

省（区）	项目	2000 年	2005 年	2010 年	2015 年
山西	总生产	40.3	56.9	70.5	87.2
	总需求	37.2	43.7	52.0	65.5
内蒙古	总生产	8.2	9.4	9.0	11.0
	总需求	14.4	16.1	18.7	23.1
陕西	总生产	42.5	48.7	47.1	58.1
	总需求	40.6	46.1	53.4	67.6
甘肃	总生产	11.2	14.5	13.8	15.3
	总需求	25.8	29.8	33.9	45.1
青海	总生产	1.3	1.4	1.6	2.3
	总需求	5.9	6.9	8.0	10.4
宁夏	总生产	7.6	7.8	7.2	8.8
	总需求	6.2	7.8	9.2	11.9
新疆	总生产	18.5	25.0	24.4	32.5
	总需求	20.9	25.1	30.6	41.4

二、2025～2035 年食物生产能力估算

主要利用西北七省（区）1996～2015 年 20 年作物播种面积、单产、总产的变化率的平均值，以 2015 年的作物播种面积、单产等为基准值，估算 2025 年、2030 年和 2035 年的粮食产量，分析西北地区各省（区）植物性食物的生产潜力。

（一）谷物生产能力估算

2025 年种植面积约为 1493.11 万 hm²，谷物总产为 7816.34 万 t，比 2015 年增加 142.72 万 t（表 2-8）；2030 年七省（区）谷物种植面积约为 1522.34 万 hm²，总产为 8150.46 万 t，比 2015 年增加 476.84 万 t；2035 年七省（区）谷物种植面积约为 1552.74 万 hm²，总产为 8501.69 万 t，比 2015 年增加 828.07 万 t。从预测结果来看，2025 年、2030 年和 2035 年西北七省（区）谷物总产均在增长；从种植面积来看，七省（区）谷物种植总面积总体上呈增加趋势。在七省（区）中，2025 年甘肃和新疆谷物总产比基础年份减少；山西、内蒙古（全区）、陕西和新疆谷物的总产超过 1000 万 t，其中内蒙古超过 2000 万 t，2025 年 2634.09 万 t，2030 年达到 2797.53 万 t，2035 年 2971.11 万 t，甘肃谷物总产在 900 万 t 左右，青海和宁夏谷物种植面积与总产均比较低。

（二）小麦生产能力估算

小麦是北方地区主要的口粮作物，根据测算（表 2-9），2025 年、2030 年和 2035 年西北地区小麦种植面积分别为 403.08 万 hm²、397.66 万 hm² 和 393.005 万 hm²，均比

表 2-8 西北地区谷物生产能力估算

地区	2015 年	2025 年				2030 年				2035 年			
	总产（万 t）	面积（×10³hm²）	单产（kg/hm²）	总产（万 t）	比 2015 年增产（万 t）	面积（×10³hm²）	单产（kg/hm²）	总产（万 t）	比 2015 年增产（万 t）	面积（×10³hm²）	单产（kg/hm²）	总产（万 t）	比 2015 年增产（万 t）
全国	57 228.06	93 957.72	5 989.06	56 271.84	-956.22	94 173.82	6 054.34	57 016.03	-212.03	94 390.42	6 120.33	57 770.05	541.99
山西	1 192.3	2 803.12	4 555.66	1 277.01	84.71	2 818.12	4 654.47	1 311.69	119.39	2 833.20	4 755.43	1 347.31	155.01
内蒙古	2 577.04	4 574.38	5 758.35	2 634.09	57.05	4 760.71	5 876.29	2 797.53	220.49	4 954.62	5 996.64	2 971.11	394.07
陕西	1 119.84	2 544.61	4 421.61	1 125.13	5.29	2 533.42	4 497.61	1 139.43	19.59	2 522.27	4 574.92	1 153.92	34.08
甘肃	909.62	1 992.94	4 530.92	902.99	-6.63	2 000.16	4 658.81	931.84	22.22	2 007.40	4 790.32	961.61	51.99
青海	62.35	164.04	3 931.6	64.49	2.14	165.89	3 980.04	66.02	3.67	167.77	4 029.08	67.60	5.25
宁夏	332	571.65	5 989.86	342.41	10.41	571.48	6 139.26	350.85	18.85	571.32	6 292.38	359.49	27.49
新疆	1 480.47	2 280.32	6 447.41	1 470.22	-10.25	2 373.66	6 543.04	1 553.1	72.63	2 470.82	6 640.09	1 640.65	160.18
西北合计	7 673.62	14 931.06		7 816.34	142.72	15 223.44		8 150.46	476.84	15 527.40		8 501.69	828.07

注：内蒙古为全自治区

表 2-9 西北地区小麦等植物性食物生产能力估算

项目	2015 年	2025 年			2030 年			2035 年		
	总产（万 t）	面积（×10³hm²）	总产（万 t）	比 2015 年增产（万 t）	面积（×10³hm²）	总产（万 t）	比 2015 年增产（万 t）	面积（×10³hm²）	总产（万 t）	比 2015 年增产（万 t）
小麦	1829.04	4030.8	1714.16	-114.88	3976.6	1736.55	-92.49	3930.05	1761.22	-67.82
水稻	274.43	353.6	287.27	12.84	349.8	288.60	14.16	346.11	290.14	15.71
马铃薯	512.04	1860.69	570.74	58.70	1871.41	586.56	74.52	1882.95	603.41	91.39
玉米	5184.31	8335.31	5068.04	-116.27	9190.9	5697.35	513.04	9713.32	6165.19	980.88
油料	379.26	1729.2	374.11	-5.15	1739.99	389.57	10.31	1754.99	406.54	27.28
蔬菜	7928.59	1899.22	7706.19	-222.40	1972.49	8150.6	222.01	2049.10	8622.43	693.84

2015 年种植面积减少，总产也较 2015 年减少，2025 年、2030 年和 2035 年总产分别为 1714.16 万 t、1736.55 万 t 和 1761.22 万 t，比基础年份 2015 年减少 114.88 万 t、92.49 万 t 和 67.82 万 t，减产幅度达到 6.28%、5.06% 和 3.71%。在 2025～2035 年，各地区单产均在增加，但是由于种植面积的减少，小麦的生产能力与 2015 年相比有所下降；七省（区）中，新疆、陕西小麦总产超过西北七省（区）的一半，是七省（区）口粮的主要生产区，山西、甘肃小麦总产表现比较稳定，保持在 250 万 t 左右；内蒙古除东四盟外的地区小麦种植面积和总产比较低，2025 年总产为 46.26 万 t，2030 年和 2035 年不足 40 万 t；宁夏、青海的小麦种植面积和产量规模在七省（区）中比较小，青海的产量和种植规模均保持比较稳定，和 2015 年相比，其总产变化幅度基本维持在 34 万 t 左右，宁夏的产量规模不大，但是产量变化的幅度比较大。

总体而言，与 2015 年相比，西北七省（区）小麦生产能力呈下降趋势，口粮的生产能力趋于减弱，减弱的原因很大一部分来自于小麦种植总面积的减少。

（三）水稻生产能力估算

西北地区不是水稻的主产区，也不是水稻的主要消费区，2025 年水稻的种植面积和总产分别为 35.36 万 hm^2 和 287.27 万 t，2030 年和 2035 年种植面积有所下降（表 2-9），但是产量基本保持在 290 万 t 左右，相比于 2015 年总产增加在 10 万 t 以上；七省（区）中，水稻的主产区主要在内蒙古（全区）、陕西、宁夏和新疆，山西、甘肃零星分布，青海不生产水稻，其中陕西水稻种植面积和产量最大，2015 年陕西水稻总产为 91.85 万 t，2025 年、2030 年和 2035 年，水稻总产分别为 90.20 万 t、91.12 万 t 和 92.04 万 t，相比 2015 年略有波动，新疆和宁夏（2035 年除外）水稻产量均比 2015 年有所增加。总体来说，西北地区水稻的产量不占主要地位，仅为全国的 1.4% 左右。

（四）马铃薯生产能力估算

西北地区是中国马铃薯的重要产区，2015 年马铃薯的总产占全国总产的 26.29%，甘肃和内蒙古（除东四盟）总产占西北七省（区）的一半以上。2025 年、2030 年和 2035 年，西北地区马铃薯生产能力分别为 570.74 万 t、586.56 万 t 和 603.43 万 t，均比 2015 年增加，说明西北七省（区）的马铃薯生产能力有进一步的提升（表 2-9）。2025 年，甘肃仍然是七省（区）中总产最多的省份，达到 258.85 万 t，接近全国的 13%，山西为 29.46 万 t、宁夏为 40.48 万 t、新疆为 18.35 万 t；2030 年，甘肃马铃薯总产达到 270.11 万 t，相比 2015 年增加 44.81 万 t；2035 年，西北七省（区）总产相比 2015 年增加 91.37 万 t。

（五）饲料粮——玉米生产能力估算

西北地区 2015 年玉米的总产占全国总产的 23.08%，其中内蒙古（全区）总产占西北七省（区）的 43.42%。2025 年、2030 年和 2035 年，西北地区玉米生产能力分别为 5068.04 万 t、5697.35 万 t 和 6165.19 万 t，与 2015 年相比，2025 年西北地区玉米生产量将有小幅下降趋势，2030 年和 2035 年西北地区玉米总产量将会提升（表 2-9）。2025 年，内蒙古和甘肃的玉米产量有减小趋势，内蒙古仍然是七省（区）中总产最多的区，达到 2235.13 万 t，占全国的 9.73%，与 2015 年相比减产 15.65 万 t，甘肃减产 318.30 万 t，山西、陕西、新疆、宁夏和青海玉米产量均增加，幅度分别为 121.86 万 t、44.51 万 t、35.41 万 t、9.49 万 t 和 6.41 万 t；2030 年和 2035 年，西北七省（区）玉米总产均有所增加，其中内蒙古总产分别达 2384.29 万 t 和 2543.41 万 t，相比 2015 年增产 133.51 万 t、292.63 万 t，西北七省（区）相比 2015 年增加 513.04 万 t、980.88 万 t。总体而言，西北七省（区）玉米生产能力呈先下降后上升的趋势，饲料粮的生产能力趋于先减弱后增强，减弱的原因很大一部分来自于玉米种植总面积的减少。

（六）油料生产能力估算

西北地区不是油料作物的主产区，2015 年西北地区油料作物的总产占全国总产的 10.72%，2025 年、2030 年和 2035 年，西北地区油料生产能力分别为 374.11 万 t、389.57 万 t 和 406.57 万 t，与 2015 年相比，2025 年西北地区油料总生产量将有小幅下降趋势，2030 年和 2035 年西北地区油料生产量将会提升（表 2-9）。2025 年，除内蒙古（除东四盟）、甘肃和新疆外，西北地区各省（区）的油料总产均有所增加，其中山西增加最多，增产 3.04 万 t，宁夏、青海次之，陕西更少，相反，新疆和甘肃的油料总产分别减少 3.90 万 t 和 1.53 万 t；2030 年，除甘肃和新疆外，西北地区各省（区）的油料总产均有所增加，其中内蒙古增加最多，增产 4.19 万 t，新疆油料减产 4.70 万 t，甘肃油料减产 0.24 万 t，西北七省（区）相比 2015 年增产 10.31 万 t；2035 年，除新疆外，西北地区各省（区）的油料总产均有所增加，其中内蒙古增加最多，增产 18.21 万 t，新疆油料减产 5.49 万 t，西北七省（区）相比 2015 年增产 27.28 万 t。总体而言，西北七省（区）油料作物生产能力呈增强趋势，增强的原因很大一部分来自于西北七省（区）油料作物单产的提高。

（七）蔬菜生产能力估算

西北地区不是蔬菜的主产区，2015 年西北地区蔬菜作物的总产占全国总产的 10.10%，2025 年、2030 年和 2035 年，西北地区蔬菜生产能力分别为 7706.16 万 t、8150.6 万 t 和 8622.43 万 t，与 2015 年相比，2025 年西北地区蔬菜生产量将有小幅下降趋势，2030 年和 2035 年西北地区蔬菜生产量将会增长（表 2-9）。2025 年，除内蒙古（除东四盟）、青海和宁夏之外，其他省（区）蔬菜的总产均有所减少，蔬菜产量相比 2015 年减少 222.40 万 t；2030 年，除山西和甘肃外，西北地区各省（区）的蔬菜总产均有所增加，其中内蒙古增加最多，增产 145.18 万 t，山西蔬菜减产 74.99 万 t，甘肃蔬菜减产 16.32 万 t，西北七省（区）2030 年蔬菜产量相比 2015 年增加 222.01 万 t；2035 年，除山西外，西北地区各省（区）的蔬菜总产均有所增加，其中陕西增加最多，增产 200.55 万 t，山西蔬菜减产 18.50 万 t，西北七省（区）2035 年蔬菜产量相比 2015 年增加 693.84 万 t。总体而言，西北七省（区）蔬菜生产能力呈先减弱再增强的趋势，变化幅度较小，增强的原因很大一部分来自于西北七省（区）蔬菜种植面积的变化和蔬菜单产的增加。

（八）果品生产能力估算

2015 年西北地区果品的总产占全国总产的 20.77%，2025 年、2030 年和 2035 年，西北地区果品生产能力分别为 5746.67 万 t、6193.86 万 t 和 6681.09 万 t，与 2015 年相比，2025 年、2030 年和 2035 年西北地区果品生产量将会增长（表 2-10）。2025 年，除青海外，其他省（区）果品的总产均有所增加，西北地区果品产量相比 2015 年增加 84.27 万 t，其中新疆、陕西增加量较多，分别为 46.78 万 t、16.29 万 t；2030 年，除青海外，其他省（区）果品的总产均有所增加，其中新疆、陕西和山西增加量较多，分别为 250.94 万 t、114.19 万 t 和 71.57 万 t，西北七省（区）2030 年果品产量相比 2015 年增加 531.46 万 t；2035 年，除青海外，各省（区）果品的总产均有所增加，新疆、陕西和山西增加量较多，分别为 479.88 万 t、217.01 万 t 和 145.43 万 t，西北七省（区）2035 年果品产量相比 2015 年增加 1018.69 万 t。总体而言，西北七省（区）果品生产能力呈增强的趋势，变化幅度较小。

表 2-10　西北地区果肉蛋奶类生产能力估算　　（单位：万 t）

项目	2015 年	2025 年	2030 年	2035 年
果品	5662.40	5746.67	6193.86	6681.09
肉类	599.91	635.26	654.56	674.59
奶类	1141.13	1168.00	1186.90	1208.50
蛋类	215.22	234.14	244.73	255.83

（九）肉类生产能力估算

2015 年西北七省（区）肉类总产为 599.91 万 t，根据测算，2025 年、2030 年和 2035 年，西北地区肉类总产分别为 635.26 万 t、654.56 万 t 和 674.59 万 t（表 2-10），均比 2015 年总产增加，增加幅度分别为 5.89%、9.11% 和 12.45%；2025～2035 年，内蒙古（除东四盟）总产基本稳定在 84.5 万 t 左右并呈减少趋势，其余各省（区）生产能力均在增加且每五年增加的量有所提高；新疆、陕西的肉类总产在七省（区）中占据了主要地位，两省（区）合计占比达到西北七省（区）的 45% 左右，实现稳步增加，是七省（区）中肉类的主要生产区，排在后面的是甘肃、山西、内蒙古、青海、宁夏；七省（区）中增加幅度排在前三位的是新疆、青海和山西，2025 年分别为 9.24%、8.20% 和 6.91%，2030 年分别为 14.39%、12.75% 和 10.63%，2035 年分别为 19.79%、17.49% 和 14.49%。

（十）奶类生产能力估算

西北地区是中国奶类的主要产区，2015 年的总产为 1141.13 万 t，占全国总产的

30.39%，其中内蒙古（除东四盟）总产占西北七省（区）的将近一半。2025年、2030年和2035年，西北地区奶类生产能力分别为1168.00万t、1186.90万t和1208.50万t，均比2015年增加，说明西北七省（区）的奶类生产供给能力有稳步提升（表2-10）；2025～2035年，除却内蒙古总产呈减少趋势外，其余各省（区）生产能力均在增加且每五年增加的量有所提高（陕西除外），但内蒙古地区在西北地区的奶类生产中仍占据主导地位；内蒙古、新疆、陕西和宁夏的奶类生产能力在七省（区）中占到了85%左右，是七省（区）中奶类的主要生产区；宁夏在七省（区）中的奶类生产能力整体上仅次于内蒙古，但其相较于2015年的增幅最大，2025年、2030年和2035年分别为20.44%、33.19%和47.28%。

（十一）蛋类生产能力估算

2015年西北七省（区）的蛋类总产为215.22万t，根据预测，2025年、2030年和2035年的蛋类生产能力分别为234.14万t、244.73万t和255.83万t，比2015年分别增加了18.92万t、29.51万t和40.61万t，增幅分别为8.79%、13.71%和18.87%，说明西北七省（区）的蛋类生产能力有进一步提升（表2-10）；2025～2035年，西北七省（区）蛋类生产能力均在增加且每五年增加的量有所提高；山西的蛋类生产能力在七省（区）中占到了40%以上，是七省（区）中蛋类的主要生产区，而青海是其中相较于2015年增幅最大的，在2025年、2030年和2035年增幅分别为15.93%、25.22%和35.40%。

三、区域食物安全的潜力

（一）资源潜力

西北地区是我国农业发展潜力较大的地区，分布着大量的农牧业后备资源，是我国粮食生产的战略后备区和畜牧业生产的主产区，具有明显的后发优势。西北地区土地面积占全国的39.16%，草原面积占全国的52%，人均耕地2.4亩，是全国人均水平的1.8倍，人口数量仅占全国的11%；与以色列相比，我国西北地区人均耕地和水资源分别是其3倍和14倍，但我国灌溉水利用率仅为45%，而以色列高达90%，广袤的土地资源和得天独厚的光热资源优势，在粮食生产上表现出巨大的光合生产潜力、较高的光温生产潜力、较低的气候生产潜力、更低的现实生产力，为我国农牧业发展提供了巨大的地理空间和环境容量。同时，丰富的秸秆资源和种草潜力为畜牧业发展提供了较为有利的基础条件。

（二）经济潜力

由于西北地区区位所限，其经济发展水平与质量相对落后，分布着国家几大经济欠发达区，富民难度较大。脆弱的生态环境制约了贫困地区的农牧业生产，农田单位面积产量和草原载畜能力下降，农牧民收入增长缓慢。随着国家黄河流域生态保护和高质量发展战略的实施、"一带一路"倡议的推进，西北地区社会经济已全面进入追赶超越阶段，全面贯彻落实新发展理念，积极应对新挑战，抢抓新机遇，持续深化改革，区域经济运行呈现总体平稳、稳中有进、稳中向好的态势。随着区域经济状况的好转，西北地区发展现代农业、提高农业综合生产能力就显示出较大的发展潜力。农业现代化不仅仅是物质条件、基础设施、科技水平的现代化，还包括农业生产主体、组织结构、运作方式等方面的现代化。只有按照构建新型农业经营体系的要求，不断强化和完善农业的各项扶持政策，才能持续调动农业生产的积极性、增强农业发展的活力。

（三）环境潜力

目前西北地区生态环境相对脆弱，使其经济发展与农业生产可持续发展困难加重。近年来，西北地区农牧业受灾损失增大，产出效率有所下降，主要表现在：随着全球气候变化的加剧，西北各地旱灾、水灾及沙尘暴发生频率明显增高，大面积地区出现连年干旱，严重影响农作物生长；干旱风蚀造成土地退化，土壤更加瘠薄，水资源更为短缺；农田基本建设和水利设施的必要投入压力及投入成本上升；农牧业投入产出效率下降，经济发展困难、压力增大。西北地区农田草场自然生产率下降，各项产业及整体经济发展较为困难。近年来，国家在生态环境治理的思路、方式、技术与政策方面都有明显的变革，随着退耕还林还草、耕地休耕轮作、"镰刀弯"地区玉米结构调整、中低产田改造、高标准农田建设、耕地生态红线等政策的实施，通过农业科研的创新驱动，区域食物安全的生态环境条件有一定的改善，也显示出较大的食物生产的环境潜力。

（四）科技潜力

2017 年我国农业科技进步贡献率达到 57.5%，世界上农业发达国家在 65% 以上，而农业科技在西北地区农业增产中的贡献率不到 40%。通过近些年的科技创新，西北地区已形成了一批在农业生产实践上产生明显效益的"硬技术"，如全膜双垄沟播技术、中低产田改造技术、防治水土流失和风蚀沙化技术等，可显著提高耕地粮食生产能力，一般玉米、小麦单产增产幅度在 40% 以上。这些技术成果的大规模、大范围推广应用，将明显提高西北地区的农业综合生产能力，也是提高耕地粮食生产能力的根本途径。据西北农林科技大学的研究结果，小麦和玉米等单产潜力可为现有实际单产水平的 2～3 倍，这充分显示了西北地区未来农业生产的潜力。

第三章 影响区域食物安全可持续发展的典型问题研究

一、农业水资源与粮食安全的关系

（一）西北地区农业用水现状

西北地区是我国最为干旱的地区，区域内大部分地区年降水量在 400mm 以下，且降水集中发生在 6～9 月，多以大雨或暴雨形式出现，降雨历时短、强度大，水分入渗慢而产生径流，导致降水资源浪费，水流失严重。但该区域蒸发强烈，年蒸发能力在 1000mm 左右，有些地区年蒸发能力可以达到 2000mm。西北地区水资源总量占全国水资源总量的 10%左右，且省（区）间水资源占有量的差异显著，其中宁夏、山西、甘肃水资源占有量占全国水资源总量的比例基本不足 1%，表现出严重的资源型缺水。同时，在研究时段内西北地区水资源总量也表现出较大的年际波动性，2013 年西北地区总体上水量较为充沛，水资源总量为 3354 亿 m^3，较 2001 年水资源总量多出近百亿立方米。

干旱的气候条件，使水资源成为限制西北地区农业发展的关键因子，也导致西北地区的农业生产以灌溉农业为主，大部分地区表现为没有灌溉就没有农业的农业生产特征，对于灌溉条件较差、灌溉配套设施不完备的地区，农民多种植抗旱作物，但一般这些地区的作物单产水平较低，农业生产能力低。西北地区中甘肃、山西、陕西和青海农田灌溉面积占作物总播种面积的比例相对较低，但这一比例在上述省份也较为稳定，年际波动不大（表 3-1）；内蒙古、宁夏、新疆三区灌溉面积占作物总播种面积的比例基本都在 37%以上，其中新疆地区更是高达 80%以上，是西北地区典型的没有灌溉就没有农业生产的地区，上述三个地区虽然灌溉面积占作物总播种面积的比例较高，但在研究时段内这一比例有下降的趋势；就西北整体而言，灌溉面积占作物总播种面积的比例有上升的趋势，且西北七省（区）灌溉面积也有所增加，2000 年西北七省（区）灌溉面积总计 943.6 万 hm^2，至 2014 年其灌溉面积已增至 1225.0 万 hm^2，净增 281.4 万 hm^2。灌溉面积增长幅度在新疆地区最为突出，2000 年新疆地区灌溉面积为 309.4 万 hm^2，至 2014 年其灌溉面积达到 483.2 万 hm^2，灌溉面积增加速度超过 10 万 hm^2/a；其次，内蒙古的灌溉面积总体上也表现出较明显的增长，增长速度将近 5 万 hm^2/a；研究时段内宁夏、甘肃的农田灌溉面积分别增加了约 10 万 hm^2 和 15 万 hm^2；与其他省（区）不同，青海、陕西两省灌溉面积在 2000～2014 年并没有增加，甚至有减少的趋势，但减少幅度均不大，青海灌溉面积减少量不足其灌溉面积总量的 15%，陕西灌溉面积减少量不足其灌溉面积总量的 10%；2010 年以前，山西灌溉面积少于陕西，但近年来，其灌溉面积已超过陕西，由 2000 年的 110.5 万 hm^2 增至 2014 年的 140.8 万 hm^2。

表 3-1 西北地区农业灌溉总体情况

项目	年份	内蒙古	宁夏	甘肃	青海	陕西	山西	新疆	西北	中国
灌溉面积占作物总播种面积比例（%）	2000	40	39	25	38	29	27	91	41	34
	2005	43	45	28	37	30	29	86	43	35
	2010	43	37	26	48	31	34	85	45	38
	2015	41	39	31	33	29	39	84	45	40
	2016	40	40	31	36	29	40	85	46	40
农业用水占总用水量比例（%）	2000	87	92	80	72	73	65	95	87	62
	2005	82	93	79	69	66	55	91	84	57
	2010	70	92	79	60	59	56	91	80	55
	2015	66	88	81	51	54	61	94	81	63
	2016	73	87	80	75	53	62	94	83	62
亩均灌溉用水量（m³）	2000	446	1213	619	644	303	210	829	609	479
	2005	378	979	559	616	287	209	753	540	448
	2010	362	981	559	597	305	217	673	528	421
	2015	327	705	497	565	300	186	617	457	394
	2016	305	636	487	565	312	188	617	444	380

农业在西北地区的经济发展中具有重要地位，相应地，其地区内农业用水也是西北地区用水的重要组成部分，占用水总量的比例不低于 80%，部分地区农业用水比例达到了 90% 以上，而新疆南部的喀什、阿克苏等地农业用水占到总用水量的 95% 以上。西北七省（区）农业用水量占区域用水总量的百分比均高于全国值，其中新疆地区尤为突出，而山西、陕西与全国值的差距相对较小。但近年来，随着其他行业对用水的挤占、最严格的水资源管理办法在全国范围内的实施及节水灌溉措施的进一步推广，西北地区农业用水量占区域用水总量的比例在逐步下降，且农业用水量占用水总量比例越大的省（区），下降趋势越为明显：内蒙古在 2000 年时，农业用水量占其用水总量的比例在 87%，但到 2015 年这一比例为 66%。

干旱的气候条件及农耕地沙化、盐碱化等不但要求西北地区的农业生产必须有灌溉的支撑，也导致西北地区亩均灌溉用水量整体高于全国平均水平。陕西、山西和内蒙古三省（区）的亩均灌溉用水量小于全国平均值，其余省（区）亩均灌溉用水量均大于全国值，但近年来随着农业用水总量的减少，农田的亩均灌溉用水量也开始减少，2000～2016 年，宁夏地区一亩地的灌溉用水量减少了 500m³ 以上，新疆地区亩均减少 200m³ 以上，甘肃地区亩均减少 100m³ 以上，青海地区虽也有一定程度的减少，但减少幅度较小。

（二）西北地区几类作物生产水足迹时空演变趋势

综合粮食作物生产水足迹和综合经济作物生产水足迹分别综合反映了西北地区粮食与经济作物生产过程中的用水效率。因此，为分析各作物生产水足迹的时空差异，量化了 2000～2016 年西北地区和七省（区）的粮食作物生产水足迹（图 3-1），以分析研究时段内各省（区）粮食作物生产水足迹演变趋势。

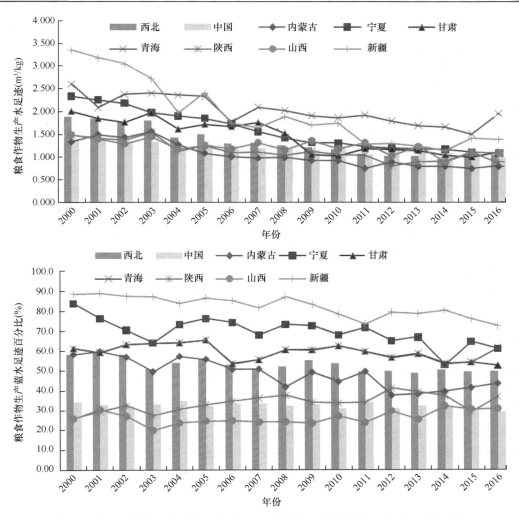

图 3-1　西北地区综合粮食作物生产水足迹及其组成演变趋势（2000～2016 年）

与综合粮食作物和综合经济作物生产水足迹在研究时段内的变化趋势相似，豆类、油料和棉花等三类作物生产水足迹在研究时段内均有一定程度的减小。青海三类作物生产水足迹在七省（区）中相对较高，且在上述年份内没有明显的减小，可以说青海应该是西北地区未来提高农业用水效率的重要区域。青海小麦生产过程中对蓝水的依赖程度较高，2014 年青海小麦生产蓝水足迹占小麦生产水足迹的比例为 67.5%，是玉米（30.5%）的 2 倍以上。在不同年份内，三类作物的生产水足迹在新疆、宁夏的值均相对较高，但这两区三类作物生产水足迹在研究年份内有相对较大的降低幅度，稻谷生产水足迹从 2000 年的 3.000m³/kg 以上减小至 2014 年的不足 1.500m³/kg，2000 年新疆小麦和宁夏玉米的生产水足迹分别是相应省（区）2014 年相应作物生产水足迹值的 2.7 倍和 1.5 倍，可见在这 15 年，新疆、宁夏两区作物生产过程中的用水效率有了较为明显的提高。

豆类、油料和棉花是作物生产水足迹较高的三类作物，研究时段内三类作物在西北七省（区）的种植面积在缩减，且除在新疆外，油料多以雨养种植为主，因此油料作物的生产蓝水足迹占油料生产水足迹的比例较小。同样，三类作物生产水足迹在研究时段内呈现下降的趋势,在各省(区)的下降幅度也不尽相同,青海作物生产水足迹下降幅度最小,新疆作物生产水足迹下降幅度最大,但新疆各作物生产水足迹也相对较高,基本在各年份均高于西北地区的平均值。

2000 年豆类的生产水足迹在新疆、宁夏、青海、陕西、山西、甘肃和内蒙古的值分别为 7.444m³/kg、6.311m³/kg、5.108m³/kg、4.515m³/kg、4.080m³/kg、4.057m³/kg 和 3.001m³/kg,至 2014 年豆类生产水足迹在七省(区)中的最大值和最小值分别为 4.782m³/kg(青海)和 2.276m³/kg(内蒙古),2014 年宁夏豆类生产水足迹为 4.156m³/kg,余下各省(区)豆类生产水足迹均不足 3.00m³/kg,表明豆类生产水足迹的省(区)间差异较 2000 年小。油料和棉花生产水足迹的省(区)间差异及在研究时段内的演变情况比较相似:在山西、陕西、内蒙古和新疆四省(区),油料和棉花的生产水足迹有相对明显且稳定的下降;内蒙古两类作物生产水足迹在研究时段内则相对稳定;青海和宁夏没有棉花种植,其油料生产水足迹在年际没有明显的波动规律。

研究时段内西北七省(区)薯类、蔬菜和果品的单产平均值分别为 2765kg/hm²、37 636kg/hm² 和 12 170kg/hm²,且研究时段内三类作物单产增加趋势明显。因三类作物相对较高的单产水平和单产的增加,三类作物是本专题所研究作物中生产水足迹最小的作物,研究时段内其生产水足迹也有减小的趋势。就空间差异而言,新疆三类作物生产水足迹均较高,青海果品生产水足迹较高,薯类生产水足迹较低,但总体而言,三类作物生产水足迹的空间差异小于上述六类作物(稻谷、小麦、玉米、豆类、棉花、油料)生产水足迹的空间差异。

虚拟水是指生产商品和服务中所需要的水资源。当一个地区的某种作物产品生产不能满足或超过本地区的需求时,就可能产生区域间该种作物产品的贸易,随之也产生了虚拟水在区域间的流动。西北地区在与中国其他区域间的粮食贸易过程中,扮演的主要是粮食输出方的角色(表 3-2),2016 年西北地区输出粮食量超过 1000 万 t,输出的经济作物量超过 2900 万 t。伴随着作物产品的贸易,2008 年之后,西北地区每年向外输出的虚拟水量均超过 100 亿 m³,2016 年更是高达 301.9 亿 m³。

表 3-2 西北地区与非西北地区作物贸易产生的虚拟水贸易量(单位:亿 m³)

年份	稻谷	小麦	玉米	豆类	薯类	粮食	棉花	油料	蔬菜	果品	经济	总量
2000	−255.3	111.7	109.4	16.4	2.3	−15.5	46.2	−4.7	−53.9	42.7	30.3	14.8
2001	−235.2	114.1	102.4	8.4	0.9	−9.4	43.6	−27.1	−68.4	34.2	−17.7	−27.1
2002	−227.5	130.1	127.5	18.0	2.9	51.0	43.4	−8.4	−65.9	41.2	10.3	61.3
2003	−214.1	107.6	169.1	2.0	4.7	69.3	46.2	−3.0	−58.2	18.1	3.1	72.4
2004	−227.7	82.3	147.0	14.1	3.6	19.3	37.9	−11.8	−50.7	18.6	−6.0	13.3
2005	−228.7	82.4	154.5	23.6	2.4	34.2	48.7	−10.6	−52.8	25.3	10.6	44.8
2006	−224.6	58.1	123.5	23.9	5.5	−13.6	41.0	−2.2	−33.2	34.4	40.0	26.4
2007	−225.2	33.3	143.7	33.8	5.1	−9.3	60.5	−17.2	−25.0	39.8	58.1	48.8
2008	−227.9	47.7	158.2	21.4	5.6	5.0	65.7	0.2	−30.8	59.4	94.5	99.5
2009	−230.6	71.4	153.0	18.6	2.9	15.3	47.9	−0.8	−17.4	69.6	99.2	114.6
2010	−238.1	70.9	165.2	24.0	2.9	24.9	49.0	1.5	−13.6	74.0	110.9	135.8
2011	−223.9	54.9	179.6	22.8	4.2	37.6	45.4	0.9	−8.3	72.2	110.2	147.8
2012	−250.2	58.3	194.6	26.2	4.1	33.0	55.6	0.2	−12.8	74.9	117.9	150.9

续表

年份	稻谷	小麦	玉米	豆类	薯类	粮食	棉花	油料	蔬菜	果品	经济	总量
2013	−239.7	41.7	232.2	21.2	4.5	59.9	54.6	0.6	−11.9	84.1	127.4	187.3
2014	−238.8	45.0	219.1	7.8	3.8	36.9	51.8	2.6	−16.6	91.4	129.2	166.1
2015	−229.8	67.2	247.5	10.3	3.2	98.4	62.1	7.9	5.6	110.2	185.8	284.2
2016	−236.5	73.4	263.9	12.5	4.5	117.8	63.3	0.7	−0.7	120.8	184.1	301.9

注：负号表示虚拟水流入西北地区；反之为虚拟水流出西北地区

（三）西北地区水资源压力评价

西北地区水资源量仅占全国水资源总量的 10%左右，与其土地面积占国土总面积的 39.16%极不匹配。除了资源型缺水的现实外，西北地区农业生产过程中作物生产水足迹总体较高，计算的九类作物中仅薯类和油料的生产水足迹小于中国的平均值，研究时段内西北地区综合粮食作物生产水足迹和综合经济作物生产水足迹与中国平均水平相比高 0.1m³/kg，较低的水资源利用效率使得西北地区所面临的水资源短缺形势更为严峻。

目前，公认的表征水资源压力的指标有人均水资源占有量和水资源开发利用程度两类。其中，水资源开发利用程度是年取用的淡水资源量占可获得（可更新）的淡水资源总量的百分率，是反映水资源稀缺程度的指标，指标的阈值或标准系根据经验确定：当水资源开发利用程度小于 10%时为低水资源压力；当水资源开发利用程度大于10%、小于 20%时为中低水资源压力；当水资源开发利用程度大于 20%、小于 40%时为中高水资源压力；当水资源开发利用程度大于 40%时为高水资源压力。

尽管研究时段内西北地区和中国的用水总量都表现出增加的趋势，且中国用水总量的增加较西北地区的增加更加明显，但西北地区用水总量占全国用水总量的百分比一直稳定在 18.5%左右，浮动范围极小。作物虚拟蓝水是由农田灌溉水转化而来的，因此，研究时段内蓝水足迹与农业用水量在时间上呈现相同的年际波动规律和一致的变化趋势：两个指标在中国表现出波动性增加，相反，西北地区两个指标则呈波动性减少的趋势，这与中国区域调配水方案的变化有关，近年来西北地区的引黄水量有明显减少。西北地区农业用水量和计算所得作物的蓝水足迹占中国相应指标的比例均在20.0%以上，在研究时段内这一比例表现出减小的趋势。

研究时段内西北地区用水总量占其可开发利用水资源总量百分比的均值为39.1%，按上文中提到的水资源压力指标，当水资源开发利用程度在其可利用水资源总量的 20%～40%时，该地区的水资源压力为中高水资源压力。研究时段内西北地区的水资源压力虽然表现出了年际波动，但大多数在中高水资源压力的范围内（表 3-3）。同时段内，中国的水资源开发程度占水资源量的百分比在 20.0%左右浮动，中国处于中低水资源压力向中高水资源压力过渡的边缘。西北地区用水总量中约有 78.0%用于农业，所计算的 9 种作物生产过程中的用水占西北地区用水总量的百分比接近 60.0%，9 种作物蓝水足迹则占西北地区农业用水总量的 76.0%左右。西北地区的上述值比中国整体高 10～15 个百分点，这与西北地区整体所面临的水资源形势较中国整体严峻的实情相符。

表 3-3　西北和中国整体农业用水及作物生产用水对水资源压力的贡献率（%）

年份	用水总量/水资源总量		农业用水量/用水总量		蓝水足迹/农业用水量		蓝水足迹/用水总量	
	西北	中国整体	西北	中国整体	西北	中国整体	西北	中国整体
2000	42.4	19.8	86.9	68.8	77.8	68.3	67.6	47.0
2001	39.9	20.7	83.8	68.7	78.0	62.5	65.4	42.9
2002	40.8	19.5	88.2	68.0	78.2	62.3	69.0	42.4
2003	33.2	19.4	84.7	64.5	76.8	67.3	65.0	43.4
2004	40.8	23.0	74.1	64.6	77.1	67.1	57.1	43.3
2005	33.0	20.1	84.1	63.6	76.1	67.3	64.0	42.8
2006	42.6	22.9	70.3	63.2	75.8	66.7	53.3	42.2
2007	41.4	23.0	70.3	61.9	76.3	66.7	53.6	41.3
2008	43.3	21.5	81.5	62.0	74.6	66.8	60.8	41.4
2009	38.6	24.7	82.0	62.4	74.5	66.6	61.1	41.6
2010	35.0	19.5	80.6	61.3	75.1	66.8	60.5	40.9
2011	36.2	26.3	68.3	61.3	76.3	66.7	52.1	40.9
2012	37.1	20.8	69.9	63.3	75.3	66.9	52.6	42.3
2013	34.5	22.1	70.8	63.4	75.5	66.6	53.5	42.2
2014	41.4	22.4	70.4	63.5	75.1	66.4	52.9	42.2
2015	42.7	21.8	80.7	63.1	73.8	71.1	59.6	44.9
2016	41.7	18.6	82.9	62.4	75.2	66.4	62.3	41.4
平均	39.1	21.5	78.0	63.9	76.0	66.6	59.4	42.6

从时间演变的趋势看，无论是西北地区还是中国整体，农业用水量占总用水量的比例都呈现减小的趋势，尽管这种减小表现出年际波动，但基于工业发展、城镇化建设、生态环境治理用水量增加，而水资源可开发利用的总量相对稳定的事实，可以预见未来农业用水量占总用水量的比例不会增加。与农业用水量占用水总量的比例呈下降趋势相一致，计算所得的 9 种作物的蓝水足迹占西北地区用水总量的百分比也呈现下降的趋势，但几种作物蓝水足迹占农业用水总量的比例则相对稳定。

从水资源开发利用的程度看，西北七省（区）中水资源压力由大到小依次为宁夏、山西、甘肃、新疆、内蒙古、陕西和青海，其中陕西和青海分别处于中高水资源压力和低水资源压力，其余五省（区）则全部处于高水资源压力，水资源开发利用程度超过其水资源量的 40%。研究时段内，宁夏地区年均取用水量是其年均水资源总量的 7 倍以上，是西北水资源压力最为严重的地区。宁夏、新疆、甘肃、内蒙古、青海、陕西和山西的年均农业用水量占其总用水量的比例分别为 91.1%、92.8%、79.4%、78.2%、69.1%、60.6% 和 58.7%。

（四）西北地区粮食生产及农业用水预测

为分析未来西北地区生产本研究中涉及的 9 种作物的用水情况及西北地区未来可利用的水资源总量变化情况，借助线性回归和灰色系统模型中的 GM(1,1) 模型对西北地区粮食单产、粮食产量、作物蓝水足迹及西北地区未来降水变化情况进行了预测，以便分析西北地区未来粮食生产和作物生产用水情况（表 3-4）。

表 3-4　西北地区人口、粮食单产、粮食产量、作物蓝水足迹和降水量预测值

年份	人口（×10⁴人）	粮食单产（kg/hm²）	粮食产量（×10⁴t）	作物蓝水足迹（×10⁸m³）	降水量（m）
2022	16 869	5 325	10 187	567	0.314
2023	16 969	5 427	10 439	563	0.315
2024	17 069	5 529	10 691	559	0.316
2025	17 168	5 631	10 943	555	0.317
2026	17 268	5 734	11 195	551	0.318
2027	17 368	5 836	11 447	547	0.319
2028	17 468	5 938	11 699	544	0.320
2029	17 567	6 040	11 951	540	0.321
2030	17 667	6 142	12 203	536	0.322
2031	17 767	6 244	12 455	532	0.323
2032	17 866	6 346	12 707	528	0.324
2033	17 966	6 448	12 958	525	0.325
2034	18 066	6 550	13 210	521	0.326
2035	18 165	6 652	13 462	517	0.327

在人口、粮食单产、粮食产量、作物蓝水足迹和降水量几个指标中，西北地区人口所表现的年际变化规律最为明显，按线性增长趋势拟合西北地区人口值，至 2030 年西北地区的人口将超过 1.76 亿人，是 2000 年的 1.2 倍，人口的增长势必会给粮食的供给带来一定的压力。拟合值显示，到 2030 年西北地区粮食单产和产量分别可达到 6142kg/hm² 和 12 203 万 t，按照拟合的粮食单产和粮食产量，粮食的播种面积需要增加至 1986.8 万 hm²，较 2014 年增长 174.0 万 hm²。然而，从西北地区粮食种植面积的历史变化情况来看，粮食种植面积在西北地区表现出一定的波动性，2000～2003 年，西北地区粮食播种面积随西北地区耕地面积的减少，由 1682.6 万 hm²（2000 年）减小至 1490 万 hm²（2003 年），2003～2012 年则呈现较明显的线性增长趋势，至 2012 年西北地区粮食种植面积达到 1805.9 万 hm²，同时段内西北地区的耕地面积也表现出相似的线性增长趋势，但 2012～2014 年，西北地区粮食的种植面积并没有因为其耕地面积增加近 200 万 hm² 而有所增加。因此，在预估西北地区未来粮食产量时，还必须考虑粮食种植面积增长空间的限制。根据国家对西北地区农业生产"适度开发"和"退耕还林、保护生态"的总体方针，在预测西北地区粮食种植面积变化时有必要持保守态度。另外，2014 年青海、陕西、山西、甘肃、内蒙古、宁夏、新疆粮食的单产分别为 3742kg/hm²、3893kg/hm²、4049kg/hm²、4076kg/hm²、4872kg/hm²、4900kg/hm²、6270kg/hm²，2000～2014 年，西北地区粮食单产的时段平均值为 3794kg/hm²，按拟合值预测，2015～2030 年，西北地区粮食单产的时段平均值可达前者的 1.4 倍。

二、畜牧业发展潜力与可持续策略

近年来，各地围绕中央总体部署，落实中央一号文件精神，在解决"三农"问题上下大功夫，使我国食物安全和可持续发展取得重大突破。粮食产量连续增加，畜牧业尤

其是草食畜牧业取得长足进展。2015 年西北地区牛、猪和羊的存栏量有明显提高。牛存栏 1945.2 万头，较 2000 年上升了 7.7%，占全国牛存栏总数的 18.0%，较 2000 年上升了 3.4 个百分点；生猪存栏 2656.0 万头，较 2000 年上升了 2.2%，并占全国生猪存栏总数的 5.9%，较 2000 年下降了 0.4 个百分点；羊存栏 12 862.3 万只，较 2000 年上升了 16.6%，占全国羊存栏总数的 41.4%，较 2000 年上升了 1.9 个百分点。2000～2015 年西北地区畜产品产量属于上升趋势，比较之下全国平均水平增长略显缓慢。2015 年西北地区肉、奶、蛋总产量分别为 599.91 万 t、1141.13 万 t、215.22 万 t，较 2000 年分别增长了 54.4%、335.9%、63.0%。2015 年，我国农林牧渔总产值为 107 056.4 亿元，较 2000 年提高了 3 倍多。西北地区农林牧渔总产值为 10 931.4 亿元，较 2000 年提高了 4 倍多，可见西部地区农业发展速度超过全国平均水平，并且农林牧渔总产值占全国农林牧渔总产值的比例也从 2000 年的 8% 提高到 2015 年的 10.2%。2015 年，我国畜牧业产值为 29 780.4 亿元，较 2000 年提高了 3 倍多，而西北地区畜牧业总产值为 2935.6 亿元，较 2000 年提高了 4 倍多，畜牧业的发展速度也超过全国平均水平。

然而，如果将我国畜牧业与世界发达国家和地区，如北美洲、欧洲和大洋洲某些国家相比，无论是养殖模式（种养结合或放牧）、生产水平、技术创新、智能化水平，还是畜产品产量、质量、安全、节能、环保、生产成本等，尤其是人均占有肉蛋奶水平和畜牧业产值在农业中的占比，上述国家和地区都优于中国。西北地区在这方面则更为落后。因此，在国际化背景下，西北地区必须寻求新的发展思路，借鉴先进的发展理念，坚持绿色、高效、可持续发展原则，确定合理的发展目标和路径，实施一系列重大工程，实现快速或跨越式发展目标。

（一）西北畜牧业发展优势及机遇

1. 饲料资源丰富，草产业独具特色

西北地区拥有我国主要的天然草原，草地资源丰富，除此之外，西北地区还有大量荒山荒坡，有大量不适于耕种的陡坡地，都可种树种草发展畜牧业。西北农区还有数量非常庞大的农作物秸秆，其产量超过粮食产量。这些秸秆经青贮、氨化、微贮，可作为草食家畜的优质饲料。目前，从农业农村部和有关部委的中长期规划得知，为了南方环境减压和开发利用西北资源，我国畜牧产业正在酝酿着从东向西、从南向北的大转移。

2. 地区畜种丰富，种质资源多样

西北地区家畜品种资源异常丰富，拥有 20 多个优良地方品种，如秦川牛、西镇牛、早胜牛、新疆褐牛、天祝白牦牛、八眉猪、关中黑猪、新疆细毛羊、小尾寒羊、白绒山羊、关中奶山羊、陕北细毛羊、宁夏滩羊、青海细毛羊、中国美利奴羊等。我国六大草原牧区中的四个在西北地区，西北地区也一直是我国城市居民牛羊肉的主要供给来源地。

3. 畜牧业历史悠久，现代化进程加快

西北地区有众多的少数民族，长期以来，他们以广袤的草原为家，以放牧草食家畜

为生，有天然的饮奶、吃肉习惯和养殖爱好、经验。近十年来，西北畜牧产业，特别是牛羊产业异军突起，发展迅速。新疆牛羊业发展如火如荼，自 2012 年以来，新疆相继出台了扶持牛羊生产发展的相关政策，目前已初步形成涵盖规模养殖、母畜扩增、饲草料保障、良繁体系、金融保险等产业发展关键环节的支持政策体系，这为牛羊肉增产保供提供了强大支撑。内蒙古举全区之力发展畜牧产业，在龙头企业的带动下，包括奶牛养殖业在内的一系列相关产业繁荣发展。当前，内蒙古正在逐步构建覆盖全国一、二线重点城市的"电商平台+展示直销中心+零售体验店"一体化平台，这对于推动内蒙古绿色优势农畜产品走向全国意义重大。宁夏近年来引进高新技术、良种牛羊助力产业发展，河西走廊牛羊规模化集约化快速发展，甘肃河西走廊和青海柴达木盆地作为我国绿洲的主体成分形成了可持续发展的绿洲农业生产体系。山西畜牧产业在困境中突围求发展，近年山西启动了畜牧产业振兴计划，大力推进大草场、大园区、大龙头、大物流、大体系的现代畜牧产业格局形成。

4. 国家扶持力度加大，发展政策向西部倾斜

西部大开发战略直接关系到扩大内需、促进经济增长；关系到民族团结、社会稳定和边防巩固；关系到改善环境，治理沙尘暴和预防土壤沙化碱化，恢复植被；关系到东西部协调发展和最终实现共同富裕，具有重要的现实意义和深远的历史意义。为此，1997 年 7 月 29 日，以西北农林科技大学为依托，国务院批准成立杨凌农业高新技术产业示范区，纳入国家高新区管理序列，实行"省部共建、以省为主"的管理体制。2010 年，国务院下发《关于支持继续办好杨凌农业高新技术产业示范区若干政策的批复》（国函〔2010〕2 号），明确提出力争通过 5～10 年的努力，使杨凌农业高新技术产业示范区发展成为干旱半干旱地区现代农业科技创新的重要中心、农村科技创业推广服务的重要载体、现代农业产业化示范的重要基地、国际农业科技合作的重要平台、支撑和引领干旱半干旱地区现代农业发展的重要力量。

5. "一带一路"倡议启动实施，有利于西部畜牧业发展

近年来，"一带一路"倡议为西北地区畜牧业产业化发展创造了空前的历史机遇。"一带一路"倡议的实施，将充分发挥新疆独特的区位优势和向西开放的重要窗口作用，深化与中亚、南亚、西亚等国家的交流合作，形成丝绸之路经济带上重要的交通枢纽、商贸物流和文化科教中心，打造丝绸之路经济带核心区。借助"一带一路"倡议带来的产业链潜在基础和庞大的需求空间，西北地区畜牧业将迎来难得的历史机遇和良好的产业发展平台，产业化发展水平将稳步提升。

（二）西北地区畜产品供求变化和趋势分析

1. 西北地区畜产品供需

通过西北各省（区）2015 年统计年鉴得到人口和人均粮食、肉类、奶类、蛋类消费量，通过加权计算出西北地区人均各食品的消费量。西北地区在人均粮食与奶类消费量上超过全国平均水平，在人均肉类和蛋类消费量上低于全国平均水平（表3-5）。其中人

均猪肉消费量低于全国平均水平，而牛羊肉消费量高于全国平均水平，说明由于西北地区丰富的饲草资源、匮乏的耕地资源、少数民族聚居的文化特点，因此节粮型的草食畜牧业得以充分发展，而耗粮型的养猪业发展程度较低。2015 年西北地区在粮食、肉类、蛋类和奶类产量上均能做到自给自足（表 3-6），并且能为我国其他地区做贡献。

表 3-5　2015 年全国及西北地区人均主要食品消费量

地区		全国	西北地区	西北地区与全国的差值
人口（万人）		137 462	15 010.2	10.92%（占全国比例）
人均粮食消费量（kg）		134.5	145.9	11.4
人均肉类消费量（kg）	肉总	26.2	17.6	−8.6
	猪肉	20.1	9.7	−10.4
	牛肉	1.6	1.9	0.3
	羊肉	1.2	4.1	2.9
人均奶类消费量（kg）		12.1	15.2	3.1
人均蛋类消费量（kg）		9.5	8.1	−1.4

表 3-6　2015 年全国及西北地区食品供求情况

西北地区		粮食（万 t）		肉类（万 t）		蛋类（万 t）		奶类（万 t）	
		产量	消费量	产量	消费量	产量	消费量	产量	消费量
		6140.50	2189.99	630.92	264.18	214.30	121.56	1141.20	228.16
消费量与产量相比	差值（万 t）	3950.51		366.74		92.74		913.04	
	占比（%）	35.66		41.87		56.72		19.99	

2015 年西北地区在保证本地区消费的前提下，富余量折合食物当量总量为 4.85×10⁹kg/kg。全国人均消费量折合食物当量总量为 27.44kg/kg（表 3-7）。从而可以算出西北地区在满足本区域需求后还可供应 17 674.93 万人。

表 3-7　西北地区食品供给潜力情况

食品	西北地区		全国		可供应人口（万人）
	富余量（万 t）	折合食物当量（kg/kg）	人均消费量（kg）	折合食物当量（kg/kg）	
肉类	366.74	2.08×10⁹	26.20	19.08	
蛋类	92.74	6.03×10⁸	9.50	6.18	17 674.93
奶类	1 207.75	2.17×10⁹	12.10	2.18	
合计	—	4.85×10⁹	—	27.44	

注：1 个动物性食物当量折合 10 个植物性食物当量，肉类、蛋类和奶类食物当量分别为 0.81kg/kg、0.65kg/kg、0.18kg/kg

2. 西北地区畜产品预测

近年来西北地区人口增长以及畜产品产量增加较为稳定，根据 2008～2015 年西北地区人口数量以及畜产品产量，计算每年的增长率，得出这 8 年的平均增长率，然后运用趋势预测法预测 2025 年、2030 年、2035 年西北地区畜产品产量（表 3-8）。2025 年猪肉、牛肉、羊肉、蛋类产量分别较 2015 年增加了 31.43%、58.17%、37.16%、44.55%，奶类产量比 2015 年下降了 1.56%。牛羊肉产量继续上升，2025 年产量较 2015 年增幅达

37%以上，说明节粮型家畜养殖数量增多，居民人均牛羊肉消费量增加，肉类、蛋类产量稳步增长，奶类产量相对稳定，西北地区畜种结构进一步优化，符合西北地区草食畜牧业的发展要求。2020 年全国居民生活实现了小康水平，人均畜产品消费量变化不大，若变化率按 1%来计算，则 2025～2035 年预测结果见表 3-9。

表 3-8　2025～2035 年西北地区畜产品产量预测

年份	猪肉（万 t）	牛肉（万 t）	羊肉（万 t）	蛋类（万 t）	奶类（万 t）
2015	278.7	124.3	176.8	215.2	1141.1
2025	366.3	196.6	242.5	234.1	1168.0
2030	419.9	247.2	284.1	244.7	1186.9
2035	481.3	310.8	332.7	255.8	1208.5

随着人均畜产品消费量逐渐稳定，畜产品产量稳步提升，2025～2035 年，可满足区外畜产品消费人数有所增加。预计到 2025 年，西北地区在满足本地区畜产品消费需求的前提下，还将富余 577.5 万 t 畜产品，还可满足区外 12 748.7 万人的畜产品需求。到 2035 年，西北地区在满足本地区畜产品消费需求的前提下，还将富余 849.1 万 t 畜产品，还可满足区外 16 814.1 万人的畜产品需求。

西北地区 2015 年口粮消费量为 2018.87 万 t，占粮食总产量的 32.86%；预测 2025 年口粮消费量为 2098.2 万 t，占粮食总产量的 19.95%，较 2015 年下降 12.91 个百分点，说明粮食产量早已满足居民消费需求。随着口粮占比的下降，富余的粮食可以提供更多的精饲料，可以满足更多牛、羊的精饲料需求，从而扩大草食牲畜养殖规模，提高牛、羊肉产量，以供其他地区消费，缓解全国牛、羊肉需求压力。

（三）西北地区畜牧业发展存在的问题

1. 西北地区畜牧业自身基础差，结构性矛盾突出

与京津冀、东南沿海以及其他地区相比，西北地区地域辽阔，跨度大，自然条件和社会经济条件差距悬殊。西北地区畜牧业和全国一样，其由发展起来的现代化规模牧场（小区）和小型散养户组成。就规模化牧场而言，为大型乳制品加工企业和现代化屠宰企业提供奶源与牛源的龙头企业及标准化牧场，其经营和技术水平得到了较大提高，但是，由于受土地分割、种养分开、养殖加工分离等影响，其草牧业一体化的观念依然难以突破，种养循环和养殖加工一条龙的局面难以形成，畜牧业种养加完整的产业链条形成机制仍然停留在初中级阶段。

从 2016 年下半年对陕西、甘肃、宁夏、青海、新疆、山西和内蒙古等地 27 个县（旗）722 户农牧户的走访调研与数据分析来看，西北地区小型散养户畜牧业存在着很多严峻的问题：畜牧业基础设施条件差，生产方式落后；养殖技术落后，疫病防控难；经济实力低下，抗灾抗风险能力差；牲畜良种覆盖率低，畜牧业生产效率低下；优质饲草和饲料缺乏，人畜争粮矛盾突出。

表3-9　2025~2035年西北地区畜产品供求情况预测

项目	2015年					2025年					2030年					2035年				
	猪肉	牛肉	羊肉	蛋类	奶类	猪肉	牛肉	羊肉	蛋类	奶类	猪肉	牛肉	羊肉	蛋类	奶类	猪肉	牛肉	羊肉	蛋类	奶类
畜产品产量（万t）	278.7	124.3	176.8	215.2	1141.1	366.3	196.6	242.5	234.1	1168.0	419.9	247.2	284.1	244.7	1186.9	481.3	310.8	332.7	255.8	1208.5
西北人口（万人）	15010.2					16093					16663.4					17254.0				
西北人均消费量（kg/人）	9.7	1.9	4.1	8.1	15.2	11	5.8	3.6	16.8	37.8	11.8	6.1	3.8	17.7	39.8	12.7	6.4	4.0	18.7	41.8
畜产品消费量（万t）	145.6	28.5	61.5	121.6	228.2	177	93.3	57.9	270.4	608.3	196.6	101.6	63.3	294.9	663.2	219.1	110.4	69.0	322.6	721.2
畜产品剩余量（万t）	133.1	95.8	115.3	90.3	1027.2	189.3	103.3	184.6	35.9	627.5	223.3	145.6	220.8	73.4	577.8	262.2	200.4	263.7	120.2	525.0
剩余量食物当量（万t）	107.8	95.8	115.3	58.7	184.9	153.3	103.3	184.6	23.3	113.0	180.9	145.6	220.8	47.7	104.0	212.4	200.4	263.7	78.1	94.5
剩余量食物当量（合计，万t）	562.5					577.5					699.0					849.1				
全国人均消费量（kg/人）	20.1	1.6	1.2	9.5	12.1	22.5	5.8	3.6	16.8	37.8	23.7	6.1	3.8	17.7	39.8	25.0	6.4	4.1	18.6	42.0
人均消费量食物当量（kg）	16.3	1.6	1.2	6.2	2.2	18.2	5.8	3.6	10.9	6.8	19.2	6.1	3.8	11.5	7.2	20.3	6.4	4.1	12.1	7.6
人均消费量食物当量（合计，kg）	27.5					45.3					47.8					50.5				
可供给人数（万人）	20454.6					12748.7					14623.2					16814.1				

注：全国人均食物消费量来自《全国牛羊肉生产发展规划（2013~2020年）》《中国农业展望报告（2015~2024）》《中国食物与营养发展纲要（2014~2020年）》；以牛羊肉食物当量为标准1kg/kg，猪肉、蛋类和奶类食物当量分别为0.81kg/kg、0.65kg/kg、0.18kg/kg

2. 西北地区畜牧业市场基础差，国际竞争力低下

西北地区相较于畜牧业发达的省（区）畜产品加工和流通企业较少，虽然有大型畜产品加工企业，但加工的能力不足，许多畜产品仍然以原料的形式外销。且由于国外畜牧业发达地区和我国东部沿海地区的肉类产品加工大都采用自动化成套设备，通过流水线作业来完成，奶类多加工成干酪、配方奶粉、酸奶和冰激凌等经过冷链而供应上市，肉类是经过冷却排酸、部分分割和真空包装等工艺处理进入超市而销售的。西北地区由于环境条件差、加工企业现代化技术水平低、社会经济落后、道路交通闭塞、地理位置偏远、信息交流不畅等因素，尽管拥有许多民族的特色优势产品，但现代化开发程度低，产品单一，包装粗糙，不能适应国内外市场的要求。同样，西北地区肉类产品以烤涮煎炸新鲜烹食为主，很难适应国际市场快运快销的要求。

3. 西北地区天然草地退化现象严重，可持续生产能力差

牧草和饲料是畜牧业的基石与根本。目前，西北地区由于干旱缺水、过度开发和超载过牧等现象多发，因此草地退化现象十分严重，草地生态系统恢复非常困难，这已成为全国草食畜牧业发展以及生态环境改善的重要制约因素。本团队在调研中也发现，各地天然草场生产力水平较低的主要原因是草地退化。如青海省草食畜牧业发展中存在的主要问题就是草地严重退化导致草食畜牧业经营效益差。由于长期以来对草地投入有限并且受落后的传统畜牧业经营方式的束缚，畜牧业生产基础设施远远不能适应生产发展形势的需要。新疆八成以上的天然草地处于退化之中，其中严重退化已占到30%以上，草地产草量不断下降。

4. 知识型青年劳动力缺乏，技术服务和政策支持跟不上

随着青年劳动力外出打工就业，西北牧区大部分牧民年龄偏大，他们受教育程度不高，对畜牧生产活动没有相应的专业知识和技术培训，即使存在培训，其接纳新知识也较为困难。部分牧户未对牲畜进行适当补饲，并且圈舍环境差，导致牲畜死亡率升高，畜产品质量和产量得不到提升。

此外，发展规模受诸多条件限制。在调研中发现，部分农牧民希望扩大规模发展，但受资金条件限制，牛舍圈棚、机械设备等基础设施的建设前期投入较大。政府贷款额度低、年限短、手续烦琐，而民间借贷利息高、压力大。另外，还受土地因素的限制，缺少流转土地，或者土地流转租金较高，让一部分想扩大发展规模的牧民望而却步。此外，家庭牧场缺少龙头企业带动，家庭牧场生产相对独立，通常参与繁育、生产、防疫、销售等所有环节，生产成本较高。生产防疫不规范，防疫难度较大，疫病的发生会给牧民带来严重的财产损失。大部分牧区远离城市，交通不便，导致畜产品销售困难。部分牧户商品意识观念不强，不及时宰杀牲畜，往往将一些老弱残畜养死为止。

（四）西北畜牧业发展思路

西北地区畜牧业发展的思路就是要立足西部实际，利用优势资源，坚持问题导向，围绕"一带一路"宏图，通过供给侧改革实现西部畜牧业经济的腾飞，打造国家动物源性食品生产加工贮存基地、生物和畜牧技术创新与成果转化基地、国际丝路畜牧业高端人才培养和畜产品贸易基地。

任何行业都不是孤立存在和发展的。因此畜牧业的发展也不能就事论事，单独对待。畜牧业与种植业和加工业有着密切的联系，从农田到餐桌，从种植、养殖到加工、消费构成一个完整的产业链。

从国家大政方针和总体布局来看，畜牧业发展要遵循创新、协调、绿色、开放、共享五位一体发展理念。从健康中国、美丽乡村、食品安全和可持续发展角度看，畜牧业发展要坚持的原则是种养结合、养加互惠、产业配套、适度规模、生态环保、优质高效。要处理好畜牧业与上下游相关产业之间的关系，也要处理好畜牧业猪马牛羊各产业之间以及每个产业链上各个环节之间的关系。不能就养殖而养殖，就加工而加工。要以消费需求开拓市场，以市场定位引领加工规模，以加工能力引导养殖规模，以养殖规模确定饲料生产，反过来，做好从农场到餐桌的安全生产供应，做到种好饲草、养好牛羊、产好奶肉。另外，要利用好西北地区地理优势发展绿色畜牧业，创新种养模式，用好人才、技术和服务，坚持经济算总账，藏粮于田、藏粮于畜、藏粮于技。

（五）西北畜牧业发展目标

西北地区畜牧业发展目标是：立足西北，服务全国，参与"一带一路"国际合作。近期目标是参照我国人群营养健康现状和需求，在西北地区实施《国民营养计划（2017～2030年）》，努力达到计划中规定的各项目标。中长期目标是在满足本地区人民消费需求的同时，一方面利用西部地区优势资源，适应并开拓国内肉蛋奶消费市场，服务全国尤其是东部沿海地区；另一方面积极参与"一带一路"沿线国家的食品和丝绸贸易，提高创汇收入，改善地区经济，提高地区内农牧民收入和生活水平。通过现代化畜牧业发展，带动种草养畜、退耕还草、退耕还林工程，加速生态西北、美丽西北建设，实现畜牧业经济腾飞。

（六）西北畜牧业发展主要路径

西北地区畜牧业可持续发展是一个复杂艰巨而又长期综合的巨大工程，不可能一蹴而就，应该纳入西部大开发的总体部署之中统筹考虑。

1）从供给侧改革考虑，应大力发展草牧业混合经济，着力推进退耕还草、退耕还林和粮改饲工程，为畜牧业可持续健康发展提供充足的原料保障。

2）为了退耕还草、退耕还林和粮改饲工程正常进行，要有计划地实施水利、电、气、路工程，完善水利、交通、通信设施，以便对确定的退耕还草、退耕还林和粮改饲工程进行现代化管理与信息化监控。

3）为了畜牧业可持续发展，必须针对西北各个地区畜牧资源和地理气象等条件进行科学的规划布局，在不同地区形成各自的优势，满足消费市场差异化的需求。

4）在西北地区区域布局的基础上，利用现代科学技术和成果，对企业建场和家畜育种、繁殖、饲料营养、饲养管理、健康、粪污处理、饲养环境绿化等进行技术指导、技术培训、技术服务，建立相应的服务平台和专业服务队伍。

5）在西北地区建立相应的牧草收获、收购、交易标准和法规，以及独立的第三方检测、定价、维权组织机构，建立可与种养企业利益共享、风险共担的肉奶蛋等食品加工企业。

6）国家有关部门和各级政府是西北地区畜牧业可持续发展的最大保障，西北地区在资金、人才、技术、金融、保险、法律等方面均需要国家和政府大力支持，要积极搭建交流平台，各地畜牧业协会、企业、养殖户自身也要积极参与，有所作为。

三、退耕还林还草工程对区域食物安全的影响

（一）退耕还林还草生态工程的实施面积与分布

1. 第一轮退耕还林还草工程实施情况

退耕还林还草是指在水土流失严重或粮食产量低而不稳的坡耕地和沙化耕地，以及生态地位重要的耕地退出粮食生产，进行植树或种草的生态治理活动。退耕还林还草工程是我国垦殖史的重大转折，也是我国目前投资量最大、涉及面最广的生态建设工程，包括25个省（区）、2280个县（区）、1.23亿农民。退耕还林工程的实施，在改善我国生态脆弱区的植被覆盖、减少水土流失方面发挥了巨大作用，也给世界特别是发展中国家的生态环境建设提供了可以借鉴的范例。

西北地区1999～2011年退耕还林还草面积累计约 $751.99 \times 10^4 hm^2$，占全国同期退耕还林还草面积的36.14%。陕西、甘肃、青海、宁夏、新疆、山西和内蒙古中西部地区退耕还林还草的实施面积分别为 $209.76 \times 10^4 hm^2$、$160.07 \times 10^4 hm^2$、$34.77 \times 10^4 hm^2$、$73.66 \times 10^4 hm^2$、$81.20 \times 10^4 hm^2$、$102.07 \times 10^4 hm^2$ 和 $90.45 \times 10^4 hm^2$，占西北地区同期退耕还林还草面积的27.89%、21.29%、4.62%、9.8%、10.8%、13.57%和12.03%。因此，无论从退耕还林还草工程实施的时间，还是实施的范围来看，西北地区都是全国退耕还林还草工程的重点实施区域。

2. 新一轮退耕还林还草工程实施情况

2014年是我国全面深化改革的开局之年，也是新一轮退耕还林工程实施元年。我国实施《新一轮退耕还林还草总体方案》，退耕还林事业进入巩固已有退耕还林成果和实施新一轮退耕还林并重的新阶段。启动新一轮退耕还林工作，是建设生态文明和美丽中国的战略举措，是解决我国水土流失和风沙危害问题的必然选择，是促进农民脱贫致富和全面建成小康社会的客观要求，对应对全球气候变化具有重大意义。

2014年我国完成退耕还林33万 hm^2，2015年完成66万 hm^2，2016年完成100万 hm^2，到2020年底全国退耕还林面积已达到533万 hm^2。新一轮退耕还林重点安排在长江中上游地区和黄河中上游地区，还有内蒙古、宁夏、青海、新疆等西北风沙灾害严重的省（区）。在新一轮退耕还林工程中，国家不再对农户种植经济林的比例进行限制，而是鼓励各地因地制宜，发展适合本地区域特色、能够快速增加农民收入的林果产业。此外，上述《方案》还明确，对已划入基本农田的25°以上坡耕地，要本着实事求是的

原则，在确保省域内规划基本农田保护面积不减少的前提下，依法定程序调整为非基本农田后，方可纳入退耕还林还草范围。严重沙化耕地、重要水源地的15°～25°坡耕地，需经有关部门研究划定范围，再考虑实施退耕还林还草。

因此，实施新一轮退耕还林被列入了我国深化改革的措施之一，成为当前实现绿色增长、科学发展的主要手段，将进一步增强我国的生态承载能力，提升综合国力。

（二）各省（区）耕地坡度分级面积

通过对西北地区各省（区）土地详查数据（原始数据）的统计分析（表3-10），西北地区共有耕地 $2675.4 \times 10^4 hm^2$，占全国耕地总面积 $13\ 487.9 \times 10^4 hm^2$ 的19.8%，2°以上的坡耕地 $1284.1 \times 10^4 hm^2$，占全区耕地总面积的48.0%，其中2°～6°、6°～15°、15°～25°和大于25°的坡耕地所占比例分别为20.2%、8.0%、13.1%和6.7%。西北地区大于15°坡耕地的面积为 $529.7 \times 10^4 hm^2$，占全区耕地总面积的19.8%，占全国相应等级坡耕地面积的1/4强（27.9%）。

表3-10 西北各省（区）耕地坡度分级面积 （单位：$\times 10^4 hm^2$）

区域	耕地总面积	ACL≤2°	2°<ACL≤6°	6°<ACL≤15°	15°<ACL≤25°	ACL>25°
陕西	473.8	169.1	56.1	1.0	114.3	133.3
甘肃	358.8	126.8	67.2	1.6	132.9	30.3
青海	47.6	23.2	10.5	0.2	13.1	0.6
宁夏	91.0	56.6	18.0	0.4	15.2	0.8
新疆	378.7	367.7	10.8	0.1	0.1	0.0
山西	480.3	158.8	118.9	124.4	63.9	14.3
内蒙古	845.2	489.1	259.5	85.7	10.1	0.8
西北地区	2675.4	1391.3	541.0	213.4	349.6	180.1
不同坡度耕地占西北地区的比例（%）	100	52.0	20.2	8.0	13.1	6.7

注：ACL（area of cultivated land）为耕地面积

（三）未来可能的退耕还林还草规模分析

西北地区25°以上陡坡耕地集中分布在陕西和甘肃两省的黄土丘陵沟壑区与秦巴山地区。根据《中华人民共和国水土保持法》的规定，禁止在25°以上陡坡地开垦种植农作物，因此，大于25°的陡坡耕地必须无条件退耕。因此西北地区至少必须退耕 $180.1 \times 10^4 hm^2$，占现有耕地的6.7%。在实施25°以上陡坡耕地退耕的同时，由于小于25°的坡耕地，特别是15°～25°的缓坡耕地，也是造成西北地区水土流失和土地荒漠化扩展的主要原因之一，因此坡度在15°～25°的缓坡耕地也应作为退耕的重点。若将大于15°坡耕地全部退耕，则该区退耕总面积将达到 $529.7 \times 10^4 hm^2$，约占该区耕地总面积的1/5。

实际上15°～25°坡耕地并不属于国家强制退耕的范畴，因此，该类耕地的退耕必须考虑其对农民生活水平和生态环境保护的双重影响。就西北地区目前退耕还林还草生态工程实施情况来看（表3-11），除陕西和甘肃实际退耕面积小于15°以上坡耕地面积外，其他省（区）均已超过 15°以上坡耕地面积。在各省（区）实际考察过程中，也常见到 15°以上坡耕地耕种的情况，15°～25°的缓坡耕地不可能也不应该全部退耕。应在保证一定人均耕地水平，且不影响西北地区粮食安全的前提下，从保持水土和荒漠化防治的角度出发，科学地确定该区退耕面积及退耕进度，进行部分退耕还林还草或采取坡改梯等形式进行改良。

表 3-11　西北地区未来耕地可能的退耕面积　（单位：×10⁴hm²）

省（区）	耕地总面积	保障粮食安全前提下的耕地面积	理论上可退耕面积	15°以上耕地面积	实际退耕面积	未来可退耕面积
陕西	473.8	377.5	198.4	247.6	209.8	−11.4
甘肃	358.8	259.1	257.5	163.2	160.1	97.4
青海	47.6	58.3	9.8	13.7	34.8	−25.0
宁夏	91.0	66.2	59.9	16.0	73.7	−13.8
新疆	378.7	229.8	154.3	0.1	81.2	73.1
山西	480.3	364.8	115.5	78.2	102.1	13.4
内蒙古	845.2	175.4	132.4	10.9	90.4	42
西北地区	2675.4	1531.1	927.8	529.7	752.1	175.7

注：保障粮食安全前提下的耕地面积[即为了保障西北各省（区）粮食安全，绝不可退耕的耕地面积]=2015 年末人口数×人均耕地 0.1hm²

综上所述，在保证人均耕地 0.1hm² 的前提下，以 2015 年末人口数为基础，西北地区未来尚有 175.7×10⁴hm² 的退耕面积，约占西北地区耕地面积的 6.6%。其中，甘肃是西北地区退耕的第一大省，未来可退耕面积占西北地区未来可退耕总面积的 55.4%，占本省耕地总面积的 27.15%；其次是新疆，未来可退耕面积占西北地区未来可退耕总面积的 41.6%，占本区耕地总面积的 19.3%；内蒙古与山西尚有一定的可退耕面积，分别占西北地区未来可退耕总面积的 23.9%和 7.6%。

（四）西北地区实施退耕还林还草工程的政策建议

西北地区的退耕，必须与区域生态环境建设规划相协调，统筹规划、分类指导，突出重点、分期分批实施，退耕应与坡耕地改造同步进行；实施"藏粮于土"工程，全面提高该区的土地资源综合生产能力，尽可能通过区域性努力来解决西北地区的粮食安全问题；在政策制定时要统筹处理生态修复与社会经济发展的关系，建立生态修复政策实施长效机制；生态修复政策的制定中应该更多地兼顾农户利益，为农户创造更多的非农就业机会，排除农户难以向非农产业转移的障碍，使更多农村剩余劳动力逐渐从传统小农生产中转移出来，并达到更高的收入水平；退耕还林工程实施中可以更多地考虑适合于各地形区的经济林的推广，并对农户进行林木管护技术的指导和培训，使农户在退耕还林中得到实质性的经济利益。

第四章　区域食物安全可持续发展战略构想

一、发 展 思 路

基于创新、协调、绿色、开放、共享的发展理念，以全面提升西北地区食物安全水平为主要目标，以退耕还林还草、调整产业结构为中心，以保证区域口粮、保障良好生态为主线，以用区域农业提质增效来确定发展规模为着力点，以用国际化虚拟资源战略支撑区域农业可持续发展为抓手，以提高该地区的农业综合生产能力和区域发展能力为主攻方向，以推进区域农业产业布局优化、农业综合节水、耕地质量保育、草畜产业能力提升为重点，着力促进西北地区农业生产经营的专业化、标准化、规模化和集约化，切实提高西北地区的农业现代化水平、产业综合效益水平、生态屏障水平、农民收入水平和区域发展水平。

二、基 本 原 则

（一）坚持区域统筹与产业融合相结合

西北地区现代农业发展的重点是产业融合，关键在于区域统筹，要基于国家"一带一路"倡议和国际化绿色化大背景来谋划西北农业产业结构布局，坚持因地制宜、分类指导，突出西北地区的主体生态功能定位，统筹区域发展，实现跨区优势互补，走区域大平衡之路；要跳出农业抓农业，充分发挥工业化、城镇化、信息化对农业现代化的带动作用，促进城乡要素合理配置和产业融合发展。

（二）坚持分区谋划与梯次推进相结合

根据西北地区的资源禀赋、生态环境、产业基础和市场条件，进一步优化农业生产力布局，因地制宜地采取有选择、差别化的发展路径与扶持政策，支持优势农产品生产与示范基地建设，支持有条件的地区率先实现农业的跨越式发展，以点带面推动其他地区加快发展，全面提高区域农业现代化水平。

（三）坚持科技创新与发展创新相结合

围绕农业节水、草畜产业和育种创新战略，推进区域农业科技创新和体制机制创新，以先进科学技术为引领，用改革推动经营方式转变，着力增强创新驱动的发展新动力，优化调整农林牧业结构，全面推进节水技术、草畜生产和种业创新，加快形成农业发展与示范的新方式、新模式，构建农业可持续发展长效机制，推动区域转型升级发展。

（四）坚持国际化与虚拟资源优化配置相结合

基于"一带一路"倡议的实施，考虑到地缘优势与资源禀赋，我国西北地区要充分发挥与中亚五国的农业多渠道深度合作，发展农产品的贸易，实施虚拟资源的发展战略，优化农业产业结构，这对缓解西北地区耕地资源、水资源、养分资源的压力，支撑区域农业产业发展、资源保护、环境治理和生态修复具有重要的促进作用。

三、发 展 目 标

（一）总体目标

通过实施西北地区现代农业创新驱动发展战略，全面推行促进产业升级发展的核心关键技术，动态优化农业产业结构，切实转变生产经营方式，稳步提升农业综合生产能力，确保西北地区口粮的安全供给（表4-1），通过丝绸之路经济带的国际化实现区域食物供需平衡；改善农业基础设施，增强科技支撑能力，改善水土资源的利用效率，持续提高农业和农民收入；基本形成产业优势显著、技术装备先进、组织方式优化、产业体系完善、供给保障有力、综合效益明显的新格局；主要农产品优势区基本实现农业现代化，到2035年，使西北地区食品安全治理能力、食品安全水平、食品产业发展水平和人民群众满意度明显提升。

表4-1　西北地区食物安全可持续发展目标表

类别	指标名称	单位	2025年目标值	2035年目标值
食物供给保障	稻谷产量	万t	286.19	287.39
	小麦产量	万t	1694.26	1715.40
	玉米产量	万t	5082.83	5390.10
	谷物产量	万t	5636.38	7392.89
	肉类产量	万t	616.66	635.61
	蛋类产量	万t	224.02	234.38
	奶类产量	万t	1151.64	1169.27
	果品产量	万t	5335.92	5764.89
	蔬菜产量	万t	7287.41	7719.01
	口粮自给率	%	99.27	102.8
产品质量安全	无公害产品产量比例	%	20	24
	绿色农产品产量比例	%	14	19
	有机产品产量比例	%	9	13
科技支撑和物质装备	良种覆盖率	%	96	97
	农业科技进步贡献率	%	56	62
	农作物耕种收综合机械化水平	%	66	80

续表

类别	指标名称	单位	2025 年目标值	2035 年目标值
资源环境可持续发展	化肥利用率	%	33	36
	农药利用率	%	34	40
	农田有效灌溉率	%	41	45
	农膜回收利用率	%	80	85
	农作物秸秆综合利用率	%	75	81
	规模化养殖废弃物综合利用率	%	70	76

（二）战略分目标

1. 开展区域统一规划，建设西北食物安全保障体系

全面了解西北地区可供开发整理的土地资源状况，光热水等自然条件，社会经济发展状况，以及土地权属状况及其他情况，为统一规划提供依据。根据地形、气候和生态环境状况把整个西北地区划分为黄土高原区、西北干旱区和青藏高原区 3 个小区，因地制宜地确定每个小区土地开发整理的目标。其中，黄土高原区包括陕西、宁夏二省（区）和甘肃陇东南 9 个地市，本区以山区、高原为主，半干旱气候，旱地、坡耕地比例大，煤炭开采量大，水土流失、土地荒漠化严重，生态环境十分脆弱，土地开发整理的主要目标是加强农田基本建设和矿山土地复垦，陡坡耕地实行生态退耕；西北干旱区包括新疆和甘肃陇西 5 个地市，本区气候干旱，地广人稀，水资源短缺，耕地后备资源丰富，土地开发整理的主要目标是结合水资源合理利用，统一规划、稳步开发宜农荒地；青藏高原区包括青海，本区属高寒气候，区内人口稀少，土地利用程度低，农业经营粗放，土地开发整理的主要目标是对现有耕地的整理。

2. 调整西北地区农业产业布局，实施优势农业产业发展战略

综合考虑区域生态环境资源的承载能力，通过调整农业种植结构（以玉米、薯类、果园、棉花和蔬菜种植面积增加，小麦、稻谷、豆类、油料种植面积减少为主要特征）和提高农作物单产水平确保农作物产品尤其是粮食的安全供给。

通过实施优势农业产业发展战略，推进西北地区优势特色产业向优势区域集中，实现区域适度规模经营，建立起稳定的优质特色农产品生产基地。

以农产品加工延伸为引领，拓宽产业范围和功能，调整产业结构和转变增长方式，形成从特色农产品种养、初加工、精深加工、副产物的综合利用到第三产业融合发展的全产业链。

构建政策扶持、科技创新、人才支撑、公共服务和组织管理体系，带动资源、要素、技术、市场需求的优化、整合和集成，把西北地区建设成为我国具有地方特色的国内一流的优势农业产业发展示范区域。

3. 强化退耕还林还草生态工程建设，保障西北地区食物综合生产能力

在西北地区加快推进新一轮退耕还林还草并适当扩大规模，要从生态屏障建设的要求、生态文明建设的要求、资源与产业匹配三个方面，对未来 175.7 万 hm^2 的可退耕面积（约占西北地区耕地面积的 6.6%）实施新一轮的生态修复，其中：甘肃、新疆、内蒙古与山西分别占西北地区退耕总面积的 55.4%、41.6%、23.9% 和 7.6%，这将极大地推进区域生态环境改善，对于调整农业产业结构、促进农业经济发展转型和农民收入增加都具有极其深远的意义。

4. 建立以草地农业为基础的食物安全保障体系，实现区域间优势互补，保障我国食物安全

虽然西北地区畜牧业发展迅速，但 2015 年西北地区畜牧业产值占当年农业总产值的 25.3%，相较 2000 年反而下降了 0.4%，而草地畜牧业产值甚至不超过农业总产值的 5%。西北地区可通过加强对于农牧地区的基础设施投入，充分利用农作物秸秆等资源，扩大饲草种植面积，加快畜禽良种推广，改良天然草场、加强草原保护建设，加强人工草地建设、推进牧草产业化发展，转变饲养模式、适当进行补饲以及半舍饲，推动草地畜产品销售，继续实施各项补贴政策等措施，可明显提升西北地区畜牧业的发展水平。

在半湿润的农区，要积极发展农区节粮型畜牧业，促进粮食、经济作物、饲草料三元种植结构协调发展，促进畜牧业规模化、集约化发展；在半干旱的农牧交错区，加强天然草原保护和改良，建设高产、稳产人工饲草地，提高草地产出能力，要积极发展草地畜牧业，促进草地、果业、粮食与生态的协调发展，在干旱绿洲农业区，要积极发展高值农业、特色园艺作物，以提升西北地区农业转型升级能力。

5. 实施农业节水利用发展战略，形成不同区域稳产、高效的现代农业节水利用发展模式

在西北内部对作物生产用水效率进行横向比较，以生产水足迹较低的区域为参考，提升其余地区的用水效率，缩小区域间农业用水效率的差异，或加强各省（区）间农业规划的合作，以作物生产水足迹为参考指标优化作物生产的空间分布。

在确保口粮安全供给的前提下，系统调整农业种植结构，减少高耗水作物的种植比例，缓解水资源压力。同时，兼顾特色高耗水农产品的发展，借助国家"特色产业精准扶贫"的政策机遇，打造独具特色的农产品生产链，形成农业经济效益与田间灌溉水平互补的良性循环。

借助"一带一路"的发展机遇，以新疆为枢纽打造连通中国—中亚的国际化农产品贸易市场，形成与国际农产品市场互补且具有地域特色的区域农业发展产业链，结合农产品的国际化贸易，以进口虚拟水补偿区域实体水的流失，可有效地缓解西北地区耕地、水资源、养分资源的严峻压力。

6. 提升西北地区农业技术示范与创新能力，走生态可持续发展之路

通过实施现代农业区域示范与创新模式发展战略，以"创新驱动、园区建设、发展模式、区域示范、项目投资、政策扶持"为重点，以"现代农业、农产品加工业、现代服务业"协同推进和农业增效、农民增收为目标，努力提升区域现代农业发展水平，农业现代化与新型工业化、城镇化、信息化同步推进；使农产品极大丰富，劳动替代型机械显著突破，农业劳动生产率达到全国平均水平。

充分利用经济全球化和贸易自由化的机遇，推动食品行业的出口贸易，引导产业结构调整，延伸农业生产链条，拓展和增加就业渠道与机会，增加农民收入，吸引投资，带动相关行业发展，从而促进区域发展，实现发展的良性互动。强化自己的贸易地位，通过提高检测标准、增加检验检疫项目、制定各种法规等措施，增强贸易技术壁垒。发挥西北地区的资源优势，充分利用现代科学技术，提高技术创新能力，建设具有区域特色的、创新性的可持续发展道路。

四、主要路径

（一）进一步优化农业产业结构与区域布局

以市场为主导，按照比较优势原则，加快发展甘肃制种玉米和马铃薯，陕西苹果、杂粮，青海牦牛和藏羊，宁夏枸杞和滩羊等地方特色、优势特色产品生产基地，做大做强优势特色产业；发展农产品加工业，着力延伸农业产业链条，推进三产融合，不断提升农业附加值；加快农业信息化物联网建设，推进"互联网+现代农业"发展，拓宽农产品交易平台；实施无公害农产品、绿色食品、有机农产品和地理标志农产品认证；通过中低产田改造、粮草轮作、退耕还草、压减低产棉田等方式，挖掘饲草料生产潜力，加强饲草料生产基地建设，促进草食畜牧业提质增效发展。

（二）完善现代特色农业产业体系

以提升西北地区现代农业发展水平和加强农业综合生产能力为核心，加强主要农产品优势产区基地建设，启动实施农产品加工提升工程，推广产后贮藏、保鲜等初加工技术与装备；培育加工和流通企业，发展精深加工，提高生产流通组织化程度；强化流通基础设施建设和产销信息引导，升级改造农产品批发市场，支持优势产区现代化鲜活农产品批发市场建设；发展新型流通业态，发展冷链体系，降低农产品流通成本，提升农产品竞争力。

（三）强化农业科技和人才支撑

以旱区农作物育种创新技术和农业节水利用技术为核心，完善农业科技创新体系和现代农业产业技术体系，启动实施农业科技创新能力建设工程，着力解决一批影响西北地区现代农业发展全局的重大科技问题，强化科技成果集成配套，增强农业科技自主创新能力和农业新品种、新技术转化应用能力；推广地膜覆盖、机械化深松整地、膜下滴灌、水肥一体化、测土配方施肥、耕地改良培肥、农作物病虫害专业化统防统治、秸秆综合利用、快速诊断检测等稳产增产和抗灾减灾关键技术的集成应用；以实施现代农业人才支撑计划为抓手，培养农业科研领军人才、农业技术推广骨干人才、农村实用人才带头人和农村生产型、经营型、技能服务型人才，壮大农业农村人才队伍。

（四）改善农业基础设施和装备条件

以推进农业节水利用战略为契机，加大西北地区农田水利基础设施建设力度，加快灌区续建配套节水设施改造步伐，增加农田有效灌溉面积，推进渠道输水向管道输水转变，地面灌溉向滴灌、喷灌转变，推广膜下滴灌、垄膜沟灌水肥一体化技术，引导用水主体改变大水漫灌等粗放灌溉方式。开展农田整治，完善机耕道、农田防护林等设施，加快农业机械化，确保农田综合生产能力长期持续稳定提升。加快构建监测预警、应变防灾、灾后恢复等防灾减灾体系。围绕加强农业防灾减灾能力提升，建设一批规模合理、标准适度的防洪抗旱应急水源工程，提高防汛抗旱减灾能力；推广相应的生产技术和防灾减灾措施，提高应对自然灾害和重大突发事件的能力。

（五）提高农业产业化经营水平

以构建西北地区新型农业经营体系为主要任务，推进农业产业化经营跨越式发展。重点扶持经营水平高、经济效益好、辐射带动能力强的龙头企业选建农业产业化示范基地、跨区域经营，并鼓励其与农户建立紧密型利益联结关系。强化农民专业合作社组织带动能力，广泛开展示范社建设行动，加强规范化管理，开展标准化生产，实施品牌化经营。引导土地承包经营权向生产和经营能手集中，培育和发展种养大户、家庭农（牧）场，支持农民专业合作社及农业产业化龙头企业建立规模化生产基地，发展多种形式的适度规模经营。

（六）加强现代农业发展创新与区域示范

围绕西北地区现代农业发展创新，加大现代农业示范基地建设。以构建新型多元产业示范体系为核心，以区域优势农产品及地区特色农产品生产为重点，加大示范项目建设投入力度，着力培育主导产业，创新经营体制机制，强化物质装备，培养新型农民，推广良种良法，加快农机农艺融合，促进农业生产经营专业化、标准化、规模化和集约化，努力打造西北地区现代农业发展的典型和样板。通过产业拉动、技术辐射和人员培训等，带动周边地区现代农业加快发展。引导各地借鉴示范区发展现代农业的好做法和好经验，推动创建不同层次、特色鲜明的现代农业示范基地，扩大示范带动范围，形成各级各类示范区互为借鉴、互相补充、竞相发展的良好格局。

（七）推进"一带一路"农业合作与国际农产品市场互补

以新疆为枢纽搭建国际化农产品贸易平台，形成与国际农产品市场互补且具有地域特色的区域农业发展产业链，结合农产品的国际化贸易以进口虚拟水补偿区域实体水的流失，缓解区域水压力。借助"一带一路"背景下建成的交通网，结合国际农产品贸易市场，挖掘自身优势，优化农业产业结构，在本地引进对初级农产品进行深加工的龙头企业，让本地农业生产逐步产业化，形成与国际市场优劣互补的产业格局，规避生产水足迹较高的常规作物在本地的生产，而推广低耗水常规作物和具有地域特色的农产品的生产，通过贸易手段从水资源利用效率较高的国家进口相应作物，以借助虚拟水的流入降低区域实体水的消耗，缓解区域水压力。

第五章 重 大 工 程

一、实施耕地质量保育工程的建议

耕地资源是农业生产的核心资源,其态势关系到粮食安全和社会经济发展可持续性。近年来,虽然我国粮食生产实现连增态势,但人口持续增长及膳食结构调整与优化使粮食消费需求刚性增长,耕地资源需求与其本身的稀缺性、有限性之间的矛盾随之愈来愈大。

西北地区是我国重要的生态安全屏障区、农牧交错区和特色优势农产品产区,在农业生产绿色化与"一带一路"国际化背景下,加强西北地区耕地资源保育与质量提升,对土壤质量进行精准管理,同步实现生产和生态的平衡,已成为我国未来粮食生产结构调整与生态环境协调发展的重要举措。

(一)制定耕地合理轮作规划,重点培育节水旱作农业,实现耕地质量自然修复

为发挥西北地区的自然禀赋优势和市场的决定性作用,促进资源、环境和现代生产要素的优化配置,提高农业资源利用率,必须加大粮食生产结构调整力度,重点培育节水旱作农业。实行合理轮作,扩大豆科绿肥作物面积,减少高耗水作物(玉米)种植面积,推广推行农作体系生产统筹管理;有规划地实行耕地休耕,让耕地休养生息;加快耕地粮食生产向粮草兼顾结构转型。

(二)加强耕地质量培育,控制耕地外来污染

西北地区当前耕地资源存在利用不当及土壤污染问题。建议今后着力做好:推进保护性耕作,增加耕作层厚度,提高土壤有机质含量和耕地基础地力;推广测土配方施肥和水肥一体化技术,控施化肥特别是磷肥施用;严格控制工矿企业废弃物排放堆积,阻控重金属和有机物污染,做好矿产开发地的复垦工作;重点控制农膜残留,推广地膜残留农艺防治技术和地膜回收再利用技术;重点改良盐碱化及沙化等障碍土壤。

(三)实施科技创新驱动的耕地质量提升示范工程

强化对单项农业技术的功能提升与完善;强化集成研究,形成综合性的耕地质量适应性调控技术体系;加大对中低产田改良与退化耕地的生态修复;增加对基本农田水利建设与节水农业技术推广的投入。同时,实施西北耕地保育与质量提升示范工程,以盐碱地改良修复、占补平衡耕地、地膜污染防治、秸秆肥料化利用、畜禽粪污无害化处理等为实施重点,以生态产能建设为核心,着力提升耕地内在质量。

（四）促进生产生态平衡，完善耕地质量政策支持体系

加大政府对新型经营主体的补贴与补助；完善农业生态补偿政策；健全与完善水资源分配和水权管理制度；构建以经济激励为核心的耕地保护制度，全方位设计耕地保护的利益驱动机制。

上述耕地质量保育的相关建议，有利于在西北地区实现粮食生产结构优化，资源环境永续利用，农业发展方式转变，各族人民生活更加安康的综合目标。不仅有利于生产、生态、生活的和谐与均衡，更能促使西北地区在我国经济发展进入新常态、世界经济低迷的时代背景下，开创新的绿色化发展理念，提高农业的综合效益与整体竞争力，持续促进农牧民就业与增加农牧民收入。

二、实施西北旱区农业提质增效与绿色发展示范工程的建议

西北旱区土地资源丰富，光照充足，生态类型多样，发展农业生产优势明显，在我国区域粮食安全、脱贫致富、优势产业带建设等方面的作用与地位十分突出。然而，西北旱区水资源缺乏，生态环境脆弱，水土流失、土地沙化、土壤瘠薄、生态系统功能失调等问题突出，农业发展方式仍然粗放，发展基础仍然薄弱。加快西北旱区农业可持续发展，推进西北旱区农业绿色发展，促进农业协调发展，是建设生态文明、促进农业可持续发展的内在要求，是持续增加农民收入、全面推进乡村振兴战略的重要途径。

随着我国西部大开发、生态屏障建设、现代农业的深入推进，劳动力、资源、环境严重短缺和生产成本迅速提高，旱区农业生产方式将进入重大调整和转型期，过去仅单纯靠密集劳动力投入、资源过度消耗、规模扩张的外延发展模式将发生重大转变。只有依靠科技创新，不断解放和发展社会生产力，提高劳动生产率，建立适应区域资源环境与人口的合理农林牧结构，提升农业价值链和农产品附加值，同步提高质量、效率和效益，才能实现区域农业可持续发展。为此，围绕国家现代农业发展需求，以国家乡村振兴战略为载体，结合西北地区地域特色，拟从西北旱区农业提质增效与绿色发展着手，提出"西北地区旱区农业提质增效与绿色发展示范工程"项目建议，对于实现"美丽中国"生态文明建设"2035 目标"和"2050 愿景"的发展目标具有重大现实意义。

（一）总体目标

针对西北地区生态环境脆弱、农业结构不尽合理、绿色发展障碍机制不明、耕地肥力低下、次生盐碱化加剧、水土流失严重和干旱缺水的特点，采用全新的视角，攻克旱区农业产业链中的产前、产中和产后不同阶段的重大共性科技问题，力争在动植物抗逆种子科技工程、旱区农业高效用水、耕地质量保育与中低产田改造、优质畜牧业养殖、林果提质增效与深加工、水土保持与生态修复、农业信息化与智能机械化、农业政策与制度设计等领域取得重大突破，整体提高旱区农业科技自主创新能力，推动区域农业绿色发展。

（二）实施的优先领域与关键技术

动植物抗逆种子科技工程：加强动植物重要性状遗传基础研究，重点突破旱区抗逆稳产种质资源创新、新品种创制、动植物制繁种、种子加工和质量保障等关键技术，建立动植物高效育种技术体系，加强动植物良种示范应用，构建新型种业科技创新体系。

旱区农业高效用水技术：研究旱区农业高效用水理论，重点突破生物节水、农艺节水和工程节水关键技术，创制环保型旱作节水制剂新材料，研发精量化、智能化农业节水关键设备与重大产品，建立旱情监测和灾害预警体系，强化区域性农业节水综合关键技术的集成应用与示范，建设高效生态灌区。

耕地质量保育与中低产田改造技术：重点突破旱区农田土壤快速改良、保护性耕作、水肥一体化调控等关键技术，研制新型肥料、改良制剂和产品，构建农田地力培肥技术体系，加强中低产田综合改良技术集成和示范，建立旱区耕地质量监测和综合管理利用系统。

优质畜牧业养殖技术：研究草地利用基础理论和动物产品品质形成与调控机制，重点开展草地畜牧业发展、重大动物疫病综合防控、安全高效新型饲料开发等关键技术研究与示范，建立畜禽健康养殖与优质安全生产模式，构建优质特色畜禽产品生产综合技术体系及产业化开发模式。

林果提质增效与深加工技术：研究特色林果先进生产技术，建立现代林果产业技术体系，创建高标准示范推广模式，重点突破农林产品精细加工技术，推动林果产业由初级果品生产向优质果品生产和精深加工转变，实现由数量扩张型向质量效益型的转变。

水土保持与生态修复技术：研究退化生态系统修复与水土保持理论，重点建立黄土高原、荒漠及荒漠化地区、农牧交错带和矿产开采区等典型生态脆弱区的水土保持动态监测与生态恢复重建技术，建立不同生态类型区的水土保持与生态修复综合调控技术模式，构建生态系统功能综合评估及技术评价体系。

农业信息化与智能机械化：研究精准农业重大基础理论，重点突破数字农业和精准作业的前沿技术，强化面向农业生产经营全产业链的信息化、数字化和精准化关键技术集成与示范，建立全产业链条的智慧农业系统；研发适合旱区农业特点的多功能作业关键机械与装备，突破智能化农机技术与装备核心关键技术，重点开展主要粮食和经济作物农机农艺融合的全程一体化生产技术集成研究与示范。

旱区农业绿色发展政策与制度设计：旱区农业绿色发展是一项涉及科技、政策、补贴、金融、保险等的系统工程，需要积极探索有效的国家农业支持和生态补偿机制与政策，提出旱区农业资源保护、土地流转、污染防控、信贷、保险等系列政策；研究如何调整完善农业"补贴"政策，调动新型经营主体和农民种粮的积极性，建立和完善有助于农业绿色发展的法律及法规体系，鼓励农民从事农业生产与生态保护。

三、实施丝绸之路经济带旱区现代农业
科技产业示范工程的建议

西北地区占全国国土面积的 39.16%，是我国生态环境最为脆弱的区域，在确保我国粮食安全中具有举足轻重的地位。我国西北地区和中亚五国位于丝绸之路经济带的核心地带，地域辽阔，是"世界上最长、最具有发展潜力的经济大走廊"，也称丝绸之路旱区，在自然禀赋、农业生产与生态环境方面存在极大的相似性和互补性，其农业生产潜力远没有得到充分开发，将丝绸之路旱区现代农业统筹考虑，对未来我国食物安全、生态安全与区域稳定具有重大作用，也有利于实现构建"人类命运共同体"与和平发展的历史使命。

（一）我国西北地区与中亚五国是丝绸之路经济带最具合作前景的区域

中亚五国与我国西北地区毗邻，拥有 3000 多千米的边境线，有 9 个跨界同源民族散居在境内。语言和风俗习惯类似，文化生活联系广泛，构成了该区域经济合作的人缘基础。依靠这种地缘优势，西北地区已经成为与中亚国家对外经济合作的重要承接地和聚合点。

目前我国粮食进口主要集中在美国、澳大利亚、巴西、阿根廷等几个国家，进口国家集中，且粮食运输距离远，随着中美贸易战的加剧，我国粮食安全问题存在较大隐患。中亚国家与我国西北地区毗邻，与其发展食物贸易有利于改善我国贸易结构，促进粮食安全。

我国与中亚五国在农业领域有较好的互补性和互利性，具备很好的农业合作潜力。中亚五国具有丰富的农业自然资源，耕地资源丰富，水资源较我国西北地区相对丰富，而我国西北地区具有技术和管理优势以及相对的资金优势，加强双边合作，对于提高中亚五国农业生产水平和用水水平，提高我国粮食安全和资源性短缺农产品供给程度，以及建立未来的海外出口基地具有深远的战略意义。

（二）丝绸之路经济带旱区农业与资源最具互补性

中亚五国与我国西北地区类似，光热资源丰富；土地资源丰富，国土面积合计 400 万 km²，其中耕地面积 3241 万 hm²、草地面积 2.5 亿 hm²，分别相当于我国的 25% 和 62.54%，另有大量的可耕地未被利用，如哈萨克斯坦近年来农业用地在 1500 万～1800 万 hm²，不到其耕地面积的 80%；水资源较为短缺，中亚五国的年降水量在 160～700mm，人均水资源量均低于 8000m³，虽高于西北地区人均 2310m² 的水平，但从整体上看属于缺水国家。

农业是中亚五国的传统主导产业，产业结构简单。中亚五国农业以种植业和畜牧业为主，每一农业劳动力平均拥有 5hm² 耕地和 39hm² 草场，但普遍存在农业生产技术相对落后、经营粗放、现代化水平低、粮食单产低、灌溉水利用效率偏低的问题。中亚五国农业投入普遍不足，农业机械发展相对滞后，劳动力生产率低，农业单产不足我国西北地区的一半，农业节水灌溉面积较少，灌溉水利用效率不及我国西北地区的 20%；而我国西北地区具有资金优势，农业机械化率和农业科技水平相比中亚国家较高，如新疆在地膜覆盖技术和膜下滴灌技术方面具有较成熟的经验与较高的技术水平，拥有自主研发的节水灌溉产品及技术，西北农林科技大学在哈萨克斯坦引种的冬小麦品种，亩均增产达 82%，引起了哈萨克斯坦农业部的高度关注。

因此，根据"一带一路"倡议的路线图，建设丝绸之路经济带旱区特色现代农业基地，以现代农业科技产业示范为抓手，以西北旱区生态健康为前提，开展粮食作物高产优质、瓜果蔬菜提质增效、绿色肉蛋奶、旱作节水农业、绿色化农业和生态修复等科技示范，使中亚五国在粮食生产、肉蛋奶生产，我国西北旱区在瓜果蔬菜生产方面有更多的担当，实现"两种资源、两个市场"的有效融合，保证西北旱区食物需求的有效供给，有效提高我国食物安全水平，努力形成丝绸之路旱区目标同向、措施一体、目标互补、互利共赢的协同发展新格局。

（三）实施丝绸之路旱区现代特色农业科技示范工程的建议

1. 建设丝绸之路旱区特色农业创新发展试验示范平台，全面提升旱区农业科技创新能力

以优化丝绸之路旱区农业创新发展科技平台布局为核心，依托于丝绸之路农业高校联盟，支持区域涉农高校和科研机构创建一批特色农业科技创新重点实验室及重点工程技术研究中心，围绕现代特色农业关键技术开展集成创新；建设一批产业科技创新中心及培育农业高新技术企业，重点支持现代农业新技术、新品种的研发、引进示范，以及科技推广服务体系建设，支持区域农业技术研发与推广。

2. 实施丝绸之路旱区特色农业竞争力提升工程，全面改善旱区农业综合生产能力

针对中亚五国的小麦、玉米、棉花和畜牧业，我国西北的苹果、马铃薯、枸杞、葡萄、大枣等地域特色鲜明的农产品，支持特色优势农产品生产基地建设、着重培育新型农业经营主体、扶持农业龙头企业和农业产业化合作组织，实现其生产良种化、标准化、规模化和品牌化，形成从特色农产品初级生产、精深加工、副产物综合利用到第三产业融合发展的全产业链示范样板。

3. 实施丝绸之路旱区农业产业结构及种植结构优化调整工程，全面提升水土资源承载能力

中亚五国降水主要集中在冬春季，我国西北地区降水主要集中在6~9月，因此中亚五国小麦、油料作物降水利用比例相对较高，灌溉水需求较少；中亚五国草地资源丰富，有利于发展畜牧产业，但由于食品加工业发展严重滞后，畜产品深加工较少；我国畜禽产业使用饲料粮较多，需要耗用较多的水资源。因此，应将我国西北地区、中亚五国食物产业统筹考虑，加强地区之间的协调，将水资源作为重点考虑因素，优化调整我国西北地区、中亚五国产业结构及种植结构，使得各区域建立起适水型的产业结构和种植结构。

4. 建设丝绸之路旱区职业农民培训机构，全面提高旱区现代职业农民的科技素养与技能

着眼于带动丝绸之路旱区现代特色农业发展，依托与联合现代农业示范基地、农技

推广中心及农业科研单位，发展一批职业农民培训机构和分中心，定期组织召开面向旱区农业的优秀职业技术农民经验交流会。探索引入市场化机制，在全产业链上进行垂直整合，建立职业农民信息服务平台和数据库，实现职业农民与农业园区、农业企业、专业合作社等市场主体的有效对接。

专题研究

西北地区食物安全现状与可持续发展前景研究

食物安全是一个全球性的问题，也是一个永恒的话题。历史上，任何朝代，粮食安全都与国防安全并重，同为国家安全的核心。"仓廪实而知礼节，衣食足而知荣辱""粮安天下""民为国本，食为民天""手中有粮，心中不慌"等诸多成语、俚语无不是前人对粮食安全问题认识的经典总结。即便是当下，尽管科技手段非常先进，农业产能结构性过剩，供给侧改革问题比较突出，但是由于食物安全受气候、自然灾害、病虫害等无法预知因素的影响，各级政府仍旧将保障粮食安全问题视为核心任务。习近平总书记强调的"中国人的饭碗任何时候都要牢牢端在自己手上""我们的饭碗应该主要装中国粮"等就是我国政府对本国粮食安全的权威论述和认知，而实行的"粮食安全省长责任制"则是对这一问题的贯彻和落实。近年中美贸易摩擦升级以来，美国对中国科技企业的打压凸显这一问题的严峻性、迫切性。构建中国的食物供给科技保障体系，对促进中国粮食安全具有十分重要的战略意义。

在粮食供给全球市场化，农业生产的水土资源问题日渐突出，供给侧结构性改革迫切，居民生活水平亟待提升，农业劳动力短缺与土地经营模式转变等问题突出的背景下，确保将饭碗牢牢地掌握在自己的手里、让老百姓吃得健康、让我们的生态环境更加安全，树立新型粮食安全观、构建新型粮食安全预警体系、建设新型粮食安全战略储备制度和保障体制，对实现区域社会经济的可持续发展、共同富裕和乡村振兴战略的实施具有重要的战略意义。

西北地区是我国生态环境最脆弱的区域，青藏高原、黄土高原、内蒙古高原等世界著名的高原在这一区域，塔克拉玛干大沙漠、柴达木盆地、巴丹吉林沙漠、古尔班通古特沙漠、毛乌素沙漠等都分布在这一区域；青海、甘肃、新疆和内蒙古分布着我国四大牧区，也是种植业、畜牧业等农业生产模式多元化比较突出的区域，是我国典型的生态安全屏障。在新常态下，研究这一地区的食物安全问题，构建新型食物安全观，实现区域的可持续发展意义重大。

本研究以中国社会经济发展的新常态为背景，通过对 2001 年以来陕西、甘肃、青海、宁夏、新疆、山西及内蒙古（除东四盟）泛西北地区食物产需状况、制障因素、生产潜力等方面的系统研究和分析，客观评价了这一区域在国家粮食安全战略中的地位，并提出了基于全球市场条件和农业发展新常态的新型食物安全与可持续发展的对策，以期为今后国家粮食安全战略的制定提供理论依据。

一、西北地区食物安全的态势及格局

（一）本研究关于西北地区的界定

本研究的西北地区，不同于传统意义上的陕甘青宁新五省（区），而是泛西北地区，本研究中西北地区界定为陕西省、甘肃省、青海省、宁夏回族自治区、新疆维吾尔自治区、内蒙古自治区（除东四盟）、山西省，共 70 个地级市，519 个县级行政区划单位，面积 375.98 万 km²，占全国国土面积的 39.16%（专题表 1-1）。

专题表 1-1　西北七省（区）分布

地区	地级市个数	县级行政区划单位个数	面积（km²）	备注
陕西省	11	107	20.56	宝鸡市、咸阳市、渭南市、铜川市、西安市、汉中市、安康市、商洛市、榆林市、延安市，杨凌区
甘肃省	14	86	42.58	兰州市、嘉峪关市、金昌市、白银市、天水市、酒泉市、张掖市、武威市、定西市、陇南市、平凉市、庆阳市、临夏回族自治州（简称临夏州）、甘南藏族自治州（简称甘南州）
青海省	8	48	72.23	西宁市、海东市、玉树藏族自治州、海西蒙古族藏族自治州、海北藏族自治州、海南藏族自治州、黄南藏族自治州、果洛藏族自治州
宁夏回族自治区	5	21	6.64	银川市、石嘴山市、吴忠市、固原市、中卫市
新疆维吾尔自治区	14	90	166	乌鲁木齐市、克拉玛依市、吐鲁番市、哈密市、阿克苏市、喀什市、和田市、昌吉回族自治州、博尔塔拉蒙古自治州、巴音郭楞蒙古自治州、克孜勒苏柯尔克孜自治州、伊犁哈萨克自治州（简称伊犁州）、塔城地区、阿勒泰地区
内蒙古自治区	7	48	52.3	呼和浩特市、包头市、乌兰察布市、鄂尔多斯市、巴彦淖尔市、乌海市、阿拉善盟
山西省	11	119	15.67	太原市、大同市、阳泉市、长治市、晋城市、朔州市、晋中市、运城市、忻州市、临汾市、吕梁市
总计	70	519	375.98	

（二）食物范围的界定

本研究中的食物界定为植物性食物、动物性食物。植物性食物主要指粮食（小麦、玉米、水稻、薯类、杂粮等）、棉籽油、蔬菜、果品、木本粮油等；动物性食物包括肉、奶、禽蛋、水产品等。

（三）西北地区食物安全态势

1. 粮食产量

西北地区 2000～2015 年的 16 年中粮食产量从 4289.32 万 t 增加到 6709.45 万 t（专题图 1-1），增加了 2420.13 万 t，2015 年相对于 2000 年增加了 56.4%，远高于全国同期增长率 34.5%，而人口增加了 1522 万人，增加了 11.36%，粮食产量增长速度高于人口增长速度；全国这一时期人口增加了 1 亿多人，增加了 8.4%，西北七省（区）粮食产量和人口增长速度高于全国。总体而言，粮食产量增长速度高于人口增长速度；西北地区人均粮食产量在 2001 年为最低，仅为 294.87kg（专题图 1-2），远低于全国 355.89kg 的水平，在 2012 年，人均粮食产量才达到 413kg，达到联合国关于粮食安全的标准，比全国达到 400kg 晚了 2 年，2015 年西北地区人均粮食产量为 449kg，低于全国平均水平的 452kg。

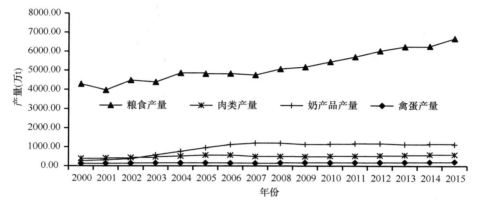

专题图 1-1　西北地区食物生产情况

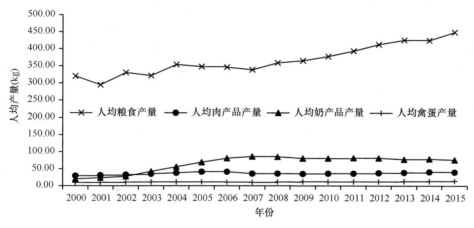

专题图 1-2　西北地区人均食物生产情况

2. 肉类产量

从 2000 年至今，西北七省（区）肉类的产量和人均产量都呈上升趋势，肉类产量从 2000 年的 381.7 万 t 增加到 2015 年的 599.91 万 t，16 年增加了 202.62 万 t，相对于基础年份增加了 51.0%，高于全国的同期增长率 43.4%；七省（区）人均肉产品产量仅 2000 年为 29.64kg，2005 年、2006 年、2014 年和 2015 年均超过 40kg，其余年份均在 30～39kg，保持相对稳定，七省（区）人均肉产品产量低于全国同期任何年份的值，2000 年低于全国 18kg，2015 年仅为全国的 64%，人均肉产品产量远低于全国的数量。

3. 奶产品产量

七省（区）奶产品产量从 2000 年的 269.57 万 t，增加到 2006 年的 1132 万 t，用了 6 年的时间，2008 年达到历史最高峰 1204 万 t，之后一直稳定在 1140 万～1190 万 t，目前基本上保持在全国的 30% 左右；七省（区）人均奶产品产量从 2000 年的 17.46kg 增加到 2015 年的 76.46kg，增加了 3 倍多，人均奶产品产量远高于全国水平，基本保持在 3 倍左右的水平。

4. 禽蛋产量

禽蛋产量从 2000 年的 129.64 万 t，增加到 2015 年的 215.22 万 t，16 年中增加了 66.0%，全国同期增长率为 26.8%；人均禽蛋产量在 2000 年为 9.67kg，2014 年为 14.42kg，仅分别为全国同期的 56% 和 66%。

从上述分析来看，西北七省（区）仅奶产品的产量和人均产量在全国具有优势，粮食、肉类和禽蛋产品人均产量均低于全国的平均值；这里面仅考虑了简单的生产，没有考虑贸易。

（四）西北各省（区）食物生产格局

西北七省（区）之间食物生产差距巨大，2015 年山西和新疆两地粮食生产量占七省（区）粮食生产总量的 41.4%，而青海和宁夏两地粮食生产总量不及 7.1%，尚不及陕西和甘肃的一半，陕西、山西、甘肃、新疆是七省（区）主要的粮食生产区，占区域粮食生产总量的 77% 以上（专题图 1-3）。人均粮食占有量上，内蒙古、宁夏和新疆分别为 842.79kg、557.78kg 和 644.61kg，远超过区域人均占有量 476.79kg，而陕西和青海较低，分别仅有 323.44kg 和 174.66kg，不仅低于七省（区）平均值，也低于全国的平均值，尤其是青海，其人均粮食占有量不及区域平均值的一半，仅为全国平均值的 38.6%。

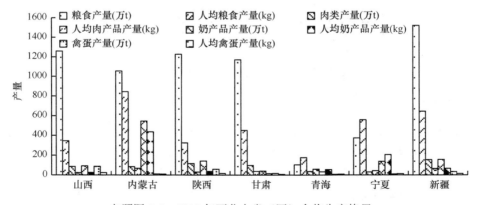

专题图 1-3　2015 年西北七省（区）食物生产格局

西北七省（区）是我国最主要的草原畜牧业比较发达的区域，也是草场面积最大的区域。2015 年，山西、内蒙古、陕西、甘肃和新疆肉产品产量占了全区产量的 89% 以上，宁夏和青海仅为 10.5%；在人均肉产品产量上，内蒙古最高，为 67.58kg，其次为新疆，人均为 64.91kg，青海为 59.08kg，山西人均最少，仅为 23.35kg。从产量来看，陕西、新疆是该区域最主要的肉产品生产区。

该区域是全国重要的奶产品生产基地，2015 年人均奶产品量为 76.46kg，其中内蒙古人均奶产品占有量为 435.32kg，其次是宁夏，达到 204.39kg，甘肃仅有 15.12kg，低于全国平均水平，除山西和甘肃外，其余省（区）人均占有量均超过全国平均水平；内蒙古、陕西、宁夏和新疆总产量达到85%以上，是该区域主要的奶产品生产基地，也是全国重要的奶产品生产基地，仅内蒙古奶产品产量就达到全国的47.76%。

在禽蛋产品生产方面，2015 年，山西、陕西和新疆三省（区）是西北七省（区）的主要禽蛋生产区，其中山西占了全区的40.5%，陕西达到27.0%；人均禽蛋产品占有量上山西最多，达到 23.81kg，基本上和全国平均值持平，其他省（区）均低于全国平均值。

二、食物安全研究的理论框架与方法

（一）食物安全的概念辨析

"民以食为天""粮安天下"等词语精准地阐述了食物安全对一个民族，一个国家的重要性。食物安全问题既是一个历史问题，也是一个现实问题，一个民族的兴衰、一个民族文化的持续与否和这个民族在食物安全方面的供给有着非常密切的关系。那么什么是食物安全，在不同的时代其内涵和意义是什么？

李哲敏（2003）根据联合国对食物安全的定义，将食物安全划分为 3 个阶段。

从人类对食物安全的定义来看，第一个阶段仅仅是从人类生存权的角度去界定，有吃的，满足日常三餐是人类最基础的目标（专题表 1-2）；第二个阶段，在人类整体食物满足供给的情况下，不同区域之间，弱势群体如何有能力获取食物，保障食物的安全足额供给，既强调供给的数量，又强调获取能力的问题，即区域发展问题，全球粮食供大于求，并不代表某一个区域有能力、有实力获得粮食；第三个阶段，属于环境问题，由于全球农业生产环境的恶化，因此食品安全事件频发，在这一背景下，提出的基于可持续发展的食物安全概念，涵盖了数量、质量和食物生产环境的可持续 3 个层面的意义。

专题表 1-2　食物安全概念演变

阶段	名称	时间	内涵
第一阶段	强调从食物数量上保障供给的食物安全	联合国粮食及农业组织（Food and Agriculture Organization of the United Nations，FAO）（简称联合国粮农组织）1974 年 11 月在罗马召开的世界粮食大会上首次提出了食物安全的概念	保证任何人在任何地方都能得到为了生存与健康所需要的足够食品；**着重强调食物在数量上应满足人们基本生存的需要**
第二阶段	强调从宏观与微观方面保障食物数量供给的食物安全	1983 年 4 月联合国粮农组织粮食安全委员会通过的食物安全新概念	食物安全的最终目标是，确保所有的人在任何时候既能买得到又能买得起所需要的任何食品；**要强调食物的可供给量和获得它的能力**
第三阶段	强调从食物数量、食物质量和食物可持续方面共同保障的食物安全	1992 年国际营养大会；1996 年《世界食物安全罗马宣言》和《世界粮食首脑会议行动计划》	在任何时候人人都可以获得安全的富有营养的食物，以维持一种健康、活跃的生活的那种局面；包括 3 个方面：**满足食物数量安全，满足食物质量安全，确保食物来源的可持续性**

（二）食物安全影响因素分析

从已有文献来看，国内外学者分别从气候变化、市场价格冲击、农业支持政策、农业科学技术、国际援助以及疾病等方面，研究冲击因素对粮食安全的影响。

食物安全的影响因素比较复杂，根据食物生产过程、加工过程、流通过程、消费过程可以划分为源头、加工、流通和消费因素；根据影响食物安全因素的来源可以划分为自然因素、社会因素。

1. 宏观层面食物安全影响因素分析

食物安全是一个非常复杂的自然和社会问题，具有多层次性，第一层次，是生产层次，保障可以提供给人类丰富的食物，即食物来源的问题，涉及气候、土地、水、种子、化肥与作物生长发育和农田管理相关的要素，以及奶畜、禽蛋生产过程的饲料、疫病防治等因素，这一层面是最基本的层面，是食物安全最基本的条件，是社会能够提供给市场食物的保障。第二层次，社会对食物的分配能力，即政府对食物的分配及管控能力。食物安全是相对一个区域中的个体或者某一个群体而言的，市场可以有丰富的食物，但不一定有能力保障不同地区之间食物可以进行有效的流通，导致区域之间的食物不均衡，进而影响整个地区或者国家的食物供给，这要求国家在食物安全的管控方面要有强有力的措施或者能力，政治斗争、动乱和族群的斗争往往是影响区域食物安全的重要因素，这一点从当前全球食物安全问题上已经显现出来。第三层次，影响个体层面对食物获取能力的因素。人均食物的供给安全只能反映某一时间、某一区域食物供给总量是充足的，往往会蒙蔽一些潜在的因素，如地主、资本家在百姓需要食物的时候，能否及时低价出售食物，将其作为一种维持生命要义的物质，食物掌控在谁的手里，需要食物的人是不是有能力获得，这是食物安全的关键。

我国土地革命基本上就是以解决这一问题为主的。1978年之前的集体土地所有制，是以解决人民食物安全问题为初衷的，全体社员拥有共同的土地，生产出的粮食、猪肉等保障了社员的食物安全，这一点从根本上解决了地主或者资本家囤积粮食、哄抬物价导致的底层人民食物安全问题，但是这一制度和模式由于生产效率的问题，食物生产的能力不高，也就是第一层次的问题没有得到很好解决；1978年实行家庭联产承包责任制，即农民所谓"单干"之后，农民具有土地的承包权和经营权，生产的食物除了上缴国家之外，其余完全供生产者自己消费，极大地提高了农民的生产积极性，有力地保障了国家食物安全，对解决我国温饱问题贡献巨大。但是，随着我国改革开放政策的深度发展，以土地为核心的经营模式很难满足解决了温饱问题的农民对生活水平提高的进一步追求，农业生产的比较经济效益远比进城务工的收益要小，大量优质的农民工放弃农村土地、放弃农业生产进入城市，导致农村的空心化问题、留守儿童问题、空巢老人问题比较严重，食物安全基本依靠老人、妇女和儿童，成为我国食物生产供给方面潜在的隐患。

2013年10月中央正式出台土地流转政策，土地流转形成的规模化集约经营是中国农业现阶段发展的必由之路，但是在土地流转的过程中，如果管控措施不到位、监管不力，对中国农业，尤其是粮食安全造成的影响将是深远和深刻的。其原因如下。

第一，土地流转的主体与食物安全责任之间的关系对等问题。

现阶段，随着我国社会经济转型，大量的工商资本、房地产公司、退出煤矿等暴利行业的资本，纷纷进军农业领域，通过土地流转的政策，占领大量的农业用地。由于工商资本追逐利益的本性，其经营的对象必然是一些经济价值高的经济作物，而非低收益的小麦、玉米等作物；如果国家监控不到位、调控不力，这些必将是中国食物安全的重大隐患。

第二，失地农民进城之后的就业质量及其对食物的购买能力。

目前，随着农村城镇化的发展和农民进城政策的推进，大量的农村居民进入城市，选择在城市生活，但是这一部分农村居民年龄偏大，生产技能比较低下，在城市很难找到待遇较高的工作，是企业裁员的主要群体。如果这一部分人购买能力不足，势必会成为各级政府部门关注的重点人群。

第三，食物安全的环境问题。

这一问题涉及食物安全的深层次问题，即食物的质量问题，从种植业角度来说，涉及化肥、农药的过量和不合理施用；从养殖业角度来说，涉及饲料添加剂、兽药安全、饲养过程的疫病防治等问题；从加工运输过程角度来说，涉及保鲜冷藏、清洁加工等。

在研究食物安全的时候，首先要明确食物安全的责任主体是谁，国家、各级政府和普通民众，三者之间对食物安全既有相同的责任又有不同的责任；对国家而言，这是一个全局性、战略性的任务，无论食物丰产与否，必须要将这一问题放到战略层面去考虑；各级政府对管控辖区内食物安全具有直接的责任和义务；普通民众对食物安全的关注，首先是从自身角度去考虑；因此，在讨论食物安全的时候应该考虑不同层面应承担的责任和义务，以及不同层面的奉献。

2. 微观层面食物安全影响因素分析

微观层面上而言，影响食物安全的主要因素是指食物的整体供给能力和食物质量保证层面的因素。

气候因素、土地资源因素、农业科技水平和农业投入等属于微观层面上影响粮食生产的因素。

（三）食物安全研究方法

我国食物安全问题长期以来受到诸多学者的关注，在综合分析过去国家食物产需特点和现阶段食物安全问题的基础上，大量学者都对中国食物安全产需状态和未来的动态发展趋势进行了分析及预测，主要集中在对于粮食产需平衡的研究上。本研究在对西北地区食物产需平衡进行分析的时候，综合了前人在食物安全、产需动态等方面的大量研究，结合西北地区实际情况和发展数据进行分析，具体采用食物生产能力估算、食物消费预测和食物产需平衡分析三方面的研究方法。

1. 食物生产能力估算方法

（1）资源生产潜力估算方法

资源生产潜力估算方法是目前粮食作物产量估算中运用比较广泛的一种方法，其最基本的原理可以认为是 Liebig 最小养分律和 Blackman 限制因子定律。后来学者结合作物光合作用过程认为作物生产能力取决于光的多少和光能利用效率，在随后的研究中逐渐加入了环境因素，如温度、水分等，最终发展为多个作物生长潜力模型。目前最常用的光温生产潜力方法是 Wagenigen 模型和联合国粮农组织（FAO）制定的农业生态区（agricultural ecology zone，AEZ）法，这两种方法被多个地区和研究采用（Loomis and Williams，1963）。Wagenigen 模型主要将温度作为作物生长过程中的决定因素，对于其他因素考虑较少；AEZ 法考虑了作物生长过程中的辐射、温度等因素，并兼顾作物生长时期和水分需求等，基础数据容易获取且使用比较容易，但是使用生长期平均辐射和平均温度使得该方法预测准确性降低。随后的学者也尝试将水分、CO_2 等因素加入生产潜力估算，取得了一定的研究成果，但是目前使用范围仍然比较小（周永娟等，2009；Higgins and Kassam，1982；Hanks and Rasmussen，1982）。此外，资源生产潜力估算方法仅仅考虑作物光合生产能力以及其他因素的影响，实际预测结果通常远远大于实际生产能力，因此预测结果一般都被作为地区可能达到的生产理想值来参考，与实际生产水平差距较大。

（2）作物生长模型估算方法

作物生长模型估算方法主要是利用大量的基础研究数据模拟作物生长发育过程的各个生理生态指标和生长阶段，最终预测作物实际生产能力的方法（周永娟等，2009）。最早可以追溯到 1970 年荷兰科学家 De witt 开发的 EL-CROS 作物生长模型，随着近几十年来计算机技术的飞速发展，目前国内外开发的作物生长模型已经有数十个，较为著名的模型有 CERES、GOSSYM 等。作物生长模型具有诸多特点，例如，其可以系统和动态地反映作物生长的过程，许多模型还能够预测作物生长各个阶段的生长情况，同时一个作物生长模型能够适用于不同地区、不同时间和不同品种，只需要改变区域资源和基础数据即可，同时还能加入栽培技术和管理等数据，使得预测更加精准。但是也有一些不足之处，例如，其预测结果具有很强的针对性，一个地区的基础数据预测结果只能反映很小区域的作物生产情况，预测结果的外推性不强，尤其是从区域试验结果外推大尺度预测结果时不太理想；此外，模型大多针对固定的作物，对于没有研发出模型的作物无法使用。

（3）函数模拟估算方法

函数模拟估算方法是借助于多年生产资料数据，对所要预测的食物产量建立随着时间变化的函数模型，然后利用函数模型进行外推，进而对预测对象的产量进行预测。这一方法较为简单，需要的基础数据比较容易获得，尤其是对较大尺度主要粮食作物和肉蛋奶等食物进行预测的时候，大部分地区都会有多年的生产资料数据可以使用，而且采用实际生产资料数据和试验测定数据模拟更加符合食物生产现状，能较好地反映一个地区短期事物供应的变化趋势。函数模拟估算方法采用的函数一般为多元回归函数或者灰色预测函数 GM(1,1)模型。其中 GM(1,1)模型是邓聚龙教授于 20 世纪 80 年代提出来的灰色系统理论中的单序列一阶线性动态模型，被证明能够较好地用于预测区域粮食作物产量，使用比较广泛（杨蕾等，2009）。此外，上官周平等（2011）在原有的函数模拟基础上采用移动平均方法模拟粮食生产潜力，使得预测结果更加可靠。函数模拟方法在对连续变化的数据进行预测的时候具有比较好的效果，但是考虑实际生产中的食物生产，尤其是粮食生产受到诸多因素的限制，在产量达到一定水平的时候其上升趋势会发生变化，因此在利用此方法分析的时候需要充分考虑资源条件和科技水平的限制。

2. 食物消费预测

（1）统计数据分析

人们对于食物的消费结构和水平在一定时间段内是比较稳定的，而且对于食物结构需求的变化是逐渐发生的，一般情况下不会有太大的跳跃性变化。因此利用过去一段时间内人们对于食物消费的情况可以推测出未来短期内人们的食物需求。该方法与食物生产能力估算方法中的函数模拟估算方法一样，也是借助于现有消费数据建立函数，然后进行外推对未来食物消费情况进行预测。这一方法对于数据量的需求比较少，操作简单，得到的结果对于实际粮食消费决策具有较大的参考价值。但是这一方法的缺点是无法预测人们对于食物消费结构的长期变化，尤其是当前食物结构比较复杂，人们对于食物的消费受到政策、生活水平以及观念意识等的影响，这些因素增加了利用统计数据进行预测的不确定性。

（2）社会调研法

为了充分了解研究区域内人们对于食物消费的需求和未来食物消费的计划，在研究区域通过抽样调查的方法获取数据，分析当地未来食物需求的变化情况，能够获得未来区域范围内食物消费最基础和准确的数据，对于研究一定地区未来的粮食产需平衡具有重要的意义。该方法存在的问题是开展社会调研程序比较复杂，需要消耗较多的人力物力，而且调研过程中抽样方法和调研方式、样本量等都会影响最终结果，同时调研针对的区域范围比较小，调研结果对于抽样区域外的地方参考价值有限；而且抽样调查的数据结合人口数据计算得到的区域食物需求量与实际食物需求量往往差异比较大。但是这种方法可以和统计数据分析法结合，在现有实际消费量的基础上进行未来情景的模拟，能够得到较好的预测结果。

3. 食物产需平衡分析

（1）产需平衡指数估算

产需平衡指数是最为简单的衡量一个地区食物供求关系的方法。计算区域内食物生产能力和区域内人民的食物消费需求，同时考虑食物市场流通中的进出口量，能够获得食物产需过程最直接的平衡关系。但是平衡指数在估算的过程中仅仅考虑到了食物生产和消费过程，欠缺对于其他影响食物产需因素的考虑；另外，分析国家食物产需平衡关系的时候有进出口数据可以参考，但是国内区域尺度分析上难以获得食物流通和购买数据，给使用此方法分析造成一定困难。

（2）产需预测模型

食物的产需关系实际是经济学和管理学问题，在产需关系预测过程中还需要充分考虑市场、经济、科技、政策等多种因素的影响，在产需平衡指数的基础上，结合多种因素，构建更加全面的分析和预测模型受到诸多学者的关注。其中，中国农业政策分析和预测模型（China's agricultural policy simulation and projection model，CAPSiM）与中国-世界农业区域市场均衡模型（China-world agricultural regional market equilibrium model，CWARMEM）被广泛使用。CAPSiM 主要是分析国家政策和外界冲击对于中国农产品市场的影响以及未来农产品的产需关系，具有综合性、系统性、多功能性、快捷性和与实证结合等诸多的优点（黄季焜和李宁辉，2003），被广泛应用于区域和全国尺度的农产品产需关系预测。CWARMEM 是在中国农产品区域市场均衡模型（China's agricultural products regional market equilibrium model，CARMEM）的基础上建立的区域市场均衡模型，充分考虑了中国国内和国际粮食市场贸易关系，对于粮食、肉类、蛋奶等 18 种农产品进行预测，并进行了不同的情景设计，分析不同情景条件下未来区域粮食产需平衡的关系，可以用于各省和全国的预测（陆文聪等，2011；梅燕，2010）。

三、西北地区食物产需平衡变化动态及主障因素研究

（一）2000～2015 年西北地区食物生产演变特征

1. 植物类生产演变特征

（1）谷物类生产演变特征

西北七省（区）谷物产量以新疆、陕西和山西居多，且增长幅度大（专题图 1-4），特别是新疆和山西，由 2000 年的 800 万 t 左右增长到年产 1200 万 t 左右，增幅约 50%，

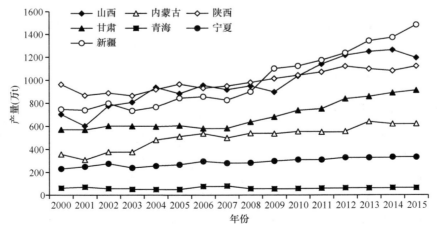

专题图 1-4 西北各省（区）谷物 2000～2015 年产量变化趋势

陕西增幅较小；甘肃、内蒙古产量低于以上省（区），但均呈现增长趋势，增幅在 20% 左右；宁夏和青海产量低，且在 2000~2015 年产量基本保持不变。

（2）口粮生产演变特征

2000~2015 年年均口粮（小麦、水稻、马铃薯）产量最大的省（区）为新疆，为 555.1 万 t，其次为陕西（551.8 万 t）、甘肃（464.0 万 t）、山西（278.7 万 t）、内蒙古（188.8 万 t）、宁夏（163.3 万 t）和青海（71.2 万 t），总体不同省（区）差异较大（专题图 1-5）。2000~2015 年，新疆在 2008 年后年均产量有大幅度增加，增幅达到 65%，其后保持在 700 万 t 左右，其他省（区）产量有波动，但总体变化趋于平缓。

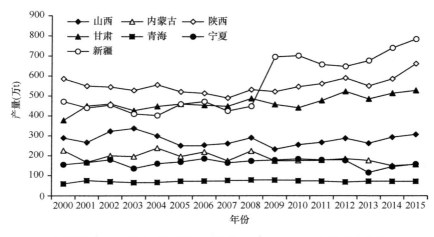

专题图 1-5　西北各省（区）口粮类 2000~2015 年产量变化趋势

（3）油料、棉花生产演变特征

油料产量最大的为内蒙古，且在 2010 年后产量有大幅度增加，5 年增幅超过 50%（专题图 1-6）；其次为甘肃、陕西和新疆，总体产量差别不大，其中新疆产量在 2006 年和 2007 年呈现较大幅度下降，其后又大幅回升，年产量达到甘肃年产量水平，甘肃和陕西呈现稳步增长趋势，16 年增幅达到 50%左右；青海年产量稳定在 30 万 t 左右；山西油料产量在 2006 年以前有大幅度下降，其后稳定在年产 19 万 t 水平，与宁夏产量接近；宁夏产量最低，年均仅 15 万 t。

各省（区）棉花产量差异极大，新疆棉花产量最大，年均达到 246.6 万 t，除 2009 年和 2010 年略有回落外，总体呈现增加趋势，16 年增幅达到 130%（专题图 1-7）；甘肃、山西和陕西的年均产量分别为 9.2 万 t、7.9 万 t 和 6.8 万 t，内蒙古、宁夏、青海的棉花产量非常低，可忽略不计。

（4）果蔬生产演变特征

陕西果品产量最大，年均产量达到 1215.3 万 t，且增长非常迅速，16 年增幅达

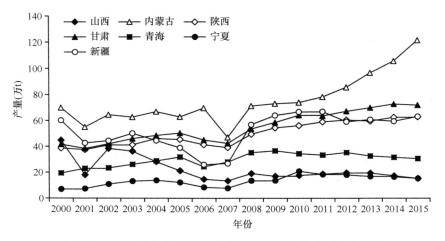

专题图 1-6　西北各省（区）油料 2000～2015 年产量变化趋势

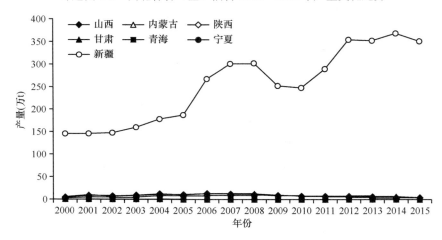

专题图 1-7　西北各省（区）棉花 2000～2015 年产量变化趋势

到 240.1%（专题图 1-8）；其次为新疆，年均产量 831.1 万 t，增幅同样非常显著，16 年增幅达到 439.8%；山西和甘肃果品产量接近，年均产量分别为 472.8 万 t 和 407.5 万 t，呈现稳步增长趋势，16 年增长约 2 倍；内蒙古和宁夏产量相近，年均产量分别为 189.9 万 t 和 164.5 万 t，呈现小幅增长趋势；青海果品产量非常低，可忽略不计。

　　新疆、陕西和甘肃蔬菜产量大，2015 年产量达到 1800 万～2000 万 t，且三省（区）在 2000～2015 年产量增长都非常迅速，均增长 2 倍以上，其中陕西和甘肃产量非常接近，且增长率较为平稳，新疆年产量波动相对较大（专题图 1-9）。山西蔬菜产量稳定在 1000 万 t 左右，变化不大。2005 年前内蒙古和宁夏蔬菜产量在 200 万 t 以下，之后有缓慢发展，近几年产量在 300 万～500 万 t；青海蔬菜年产量最低，且无明显发展，年均产量在 166 万 t 左右。

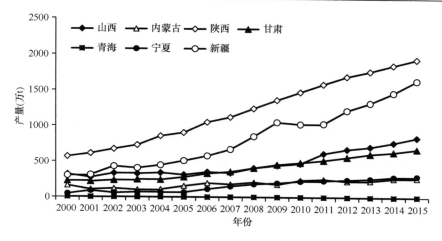

专题图 1-8 西北各省（区）果品 2000～2015 年产量变化趋势

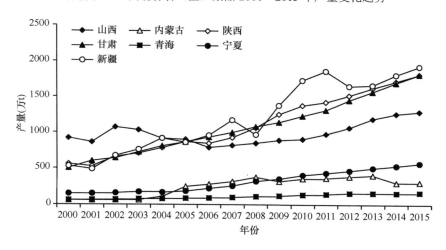

专题图 1-9 西北各省（区）蔬菜 2000～2015 年产量变化趋势

2. 动物类食物生产演变特征

新疆肉类产量最大，年均达到 122.6 万 t，其次为陕西（100.2 万 t）；甘肃、内蒙古、山西肉类产量差别不大，年均产量分别为 80.4 万 t、76.8 万 t 和 69.9 万 t（专题图 1-10）；宁夏和青海年均产量最低，分别为 24.0 万 t 和 27.3 万 t。变化趋势上，2000～2015 年新疆增幅最大，达到 83.3%，陕西、甘肃、内蒙古和山西的产量增幅在 30%～65%，而青海和宁夏年产量几乎没有大幅度波动变化。

奶类产量在各省（区）之间差异很大，内蒙古产量最大，年均产量 443.3 万 t，年最大产量为 624.1 万 t（专题图 1-11）；内蒙古奶产量在 2002～2006 年发展非常迅速，年产量增加了 4 倍多，其后稳定在 600 万 t 左右，近几年略有回落，但年产量仍在 500 万 t

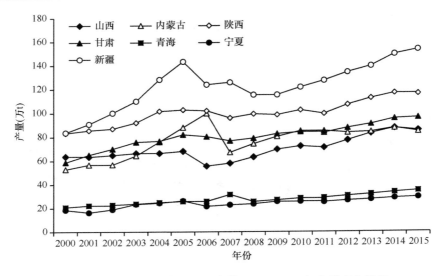

专题图 1-10　西北各省（区）肉类 2000～2015 年产量变化趋势

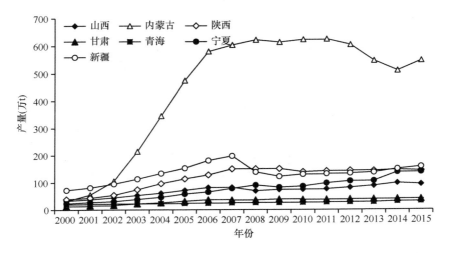

专题图 1-11　西北各省（区）奶类 2000～2015 年产量变化趋势

以上。新疆和陕西年均产量在 120 万 t 左右，其余各省（区）都在 80 万 t 以下，且这些省（区）2000～2015 年产量无明显变化。

　　山西禽蛋产量在 2007 年以前与陕西无明显差别，但其后迅速发展，增幅超过 80%，禽蛋年产量在各省（区）中最大，年均达到 61.4 万 t，最大年产量达到 87.2 万 t（专题图 1-12）；陕西年均产量 48.5 万 t，位居第二位，但 2000～2015 年其增幅较小；新疆的禽蛋年产量稳定在 20 万～30 万 t，其他省（区）在 10 万 t 及以下，且无明显发展变化。

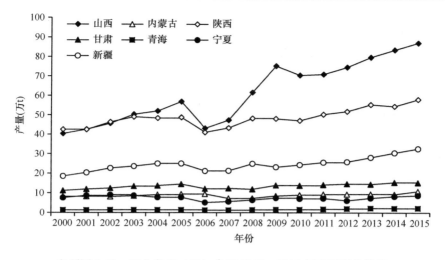

专题图 1-12 西北各省（区）禽蛋 2000～2015 年产量变化趋势

（二）2000～2015 年西北地区食物需求演变特征研究

1. 人口变化特征

2015 年各省（区）人口数量由多到少依次为陕西、山西、甘肃、新疆、内蒙古、宁夏和青海（专题图 1-13）。各省（区）人口数量相对平稳，增幅较小，16 年间，新疆、宁夏、青海、山西、内蒙古、陕西、甘肃的增幅分别为 27.6%、20.5%、13.8%、12.8%、7.2%、4.1%、3.4%。

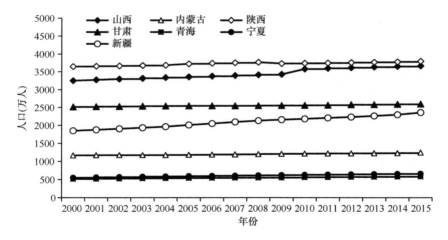

专题图 1-13 西北各省（区）人口 2000～2015 年变化趋势

2．对植物性食物的需求变化特征

（1）口粮需求变化特征

陕西、山西和甘肃三省的口粮需求量较大，年需求量在 400 万～700 万 t，这与三省人口数量密切相关（专题图 1-14）；三省粮食需求量在 2012 年前有明显降低，2013 年有较大幅度增加。其次为新疆，年需求量稳定在 300 万～400 万 t，并在 2012 年前呈现缓慢下降趋势；内蒙古需求量稳定在 200 万 t 左右，宁夏和青海的需求量稳定在 100 万 t 左右。

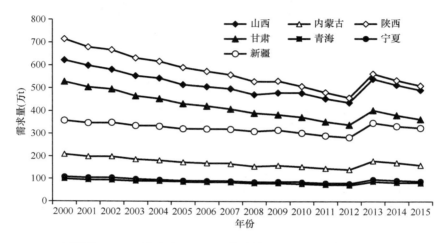

专题图 1-14　西北各省（区）口粮消费 2000～2015 年变化趋势

（2）油料需求变化特征

陕西和山西对油料的需求量相近，分别为年均 30.9 万 t 和 29.0 万 t；其次为甘肃，为 20.8 万 t；新疆、内蒙古、宁夏和青海的年均需求量依次为 17.5 万 t、10.2 万 t、5.2 万 t 和 4.6 万 t（专题图 1-15）。各省（区）的需求在 2000～2012 年均比较平稳，但陕西、山西、甘肃、新疆、内蒙古在 2012～2015 年需求量有较大幅度增加。

（3）果蔬需求变化特征

陕西和山西的果品需求量较大，两个省份年均需求量接近，分别为 130.4 万 t 和 124.4 万 t，且总体变化趋势相似，趋于缓慢增加，增幅约 30%（专题图 1-16）；甘肃年需求量在 80 万 t 左右，无较大幅度波动；新疆年需求量为 72.1 万 t 左右，整体呈增加趋势；内蒙古、宁夏和青海年均需求量为 46.1 万 t、22.0 万 t 和 19.5 万 t，历年需求量无明显变化。

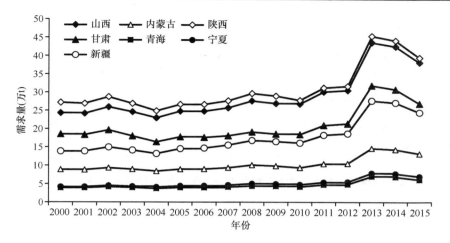

专题图 1-15 西北各省（区）油料消费 2000～2015 年变化趋势

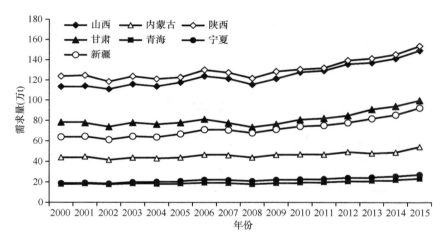

专题图 1-16 西北各省（区）果品消费 2000～2015 年变化趋势

陕西和山西蔬菜需求量较大，年均需求量分别为 392.1 万 t 和 364.8 万 t；其次为甘肃，年均需求量为 264.9 万 t；新疆居第四位，年均需求量为 219.4 万 t（专题图 1-17）；内蒙古和宁夏年均需求量分别为 128.7 万 t 和 64.9 万 t；青海年均需求量最低，为58.3 万 t。历年需求量变化方面，陕西、山西和甘肃呈现缓慢下降趋势；新疆、内蒙古、宁夏和青海需求量无明显变化。

3. 对动物性食物的需求变化特征

陕西、山西、甘肃、新疆、内蒙古、宁夏、青海对肉类的年均需求量分别为 73.8 万 t、69.4 万 t、48.9 万 t、41.5 万 t、24.7 万 t、12.4 万 t、11.0 万 t。2012 年之前，陕西、山西、甘肃和新疆对肉类的需求量呈缓慢小幅增加趋势，其后有较大幅度增加，增幅在20%～30%（专题图 1-18）。内蒙古需求量总体表现为小幅波动，但稳定在 20 万 t 左右。宁夏和青海需求量低且较为稳定。

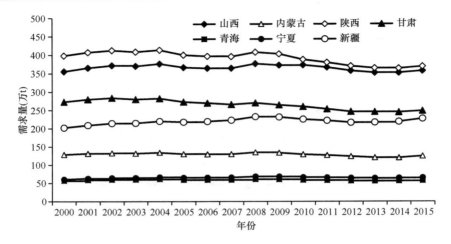

专题图 1-17 西北各省（区）蔬菜消费 2000～2015 年变化趋势

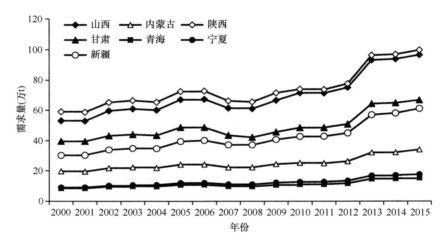

专题图 1-18 西北各省（区）肉类消费 2000～2015 年变化趋势

陕西和山西奶类需求量大，分别为年均 32.1 和 31.1 万 t，且 2000～2015 年需求增幅大，由 2000 年的 15 万 t 左右增加到 2015 年的 46 万 t 和 44.9 万 t，增幅超过 200%；甘肃和新疆需求相近，年均为 19.1 万 t 和 17.7 万 t，呈稳步增加趋势，增加了 2 倍左右；内蒙古年均需求量为 11.8 万 t，呈缓慢增加趋势；青海和宁夏年均需求量相近，总体需求趋于稳定（专题图 1-19）。

由专题图 1-20 看出，陕西、山西、甘肃、新疆、内蒙古、宁夏、青海对禽蛋类的年均需求量分别为 50.8 万 t、48.3 万 t、32.6 万 t、28.5 万 t、17.6 万 t、8.6 万 t、7.6 万 t。陕西、山西、甘肃、新疆对禽蛋类的需求量呈较大幅度增加趋势。内蒙古、宁夏和青海需求量低且较为稳定。

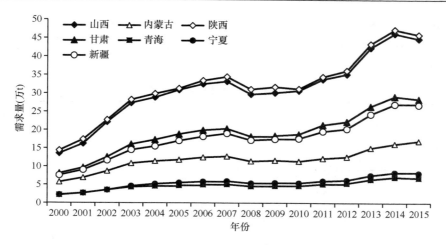

专题图 1-19 西北各省（区）奶类消费 2000～2015 年变化趋势

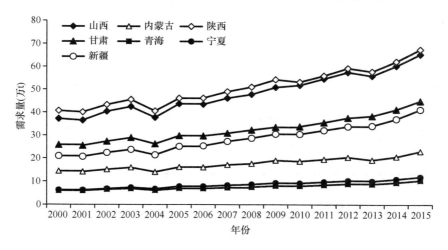

专题图 1-20 西北各省（区）禽蛋类消费 2000～2015 年变化趋势

（三）2000～2015 年西北地区食物产需变化特征及安全状况分析

1. 植物性食物的产需变化特征及安全状况分析

（1）口粮的产需变化特征及安全状况分析

西北地区七省（区）在 2000 年、2005 年、2010 年、2015 年 4 个时间点口粮总生产分别为 2161.7 万 t、2121.4 万 t、2373.4 万 t、2662.9 万 t，总需求分别为 2638.1 万 t、2205.7 万 t、1973.0 万 t、2014.1 万 t，2000 年总需求大于总生产，2005 年基本持平，2010 年和 2015 年总生产超过总需求 20%～33%。七省（区）中，宁夏和新疆历年总生产均大于总需求（专题表 1-3）。甘肃在 2000 年总需求大于总生产，但 2005 年、2010 年、2015 年总生产大于总需求；内蒙古在 2010 年及之前总生产大于总需求，但 2015 年总需求大于总生产；陕西在 2000 年和 2005 年总需求大于总生产，但 2010 年和 2015 年总生产大于总需求；山西总需求一直高于总生产，平均高 1 倍左右。

专题表 1-3　口粮的产需变化　　　　　（单位：万 t）

省（区）	项目	2000 年	2005 年	2010 年	2015 年
山西	总生产	288.8	249.3	253.93	305.3
	总需求	622.1	514.3	476.8	489.8
内蒙古	总生产	225.6	195.2	175.3	155.6
	总需求	208.6	173.5	153.4	160.0
陕西	总生产	585.4	520.1	545.7	661.5
	总需求	714.4	589.4	506.8	509.1
甘肃	总生产	377.3	458.8	440.2	527.0
	总需求	527.9	430.7	371.9	362.0
青海	总生产	58.8	71.8	73.8	71.3
	总需求	99.2	85.3	77.0	79.9
宁夏	总生产	154.5	168	182.8	157.1
	总需求	108.3	91.2	84.6	89.2
新疆	总生产	471.3	458.2	701.62	785.1
	总需求	357.6	321.3	302.5	324.1

（2）油料的产需变化特征及安全状况分析

西北地区七省（区）在 2000 年、2005 年、2010 年、2015 年 4 个时间点油料总生产分别为 281.7 万 t、262.8 万 t、333.5 万 t、379.3 万 t，总需求分别为 100.6 万 t、101.1 万 t、107.4 万 t、155.3 万 t，总体生产比总体需求大 1.7 倍左右（专题表 1-4）。七省（区）中，除山西外，其他省（区）总生产均显著大于总需求；山西在 2000 年总生产大于总需求，但之后总需求大于总生产，且近几年两者差距越来越大，2015 年总需求约为总生产的 2.5 倍。

专题表 1-4　油料的产需变化　　　　　（单位：万 t）

省（区）	项目	2000 年	2005 年	2010 年	2015 年
山西	总生产	44.8	21.3	17.6	15.3
	总需求	24.3	24.8	26.8	38.2
内蒙古	总生产	69.9	62.8	73.8	121.0
	总需求	8.8	8.9	9.4	13.2
陕西	总生产	38.8	45.4	56.1	62.7
	总需求	27.2	26.7	27.8	39.5

续表

省（区）	项目	2000 年	2005 年	2010 年	2015 年
甘肃	总生产	41.7	50.3	64.1	71.6
	总需求	18.5	17.8	18.4	26.9
青海	总生产	19.4	31.9	34.4	30.5
	总需求	3.9	4.0	4.2	6.1
宁夏	总生产	7.0	12.2	20.9	15.3
	总需求	4.1	4.4	4.7	6.9
新疆	总生产	60.1	38.9	66.6	62.9
	总需求	13.8	14.5	16.1	24.5

注：因保留的小数点位数不同，故同一变量可能不完全一致

（3）果蔬的产需变化特征及安全状况分析

西北地区七省（区）在 2000 年、2005 年、2010 年、2015 年 4 个时间点果品总生产分别为 1627.3 万 t、2242.5 万 t、3944.5 万 t、5662.4 万 t，总需求分别为 460.9 万 t、468.6 万 t、502.9 万 t、601.1 万 t，总体生产比总体需求大 5.6 倍左右（专题表 1-5）。七省（区）中，除青海外，其他省（区）总生产均显著高于总需求；青海总生产仅为总需求的 1/6 左右，缺口较大。

专题表 1-5　果品的产需变化　（单位：万 t）

省（区）	项目	2000 年	2005 年	2010 年	2015 年
山西	总生产	318.6	314.4	474.9	842.6
	总需求	113.4	117.8	128.0	149.6
内蒙古	总生产	161.7	157.2	243.1	272.4
	总需求	43.9	43.8	46.8	54.3
陕西	总生产	567.8	906.1	1476.5	1930.9
	总需求	123.9	122.8	130.7	154.0
甘肃	总生产	226.2	280.7	488.6	679.0
	总需求	78.3	77.9	80.9	99.9
青海	总生产	2.8	2.6	3.8	3.6
	总需求	18.6	18.5	19.5	23.4
宁夏	总生产	47.3	69.6	228.8	298.9
	总需求	18.9	21.0	22.6	27.3
新疆	总生产	302.9	511.9	1028.8	1635.0
	总需求	63.9	66.8	74.4	92.6

西北地区七省（区）在 2000 年、2005 年、2010 年、2015 年 4 个时间点蔬菜总生产分别为 2777.6 万 t、4015.0 万 t、6161.9 万 t、7934.7 万 t，总需求分别为 1475.1 万 t、1511.0 万 t、1498.6 万 t、1446.4 万 t，总体生产约为总体需求的 3.5 倍（专题表 1-6）。除 2000 年的内蒙古外，其他各省（区）的总生产均显著大于总需求，表现为蔬菜在以上区域供大于求。

专题表 1-6 蔬菜的产需变化 （单位：万 t）

省（区）	项目	2000 年	2005 年	2010 年	2015 年
山西	总生产	920.3	901.5	909.1	1302.2
	总需求	355.5	366.2	372.6	356.6
内蒙古	总生产	61.0	246.4	357.1	310.8
	总需求	128.7	130.2	129.1	124.4
陕西	总生产	556.5	869.9	1384.0	1822.5
	总需求	398.2	399.9	387.4	368.5
甘肃	总生产	501.3	866.9	1235.5	1823.1
	总需求	273.2	272.8	259.9	248.3
青海	总生产	60.3	84.5	134.4	166.4
	总需求	56.6	59.0	58.3	56.8
宁夏	总生产	150.4	183.6	407.4	575.8
	总需求	60.6	65.1	66.0	65.0
新疆	总生产	527.8	862.2	1734.4	1933.9
	总需求	202.3	217.8	225.3	226.8

2. 动物性食物的产需变化特征及安全状况分析

西北地区七省（区）在 2000 年、2005 年、2010 年、2015 年 4 个时间点肉总生产分别为 381.7 万 t、536.5 万 t、520.3 万 t、599.9 万 t，总需求分别为 219.0 万 t、274.1 万 t、285.3 万 t、390.1 万 t，总体生产约为总体需求的 1.7 倍（专题表 1-7）。各省（区）的供求关系中，除山西外，其他各省（区）总生产均大于总需求，特别是内蒙古、青海和新疆，总生产为总需求的 2~4 倍，陕西、甘肃、宁夏表现为总生产略大于总需求。山西省在 2010 年及之前，表现为总生产略大于总需求，但 2015 年总需求表现为比总生产大 10.7 万 t，缺口为11.1%。

专题表 1-7 肉的产需变化 （单位：万 t）

省（区）	项目	2000 年	2005 年	2010 年	2015 年
山西	总生产	63.7	68.2	72.4	85.6
	总需求	53.1	67.0	71.4	96.3
内蒙古	总生产	53.0	88.1	85.2	84.6
	总需求	19.6	24.0	25.1	33.8
陕西	总生产	83.2	102.8	102.6	116.2
	总需求	59.1	72.4	73.9	99.5
甘肃	总生产	58.9	82.1	84.4	96.4
	总需求	39.6	48.7	48.5	66.6
青海	总生产	20.8	25.8	28.3	34.7
	总需求	8.5	10.7	11.1	15.3
宁夏	总生产	18.5	26.2	25.7	29.2
	总需求	9.0	11.9	12.6	17.6
新疆	总生产	83.6	143.3	121.7	153.2
	总需求	30.1	39.4	42.7	61.0

西北地区七省（区）在 2000 年、2005 年、2010 年、2015 年 4 个时间点奶总生产分别为 235.6 万 t、923.9 万 t、1108.7 万 t、1141.2 万 t，总需求分别为 53.6 万 t、120.1 万 t、119.7 万 t、178.4 万 t，总体生产约为总体需求的 7.2 倍（专题表 1-8）。各省（区）的总生产历年均高于总需求，特别是内蒙古、宁夏，总生产高出总需求几十倍。可以看出西北七省（区）为全国重要的奶源基地，也是奶产品的生产基地。

专题表 1-8　奶的产需变化　　　　（单位：万 t）

省（区）	项目	2000 年	2005 年	2010 年	2015 年
山西	总生产	33.5	71.3	73.2	91.9
	总需求	13.5	30.9	30.7	44.9
内蒙古	总生产	32.9	474.4	622.3	545.1
	总需求	5.7	11.8	11.4	17.0
陕西	总生产	39.2	113.3	137.5	141.2
	总需求	14.4	31.3	31.2	46.0
甘肃	总生产	13.3	31.2	36.3	39.3
	总需求	8.1	18.8	18.8	28.5
青海	总生产	20.6	23.6	26.2	31.4
	总需求	2.2	4.8	4.6	6.9
宁夏	总生产	23.6	57.9	84.6	136.5
	总需求	2.2	5.5	5.4	8.2
新疆	总生产	72.5	152.2	128.6	155.8
	总需求	7.5	17.0	17.6	26.9

西北地区七省（区）在 2000 年、2005 年、2010 年、2015 年 4 个时间点禽蛋总生产分别为 129.6 万 t、163.7 万 t、173.6 万 t、215.3 万 t，总需求分别为 151.0 万 t、175.5 万 t、205.8 万 t、265.0 万 t，各年度总生产均小于总需求（专题表 1-9）。各省（区）中除山西各年度总生产大于总需求外，其他省（区）在各年度供求关系变化较大。陕西和宁夏在 2000 年与 2005 年总生产大于等于总需求，但其后总需求大于总生产，表现为供不及求。内蒙古、甘肃、青海和新疆历年总需求均大于总生产，特别是甘肃和青海，总生产不及总需求的一半，缺口极大。

专题表 1-9　禽蛋的产需变化　　　　（单位：万 t）

省（区）	项目	2000 年	2005 年	2010 年	2015 年
山西	总生产	40.3	56.9	70.5	87.2
	总需求	37.2	43.7	52.0	65.5
内蒙古	总生产	8.2	9.4	9.0	11.0
	总需求	14.4	16.1	18.7	23.1
陕西	总生产	42.5	48.7	47.1	58.1
	总需求	40.6	46.1	53.4	67.6
甘肃	总生产	11.2	14.5	13.8	15.3
	总需求	25.8	29.8	33.9	45.1

续表

省（区）	项目	2000 年	2005 年	2010 年	2015 年
青海	总生产	1.3	1.4	1.6	2.3
	总需求	5.9	6.9	8.0	10.4
宁夏	总生产	7.6	7.8	7.2	8.8
	总需求	6.2	7.8	9.2	11.9
新疆	总生产	18.5	25.0	24.4	32.6
	总需求	20.9	25.1	30.6	41.4

从产需数据看来，西北各省（区）2015 年食物能量的总生产均大于总需求。各省（区）的供求关系中，宁夏和新疆能量总生产远远高于总需求，供求差值达到 7.87×10^{15} kcal 和 4.28×10^{15} kcal，山西、甘肃、青海和陕西表现为总生产略大于总需求，供求差值在 $1.79 \times 10^{15} \sim 3.68 \times 10^{15}$ kcal（专题表 1-10）。

专题表 1-10 2015 年各省（区）能量需求及食物总能量生产计算

省（区）	总人口（万人）	人均年能量需求（kcal）	总能量需求（kcal）	食物总生产能量（kcal）	供求差值（kcal）
山西	3647.96	10.95×10^5	3.99×10^{13}	1.83×10^{15}	1.79×10^{15}
内蒙古	2505.23	10.95×10^5	2.74×10^{13}	4.03×10^{15}	4.00×10^{15}
陕西	3775.12	10.95×10^5	4.13×10^{13}	3.72×10^{15}	3.68×10^{15}
甘肃	2590.78	10.95×10^5	2.84×10^{13}	2.50×10^{15}	2.47×10^{15}
青海	583.42	10.95×10^5	0.64×10^{13}	3.20×10^{15}	3.19×10^{15}
宁夏	661.53	10.95×10^5	0.72×10^{13}	7.88×10^{15}	7.87×10^{15}
新疆	2298.47	10.95×10^5	2.52×10^{13}	4.31×10^{15}	4.28×10^{15}

注：内蒙古因无法获取西四盟各类食物产量，无法计算食物总生产能量，因此能量平衡部分以内蒙古总人口及总食物生产量计算；

人均年能量需求以每人每天最大 3000kcal 食物需求量计算；

食物总生产能量中计算了果品、蔬菜、粮食、肉禽蛋奶的能量部分，油料因食用量低未列入计算；

各类食物产量来源于《中国统计年鉴（2015）》；

各类食物能量计算依据《中国食物成分表》（第 2 版）

（四）影响西北地区食物产需安全的主障因素研究

影响食物安全的主障因素可以分为影响消费需求的主要因素和影响食物生产的主要因素两部分。影响食物生产的主要因素包括：耕地数量，民以食为天，食以土为本，耕地是决定粮食生产的基础；耕地质量，耕地质量问题正在成为我国粮食安全和农产品质量安全的隐患；水，水是农业的命脉，水的产需矛盾成为影响粮食生产的重要制约因素；气候条件，气候资源综合影响着粮食作物的生长、发育、产量及产品质量，对粮食生产具有举足轻重的作用；科技进步，科学技术是推动粮食生产和农业发展的强大动力；种粮成本，农药、化肥、农用柴油等农业生产资料价格和用工成本的提高，使农民种粮积极性受到影响。影响消费需求的主要因素包括：人口增长，人口是影响粮食需求的直接因素，粮食作为人们的生活必需品，其需求弹性较小，人口增加将推动粮食消费量刚性增长；消费结构升级，食物消费结构的变化与经济发展水平有着密切的关系；生物质能源需求增加；城市化水平的提高。

1. 自然因素

（1）全球气候变化

未来全球性气候变暖对我国农业生产将产生明显的影响，随着工业化进程的快速发展，空气中 CO_2 浓度升高，世界各地的热量资源将有不同程度的增加，气候变暖已成为不争的事实，预计在 21 世纪末全球平均地表气温可能升高 1.1～6.40℃，在全球变暖的大背景下，中国近百年的气候也发生了明显的变化。一是近百年来，中国年平均气温升高了 0.5～0.80℃，1986～2010 年，中国连续出现了近 20 个全国性暖冬；二是近百年来，中国年均降水量变化趋势不明显，但是区域降水变化波动较大。华北大部分地区、西北东部和东北地区降水明显减少，平均每 10 年减少 20～40mm，其中华北平原地区最为明显；华南与西南地区降水明显增加，平均每 10 年增加 20～60mm。以上种种数据表明，全球气候变化对我国作物生产、种植制度、病虫害等方面产生了重大的影响。大气中 CO_2 浓度增高是引起全球气候变化的主要原因。尽管在全球范围内正努力寻求控制措施，但短期内很难控制其增长势头。CO_2 浓度与温度增高对作物产量和品质产生深刻影响，因此，在作物生产方面关于 CO_2 浓度增高的影响及适应对策的研究倍受关注。

（2）自然灾害变化

我国西北地区地域辽阔，农业生产在国民经济中占据着主导地位。但由于该地区自然环境条件较差，气候背景对农业生产的约束性很强，全球气候变化对农业生产的不利影响也非常突出。

从未来发展趋势看，西北地区整体暖干化趋势更加明显，干旱灾害发生频率将继续增加，冰雹、暴洪和干热风等危害将不断加剧，农业生产的灾害损失将会明显加重。而且，气候变暖将直接影响作物种植、农业生态稳定性和病原菌传播及痕量元素的吸收等多个方面。气候变化对农业生产的不利影响将会日益凸显，给农业生产带来的约束和威胁将会进一步加大。在目前人均耕地面积和水资源量等农业生产要素的刚性约束愈加突出及生产力发展空间十分有限的背景下，气候变化给农业带来的风险和不利影响将会不断加剧，西北地区粮食持续稳定增长的难度将逐步加大。

（3）耕地问题

耕地质量不断下降，水土流失严重。我国目前中低产田已占整个耕地面积的 2/3，有机质含量已降低到 1.5%，世界仅有的三大黑土带之一的东北黑土地，土壤中的有机质含量已从刚开垦时的 8%～10%下降到目前的 1%～5%。另外，耕地沙漠化、水土流失现象比较严重。随意占用、乱垦、滥伐草原植被、森林的情况普遍存在，使大片土地失去"绿色保护伞"和"天然蓄水池"。目前，我国干旱半干旱地区耕地的 40%不同程度地沙漠化，水土流失面积从 20 世纪 50 年代初期的 116 万 km^2 扩大到 150 万 km^2，占国土面积的 16%，每年流失表土 50 亿 t 以上。我国耕地污染比较严重。目前我国耕地污染面积已达 667 万 hm^2，仅此一项，就可使粮食每年减产达 100 亿 kg 以上。20 世纪

80 年代末以来的农业化肥使用量总体呈不断增加趋势。化肥、杀虫剂、除草剂等的施用，破坏了耕地的生态环境，并严重威胁着人类的健康。耕地的生态功能下降。人口的增加给耕地带来了巨大压力，人类为缓解压力只有不断地追求耕地生产力和单位面积产量的提高。耕地质量的蜕变使耕地的生态功能下降，不能正常维护区域的生态平衡。这主要是由耕地土壤有机质含量下降引起的。此外，在利用自然资源发展经济的过程中，由于存在过度开发和不合理利用问题，在生产中不讲究科学的方法和手段，因此我国粮食种植的生态环境显得越发脆弱。我国农民长期大量而不合理地施用化肥农药、除草剂等化学投入物，使我国的粮食种植耕地大面积地遭受不同程度的侵蚀和污染。据有关部门统计，我国化肥使用量在整个农业肥中所占比例日益上升，2000 年比 20 世纪 50 年代初期上升 368 个百分点，目前我国化肥施用量平均每公顷高达 400kg，远远超出发达国家 225kg/hm^2 的安全上限；我国农药的使用量每年有 120 万 t 以上。以上情况的出现，造成我国耕地资源的严重退化和破坏，使水土流失面积、耕地沙化面积、耕地污染面积不断扩大，破坏了生态系统的平衡，使耕地质量下降，粮食产量减少。

2. 社会因素

（1）人口变化

尽管近年来国家逐步放松了生育政策，但并未扭转总和生育率的下降趋势。根据测算，基于我国 2010 年生育政策规定下的预期终身生育率估计值为 1.452 人，但实际上除了广西、海南、贵州、新疆，其余省（区）的生育率均低于该估计值。并且，尽管各省（区）实行计划生育政策的松紧程度有差别，但是各省（区）的生育率差异到 2010 年显著变小。这说明居民的实际生育意愿随着经济的发展在规律性走低，政策的刺激并未使其出现大幅变动。长期来看，全面放开三胎政策增加了我国低年龄段的人口占比，2030 年时，与初始政策相比，0～14 岁的人口占比将提升 2%，但总体上对我国人口结构影响不大，而三胎开放政策下人们较低的生育意愿，使生育政策并不能从根本上改变我国的人口结构和老龄化问题。据测算，到 2030 年我国 65 岁以上人口占总人口的比例为 17%，比 2014 年增加 7%。我们仍需为未来的老龄化社会做好准备。因此，全面放开二胎政策对总人口增加没有太大影响，同时老龄化趋势仍然无法改变。随着农村劳动力老龄化，农村经济的发展势必会受到影响，农业发展方式难以转变。在很多农村地区出现了农户农业劳动力数量与农户拥有的农地资源不匹配的现象，影响了土地产出率和劳动生产率。

（2）生活水平提升与膳食结构的变化

作为世界上人口最多的发展中国家，改革开放以来中国经济快速发展，居民收入不断增加，至 20 世纪 80 年代中期，已基本解决了居民温饱问题，膳食结构开始向小康水平过渡，主要表现为直接消费的口粮数量明显减少，而动物性食物消费量明显增加。21 世纪初期是中国经济发展与城镇化的关键阶段，2020 年中国已全面建成小康社会，至 2030 年要达到中等发达国家水平。2015 年中国城镇化率为 56.1%，处于城镇化率 30%～70% 的加速发展中期阶段，预计 2030 年将达 65% 左右。这意味着中国人均收入与消费水平将明显提升，膳食结构会明显改善。

　　由专题图 1-21 看出，口粮消费虽然在 2013 年有所增加，但整体呈下降趋势。果品消费缓慢增加，而蔬菜消费缓慢降低。总体上动物性食物消费有显著增加。由此预测，至 2030 年，中国口粮消费量将持续减少，但减少速度会逐步放缓，尤其是城镇居民，口粮消费会维持在 105kg 左右的水平上，农村居民口粮的消费水平将达到120kg 左右，全国居民平均水平将下降到 110.3kg。禽类、水产品、奶类的消费量将会明显增长，牛羊肉的增长比例也在 50%以上。2030 年中国居民人均粮食消费量会达到 386.5kg，较 2012 年增长 18.0%。如果纳入工业用粮、损失浪费用粮、种子用粮，2030 年中国居民人均粮食需求将会超过 517.3kg。如果再纳入政策性收购量与出口量，那么 2030 年中国居民人均粮食需求总量为 551.4kg。由此可见，中国粮食人均消费量与总消费量的增长趋势还将持续较长的一段时间，而且粮食消费重心将随着饮食结构的变化转向饲料用粮，这必然要求在提高农田整体产出能力的基础上，将农业生产结构向畜牧业生产倾斜；同时粮食与食用油的大额进口量可能也会在相应时期内维持甚至增长，尤其是大豆与玉米等饲料粮的进口量，这也将会对国际市场产生较大的影响。

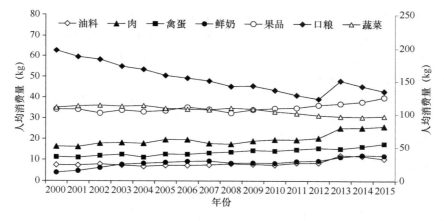

专题图 1-21　不同类型食物消费量变化
口粮和蔬菜对应右侧坐标轴，其他对应左侧坐标轴

3. 国家政策影响

（1）退耕还林生态工程

　　西北地区的退耕还林还草必然会给当地的粮食生产带来巨大影响，其中最直接的便是退耕导致耕地的大面积减少，从而引起粮食总产的降低。仅就此而言，退耕便将使原为粮食基本平衡区和缺粮区的西北五省（区）陷入缺粮境地。但从另一角度来看，退耕对粮食生产也存在着积极的影响：一是退耕节省下来的生产要素的转移可以导致未退耕耕地粮食产量的增长；二是西北地区生态环境以及局地小生境的改善可以对粮食生产产生促进作用，并降低灾害风险。此外，退下来的耕地均是受坡度、水分等条件严重制约

的耕地，单产有限，而农业科技的进步和工程设施建设的加强，必然会对保留耕地上的粮食生产起到极大的推动作用。

（2）城镇化政策

纵观近 30 年的城镇化进程可以发现，我国经历了从传统型城镇化向新型城镇化的转变。传统型城镇化直接对耕地面积和劳动力这 2 个农业生产基本要素产生负面影响，从而对粮食安全形成双重压力。随着城镇化的发展和认识的深入，新型城镇化原则、模式、路径逐步明晰，其核心是不以牺牲农业和粮食、生态和环境为代价，实现城乡基础设施一体化和公共服务均等化。国家发展改革委等 11 个部委于 2014 年 12 月联合印发《国家新型城镇化综合试点方案》，推出 62 个新型城镇化综合试点，以中小城市、城镇为重点。城镇化建设对建设用地、粮食需求结构等方面都会产生深远影响，而由此引起的环境污染、耕地面积缩减、水资源短缺等对粮食安全的负面作用势必日益明显。

（3）补贴政策

为了保护粮农的收益，中央出台粮食保护价政策，但是由于国有粮食企业的垄断地位，其通过压级压价收购或拒绝收购，使粮农利益受到严重损害，降低粮农生产积极性，从而减少粮食种植面积。粮食直补政策将补贴资金直接补入农户，但补贴环节复杂，如需核对农户数量、核对粮食种植面积、确保资金入户等，这些环节会耗费大量的人力物力，大大增加了政策执行成本。为减少政策执行成本，部分地方政府将粮食补贴直接按人均分，或按户均耕地面积均分，未起到真正补贴粮食生产的作用，而且补贴额度较小（每公顷 150 元左右），难以增加粮食生产积极性。

（4）市场需求

在市场经济条件下，从农业生产内部来看，种粮的经济收益远低于非粮食作物。由于巨大的经济效益差别，农户将家庭主要生产要素投向非粮业与非农业，农用土地由低值粮田向高值经济作物等转化。农户选择非农业作为其家庭要素配置的主要方向完全与其经济理性行为相吻合。农户粮食生产没有必要追求绝对的自给自足，但种植业结构调整将导致粮食播种面积不断减少，生产的不稳定最终会对农户的食物产需均衡和粮食安全形成威胁。

四、西北地区食物安全生产能力及其在全国食物安全中的地位

（一）西北地区耕地资源状况分析

1. 耕地资源数量

山西、内蒙古、陕西、甘肃、青海、宁夏、新疆七省（区）的土地面积为 375.98 万 km^2，占我国国土面积的 39.16%；2013 年七省（区）的耕地面积为 23.512 万 km^2，

占全国耕地面积的 17.40%，耕地面积占七省（区）土地面积的 6.25%，七省（区）耕地面积与其土地资源相比，极不匹配。

根据专题表 1-11，在西北七省（区）中，山西耕地面积（4.062 万 km²）占土地面积的比例最高，达到 25.92%；其次是陕西和宁夏，均超过 19%；青海的耕地面积占土地面积的比例最小，不足 1%，仅为 0.82%；新疆比青海略高，仅为 3.11%。

专题表 1-11　各省（区）土地面积与耕地面积

地区	土地面积（万 km²）	2013 年耕地面积（万 km²）	耕地面积占土地面积的比例（%）	备注
全国	960	135.1634	14.08	
山西	15.67	4.062	25.92	
内蒙古	52.3	3.06	5.85	内蒙古除东四盟
陕西	20.56	3.99	19.41	
甘肃	42.58	5.37	12.61	
青海	72.23	0.59	0.82	
宁夏	6.64	1.28	19.28	
新疆	166	5.16	3.11	
合计	375.98	23.512	6.25	
占全国比例（%）	39.16	17.40		

2. 耕地资源质量

根据农业部 2014 年公布的全国土壤质量公报，全国耕地 1～3 等的耕地面积约为 3320 万 hm²，约占耕地总面积的 27.3%；4～6 等的耕地面积约为 5453 万 hm²，约占耕地总面积的 44.8%；7～10 等的耕地面积约为 3400 万 hm²，约占耕地总面积的 27.9%。

西北七省（区）主要分布在内蒙古及长城沿线区、黄土高原区、甘新区，从专题表 1-12 中可以看出，七省（区）中只有甘新绿洲区部分耕地质量较好，有 2 等地；其余区域耕地质量都比较差，大部分地区耕地质量分布在 6～10 等。

专题表 1-12　全国耕地质量等别面积比例及主要分布区域

耕地质量等别	面积（万 hm²）	占比（%）	主要分布区域
1 等地	613.33	5.0	东北区、黄淮海区、长江中下游区、西南区
2 等地	953.33	7.8	东北区、黄淮海区、长江中下游区、西南区、甘新区
3 等地	1 753.33	14.4	东北区、黄淮海区、长江中下游区、西南区
4 等地	2 026.67	16.6	东北区、黄淮海区、长江中下游区、西南区
5 等地	1 926.67	15.8	长江中下游区、黄淮海区、东北区、西南区
6 等地	1 500	12.3	西南区、长江中下游区、黄淮海区、东北区、内蒙古及长城沿线区
7 等地	1 260	10.4	西南区、长江中下游区、黄淮海区、甘新区、内蒙古及长城沿线区
8 等地	926.67	7.6	黄土高原区、长江中下游区、西南区、内蒙古及长城沿线区
9 等地	706.67	5.8	黄土高原区、内蒙古及长城沿线区、长江中下游区、华南区、西南区
10 等地	506.67	4.2	黄土高原区、内蒙古及长城沿线区、黄淮海区、华南区、长江中下游区
合计	12 173.34	100.0	—

注：由于存在四舍五入，因此各项占比之和可能不等于 100%，全书余同。青藏区耕地面积较小，耕地质量等别主要分布在 7～9 等，占青藏区耕地面积的 79.1%

（1）山西省耕地资源质量

全省耕地按坡度划分：≤2°耕地 90.74 万 hm²，占 22.3%；>2°且≤6°耕地 136.51 万 hm²，占 33.55%；>6°且≤15°耕地 104.19 万 hm²，占 25.61%；>15°且≤25°耕地 40.75 万 hm²，占 10.02%；>25°耕地（含陡坡耕地和梯田）34.65 万 hm²，占 8.52%。全省耕地中，有灌溉设施的耕地 107.95 万 hm²，比例为 26.53%；无灌溉设施的耕地 298.89 万 hm²，比例为 73.47%。

根据自然资源部耕地质量划分标准，山西省耕地质量划分为 15 个等别，其中面积最大的等别为 13 等地，有 1 187 510.04hm²，占总耕地的 29.24%；其次为 12 等和 14 等地，分别有 976 433.76hm² 和 700 506.91hm²，分别占总耕地面积的 24.04% 和 17.25%；面积最少的是 15 等地，只有 716.83hm²，仅占总耕地面积的 0.02%。从专题图 1-22 上还可以清晰地看到，山西省的耕地利用等别集中在 11～14 等，这 4 个等别的耕地面积之和为 3 330 828.97hm²，占到全省耕地总面积的 82.00%，可知山西省耕地质量整体较低。

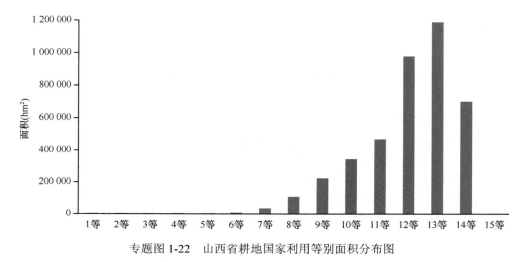

专题图 1-22　山西省耕地国家利用等别面积分布图

（2）内蒙古自治区耕地资源质量

全区耕地按坡度划分，≤2°占 62.22%；>2°且≤6°占 28.87%；>6°且≤15°占 8.62%；>15°且≤25°占 0.28%；>25°的占 0.01%。全区耕地中，有灌溉设施的耕地为 287.72 万 hm²，比例为 31.43%。从主要区域看，河套-土默川平原有灌溉设施的耕地比例大，西辽河流域、嫩江流域右岸和阴山北麓有灌溉设施的耕地比例小，整体上来看，内蒙古自治区的耕地质量相对较好（专题表 1-13、专题表 1-14）。

专题表 1-13　内蒙古自治区主要区域有灌溉设施和无灌溉设施耕地面积列表

区域	有灌溉设施耕地		无灌溉设施耕地	
	面积（万 hm²）	占耕地比例（%）	面积（万 hm²）	占耕地比例（%）
嫩江流域右岸	25.79	9.93	233.89	90.07
西辽河流域	95.27	37.48	158.95	62.52
河套-土默川平原	118.15	85.80	19.55	14.20
阴山北麓	21.88	13.25	143.21	86.75

专题表 1-14　内蒙古自治区 2014 年各盟市耕地面积统计（不包括东四盟）（单位：hm²）

地区	耕地面积			
	合计	水田	水浇地	旱地
全区	9 154 666.61	86 663.35	2 841 140.6	6 226 862.66
呼和浩特市	560 645.84	—	225 885.47	334 760.37
包头市	425 797.39	—	184 869.2	240 928.19
乌兰察布市	908 934.7	—	115 484.38	793 450.32
鄂尔多斯市	412 551.44	—	287 105.54	125 445.9
巴彦淖尔市	713 174.01	—	682 557.06	30 616.95
乌海市	8 113.74	—	8 113.74	—
阿拉善盟	48 345.3	—	43 956.28	4 389.02
合计	3 077 562.42	0	1 547 971.67	1 529 590.75

注：本表数据来源于内蒙古自治区国土资源厅（现内蒙古自治区自然资源厅）

（3）陕西省耕地资源质量

根据《2014 年陕西省国土资源公报》，全省 2014 年耕地面积为 3 994 772.23hm²，其中平地（≤2°）耕地面积约为 132.13 万 hm²，占全省耕地面积的 33.08%；>2°且≤6°耕地面积约为 51.63 万 hm²，占全省耕地面积的 12.93%；>6°且≤15°耕地面积约为 70.83 万 hm²，占全省耕地面积的 17.73%；>15°且≤25°耕地面积约为 50.62 万 hm²，占全省耕地面积的 12.67%；>25°耕地面积约为 94.26 万 hm²，占全省耕地面积的 23.6%。从专题表 1-15 可以看出，25°以上的耕地主要集中在汉中、安康、商洛、延安、榆林等市，占全省 25°以上坡耕地面积的 90% 以上，耕地质量比较差。

专题表 1-15　2014 年陕西省耕地坡度分级面积统计　（单位：hm²）

行政区域	耕地面积	平地	梯田及坡地面积			
		≤2°	>2°且≤6°	>6°且≤15°	>15°且≤25°	>25°
陕西省	3 994 772.23	1 321 302.71	516 329.96	708 320.46	506 183.62	942 635.48
西安市	284 996.23	206 113.98	27 531.21	29 075.24	10 622.32	11 653.48
铜川市	98 263.09	7 322.05	25 510.49	49 394.72	9 477.45	6 558.38
宝鸡市	361 068.99	140 900.15	51 373.44	83 169.06	44 933.01	40 693.33
咸阳市	355 368.51	208 945.27	90 357.33	34 760.86	10 444.62	10 860.43
杨凌区	5 429.28	5 015.99	314.25	69.02	18.20	11.82
渭南市	575 663.76	420 607.88	91 371.89	46 681.81	6 566.98	10 435.20
延安市	369 788.80	27 067.59	60 871.97	98 736.71	88 933.55	94 178.98
汉中市	356 428.46	66 682.78	28 513.15	63 564.32	63 499.70	134 168.51
榆林市	1 044 883.36	221 965.04	120 785.10	227 283.10	146 266.89	328 583.23
安康市	341 478.73	9046.74	8 902.50	35 793.86	86 200.30	201 535.33
商洛市	201 403.02	7635.24	10 798.63	39 791.76	39 220.60	103 956.79

（4）甘肃省耕地资源质量

全省耕地按区位划分为陇中黄土高原、陇南山地、甘南高原、河西四大片区，陇中黄土高原区耕地 308.02 万 hm²，占 56.93%；陇南山地区耕地 87.67 万 hm²，占 16.20%；甘南高原区耕地 19.43 万 hm²，占 3.59%；河西区耕地 125.9 万 hm²，占 23.27%。全省≤2°耕地 141.94 万 hm²，占 26.23%；>2°且≤6°耕地 47.39 万 hm²，占 8.76%；>6°且≤15°耕地 138.95 万 hm²，占 25.68%；>15°且≤25°耕地 171.52 万 hm²，占 31.71%；>25°的耕地（含陡坡耕地和梯田）41.22 万 hm²，占 7.62%，主要分布在陇南山地区（专题表 1-16）。

专题表 1-16　甘肃省 25°以上的坡耕地面积

地区	25°以上坡耕地面积		有灌溉设施耕地面积		无灌溉设施耕地面积	
	面积（万 hm²）	占全省比例（%）	面积（万 hm²）	占耕地面积比例（%）	面积（万 hm²）	占耕地面积比例（%）
全省	41.22	100	135.59	25.06	405.43	74.94
陇中黄土高原区	14.27	34.62	30.2	9.8	277.82	90.2
陇南山地区	23.88	57.93	1.81	2.06	85.86	97.74
甘南高原区	2.96	7.18	0.18	0.93	19.25	99.07
河西区	0.11	0.27	103.4	82.13	22.5	17.87

全省耕地中，有灌溉设施的耕地 135.59 万 hm²，比例为 25.06%，无灌溉设施的耕地 405.43 万 hm²，比例为 74.94%；分地区看，河西区有灌溉设施耕地比例大，陇南山地区和甘南高原区的无灌溉设施耕地比例大。总体上来看，甘肃省河西区耕地质量优于其他区域。

（5）青海省耕地资源质量

青海省耕地主要分布在北纬 35°以北、东经 99°以东的青藏高原和黄土高原过渡地带，面积 53.4 万 hm²，占 90.8%；另外，在柴达木盆地和青南河谷地带也有少量分布，面积分别为 3.9 万 hm² 和 1.5 万 hm²，分别占 6.6% 和 2.6%。其中≤2°耕地 19.7 万 hm²，占 33.5%；>2°且≤6°耕地 9.4 万 hm²，占 16%；>6°且≤15°耕地 20.8 万 hm²，占 35.4%；>15°且≤25°耕地 8.4 万 hm²，占 14.3%；>25°的耕地 0.5 万 hm²，占 0.9%。全省耕地以无灌溉设施的旱地为主，面积 40.2 万 hm²，占 68.4%；有灌溉设施的水浇地面积 18.6 万 hm²，占 31.6%。青海省土地呈现总量少、平地少、水浇地少、坡地多、旱地多这样一个"两多三少"的特点，耕地质量和复种指数明显低于全国水平。

（6）宁夏回族自治区耕地资源质量

全区各地级市耕地分布依次为：固原市 40.9813 万 hm²，占全区耕地总面积的 31.7%；吴忠市 34.5076 万 hm²，占全区耕地总面积的 26.7%；中卫市 30.6407 万 hm²，占全区耕地总面积的 23.7%；银川市 14.5782 万 hm²，占全区耕地总面积的 11.3%；石嘴山市 8.4298 万 hm²，占全区耕地总面积的 6.5%。耕地质量方面，水田面积 19.4196 万 hm²，水浇地面积 30.7133 万 hm²，合计 50.1329 万 hm²，占全区耕地总面积的 38.8%。水田、水浇地主要分布在银川平原和卫宁平原，质量较高。全区旱地面积 79.0047 万 hm²，占耕地总面积的 61.2%，多处于山地、丘陵地区。其中≤2°耕地 61.7776 万 hm²，占 47.8%；>2°且≤6°耕地 16.3599 万 hm²，占 12.7%；>6°且≤15°耕地 32.8251 万 hm²，占 25.4%；>15°且≤25°耕地 17.7100 万 hm²，占 13.7%；>25°的耕地 0.4650 万 hm²，占 0.4%。整体而言，宁夏回族自治区的耕地质量是西北七省（区）最好的。

（7）新疆维吾尔自治区耕地资源质量

新疆耕地整体质量不高，中低产田比例大，现有耕地中，干旱、盐渍化、板结、贫瘠、风沙等类型中低产土壤占到 80% 以上。据统计，新疆高产田面积 549 万亩，占 12%；中产田面积 3012 万亩，占 63%；低产田面积 1205 万亩，占 25%。各类中低产田中，盐渍化面积占 27%，干旱缺水面积占 20%，沙化面积占 11%，瘠薄土壤面积占 39%。

各类耕地等别中 4 等地占 9.5%，5 等地占 18.5%，6 等地占 22.2%，7 等地占 22.2%，8 等地占 16.7%，9 等地占 10.8%；灌溉水田、水浇地、菜地占耕地总面积的 95.05%，旱地占 4.95%。水浇地大多数分布在山前平原区，少数分布在山间盆地或谷地，旱地主要分布在北疆的阿勒泰、准噶尔西部、伊犁河谷及天山北坡东段的黑钙土、栗钙土和灰钙土地带。耕地有机质含量较低，且地区之间差异大，总体而言南疆（有机质含量平均为 0.8%）低于北疆（有机质含量平均 1.35%）。耕地自然肥力较低，农田基础设施配套差，投入不足，灌溉方式落后，耕地总体质量不高。

3. 西北地区耕地资源变化及发展趋势分析

（1）2000～2013 年西北地区耕地资源变化分析

2000～2013 年，全国耕地面积由 1.3 亿 hm^2 增加到 1.35 亿 hm^2，增加了 3.85%；西北七省（区）的耕地总面积从 2382.6 万 hm^2 减少到 2353.2 万 hm^2，减少了 1.23%。2000～2008 年全国耕地面积总体呈直线下降趋势，2008 年之后，耕地保有量较之前有了大幅度的提升，这与我国耕地统计和测量的精准程度相关，同时，我国总体耕地面积较之前有大的提升，西北七省（区）也不例外。

从专题表 1-17 可以看出 2000～2013 年，全国新增耕地面积 512.42 万 hm^2；西北七省（区）中，甘肃、宁夏和新疆三省（区）为耕地净增加区，新疆相比 2012 年增加约 $1.17×10^6hm^2$、甘肃增加约 $3.54×10^5hm^2$，宁夏仅增加 $1.23×10^4hm^2$；山西、内蒙古、陕西、青海四省（区）为耕地净减少区，其中陕西耕地面积减少最多，约达到 $1.15×10^6hm^2$，差不多抵消了新疆的新增耕地面积，其次是山西，减少耕地面积约 $5.27×10^5hm^2$；整体上七省（区）耕地面积呈现减少趋势，减少耕地面积约为 $2.95×10^5hm^2$。

专题表 1-17　西北七省（区）耕地资源变化状况　　（单位：$×10^3hm^2$）

地区	2000 年	2005 年	2010 年	2013 年	耕地变化
全国	130 039.2	122 082.7	135 268.3	135 163.4	5 124.2
山西	4 588.6	4 081.562	4 064.2	4 062	−526.6
内蒙古	3 129.95	2 766.24	2 902.82	3 069.28	−60.67
陕西	5 140.5	4 058.235	3 991.7	3 992	−1 148.5
甘肃	5 024.7	4 662.211	5 396.5	5 378.8	354.1
青海	688	542.151 1	587.9	588.2	−99.8
宁夏	1 268.8	1 100.16	1 286.7	1 281.1	12.3
新疆	3 985.7	4 107.053	5 121.5	5 160.2	1 174.5
合计	23 826.25	21 317.612 1	23 351.32	23 531.58	−294.67
占全国同期比例	18.322 36	17.461 62	17.262 97	17.409 73	−0.91

注：各地区耕地面积来自统计年鉴和各地区国土资源厅数据，2000 年数据是 1996 年国土调查数据

2000 年之后，西北地区耕地资源减少主要有以下几方面的原因。

第一，生态建设用地增加，2000 年初我国启动西部大开发战略，陕西、甘肃、青海、宁夏、山西、内蒙古、新疆是我国这一战略实施的重要区域，尤其是陕西、甘肃、青海、宁夏、山西等黄土高原地区，25°以上的坡耕地基本上被退完，这是导致这一区域耕地面积锐减的一个重要原因。

第二，城市化、城镇化和交通运输道路的建设，西部大开发之后，随着我国对西北地区基础建设和城市化的发展，大量的耕地被占用，是耕地减少的重要原因之一。

第三，陕西在南水北调水源地保护过程中有大量的移民搬迁，导致水源地部分区域耕地与居民居住距离过远，耕作不便而面积减少。

（2）西北地区耕地资源变化趋势分析

根据国家粮食安全领域的需求及国家实施更加严格的耕地管控措施，我国耕地的面积总体会保持比较稳定的状态，但是耕地资源的数量和质量仍然受到城镇化、国家基础设施建设、土地退化、土壤污染等社会因素、环境因素的挑战。

第一，关中城市群、关天经济带、兰西格经济圈、兰白经济圈、宁夏黄河经济带等或将要实施的经济战略，势必会引起城市面积扩张，难免造成这一区域耕地资源数量的减少。

第二，"十四五"及今后很长的一段时间内，随着西北地区铁路、高等级公路和县乡公路的建设，也势必会对耕地资源造成一定的影响。

第三，西北地区是我国生态环境比较脆弱的地区，是沙尘暴、盐碱化、荒漠化、土壤沙化等生态环境问题频发的地区，耕地资源难免会受到这些生态灾害的影响。

第四，新疆绿洲、甘肃河西走廊、宁夏沿黄灌区、青海湟水河流域、内蒙古河套平原、陕西关中平原、山西汾渭平原等西北七省（区）优势农业区生产压力大，如果土壤得不到很好的保护和休息，土壤负担过重，就会导致土壤质量下降，耕地的质量等别会发生结构性变化。

同时，2013 年七省（区）耕地面积占国土面积的 2.45%，西北地区是我国后备耕地资源潜力最大的区域，对于耕地补充具有重要的作用。

（3）未来 5～15 年西北各省（区）耕地资源变化预测

"十一五"开局之际，以 2005 年之前的耕地资源为依据，结合各地区当时社会经济发展的情况及对未来几年的预判，国土资源部制定了《国土资源部中长期科学和技术发展规划纲要（2006—2020 年）》，在此规划中，对 2010 年和 2020 年的耕地资源进行了预测，从全国层面上来看，2010 年的耕地面积比预测面积增加了将近 1400 万 hm²，甘肃增加了将近 73 万 hm²，青海增加 47 万 hm²，宁夏增加将近 10 万 hm²，新疆增加最多，超过 100 万 hm²；这个预算当时没有考虑耕地面积的补充，因此，导致 2010 年的耕地预测值偏离实际比较多，但是山西省和陕西省 2010 年耕地的预测值较实际，基本上控制在误差范围之内。如果去除耕地普查过程中由测量技术改进导致的耕地增加量，各地区的方法还是值得肯定的，因此，根据各地区中长期国土资源发展规划中对 2020 年的预测值，结合 2000～2013 年各地耕地资源的变化率和其间耕地普查时耕地数量的突变因素，在 2020 年各地区耕地资源预测值的基础上，进行了修订，具体见专题表 1-18；2025 年的耕地资源数据是在 2020 年的基础上，根据 2010～2014 年各地区耕地资源平均变化率及今后 10 年西北地区国民经济发展和基础设施建设用地需求的统筹考虑，进行估算而来。

专题表 1-18　2000～2030 年西北七省（区）耕地资源（单位：×1000hm²）

地区	2000 年	2005 年	2010 年	2020 年	2025 年	2030 年
全国	130 039.2	122 082.7	135 268.3	134 002.0	133 358.8	133 358.8
山西	4 588.6	4 081.6	4 064.2	4 015.4	3 827.5	3 827.5
内蒙古	3 130.0	2 766.2	2 902.82	2 853.5	2 440.1	2 440.1
陕西	5 140.5	4 058.2	3 991.7	3 838.6	3 822.4	3 822.4
甘肃	5 024.7	4 662.2	5 396.5	5 397.4	5 398.7	5 398.7
青海	688.0	542.2	587.9	579.3	579.1	579.1
宁夏	1 268.8	1 100.2	1 286.7	1 267.7	1 247.0	1 247.0
新疆	3 985.7	4 107.1	5 121.5	5 025.8	5 134.4	5 134.4

根据专题表 1-18，2010～2020 年全国耕地资源保持相对稳定状态，减少约 126.6 万 hm²，山西和内蒙古减少约 4.9 万 hm²，陕西减少最多（约 15.3 万 hm²），新疆减少约 9.6 万 hm²，青海、甘肃变化不足 1 万 hm²，宁夏仅减少 1.9 万 hm²；2025 年相对于 2020 年全国耕地面积保持相对稳定，全国耕地面积仅减少约 64 万 hm²，山西、内蒙古和新疆耕地面积变化比较多，分别为 –18.79 万 hm²、–41.34 万 hm² 和 10.86 万 hm²，陕西、甘肃、青海和宁夏保持相对稳定；根据目前国家对耕地面积的严格控制，各地区 2030 年的耕地面积在 2025 年的基础上很难会发生较大的变化，因此，2030 年全国及西北地区的耕地面积仍然将保持和 2025 年相同的规模。根据各地区土地利用发展规划，到 2030 年各省（区）耕地资源量见专题表 1-18。

（二）西北地区食物生产能力预测

1. 西北地区植物性食物生产能力预测

（1）植物性食物生产能力估算方法

植物性食物生产能力估算方法包括资源生产潜力估算方法、作物生长模型估算方法和函数模拟估算方法，其中函数模拟估算方法一般为多元回归函数或者灰色预测函数 GM(1,1) 模型。西北各地区光热资源变化差异很大，用资源生产潜力和作物生长模型估算方法进行大尺度的生产潜力评估，准确度很低。

本研究主要利用西北七省（区）1996～2015 年 20 年作物播种面积、单产、总产多年变化率的平均值，以 2015 年的作物播种面积、单产为基准值，估算 2025 年、2030 年和 2035 年的粮食产量，分析西北七省（区）植物性食物的生产潜力。

（2）西北地区植物性食物生产能力估算

a. 2025～2035 年西北地区谷物生产能力估算

根据估算方法测得，2025 年西北地区谷物种植面积约为 $1.49 \times 10^7 hm^2$，谷物总产为 7816.34 万 t，比 2015 年增加 142.72 万 t；2030 年七省（区）谷物种植面积约为 $1.52 \times 10^7 hm^2$，总产为 8150.46 万 t，比 2015 年增加 476.84 万 t；2035 年七省（区）谷物种植面积约为 $1.55 \times 10^7 hm^2$，总产为 8501.69 万 t，比 2015 年增加 828.07 万 t。从预测结果来看，

西北七省（区）2025 年、2030 年和 2035 年的谷物总产均在增长；从种植面积来看，七省（区）谷物种植总面积在 2025 年约为 1493.11 万 hm²，2030 年约为 1522.34 万 hm²，2035 年为 1552.74 万 hm²，总体上增加。在七省（区）中，2025 年甘肃和新疆谷物总产仍旧比基础年份减少；山西、内蒙古（全区）、陕西和新疆谷物的总产超过 1000 万 t，内蒙古超过 2000 万 t，2025 年 2634.09 万 t、2030 年 2797.53 万 t、2035 年 2971.11 万 t；甘肃谷物总产在 900 万 t 左右；青海和宁夏谷物种植面积与总产均比较低。2025～2035 年西北地区谷物生产能力预测见专题表 1-19。

　　b. 2025～2035 年西北地区小麦生产能力估算

　　小麦是北方地区主要的口粮作物，根据测算，2025 年、2030 年和 2035 年西北地区小麦种植面积分别约为 4.03×10⁶hm²、3.98×10⁶hm² 和 3.93×10⁶hm²，均比 2015 年种植面积减少，总产也较 2015 年减少，2025 年、2030 年和 2035 年总产分别为 1714.16 万 t、1736.55 万 t 和 1761.22 万 t，比基础年份 2015 年减少 114.88 万 t、92.49 万 t 和 67.82 万 t，减产幅度达到 6.28%、5.06% 和 3.71%；2025～2035 年，各地区单产均在增加，但是由于种植面积的减少，小麦的生产能力与 2015 年相比有所降低。七省（区）中，新疆、陕西小麦总产超过西北七省（区）的一半，是七省（区）口粮的主要生产区；山西、甘肃小麦总产表现比较稳定，保持在 250 万 t 左右；内蒙古除东四盟外的地区小麦种植面积和总产比较低，2025 年总产为 46.26 万 t，2030 年和 2035 年不足 40 万 t；宁夏和青海的小麦种植面积与产量规模在七省（区）中比较小，青海的种植面积和产量规模均保持比较稳定，和 2015 年相比，其总产变化幅度基本维持在 34 万 t 左右，宁夏的产量规模不大，但是产量的变化幅度比较大，2025 年相对于 2015 年增加了 2.04 万 t，增长幅度在七省（区）中仅次于内蒙古（专题表 1-20）。

　　总体而言，与 2015 年相比，西北七省（区）小麦生产能力呈下降趋势，口粮的生产能力趋于减弱，减弱的原因很大一部分来自于小麦种植总面积的减少。

　　c. 2025～2035 年西北地区水稻生产能力估算

　　西北地区不是水稻的主产区，也不是水稻的主要消费区，2030 年和 2035 年种植面积有所下降，但是总产量基本保持在 290 万 t 左右，相比于 2015 年总产增加在 10 万 t 以上；七省（区）中，水稻的主产区是内蒙古（全区）、陕西、宁夏和新疆，山西、甘肃零星分布，青海不生产水稻，其中陕西水稻种植面积和总产量最大，2015 年陕西水稻总产为 91.85 万 t，2025 年、2030 年和 2035 年，水稻总产为 90.20 万 t、91.12 万 t 和 92.04 万 t，相比 2015 年略有波动，2025～2035 年新疆和 2025～2030 年宁夏水稻总产量均比 2015 年有所增加。总体来说，西北地区水稻的产量不占主要地位，仅为全国的 1.4% 左右（专题表 1-21）。

　　d. 2025～2035 年西北地区马铃薯生产能力估算

　　西北地区是中国马铃薯的重要产区，2015 年马铃薯的总产占全国总产的 26.29%，甘肃和内蒙古（除东四盟）总产占西北七省（区）的一半以上。2025 年、2030 年和 2035 年，西北地区马铃薯生产能力为 570.74 万 t、586.56 万 t、和 603.43 万 t，均比 2015 年增加，说明西北七省（区）的马铃薯生产能力有进一步提升。2025 年，甘肃是七省（区）中总产最多的省份，达到 258.85 万 t，接近全国的 13%，山西为 29.46 万 t、宁夏为 40.48 万 t、新疆为 18.35 万 t；2030 年，甘肃马铃薯总产达到 270.11 万 t，相比 2015 年增加 44.81 万 t，而山西、内蒙古、宁夏、新疆均处于减少状态；2035 年，西北七省（区）总产相比 2015 年增加 91.37 万 t（专题表 1-22）。

专题表 1-19　2025～2035年西北地区谷物生产能力预测

省区	2015年	2025年				2030年				2035年			
	总产（万t）	面积（×10³hm²）	单产（kg/hm²）	总产（万t）	比2015年增产（万t）	面积（×10³hm²）	单产（kg/hm²）	总产（万t）	比2015年增产（万t）	面积（×10³hm²）	单产（kg/hm²）	总产（万t）	比2015年增产（万t）
全国	57 228.06	93 957.72	5 989.06	56 271.84	−956.22	94 173.82	6 054.34	57 016.03	−212.03	94 390.42	6 120.33	57 770.06	542
山西	1 192.30	2 803.12	4 555.66	1 277.01	84.71	2 818.12	4 654.47	1 311.69	119.39	2 833.2	4 755.43	1 347.31	155.01
内蒙古（全区）	2 577.04	4 574.38	5 758.35	2 634.09	57.05	4 760.71	5 876.29	2 797.53	220.49	4 954.62	5 996.64	2 971.11	394.07
陕西	1 119.84	2 544.61	4 421.61	1 125.13	5.29	2 533.42	4 497.61	1 139.43	19.59	2 522.27	4 574.92	1 153.92	34.08
甘肃	909.62	1 992.94	4 530.92	902.99	−6.63	2 000.16	4 658.81	931.84	22.22	2 007.4	4 790.32	961.61	51.99
青海	62.35	164.04	3 931.60	64.49	2.14	165.89	3 980.04	66.02	3.67	167.77	4 029.08	67.60	5.25
宁夏	332	571.65	5 989.86	342.41	10.41	571.48	6 139.26	350.85	18.85	571.32	6 292.38	359.49	27.49
新疆	1 480.47	2 280.32	6 447.41	1 470.22	−10.25	2 373.66	6 543.04	1 553.10	72.63	2 470.82	6 640.09	1 640.65	160.18
西北合计	7 673.62	14 931.06		7 816.34	142.72	15 223.44		8 150.46	476.84	15 527.40		8 501.69	828.07

专题表 1-20　2025～2035年西北地区小麦生产能力预测

省区	2015年	2025年				2030年				2035年			
	总产（万t）	面积（×10³hm²）	单产（kg/hm²）	总产（万t）	比2015年增产（万t）	面积（×10³hm²）	单产（kg/hm²）	总产（万t）	比2015年增产（万t）	面积（×10³hm²）	单产（kg/hm²）	总产（万t）	比2015年增产（万t）
全国	13 018.52	24 127.60	5 235.13	12 631.11	−387.41	24 104.76	5 340.47	12 873.07	−145.45	24 081.94	5 447.93	13 119.68	101.16
山西	271.43	658.99	3 777.47	248.93	−22.50	646.31	3 869.93	250.12	−21.31	633.87	3 964.66	251.31	−20.12
内蒙古（除东四盟）	46.50	110.37	4 191.48	46.26	−0.24	86.72	4 562.57	39.57	−6.93	68.13	4 966.51	33.84	−12.66
陕西	458.10	1 080.84	3 946.92	426.60	−31.50	1 068.72	4 064.04	434.33	−23.77	1 056.73	4 184.65	442.20	−15.90
甘肃	281.00	786.46	3 287.17	258.52	−22.48	770.72	3 365.25	259.37	−21.63	755.30	3 445.19	260.22	−20.78
青海	34.12	87.38	3 863.44	33.76	−0.36	85.11	3 895.55	33.16	−0.96	82.90	3 927.93	32.56	−1.56
宁夏	39.64	125.80	3 313.31	41.68	2.04	112.98	3 361.89	37.98	−1.66	101.46	3 411.17	34.61	−5.03
新疆	698.25	1 180.96	5 575.22	658.41	−39.84	1 206.04	5 655.04	682.02	−16.23	1 231.66	5 735.99	706.48	8.23
西北合计	1 829.04	4 030.80		1 714.16	−114.88	3 976.60		1 736.55	−92.49	3 930.05		1 761.22	−67.82

专题表 1-21　2025~2035 年西北地区水稻生产能力预测

省区	2015年	2025年				2030年				2035年			
	总产（万t）	面积（×10³hm²）	单产（kg/hm²）	总产（万t）	比2015年增产（万t）	面积（×10³hm²）	单产（kg/hm²）	总产（万t）	比2015年增产（万t）	面积（×10³hm²）	单产（kg/hm²）	总产（万t）	比2015年增产（万t）
全国	20 822.52	30 105.03	6 819.92	20 531.39	-291.13	30 054.52	6 855.82	20 604.84	-217.68	30 004.1	6 891.91	20 678.56	-143.96
山西	0.47	0.86	8 196.54	0.70	0.23	0.83	9 468.69	0.79	0.32	0.80	10 938.28	0.88	0.41
内蒙古（全区）	53.16	77.83	7 951.59	61.89	8.73	75.62	8 061.69	60.96	7.80	73.47	8 173.32	60.05	6.89
陕西	91.85	123.33	7 313.49	90.20	-1.65	123.58	7 372.98	91.12	-0.73	123.83	7 432.96	92.04	0.19
甘肃	3.12	4.72	4 365.33	2.06	-1.06	4.53	3 966.41	1.80	-1.32	4.35	3 603.95	1.57	-1.55
青海													
宁夏	60.75	77.07	8 266.52	63.71	2.96	75.39	8 250.06	62.20	1.45	73.75	8 233.63	60.72	-0.03
新疆	65.08	69.79	9 845.89	68.71	3.63	69.85	10 269.34	71.73	6.65	69.91	10 711.01	74.88	9.80
西北合计	274.43	353.60		287.27	12.84	349.80		288.60	14.16	346.11		290.14	15.71

专题表 1-22　2025~2035 年西北地区马铃薯生产能力预测

省区	2015年	2025年				2030年				2035年			
	总产（万t）	面积（×10³hm²）	单产（kg/hm²）	总产（万t）	比2015年增产（万t）	面积（×10³hm²）	单产（kg/hm²）	总产（万t）	比2015年增产（万t）	面积（×10³hm²）	单产（kg/hm²）	总产（万t）	比2015年增产（万t）
全国	1947.70	5730.15	3504.50	2008.13	60.43	5829.78	3548.26	2068.56	120.86	5931.14	3592.57	2130.80	183.10
山西	29.80	168.29	1750.30	29.46	-0.34	167.77	1796.50	30.14	0.34	167.26	1843.92	30.84	1.04
内蒙古（除东四盟）	92.84	379.28	2808.98	106.54	13.70	381.86	2739.88	104.63	11.79	384.46	2672.48	102.75	9.91
陕西	73.80	292.96	2724.49	79.82	6.02	298.73	2861.25	85.47	11.67	304.61	3004.87	91.53	17.73
甘肃	225.30	705.78	3667.52	258.85	33.55	715.95	3772.77	270.11	44.81	726.27	3881.04	281.87	56.57
青海	34.80	93.06	4001.94	37.24	2.44	94.86	4031.38	38.24	3.44	96.69	4061.03	39.26	4.46
宁夏	37.20	187.43	2159.77	40.48	3.28	177.82	2196.02	39.05	1.85	168.70	2232.88	37.67	0.47
新疆	18.30	33.89	5415.93	18.35	0.05	34.42	5496.01	18.92	0.62	34.96	5577.27	19.50	1.20
西北合计	512.04	1860.69		570.74	58.70	1871.41		586.56	74.52	1882.95		603.42	91.38

　　e. 2025～2035 年西北地区饲料粮——玉米生产能力估算

　　西北地区 2015 年玉米的总产占全国总产的 23.08%，其中内蒙古（全区）总产占西北七省（区）的 43.42%。2025 年、2030 年和 2035 年，西北地区玉米生产能力为 5068.04 万 t、和 5697.35 万 t 和 6165.19 万 t，与 2015 年相比，2025 年西北地区玉米总产量将有小幅下降趋势，2030 年和 2035 年西北地区玉米总产量将会提升。2025 年，内蒙古和甘肃的玉米产量相比 2015 年有减少趋势，内蒙古仍然是七省（区）中总产最多的区，达到 2235.13 万 t，占全国的 9.73%，与 2015 年相比减产 15.65 万 t，甘肃减产 318.30 万 t，山西、陕西、新疆、宁夏和青海玉米产量均增加，分别增加 121.86 万 t、44.51 万 t、35.41 万 t、9.49 万 t 和 6.41 万 t；2030 年和 2035 年，西北七省（区）玉米总产均有所增加，其中内蒙古总产分别达 2384.29 万 t、2543.41 万 t，相比 2015 年增产 133.51 万 t、292.63 万 t，西北七省（区）相比 2015 年增加 513.04 万 t、980.88 万 t。总体而言，西北七省（区）玉米生产能力呈先下降后上升的趋势，减弱的很大一部分原因来自于玉米种植总面积的减少（专题表 1-23）。

　　f. 2025～2035 年西北地区油料生产能力估算

　　西北地区不是油料作物的主产区，2015 年西北地区油料作物的总产占全国总产的 10.72%，2025 年、2030 年和 2035 年，西北地区油料生产能力为 374.11 万 t、389.57 万 t 和 406.54 万 t，与 2015 年相比，2025 年西北地区油料总生产量将有小幅下降趋势，2030 年和 2035 年西北地区油料生产量将会提升。2025 年，除内蒙古（除东四盟）、甘肃和新疆外，西北地区各省（区）的油料总产均有所增加，其中山西增加最多，增产 3.04 万 t，宁夏、青海次之，陕西更少，相反，内蒙古、新疆和甘肃的油料分别减产 8.43 万 t、3.88 万 t 和 1.53 万 t；2030 年，除甘肃和新疆外，西北地区各省（区）的油料总产均有所增加，其中内蒙古增加最多，增产 4.19 万 t，新疆油料减产 4.70 万 t，甘肃油料减产 0.24 万 t，西北七省（区）相比 2015 年增产 10.31 万 t；2035 年，除新疆外，西北地区各省（区）的油料总产均有所增加，其中内蒙古增加最多，增产 18.21 万 t，新疆油料减产 5.49 万 t，西北七省（区）相比 2015 年增产 27.28 万 t。总体而言，西北七省（区）油料作物生产能力呈增强趋势，增强的很大一部分原因来自于西北七省（区）油料作物单产的增加（专题表 1-24）。

　　g. 2025～2035 年西北地区蔬菜生产能力估算

　　西北地区不是蔬菜的主产区，2015 年西北地区蔬菜的总产占全国总产的 10.10%，2025 年、2030 年和 2035 年，西北地区蔬菜生产能力为 7706.19 万 t、8150.60 万 t 和 8622.43 万 t，与 2015 年相比，2025 年西北地区蔬菜总产量将有小幅下降趋势，2030 年和 2035 年西北地区蔬菜总产量将会增长。2025 年，除内蒙古（除东四盟）、青海和宁夏之外，其他省（区）蔬菜的总产均有所减少，蔬菜总产量相比 2015 年减少 222.40 万 t；2030 年，除山西和甘肃外，西北地区各省（区）的蔬菜总产均有所增加，其中内蒙古增加最多，增产 145.18 万 t，山西蔬菜减产 74.99 万 t，甘肃蔬菜减产 16.32 万 t，西北七省（区）2030 年蔬菜总产量相比 2015 年增加 222.01 万 t；2035 年，除山西外，西北地区各省（区）的蔬菜总产均有所增加，其中陕西增加最多，增产 200.55 万 t，山西蔬菜减产 18.50 万 t，西北七省（区）2035 年蔬菜总产量相比 2015 年增加 693.84 万 t。总体而言，西北七省（区）蔬菜生产能力呈先减弱再增强的趋势，变化幅度较小，增强的很大一部分原因来自于西北七省（区）蔬菜种植面积的变化和蔬菜单产的增加（专题表 1-25）。

专题表 1-23　2025～2035 年西北地区玉米生产能力预测

省区	2015年 总产(万t)	2025年 面积(×10³hm²)	2025年 单产(kg/hm²)	2025年 总产(万t)	2025年 比2015年增产(万t)	2030年 面积(×10³hm²)	2030年 单产(kg/hm²)	2030年 总产(万t)	2030年 比2015年增产(万t)	2035年 面积(×10³hm²)	2035年 单产(kg/hm²)	2035年 总产(万t)	2035年 比2015年增产(万t)
全国	22 463.16	38 506.14	5 963.95	22 964.87	501.71	39 809.23	6 016.36	23 950.67	1 487.51	41 156.42	6 069.23	24 978.78	2 515.62
山西	862.74	1 736.20	5 670.98	984.60	121.86	1 771.43	5 768.66	1 021.88	159.14	1 807.38	5 868.02	1 060.57	197.83
内蒙古(全区)	2 250.78	3 509.94	6 367.99	2 235.13	-15.65	3 740.45	6 374.34	2 384.29	133.51	3 986.10	6 380.69	2 543.41	292.63
陕西	543.08	1 023.80	5 739.28	587.59	44.51	1 145.16	5 032.50	576.30	33.22	1 147.00	5 163.90	592.30	49.22
甘肃	577.15	705.78	3 667.52	258.85	-318.30	1 064.78	5 842.47	622.09	44.94	1 184.90	6 553.91	776.57	199.42
青海	18.63	34.60	7 236.31	25.04	6.41	41.34	7 255.39	29.99	11.36	49.39	7 274.53	35.93	17.30
宁夏	226.88	300.03	7 878.36	236.37	9.49	318.70	7 960.27	253.69	26.81	338.53	8 043.03	272.28	45.40
新疆	705.05	1 024.96	7 224.27	740.46	35.41	1 109.04	7 295.61	809.11	104.06	1 200.02	7 367.65	884.13	179.08
西北合计	5 184.31	8 335.31		5 068.04	-116.27	9 190.90		5 697.35	513.04	9 713.32		6 165.19	980.88

专题表 1-24　2025～2035 年西北地区油料生产能力预测

省区	2015年 总产(万t)	2025年 面积(×10³hm²)	2025年 单产(kg/hm²)	2025年 总产(万t)	2025年 比2015年增产(万t)	2030年 面积(×10³hm²)	2030年 单产(kg/hm²)	2030年 总产(万t)	2030年 比2015年增产(万t)	2035年 面积(×10³hm²)	2035年 单产(kg/hm²)	2035年 总产(万t)	2035年 比2015年增产(万t)
全国	3 536.98	14 053.99	2 565.36	3 605.35	68.37	14 092.66	2 617.10	3 688.19	151.21	14 131.43	2 669.89	3 772.94	235.96
山西	15.30	124.96	1 467.33	18.34	3.04	119.16	1 542.45	18.38	3.08	113.63	1 621.41	18.42	3.12
内蒙古(除东四盟)	120.96	546.81	2 058.00	112.53	-8.43	587.60	2 129.78	125.15	4.19	631.43	2 204.07	139.17	18.21
陕西	62.70	299.33	2 145.10	64.21	1.51	298.84	2 218.99	66.31	3.61	298.35	2 295.43	68.48	5.78
甘肃	71.60	324.74	2 157.61	70.07	-1.53	319.87	2 231.01	71.36	-0.24	315.07	2 306.90	72.68	1.08
青海	30.50	144.89	2 225.96	32.25	1.75	139.06	2 309.76	32.12	1.62	133.47	2 396.71	31.99	1.49
宁夏	15.30	74.82	2 366.93	17.71	2.41	71.07	2 539.53	18.05	2.75	67.51	2 724.72	18.39	3.09
新疆	62.90	213.65	2 761.35	59.00	-3.88	204.39	2 847.51	58.20	-4.70	195.53	2 936.36	57.41	-5.49
西北合计	379.26	1 729.20		374.11	-5.13	1 739.99		389.57	10.31	1 754.99		406.54	27.28

专题表 1-25 2025~2035 年西北地区蔬菜生产能力预测

省区	2015 年	2025 年				2030 年				2035 年			
	总产（万 t）	面积（×10³hm²）	单产（kg/hm²）	总产（万 t）	比 2015 年增产（万 t）	面积（×10³hm²）	单产（kg/hm²）	总产（万 t）	比 2015 年增产（万 t）	面积（×10³hm²）	单产（kg/hm²）	总产（万 t）	比 2015 年增产（万 t）
全国	78 526.10	22 140.42	36 122.28	79 976.25	1 450.15	22 810.29	36 683.86	83 676.95	5 150.85	23 500.42	37 254.17	87 548.86	9 022.76
山西	1 302.20	263.93	44 452.44	1 173.23	-128.97	271.95	45 126.29	1 227.21	-74.99	280.22	45 810.36	1 283.70	-18.50
内蒙古（除东四盟）	304.69	75.95	54 610.31	414.77	110.08	79.75	56 410.36	449.87	145.18	83.73	58 269.74	487.89	183.20
陕西	1 822.50	522.44	33 882.49	1 770.16	-52.34	539.52	35 075.25	1 892.38	69.88	557.16	36 310.00	2 023.05	200.55
甘肃	1 823.10	535.62	31 883.50	1 707.74	-115.36	567.53	31 835.83	1 806.78	-16.32	601.35	31 788.23	1 911.59	88.49
青海	166.40	50.61	33 982.04	171.98	5.58	52.07	34 240.27	178.29	11.89	53.57	34 500.46	184.82	18.42
宁夏	575.80	129.91	44 446.92	577.41	1.61	136.44	45 967.63	627.18	51.38	143.31	47 540.37	681.30	105.50
新疆	1 933.90	320.76	58 950.51	1 890.90	-43.00	325.23	60 538.33	1 968.89	34.99	329.76	62 168.92	2 050.08	116.18
西北合计	7 928.59	1 899.22		7 706.19	-222.40	1 972.49		8 150.60	222.01	2 049.10		8 622.43	693.84

h. 2025~2035 年西北地区果品生产能力估算

2015 年西北地区果品的总产占全国总产的 20.77%，2025 年、2030 年和 2035 年，西北地区果品生产能力为 5746.67 万 t、6193.86 万 t 和 6681.09 万 t，与 2015 年相比，2025 年、2030 年和 2035 年西北地区果品生产量将会增长。2025 年，除内蒙古和青海外，其他省（区）果品的总产均有所增加，果品产量相比 2015 年增加 63.16 万 t，其中新疆、陕西增加量较多，分别为 46.78 万 t、16.29 万 t；2030 年，除内蒙古和青海外，其他省（区）果品的总产均有所增加，其中新疆、陕西和山西增加量较多，分别为 250.94 万 t、114.19 万 t 和 71.57 万 t，西北七省（区）2030 年果品产量相比 2015 年增加 578.69 万 t；2035 年，除青海外，各省（区）果品的总产均有所增加，新疆、陕西和山西增加量较多，分别为 479.88 万 t、217.01 万 t 和 145.43 万 t，西北七省（区）2035 年果品产量相比 2015 年增加 1139.78 万 t。总体而言，西北七省（区）果品生产能力呈增强的趋势，变化幅度较小（专题表 1-26）。

专题表 1-26　2025~2035 年西北地区果品生产能力预测　（单位：万 t）

	项目	2015 年	2025 年	2030 年	2035 年
全国	总产	27 375.03	27 509.09	28 806.43	30 164.95
	比 2015 年增加		134.06	1 431.4	2 789.92
山西	总产	842.60	845.83	914.17	988.03
	比 2015 年增加		3.23	71.57	145.43
内蒙古（全区）	总产	296.74	278.94	290.39	302.31
	比 2015 年增加		−17.8	−6.35	5.57
陕西	总产	1 930.90	1 947.19	2 045.09	2 147.91
	比 2015 年增加		16.29	114.19	217.01
甘肃	总产	679.00	688.35	735.77	786.46
	比 2015 年增加		9.35	56.77	107.46
青海	总产	3.60	3.29	3.21	3.13
	比 2015 年增加		−0.31	−0.39	−0.47
宁夏	总产	298.90	301.29	319.29	338.37
	比 2015 年增加		2.39	20.39	39.47
新疆	总产	1 635.00	1 681.78	1 885.94	2 114.88
	比 2015 年增加		46.78	250.94	479.88
西北七省（区）合计		5 686.74	5 746.67	6 193.86	6 681.09

2. 西北地区动物性食物生产能力预测

（1）西北地区肉类生产能力预测

2015 年西北七省（区）肉类总产为 599.91 万 t，根据测算，2025 年、2030 年和 2035 年，西北地区肉类总产分别为 635.26 万 t、654.56 万 t 和 674.59 万 t，均比 2015 年总产增加，增加幅度分别为 5.89%、9.11% 和 12.45%；2025~2035 年，内蒙古（除东四盟）总产基本稳定在 84.5 万 t 左右并呈减少趋势，其余各省（区）生产能力均在增加且每五年增加的量有所提高；新疆、陕西的肉类总产在七省（区）中占据了主要地位，两省（区）合计占比达到西北七省（区）的45%左右，并实现稳步增加，是七省（区）中肉类的主要生产区，排在后面的是甘肃、山西、内蒙古（除东四盟）、青海、宁夏；七省（区）中总产增加幅度排在前三位的是新疆、青海和山西，2025年分别为9.24%、8.20%和6.91%，2030年分别为14.39%、12.75%和10.63%，2035年分别为19.79%、17.50%和14.49%（专题表1-27）。

专题表1-27 2025～2035年西北地区肉类生产能力预测 （单位：万t）

	项目	2020年	2025年	2030年	2035年
全国	总产	8770.80	8922.20	9076.21	9232.88
	比2015年增加	145.76	297.16	451.17	607.84
山西	总产	88.39	91.48	94.67	97.97
	比2015年增加	2.82	5.91	9.10	12.40
内蒙古（除东四盟）	总产	84.53	84.44	84.34	84.24
	比2015年增加	−0.09	−0.18	−0.28	−0.38
陕西	总产	119.09	122.18	125.35	128.60
	比2015年增加	2.86	5.95	9.12	12.37
甘肃	总产	98.82	101.51	104.27	107.11
	比2015年增加	2.47	5.16	7.92	10.76
青海	总产	36.08	37.59	39.17	40.82
	比2015年增加	1.34	2.85	4.43	6.08
宁夏	总产	29.94	30.72	31.53	32.36
	比2015年增加	0.72	1.50	2.31	3.14
新疆	总产	159.81	167.34	175.23	183.49
	比2015年增加	6.63	14.16	22.05	30.31
西北七省（区）合计		616.66	635.26	654.56	674.59

（2）西北地区奶类生产能力预测

西北地区是中国奶类的主要产区，2015年的总产为1141.13万t，占全国总产的30.39%，其中内蒙古（除东四盟）总产占西北七省（区）的将近一半。2025年、2030年和2035年，西北地区奶类生产能力分别为1168.00万t、1186.90万t和1208.50万t，均比2015年增加且逐年增加，说明西北七省（区）的奶类生产能力有稳步提升；2025～2035年，除却内蒙古总产呈减少趋势外，其余各省（区）生产能力均在增加且每五年增加的量有所提高（陕西除外），但内蒙古地区在西北地区的奶类生产中仍占据主导地位；内蒙古、新疆、陕西和宁夏的奶类生产能力在七省（区）中占到了85%左右，是七省（区）中奶类的主要生产区；宁夏在七省（区）中的奶类生产能力整体上仅次于内蒙古，但其相较于2015年的增幅最大，2025年、2030年和2035年分别为20.44%、33.19%和47.28%（专题表1-28）。

专题表 1-28　2025～2035 年西北地区奶类生产能力预测　（单位：万 t）

	项目	2015 年	2025 年	2030 年	2035 年
全国	总产	3754.67	3833.22	3873.50	3914.20
	比 2015 年增加		78.55	118.83	159.53
山西	总产	91.87	100.58	105.40	110.45
	比 2015 年增加		8.71	13.53	18.58
内蒙古（除东四盟）	总产	545.11	518.34	505.69	493.35
	比 2015 年增加		−26.77	−39.42	−51.76
陕西	总产	141.19	142.76	143.55	144.34
	比 2015 年增加		1.57	2.36	3.15
甘肃	总产	39.31	40.58	41.24	41.91
	比 2015 年增加		1.27	1.93	2.60
青海	总产	31.35	33.61	34.86	36.16
	比 2015 年增加		2.26	3.51	4.81
宁夏	总产	136.53	164.44	181.84	201.08
	比 2015 年增加		27.91	45.31	64.55
新疆	总产	155.77	167.69	174.32	181.21
	比 2015 年增加		11.92	18.55	25.44
西北七省（区）合计		1141.20	1168.00	1186.90	1208.50

（3）西北地区蛋类生产能力预测

2015 年西北七省（区）的蛋类总产为 215.22 万 t，根据预测，2025 年、2030 年和 2035 年的蛋类生产能力分别为 234.14 万 t、244.73 万 t 和 255.83 万 t，比 2015 年分别增加了 18.92 万 t、29.51 万 t 和 40.61 万 t，增幅分别为 8.79%、13.71% 和 18.87%，说明西北七省（区）的蛋类生产能力有进一步提升；2025～2035 年，西北七省（区）蛋类生产能力均在增加且每五年增加的量有所提高；山西的蛋类生产能力在七省（区）中占到了 40% 以上，是七省（区）中蛋类的主要生产区，而青海是七省（区）中相较于 2015 年增幅最大的，2025 年、2030 年和 2035 年增幅分别为 15.93%、25.22% 和 35.40%（专题表 1-29）。

专题表 1-29　2025～2035 年西北地区蛋类生产能力预测　（单位：万 t）

	项目	2015 年	2025 年	2030 年	2035 年
全国	总产	2999.22	3097.89	3149.39	3201.75
	比 2015 年增加		98.67	150.17	202.53
山西	总产	87.24	94.68	98.83	103.16
	比 2015 年增加		7.44	11.59	15.92
内蒙古（除东四盟）	总产	10.95	11.82	12.30	12.80
	比 2015 年增加		0.87	1.35	1.85
陕西	总产	58.06	63.03	65.76	68.61
	比 2015 年增加		4.97	7.70	10.55

续表

	项目	2015 年	2025 年	2030 年	2035 年
甘肃	总产	15.29	15.93	16.26	16.60
	比 2015 年增加		0.64	0.97	1.31
青海	总产	2.26	2.62	2.83	3.06
	比 2015 年增加		0.36	0.57	0.80
宁夏	总产	8.78	9.60	10.07	10.56
	比 2015 年增加		0.82	1.29	1.78
新疆	总产	32.64	36.46	38.68	41.04
	比 2015 年增加		3.82	6.04	8.40
西北七省（区）合计		215.22	234.14	244.73	255.83

（三）2015～2030 年西北地区食物生产在全国的地位

1. 2015～2030 年西北地区植物性食物生产在全国中的地位

（1）西北地区谷物在全国中的地位

2015 年全国谷物产量达 57 228.06 万 t，其中仅西北七省（区）的谷物产量就达 5717.73 万 t，占全国总产量的 9.99%。经过测算，2025 年、2030 年的全国谷物产量均低于 2015 年，分别为 56 271.84 万 t、57 016.03 万 t，2035 年全国谷物产量略高于 2015 年。而西北七省（区）2025 年、2030 年和 2035 年的谷物产量均高于 2015 年，且 2035 年的谷物产量高于 2030 年。从西北地区谷物产量占全国谷物产量的比例来看，西北地区谷物产量在全国具有一定的地位，2025 年、2030 年、2035 年西北地区谷物产量所占比例分别为 10.34%、10.54%、10.74%，均高于 2015 年，且所占比例逐渐升高，这说明西北地区谷物产量对于全国谷物总产量的贡献值逐步增大。

陕西、山西、新疆三省（区）是西北地区主要的谷物生产区域。自 2015 年以来，陕西、山西、新疆三省（区）的年谷物产量均超过 1000 万 t，其中新疆地区的谷物产量最高，2015 年、2025 年、2030 年、2035 年的谷物产量均超过 1400 万 t。在 2025～2035年，三省（区）的谷物产量占全国总产量的比例均不小于 2.00%（专题表 1-30）。

专题表 1-30　2025～2035 年西北地区谷物在全国中的地位

省（区）	2015 年		2025 年		2030 年		2035 年	
	产量（万 t）	占全国的比例（%）	产量（万 t）	占全国的比例（%）	产量（万 t）	占全国的比例（%）	产量（万 t）	占全国的比例（%）
全国	57 228.06	100.00	56 271.84	100.00	57 016.03	−212.03	57 770.05	100.00
山西	1 192.30	2.08	1 277.01	2.27	1 311.69	2.30	1 347.31	2.33
内蒙古（除东四盟）	621.15	1.09	637.02	1.13	656.45	1.15	676.47	1.17
陕西	1 119.84	1.96	1 125.13	2.00	1 139.43	2.00	1 153.92	2.00
甘肃	909.62	1.59	902.99	1.60	931.84	1.63	961.61	1.66

续表

省（区）	2015 年		2025 年		2030 年		2035 年	
	产量（万 t）	占全国的比例（%）	产量（万 t）	占全国的比例（%）	产量（万 t）	占全国的比例（%）	产量（万 t）	占全国的比例（%）
青海	62.35	0.11	64.49	0.11	66.02	0.12	67.60	0.12
宁夏	332.00	0.58	342.41	0.61	350.85	0.62	359.49	0.62
新疆	1 480.47	2.59	1 470.22	2.61	1 553.10	2.72	1 640.65	2.84
西北合计	5 717.73	9.99	5 819.27	10.34	6 009.38	10.54	6 207.05	10.74

（2）西北地区小麦在全国中的地位

小麦是我国北方地区重要的粮食作物，2015 年全国小麦总产量为 13 018.52 万 t，其中西北地区小麦总产量为 1829.04 万 t，占全国的 14.05%。随着时间的推移，2015～2020 年，受小麦种植面积减少的影响，全国小麦生产能力呈现下降趋势，而西北地区的小麦生产能力也呈现相同的变化趋势，2025 年、2030 年、2035 年的小麦总产均低于 2015 年。然而自 2025 年以后，由于小麦单产的提高，全国以及西北地区的小麦总产量有一定的回升。西北七省（区）小麦生产能力总体呈下降趋势。自 2015 年之后，西北地区小麦产量占全国总量的比例呈下降趋势，至 2035 年，西北地区所占比例下降至 13.42%，较 2015 年下降 0.63 个百分点。由估算结果可知，2025～2035 年，西北七省（区）内，新疆、陕西、甘肃、山西四省（区）的小麦产量占当年全国小麦产量的比例均超过 1.9%，其中新疆地区小麦年产量占全国的 5.0% 以上，且具有上升的趋势；陕西地区小麦年产量占全国的比例稳定在 3.37%～3.38%，其余五省（区）的小麦产量占全国总产的比例均出现下降趋势。可以看出，2025～2035 年，西北地区小麦生产对于全国小麦产量的贡献有下降的趋势（专题表 1-31）。

专题表 1-31　2025～2035 年西北地区小麦在全国中的地位

省（区）	2015 年		2025 年		2030 年		2035 年	
	产量（万 t）	占全国的比例（%）	产量（万 t）	占全国的比例（%）	产量（万 t）	占全国的比例（%）	产量（万 t）	占全国的比例（%）
全国	13 018.52	100.00	12 631.11	100.00	12 873.07	-212.03	13 119.67	100.00
山西	271.43	2.08	248.93	1.97	250.12	1.94	251.31	1.92
内蒙古（除东四盟）	46.50	0.36	46.26	0.37	39.57	0.31	33.84	0.26
陕西	458.10	3.52	426.60	3.38	434.33	3.37	442.20	3.37
甘肃	281.00	2.16	258.52	2.05	259.37	2.01	260.22	1.98
青海	34.12	0.26	33.76	0.27	33.16	0.26	32.56	0.25
宁夏	39.64	0.30	41.68	0.33	37.98	0.30	34.61	0.26
新疆	698.25	5.36	658.41	5.21	682.02	5.30	706.48	5.38
西北合计	1 829.04	14.05	1 714.16	13.57	1 736.55	13.49	1 761.22	13.42

（3）西北地区水稻在全国中的地位

由于环境条件的限制，西北地区的大部分区域不适种植水稻，2015年西北七省（区）水稻产量仅占全国总产量的1.32%。至2025年，西北七省（区）水稻产量占全国总产量的比例有所提高。在西北七个省（区）内，除青海外，其余六省（区）均种植水稻，其中年产量较高的区域分别为陕西、新疆、宁夏三省（区），根据估算数据可知，2025～2035年陕西水稻产量呈现升高趋势，在此期间，其占全国的比例稳定在0.44%～0.45%，为西北七省（区）之首；其次为新疆地区，自2025年以来，该地区水稻产量呈明显升高趋势，至2035年，新疆地区水稻产量达到74.88万t，占全国的比例由2015年的0.31%升至0.36%；此外，宁夏地区的水稻产量也居西北七省（区）前列，2015年共收获水稻60.75万t，2025～2035年，该地区水稻产量均超过60万t，占全国总产量的0.29%～0.31%。由于西北地区水稻种植面积很少，因此西北七省（区）水稻生产对全国水稻产量的贡献很小（专题表1-32）。

专题表1-32 2025～2035年西北地区水稻在全国中的地位

省（区）	2015年		2025年		2030年		2035年	
	产量（万t）	占全国的比例（%）	产量（万t）	占全国的比例（%）	产量（万t）	占全国的比例（%）	产量（万t）	占全国的比例（%）
全国	20 822.52	100.00	20 531.39	100.00	20 604.84	100.00	20 678.56	100.00
山西	0.47	0.00	0.7	0.00	0.79	0.00	0.88	0.00
内蒙古（除东四盟）	53.16	0.26	61.89	0.30	60.96	0.30	60.05	0.29
陕西	91.85	0.44	90.2	0.44	91.12	0.44	92.04	0.45
甘肃	3.12	0.01	2.06	0.01	1.80	0.01	1.57	0.01
青海								
宁夏	60.75	0.29	63.71	0.31	62.20	0.30	60.72	0.29
新疆	65.08	0.31	68.71	0.33	71.73	0.35	74.88	0.36
西北合计	274.43	1.32	287.27	1.40	288.60	1.40	290.14	1.40

（4）西北地区马铃薯在全国中的地位

西北地区马铃薯的生产对于全国马铃薯总产量有较大的贡献，2015年，全国马铃薯产量为1947.7万t，西北地区产量为512.04万t，占全国的26.29%。通过估算可知，全国以及西北地区2025年、2030年、2035年的马铃薯产量均高于2015年。但2025～2035年，西北地区马铃薯产量占全国总产量的比例有略微下降的趋势，产生这一现象的原因可能是全国自2015年以来，马铃薯的种植总面积和单产明显提高，使得全国马铃薯总产量不断提高，而西北地区马铃薯种植面积增长缓慢，地区年产量的增幅也低于全国总产量的增幅，导致西北地区马铃薯产量占全国比例的降低。从西北地区的不同省（区）来看，甘肃的马铃薯年产量远远高于其余六个省（区），2025年、2030年、2035年的年产量均高于2015年，占全国的比例也呈现增大的趋势，截至2035年，甘肃年马铃薯产量为281.87万t，占全国的13.23%。总体而言，尽管未来西北地区马铃薯产量占全国总产量的比例有下降的趋势，但所占比例始终高于28%，这说明在未来十几年间，西北地区的马铃薯生产在全国马铃薯生产中仍然有重要的地位（专题表1-33）。

专题表 1-33　2025～2035 年西北地区马铃薯在全国中的地位

省（区）	2015 年		2025 年		2030 年		2035 年	
	产量（万 t）	占全国的比例（%）	产量（万 t）	占全国的比例（%）	产量（万 t）	占全国的比例（%）	产量（万 t）	占全国的比例（%）
全国	1947.70	100.00	2008.13	100.00	2068.56	100.00	2130.80	100.00
山西	29.80	1.53	29.46	1.47	30.14	1.46	30.84	1.45
内蒙古（除东四盟）	92.84	4.77	106.54	5.31	104.63	5.06	102.75	4.82
陕西	73.80	3.79	79.82	3.97	85.47	4.13	91.53	4.30
甘肃	225.30	11.57	258.85	12.89	270.11	13.06	281.87	13.23
青海	34.80	1.79	37.24	1.85	38.24	1.85	39.27	1.84
宁夏	37.20	1.91	40.48	2.02	39.05	1.89	37.67	1.77
新疆	18.30	0.94	18.35	0.91	18.92	0.91	19.50	0.92
西北合计	512.04	26.29	570.74	28.42	586.56	28.36	603.43	28.32

（5）西北地区玉米在全国中的地位

玉米与马铃薯一样都是西北地区重要的粮食作物，2015 年，西北地区的玉米总产量为 5184.31 万 t，占当年全国总产量的 23.08%。从估算结果来看，2025 年、2030 年和 2035 年全国玉米总产量均高于 2015 年，可以看出，在 2025～2035 年，全国玉米总产量具有增加的趋势。就西北地区而言，2025 年的玉米产量低于 2015 年，西北地区玉米产量出现了明显降低，说明在 2015～2025 年，玉米产量可能出现下降的趋势，而至 2035 年，西北地区玉米产量出现明显升高，当年总产量达 6165.19 万 t，占全国的 24.68%，较 2015 年增产 980.88 万 t，占全国的比例增加 1.60 个百分点，这也说明了在 2015～2035 年西北地区玉米生产能力有增大的趋势。在西北七省（区）内，内蒙古的玉米年产量远远高于其余六个省（区），2025～2035 年，内蒙古地区的年玉米产量均超过 2000 万 t，占到全国年总产量的 10% 左右。由此可以看出，2025～2035 年，西北地区玉米生产对于全国玉米生产具有重要的意义（专题表 1-34）。

专题表 1-34　2025～2035 年西北地区玉米在全国中的地位

省（区）	2015 年		2025 年		2030 年		2035 年	
	产量（万 t）	占全国的比例（%）	产量（万 t）	占全国的比例（%）	产量（万 t）	占全国的比例（%）	产量（万 t）	占全国的比例（%）
全国	22 463.16	100.00	22 964.87	100.00	23 950.67	100.00	24 978.78	100.00
山西	862.74	3.84	984.60	4.29	1 021.88	4.27	1 060.57	4.25
内蒙古（除东四盟）	2 250.78	10.02	2 235.13	9.73	2384.29	9.96	2 543.41	10.18
陕西	543.08	2.42	587.59	2.56	576.30	2.41	592.30	2.37
甘肃	577.15	2.57	258.85	1.13	622.09	2.60	776.57	3.11
青海	18.63	0.08	25.04	0.11	29.99	0.13	35.93	0.14
宁夏	226.88	1.01	236.37	1.03	253.69	1.06	272.28	1.09
新疆	705.05	3.14	740.46	3.22	809.11	3.38	884.13	3.54
西北合计	5 184.31	23.08	5 068.04	22.07	5 697.35	23.79	6 165.19	24.68

（6）西北地区油料作物在全国中的地位

油料作物作为经济作物的一种，在我国的种植面积低于传统的粮食作物。2015年全国油料作物产量为3536.98万t，其中西北地区油料作物产量为379.26万t，占全国的10.72%，2025年、2030年和2035年全国油料作物的总产量均高于2015年，至2035年全国油料作物产量达3772.94万t，较2015年增产235.96万t，截至2035年，西北地区油料作物产量为406.54万t，较2015年增产27.28万t，2025年、2030年和2035年西北地区油料作物产量依次占全国总产量的10.38%、10.56%、10.78%，由此也可以看出，在2025～2035年，西北地区油料作物产量及其占全国的比例均存在升高的趋势。在西北七个省（区）内，油料作物产量及其占全国比例最高的省（区）为内蒙古，2025～2035年，该地区油料作物年产量均超过100万t，占全国当年总产量的3.1%以上。通过分析估算数据可知，自2015年之后，全国油料作物总产量的1/10以上来源于西北地区。这说明了西北地区油料作物的生产与全国油料作物的产量之间有一定的关系（专题表1-35）。

专题表1-35　2025～2035年西北地区油料在全国中的地位

省（区）	2015年		2025年		2030年		2035年	
	产量（万t）	占全国的比例（%）	产量（万t）	占全国的比例（%）	产量（万t）	占全国的比例（%）	产量（万t）	占全国的比例（%）
全国	3536.98	100.00	3605.35	100.00	3688.19	100.00	3772.94	100.00
山西	15.3	0.43	18.34	0.51	18.38	0.50	18.42	0.49
内蒙古（除东四盟）	120.96	3.42	112.53	3.12	125.15	3.39	139.17	3.69
陕西	62.7	1.77	64.21	1.78	66.31	1.80	68.48	1.82
甘肃	71.6	2.02	70.07	1.94	71.36	1.93	72.68	1.93
青海	30.5	0.86	32.25	0.89	32.12	0.87	31.99	0.85
宁夏	15.3	0.43	17.71	0.49	18.05	0.49	18.39	0.49
新疆	62.9	1.78	59	1.64	58.2	1.58	57.41	1.52
西北合计	379.26	10.72	374.11	10.38	389.57	10.56	406.54	10.78

（7）西北地区蔬菜在全国中的地位

2015年全国蔬菜产量为78 526.1万t，其中西北地区油料作物产量为7928.59万t，占全国的10.1%，至2025年，全国蔬菜总产量较2015年有所提高，但西北地区的蔬菜产量较2015年下降222.40万t，可以看出除内蒙古、青海和宁夏外，其余四个省（区）2025年蔬菜产量均低于2015年。2030年，全国蔬菜产量继续增加，较2015年提高5150.85万t，至2035年全国蔬菜产量达87 548.86万t，较2015年有明显提高。西北地区的蔬菜产量具有类似的变化趋势，截至2035年，西北地区蔬菜年产量较2015年超出

693.84 万 t，受全国及西北地区蔬菜产量波动的共同影响，2025 年、2030 年以及 2035 年西北地区蔬菜产量占全国的比例均低于 2015 年，但在 2025～2035 年，该地区蔬菜产量占全国的比例存在增高的趋势。分析不同省（区）的蔬菜产量及其占全国的比例可知，新疆、陕西、甘肃三省（区）的蔬菜产量趋于西北地区前列，自 2015 年以来，三省（区）蔬菜产量占全国的比例均超过 2.1%，陕西和甘肃在 2025～2035 年的蔬菜产量占全国的比例尽管低于 2015 年，但存在升高的趋势，而新疆的蔬菜产量占全国的比例自 2015 年之后，出现了下降的趋势，但整体均高于 2.3%（专题表 1-36）。

专题表 1-36 2025～2035 年西北地区蔬菜在全国中的地位

省（区）	2015 年		2025 年		2030 年		2035 年	
	产量（万 t）	占全国的比例（%）	产量（万 t）	占全国的比例（%）	产量（万 t）	占全国的比例（%）	产量（万 t）	占全国的比例（%）
全国	78 526.10	100.00	79 976.25	100.00	83 676.95	100.00	87 548.86	100.00
山西	1 302.20	1.66	1 173.23	1.47	1 227.21	1.47	1 283.70	1.47
内蒙古（除东四盟）	304.69	0.39	414.77	0.52	449.87	0.54	487.89	0.56
陕西	1 822.50	2.32	1 770.16	2.21	1 892.38	2.26	2 023.05	2.31
甘肃	1 823.10	2.32	1 707.74	2.14	1 806.78	2.16	1 911.59	2.18
青海	166.40	0.21	171.98	0.22	178.29	0.21	184.82	0.21
宁夏	575.80	0.73	577.41	0.72	627.18	0.75	681.30	0.78
新疆	1 933.90	2.46	1 890.90	2.36	1 968.89	2.35	2 050.08	2.34
西北合计	7 928.59	10.10	7 706.19	9.64	8 150.60	9.74	8 622.43	9.85

（8）西北地区果品在全国中的地位

种植果业是目前农民重要的经济来源之一，2015 年全国收获果品 27 375.03 万 t，其中西北七省（区）共收获果品 5686.74 万 t，占全国的 20.77%，通过分析估算数据可知，2025 年、2030 年及 2035 年的全国果品收获量均高于 2015 年，其中，西北地区 2025 年、2030 年、2035 年的果品收获量呈相同变化趋势，相比 2015 年依次升高 59.93 万 t、升高 507.12 万 t、升高 994.35 万 t，占全国的比例依次为 20.89%、21.50%、22.15%，可以看出在 2025～2035 年，西北地区果品收获量占全国总量的比例存在升高的趋势。比较 7 个省（区）间果品收获量的差异可以看出，陕西的果品收获量居于西北各省（区）之首，2015 年果品收获量为 1930.9 万 t，占全国总量的 7.05%，截至 2035 年，陕西果品收获量占全国总量的 7.12%，较 2015 年提高 0.07 个百分点，此外，在 2020～2035 年，除内蒙古及青海外，其余五省（区）果品收获量占全国总量的比例均存在增加的趋势，可以看出，目前西北地区果品的生产对于全国果品收获有重要的影响，在未来，这种影响将会更为明显（专题表 1-37）。

专题表 1-37　2025～2035 年西北地区果品在全国中的地位

省（区）	2015 年		2025 年		2030 年		2035 年	
	产量（万 t）	占全国的比例（%）	产量（万 t）	占全国的比例（%）	产量（万 t）	占全国的比例（%）	产量（万 t）	占全国的比例（%）
全国	27 375.03	100.00	27 509.09	100.00	28 806.43	100.00	30 164.95	100.00
山西	842.60	3.08	845.83	3.07	914.17	3.17	988.03	3.28
内蒙古	296.74	1.08	278.94	1.01	290.39	1.01	302.31	1.00
陕西	1 930.90	7.05	1 947.19	7.08	2 045.09	7.10	2 147.91	7.12
甘肃	679.00	2.48	688.35	2.50	735.77	2.55	786.46	2.61
青海	3.60	0.01	3.29	0.01	3.21	0.01	3.13	0.01
宁夏	298.90	1.09	301.29	1.10	319.29	1.11	338.37	1.12
新疆	1635.00	5.97	1 681.78	6.11	1 885.94	6.55	2 114.88	7.01
西北合计	5 686.74	20.77	5 746.67	20.89	6 193.86	21.50	6 681.09	22.15

注：内蒙古为全区

通过对 2025～2035 年西北七省（区）主要粮食作物、油料作物、果蔬产量的估算结果可知，除水稻外，西北地区其他几种植物性食物的生产在全国均拥有一定的地位。2025～2035 年，小麦产量对全国总产量的贡献有降低趋势，但稳定在 13%以上；油料作物和谷物产量占全国总产量的比例均稳定在 10%以上；蔬菜产量对全国总产的贡献值有增大趋势，但相比 2015 年，略有降低；西北地区马铃薯、玉米以及果品的生产对于全国总产量有较大的贡献，地区产量占全国总产量的比例均超过 20%，马铃薯的产量占全国总产量的比例有降低趋势，但仍超过 28%，玉米、果品的产量对全国总产量的贡献值均有增大的趋势。

2. 2015～2030 年西北地区动物性食物生产在全国中的地位

（1）西北地区肉类在全国中的地位

2015 年的西北七省（区）肉类总产占到了全国的 7.03%，根据预测，2025 年、2030 年和 2035 年的肉类总产占比分别可以达到 7.12%、7.21%和 7.31%，相比 2015 年分别提高 0.07 个百分点、0.16 个百分点、0.25 个百分点和 0.35 个百分点，说明西北七省（区）的肉类生产能力在全国的地位有进一步的提升；2025～2035 年，除内蒙古（除东四盟）呈现降低趋势外，其余各省（区）肉类生产能力在全国的地位都有所提升；在七省（区）中，新疆是占比最大的，同时也是增速最快的，而宁夏是占比最小的，同时也是增速最慢的，2015～2035 年，前者在全国的占比分别为 1.82%、1.88%、1.93%、1.99%，后者为 0.34%、0.34%、0.35%、0.35%。2025 年、2030 年和 2035 年西北地区肉类产量占全国的 7%以上，鉴于西北地区是我国的草畜产业主产区，未来西北地区肉类产量增加的空间还较大（专题表 1-38）。

专题表 1-38　2025～2035 年西北地区肉类在全国中的地位

省（区）	2015 年		2025 年		2030 年		2035 年	
	产量（万 t）	占全国的比例（%）	产量（万 t）	占全国的比例（%）	产量（万 t）	占全国的比例（%）	产量（万 t）	占全国的比例（%）
全国	8770.80	100.00	8922.20	100.00	9076.21	100.00	9232.88	100.00
山西	88.39	1.01	91.48	1.03	94.67	1.04	97.97	1.06
内蒙古（除东四盟）	84.53	0.96	84.44	0.95	84.34	0.93	84.24	0.91
陕西	119.09	1.36	122.18	1.37	125.35	1.38	128.60	1.39
甘肃	98.82	1.13	101.51	1.14	104.27	1.15	107.11	1.16
青海	36.08	0.41	37.59	0.42	39.17	0.43	40.82	0.44
宁夏	29.94	0.34	30.72	0.34	31.53	0.35	32.36	0.35
新疆	159.81	1.82	167.34	1.88	175.23	1.93	183.49	1.99
西北合计	616.66	7.03	635.26	7.12	654.56	7.21	674.59	7.31

（2）西北地区奶类在全国中的地位

西北地区的奶类生产能力在全国占有重要地位，2015 年的西北七省（区）奶类总产占到了全国的 30.39%，根据预测，2025 年、2030 年和 2035 年的肉类生产能力占比分别可以达到 30.47%、30.64%、30.87%，相比 2015 年，2025 年、2030 年和 2035 年逐步增加，分别提高了 0.08 个百分点、0.25 个百分点和 0.48 个百分点；2015 年，仅内蒙古（除东四盟）地区在全国的占比就达到 14.52%，2025～2035 年，该地区的奶类总产减少，而全国总产逐渐增加，因此其占有的比例有所降低，但仍达到 1/10 以上；2025～2035 年，陕西地区的奶类总产缓慢增加，相比全国增加的速度较低，因此其占全国的比例呈下降趋势；在七省（区）中，宁夏是增速最快的，2015～2035 年，在全国的占比分别为 3.64%、4.29%、4.69%、5.14%，并且在 2030 年，宁夏奶类占比将超过新疆，成为西北地区的第二大产区（专题表 1-39）。

专题表 1-39　2025～2035 年西北地区奶类在全国中的地位

省（区）	2015 年		2025 年		2030 年		2035 年	
	产量（万 t）	占全国的比例（%）	产量（万 t）	占全国的比例（%）	产量（万 t）	占全国的比例（%）	产量（万 t）	占全国的比例（%）
全国	3754.67	100.00	3833.22	100.00	3873.50	100.00	3914.20	100.00
山西	91.87	2.45	100.58	2.62	105.40	2.72	110.45	2.82
内蒙古（除东四盟）	545.11	14.52	518.34	13.52	505.69	13.06	493.35	12.60
陕西	141.19	3.76	142.76	3.72	143.55	3.71	144.34	3.69
甘肃	39.31	1.05	40.58	1.06	41.24	1.06	41.91	1.07
青海	31.35	0.83	33.61	0.88	34.86	0.90	36.16	0.92
宁夏	136.53	3.64	164.44	4.29	181.84	4.69	201.08	5.14
新疆	155.77	4.15	167.69	4.37	174.32	4.50	181.21	4.63
西北合计	1141.13	30.39	1168.00	30.47	1186.90	30.64	1208.50	30.87

总体而言，西北地区奶类生产在全国中占有重要地位，并将继续占主导地位。

（3）西北地区蛋类在全国中的地位

西北地区蛋类在全国占有的地位不高，2015 年西北七省（区）的蛋类总产占到全国的 7.18%，根据预测，2025 年、2030 年和 2035 年的蛋类生产能力占比分别可以达到 7.56%、7.77%、7.99%，相比 2015 年分别提高 0.38 个百分点、0.59 个百分点、0.81 个百分点，说明西北地区的蛋类生产能力在全国的地位有望逐步提升；2025～2035 年，西北七省（区）蛋类生产能力在全国的地位都有所提升，但占比都相对较小，在七省（区）中，山西是占比最大的，同时也是增速最快的，而青海是占比最小的，同时也是增速较慢的，前者占比分别为 3.06%、3.14% 和 3.22%，后者占比仅达到 0.09% 左右（专题表 1-40）。

总体而言，西北地区蛋类生产在全国占很少部分，具有上升的潜力，但空间有限。

专题表 1-40　2025～2035 年西北地区蛋类在全国中的地位

省（区）	2015 年		2025 年		2030 年		2035 年	
	产量（万 t）	占全国的比例（%）	产量（万 t）	占全国的比例（%）	产量（万 t）	占全国的比例（%）	产量（万 t）	占全国的比例（%）
全国	2999.22	100.00	3097.89	100.00	3149.39	100.00	3201.75	100.00
山西	87.24	2.91	94.68	3.06	98.83	3.14	103.16	3.22
内蒙古（除东四盟）	10.95	0.37	11.82	0.38	12.30	0.39	12.80	0.40
陕西	58.06	1.94	63.03	2.03	65.76	2.09	68.61	2.14
甘肃	15.29	0.51	15.93	0.51	16.26	0.52	16.60	0.52
青海	2.26	0.08	2.62	0.08	2.83	0.09	3.06	0.10
宁夏	8.78	0.29	9.60	0.31	10.07	0.32	10.56	0.33
新疆	32.64	1.09	36.46	1.18	38.68	1.23	41.04	1.28
西北合计	215.22	7.18	234.14	7.56	244.73	7.77	255.83	7.99

五、基于轮作休耕制度的粮食可持续生产对策研究

（一）轮作休耕制度建议背景

1. 全国层面轮作休耕制度实施的情况

2016 年 5 月 20 日农业部、中央农办、国家发展改革委、财政部、国土资源部、环境保护部、水利部、国家食品药品监督管理总局、国家林业局和国家粮食局联合发布《探索实行耕地轮作休耕制度试点方案》，该《方案》是党中央、国务院着眼于我国农业发展突出矛盾和国内外粮食市场供求变化做出的重大决策部署，先行在东北冷凉区、北方农牧交错区等地推广轮作 33.34 万 hm²（其中，内蒙古自治区 6.67 万 hm²、辽宁省 3.33 万 hm²、吉林省 6.67 万 hm²、黑龙江省 16.67 万 hm²）；在河北省黑龙港地下水漏斗

区季节性休耕 6.67 万 hm², 在湖南省长株潭重金属污染区连年休耕 0.67 万 hm², 在西南石漠化区连年休耕 0.26 万 hm²（其中，贵州省 0.13 万 hm²、云南省 0.13 万 hm²），在西北生态严重退化地区（甘肃省）连年休耕 0.13 万 hm²。该《方案》计划在试点地区力争用 3～5 年时间，初步建立耕地轮作休耕组织方式和政策体系，集成推广种地养地和综合治理相结合的生产技术模式，探索形成轮作休耕与调节粮食等主要农产品供求余缺的互动关系。旨在探索促使耕地休养生息、促进农业可持续发展、解决粮食供求平衡矛盾、稳定农民收入和减轻财政压力的有效途径。

同时该《方案》还提出，根据农业结构调整、国家财力和粮食供求状况，适时研究扩大试点规模。

2. 西北地区轮作休耕试点情况

根据该《方案》规划情况，在试点区域中，西北地区涉及甘肃和内蒙古，重点布局在内蒙古农牧交错区、西北严重退化区甘肃试点。

2016 年 12 月 9 日，甘肃省耕地休耕试点工作调度会议在兰州召开。甘肃省作为全国 9 个试点省（区）之一，承担西北生态严重退化区域的耕地休耕试点任务，该省决定在会宁和环县两县开展试点，每个试点县每年承担 0.07 万 hm² 休耕任务。制定了休耕试点单位职责及分工，甘肃农业大学承担会宁休耕轮作技术及实施方案的指导工作；2016 年，国家安排甘肃省 0.13 万 hm² 休耕制度试点任务，在会宁和环县实施；2017 年国家安排甘肃省休耕制度试点任务新增 1.33 万 hm²，补贴资金 1 亿元。在新增 1.33 万 hm² 试点任务中，每公顷补贴资金 7500 元，将在干旱缺水、土壤沙化、盐渍化严重、生态严重退化的中东部环县、会宁、安定、通渭、秦州、静宁、永靖、永登、古浪、景泰等 10 个县（区）实施。按照要求，每个试点县（区）承担休耕面积至少 0.07 万 hm²，原则上承担试点任务的地块使用周期不少于 3 年，每个示范连片面积不少于 66.67hm²。

内蒙古属于东北冷凉区、北方农牧交错区，在该《方案》中以轮作为主，推广面积为 6.67 万 hm²。该《方案》实施以来，当地探索了将玉米与大豆、马铃薯、杂粮杂豆、油料等作物轮作，并将耕地轮作项目与黑土地保护、深耕深松补贴等项目相整合，以利于改善土壤结构，减轻土壤病虫害。

（二）西北地区实施轮作休耕的必要性

1. 西北地区实施轮作休耕的意义

西北地区尽管不是我国粮食主产区，粮食、油料和畜牧业从产值角度来说都不大，但是西北地区是我国生态最脆弱的区域，我国的主要沙漠、草原、雪山和寒旱区都在这一区域，西北地区是我国中东部地区社会经济发展的生态安全屏障，其生态安全在我国中东部地区社会经济的可持续发展中占有举足轻重的地位。

长期以来，种植业的粗放发展、畜牧业的超载过牧、不合理灌溉制度的实施都是这一区域耕地沙化、草场退化、盐碱化的重要因素，尽管自 2000 年以来，实施了退耕还林还草等国家的重大生态战略工程项目，这一趋势有所缓解，但是农牧业领域的过负荷生产对耕地环境造成的压力并没有根本扭转。

轮作休耕制度事关耕地休养生息、国家粮食安全、休耕区农民收入和国家农业可持续发展长久之计。耕地是最宝贵的资源，也是粮食生产的命根子。近年来，我国粮食连年增产，农业稳定发展，为经济社会发展全局作出了重要贡献。但是，我国农业发展方式较为粗放，农业资源过度开发、农业投入品过量使用、地下水超采以及农业内外源污染相互叠加等带来的一系列问题日益凸显，农业可持续发展面临重大挑战，必须加快转变农业发展方式，推进生态修复治理，促进农业可持续发展。开展耕地轮作休耕制度试点，是主动应对生态资源压力、转变农业发展方式、促进可持续发展的重大举措。其现实意义主要体现在 4 个方面。

一是巩固提升粮食产能的需要。我国有悠久的轮作种植传统，将禾谷类作物与豆类作物、旱地作物与水田作物等轮换种植，可以调节土壤理化性状、改良土壤生态；休耕是让耕地休养生息，可以实现用地养地相结合，保护和提升地力，增强粮食和农业发展后劲。

二是促进农业可持续发展的需要。多年来，在农产品生产的压力下，耕地地力消耗过大，地下水开采过度，化肥农药大量使用，农业资源环境已不堪重负。通过耕地轮作休耕，减轻开发利用强度、减少化肥农药投入，有利于农业面源污染修复，缓解生态环境压力，促进农业可持续发展。

三是提高农业质量效益竞争力的需要。当前，我国农业大而不强、多而不优、竞争力弱的问题日益凸显，迫切需要推进农业供给侧结构性改革，促进农业转型升级。通过耕地轮作休耕，可以高效利用资源，调整优化种植结构，增加紧缺农产品生产，满足多元化消费需求，全面提升农业生产体系的质量和效率。

四是乡村产业振兴的需要。西北的乡村多元化特征比较明显，既有以粮食种植为主的乡村，也有大量以畜牧业为主的乡村，通过调查，以粮食种植为主的乡村仍然是西北乡村类型的主要产业特征，因此，加强这一区域的轮作休耕，强化其粮食生产的能力与水平，是这一地区乡村产业振兴的基础。

因此，从农业可持续发展的长远战略来看，针对不同生态类型区农业生产环境问题、国家粮食安全战略需求、农民收入和国家财政支付能力，提早系统研究、科学制定中国不同生态类型区轮作休耕制度方案和进行轮作休耕制度的效果评价与监督，对于保障国家粮食安全、生态安全，实现农业的持续健康发展非常必要。

2. 轮作休耕制度大范围推广亟待解决的问题

作为一项持久的系统性制度，在西北地区范围内实施之前，轮作休耕制度尚需要解决以下问题。

1）在哪些地区轮作、在哪些地区休耕、采取什么样的轮作和休耕模式，是轮作休耕制度实施需要解决的首要问题。

2）轮作休耕制度实施的规模问题。轮作休耕不仅涉及具体实施农户、经营主体的收益问题，更多的是影响实施区域食物生产供给的问题。轮作休耕规模过小，难以达到其战略目标，实施规模过大，不仅对实施区域经营主体的收入影响较大，而且影响到国家粮食安全生产，因此，实施规模问题是这一战略实施效果与影响的平衡问题，需要系统考虑。

3）轮作休耕制度对政府财政支付能力的问题。轮作休耕是一项公益性政策和制度，需要政府买单，国家能在多大程度上支撑这一制度实施，决定了这一政策能否顺利实施和实施效果。因此，根据轮作休耕的规模、模式和实施地区的社会经济发展，评估这一制度实施对各级财政的压力，非常迫切和必要。

4）区域最佳轮作休耕模式优化问题。西北地区包括青藏高原高寒农业区、绿洲农业区、黄土高原区、农牧交错区、陕甘秦岭山地，生态类型复杂多样，生态问题各不相同，农业生产对生态环境造成的影响机制差异很大，采取什么样的轮作模式和休耕模式，轮作和休耕实施到什么程度，需要从系统的角度来考虑。

5）轮作休耕制度实施效果的评价。轮作休耕在不同的生态类型区、采用不同的轮作休耕模式需要实施多少年，土壤物理组成、机械构成、有机质含量，耕层构造、地下水，土壤微生境系统健康、重金属含量、农药残留等达到什么样的标准轮作休耕任务就算完成，根据目前的政策还缺乏相应的评价标准，而且由于农业区域的复杂性，相应实施效果评价的标准也应该是多元的、复杂的。

6）轮作休耕对农业可持续发展能力的影响评价。轮作休耕制度实施效果最终体现在促进区域农业可持续发展能力方面，如何构建科学的评价指标体系、采用科学的评价方法、科学评估轮作休耕制度战略实施对区域农业可持续发展能力的影响，目前尚缺乏这方面系统、统一的数据基础和研究成果，亟待开展相关研究。

3．西北地区实施轮作休耕的目标及措施

（1）总体目标

哪些区域需要轮作、哪些区域亟待休耕、哪些区域适合什么样的轮作模式、休耕制度适用于哪些生态类型区、轮作休耕达到耕地环境效果的标准是什么、对休耕轮作区农民的收入影响有多大、政府财政的支付压力如何，以及不同轮作和休耕模式的技术规范、标准、实施年限与效果均需要在这一制度实施之前做出科学客观的评价。通过对中国九大农业类型区耕地质量生产负荷、土壤生态修复指数的评价，确定中国不同生态类型区哪些需要实施轮作、哪些需要实施休耕、规模有多大；科学评价轮作休耕对农民收入的影响、政府财政压力等；在不同生态类型区选择典型轮作模式和休耕模式，弄清不同生态类型的最佳轮作模式和休耕年限，制定实施标准；以此，提出中国不同生态类型区轮作休耕制度方案。

（2）主要措施

1）不同农业生产区轮作休耕模式筛选及轮作休耕规模研究

重点开展九大农业类型区耕地质量生产负荷、土壤生态修复指数、农业可持续发展的环境风险评价，提出哪些区域需要轮作、哪些区域需要休耕，采取什么样的轮作模式（制度、作物、绿肥）、什么样的休耕制度，以及轮作休耕的年限和规模，以此制定国家轮作休耕制度实施指导方案。

2）轮作休耕制度对粮食生产供给的影响研究

重点研究不同区域不同轮作模式、休耕模式、休耕轮作规模对国家粮食生产能力的影响，确定最佳休耕轮作规模、休耕年限。

3）轮作休耕制度对农民收入的影响研究

重点研究轮作休耕制度实施对农业生产经营者收入的影响程度、经营者对实施轮作休耕制度损失的可接受程度以及对轮作休耕制度的态度，以此评估轮作休耕制度的社会认可度，为制定此项制度提供受众层面的理论支持。

4）政府财政支付能力评价

轮作休耕是一项公益性事业，经营者损失的补偿和轮作休耕技术的推广实施、监督管理、效果评价等均需要政府财政买单，而且轮作休耕规模大小、实施年限长短直接涉及政府财政投入，因此，在不同区域不同轮作休耕模式下，研究减轻政府财政支付压力和采取最佳轮作休耕模式之间的平衡点，具有重要的现实意义。

5）区域最佳轮作休耕模式优化及试验示范研究

重点开展不同生态类型轮作模式、休耕模式的定位试验研究，筛选、优化、集成不同生态类型经济适用、效果显著、百姓接受、政府支持的轮作休耕模式，并制定相应的技术标准和规范。

6）不同生态类型区域轮作休耕对耕地地力恢复的效果研究

针对不同农业生态类型区不同耕地等级土壤肥力指标，制定耕地地力修复标准；重点通过测定土壤耕层构造、机械组织、肥力、水分等要素，综合评价不同区域采取的轮作休耕模式的耕地地力恢复效果；构建基于 GIS 的国家轮作休耕监测评价大数据平台。

7）不同生态类型区轮作休耕对污染土壤的修复效果研究

针对中国农田土壤重金属含量区域分布特征，通过定位试验，对不同区域不同轮作休耕模式的重金属修复能力进行测定与评价，构建基于 GIS 的轮作休耕重金属修复监测评价平台。

8）轮作休耕对地下水的影响评价

重点开展北方旱区农田、果园和华北漏斗区土壤实施轮作休耕制度的水分恢复效果评价，建立长期定位试验监测站，长期监测评估轮作休耕的水分恢复效果。

9）不同生态类型区轮作休耕技术方案集成与示范

针对不同生态类型区轮作休耕模式方案，通过试验研究，制定不同生态类型区轮作休耕模式标准、规范、评价指标、评价方法，并在不同生态类型区建设试验监测基地和技术示范点。

10）轮作休耕对农业可持续发展能力的影响评价及数据共享平台建设

针对轮作休耕对区域农业可持续发展的影响，通过构建科学的评价指标体系、评价模型和筛选评价方法，评估轮作休耕制度战略实施对区域农业可持续发展能力的影响；以此为契机，构建基于 GIS 的国家轮作休耕制度监测评价大数据平台，开展轮作休耕制度的监督及实施效果评估。

西北地区农业水资源与粮食安全关系研究

西北地区地域辽阔，光热资源丰富，是中国重要的粮食生产后备基地，以约占全国10%的水资源量和15%的粮食种植面积生产全国12%的粮食，西北地区的粮食生产对确保我国粮食安全具有重要意义。但西北地区水资源缺乏，亩均水资源量不到全国平均水平的一半。然而，降水稀少使得西北地区农业生产高度依赖灌溉，其有效灌溉面积和农业用水量约占全国相应值的20%，农田亩均灌溉用水量约为全国平均水平的1.2倍。资源型缺水在西北地区是不争的事实，相对较低的农业用水效率，更加剧了西北地区水资源匮乏的程度。伴随着南方湿润区经济的快速发展，大量的农耕地被占用，可以预见水资源较为匮乏的北方旱区未来仍将为我国的粮食主要生产区；同时，随着经济社会发展，未来西北地区分配给农业的用水量不会增加，甚至可能会减少。在这种背景下，研究西北地区农业水资源与粮食安全成为确保西北地区农业用水可持续发展及粮食安全的必要工作。

本专题立足国际化绿色化背景，结合中国现代农业发展的整体战略布局，围绕西北地区农业生产结构及其宏观布局，通过分析西北地区主要粮食、经济作物生产水足迹，农业生产水资源压力，区域虚拟水流动，研究西北地区农业用水与食物安全的关系，提出改善西北地区农业用水状况，促进区域农业生产可持续发展和食物安全的措施。

本报告分为五部分：①通过西北地区主要粮食、经济作物的生产状况解析西北地区农业产业发展现状，定量评价该地区现代农业的发展情况及存在的问题，通过分析西北地区农业用水现状总结西北地区农业用水存在的问题及潜在挑战，厘清制约西北地区现代农业发展的关键因素，论述西北地区农业发展及粮食生产的总体思路、基本原则、战略目标与战略任务；②量化西北地区主要粮食、经济作物生产水足迹，分析其时空演变趋势、用水类型、农业生产水资源压力，定量分析西北地区农业生产用水现状；③论述西北地区与中国其余区域间的虚拟水贸易，定量分析西北地区农业生产对确保中国食物安全的贡献；④预测未来西北地区农业水资源可支撑的农业生产潜力，探索西北地区食物生产提升空间；⑤总结提出改善西北地区农业用水状况，促进西北地区农业可持续发展与食物安全的政策建议。

一、西北地区农业发展现状与发展方向

本专题所指的西北地区是涵盖新疆、青海、甘肃、内蒙古（除去东四盟）、宁夏、陕西、山西七省（区）在内的区域，土地面积占国土面积的 39.16%，土地资源丰富。西北地区分布着重要的农业及粮食生产区，包括被誉为"西北粮仓"的河西走廊、有着

"塞上江南"美誉的宁夏平原及"塞外粮仓"之称的河套平原，以及中国重要的粮棉生产基地——关中平原。同时，西北地区光热资源充足，年日照时数在2500h左右，尤其是新疆地区，适于早熟长绒棉和瓜果的生产。

西北地区地形复杂，地貌类型多样，沙漠、丘陵、平原、山地等多种类型并存，区内分布着中国最大的内陆河——塔里木河，同时是中国最大的两条河流——长江和黄河的发源地，也是我国其他大江大河的主要发源地。如此多样的地貌和景观类型造就了西北地区多样化的区域经济发展特点，区域水土资源开发利用方式、发展方向受区域规划和自然环境特征双重要素的共同制约，农业、牧草业、林果业、工矿业等多种产业类型并存，社会经济发展水平地域差异较大。受水资源不足的影响，土地生产力表现出较强的区域性，农业生产较为发达的地区通常分布在水资源供给条件优越的地方，如临近黄河的宁夏平原与河套平原；干旱绿洲农业通常位于水源充足地区，如利用高山融水和地下水发展而来的吐鲁番盆地，以及以塔里木河为引水水源的塔里木盆地等。多样的地貌特征和资源尤其是水资源的影响，使得西北地区的人口密度也表现出较大的空间差异，如陕西关中地区人口密度达到450人/km^{2}以上，而青海柴达木和内蒙古阿拉善盟地区的人口密度尚不足10人/km^2。此外，由于水资源的严重限制，与中国其他地区相比，西北旱区的社会经济呈现出相对落后的发展状态。地区生产总值为31 566.8亿元，仅占全国平均水平的10%，其中农业生产总值约占全国平均水平的5%。同时，西北地区也是我国生态环境最为脆弱的地区，森林覆盖率仅为15.1%。区内黄土高原是世界上水土流失最严重的地区，总面积超过60万km^2，水土流失面积达到了45万km^2，使得黄河成为举世闻名的"地上悬河"。总体来看，西北地区农业发展方式仍然粗放，发展基础仍然薄弱，生态环境脆弱，水土流失、土地沙化、土壤瘠薄、天然草原退化等问题突出（农业部等，2015），是我国"生态—资源—人口—粮食"矛盾最突出的区域，农民收入普遍较低。

西北地区深居内陆，降水稀少，区域内大部分地区年降水量在400mm以下，其中70%的降水发生在6~9月；但蒸发能力基本都在1000mm以上，有的甚至达到2000mm以上。干旱的气候使得西北地区农业生产以灌溉农业为主，且大部分地区表现为没有灌溉就没有农业，农业用水量占总用水量的比例接近70%，部分地区农业用水比例达到了90%以上，而新疆南部的喀什、阿克苏等地农业用水占到总用水量的95%以上，水分的充足供应是保证该区农业发展的关键因素。但随着国家"最严格水资源管理制度"的实行，可以预见未来西北地区分配给农业的用水量不会增加，甚至可能因西北地区工业发展、城镇化建设、生态保护等挤占农业用水量，如近年来河套灌区的引黄水量已经表现出了减少的趋势。因此，未来西北地区的农业生产将面临在不增加用水量的前提下确保其产量不减少的挑战。

西北地区面临的农业用水挑战和西北地区粮食生产在确保国家粮食安全中的战略地位，都要求我们研究西北地区农业水资源与粮食安全的关系，以确保西北地区农业用水可持续发展及粮食安全。此外，在国际化绿色化背景下，开展西北地区粮食安全与农业用水可持续发展战略研究，对"一带一路"倡议和西部大开发、精准扶贫计划及生态文明战略的顺利实施具有积极的推动作用，对西北地区经济社会可持续发展也具有重要现实意义。

（一）西北地区农业发展现状

西北地区地域辽阔，土地、光、热等资源储量丰富，资源储备开发空间广，农业发展潜力大。同时，西北地区多样的地貌特征和充足的光、热资源为其发展特色农业提供了得天独厚的条件，西北地区的农业具有农产品种类繁多、地域特色强的特点。从作物种类来看，西北地区既是在全国范围内较普遍的粮食作物小麦、玉米和稻谷、豆类、薯类的生产基地，也是旱作杂粮如糜子、青稞的重要产地；同时，陕西油菜、内蒙古油葵的生产也在一定程度上缓解了我国油料供应的压力。瓜果生产方面，光照充足和热量丰富的气候条件，尤其是在新疆地区，适于瓜果的生产。新疆水源充足的地带形成多处灌溉绿洲，如吐鲁番盆地、塔里木盆地的叶城、和田、于田等，这些地区均为我国重要的瓜果生产地，盛产优质哈密瓜、葡萄等瓜果。陕西的苹果、梨、猕猴桃等果品也极大地丰富了我国的果品市场。另外，新疆独特的自然条件也使其成为我国重要的长绒棉产地，而陕西的临潼、临渭、华州、大荔、蒲城、富平等也是我国重要的商品棉生产基地。综上所述，西北地区的农业生产不但从数量上为我国农产品的供应提供了保障，而且丰富了我国的农产品市场，提高了农产品的品质。

为定量分析西北地区的农业生产现状，以 2000～2016 年主要的粮食、经济作物即稻谷（青海地区为青稞）、小麦、玉米、豆类、薯类、棉花、油料、蔬菜和果品为对象，定量分析其农业生产水平与全国平均水平的差异，以及西北地区内部的农业生产差异与农业生产的时间演变趋势。

1. 西北地区农业生产与中国平均水平的差异

西北地区土地面积占国土总面积的 39.16%左右，但耕地面积占全国总耕地面积的比例不足 20%，这与西北地区的干旱和复杂多样的地貌特征有关。如专题图 2-1 所示，西北地区粮食、经济作物种植面积占全国总种植面积的 15%左右。稻谷种植面积较小，不足全国总种植面积的 2%，小麦、玉米、豆类和薯类的种植面积占全国总种植面积的20%左右；经济作物中，棉花种植面积占全国总种植面积的比例达33%，果品这一比例为 23%，油料和蔬菜种植面积占全国总种植面积的比例分别为 15%和8%。

如专题图 2-2 所示，稻谷种植面积占 9 类作物总种植面积的比例在西北和全国分别为 2%和 19%，两者间差值相对较大。西北地区稻谷主要种植在水资源相对丰富的陕西南部地区和灌溉条件较好的宁夏引黄灌区。西北地区棉花种植面积占全国棉花总种植面积的比例高达 32%，棉花在西北地区的种植比例是全国平均种植比例的 2 倍以上，新疆和陕西均是中国重要的棉花生产基地。此外，西北地区蔬菜种植面积占比小于全国的相应值，而果品在西北地区的种植面积所占比例则稍高于全国的平均值。在所研究的作物中，玉米的种植面积比例在西北和全国均不低于 20%。西北地区小麦、油料、薯类和豆类的种植面积占总种植面积的百分比和全国平均情况大致相似。

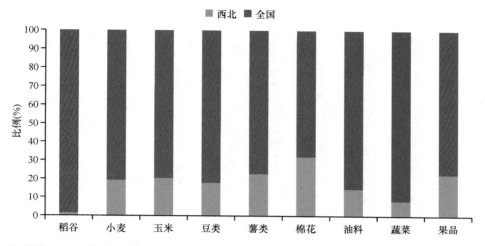

专题图 2-1　西北地区主要作物种植面积占全国总种植面积的比例（2000～2016 年均值）

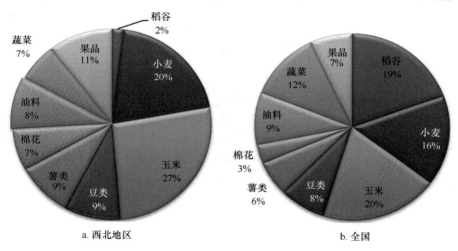

专题图 2-2　主要粮食、经济作物种植结构（2000～2016 年均值）

如专题图 2-3 所示，2000～2016 年，西北地区粮食作物和经济作物产量占全国粮食、经济作物总产量的比例约为 11%，略小于其种植面积占全国的比例。由此可知，西北地区粮食、经济作物单产的总体水平小于全国平均水平。西北地区棉花产量约占全国棉花产量的 40%，西北地区小麦、玉米、薯类和果品的产量也较高，再次印证了西北地区是我国重要粮仓的事实。

作物单产可以反映一个地区生产该种作物的综合能力。从时段平均情况来看，西北地区小麦、豆类、薯类、油料和果品的单产小于全国相应作物的单产值，而稻谷、玉米、棉花和蔬菜的单产水平高于全国相应值（专题表 2-1）。2000～2016 年，9 种作物在西北地区和全国的单产值都有了较大幅度的提高，与 2000 年相比，2016 年西北地区小麦、玉米每公顷增产 500kg 以上，果品、蔬菜每公顷分别增产 9000kg 和 10 000kg 以上，增产幅度较大。另外，与全国相比，除稻谷、小麦、棉花、果品外，西北地区其余作物的增产速度均大于全国的增产速度。

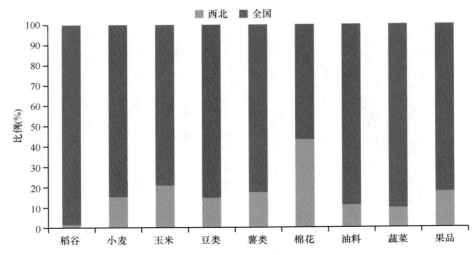

专题图 2-3　西北地区主要作物产量占全国总产量的比例（2000～2016 年均值）

专题表 2-1　西北地区与全国主要粮食、经济作物单产情况表　（单位：kg/hm²）

地区	年份	稻谷	小麦	玉米	豆类	薯类	棉花	油料	蔬菜	果品
西北	2000	6 433	2 896	4 747	1 093	2 612	1 417	1 317	32 786	8 475
	2005	7 073	3 420	5 404	1 427	2 613	1 555	1 596	35 169	11 172
	2010	7 336	3 750	5 405	1 515	2 545	1 664	1 896	40 280	13 355
	2015	7 088	4 247	6 069	1 477	2 948	1 828	2 159	43 377	17 451
	2016	6 995	4 234	6 143	1 517	3 025	1 641	2 332	43 969	18 190
	2000～2016 平均	6 932	3 636	5 488	1 417	2 791	1 658	1 741	38 346	12 834
全国	2000	6 272	3 738	4 598	1 588	3 497	1 093	1 919	29 184	6 969
	2005	6 260	4 275	5 287	1 673	3 650	1 129	2 149	31 856	16 064
	2010	6 553	4 748	5 454	1 682	3 559	1 229	2 325	34 263	18 539
	2015	6 891	5 393	5 893	1 793	3 763	2 520	1 476	35 456	21 358
	2016	6 862	5 327	5 971	1 784	3 754	1 584	2 567	35 730	21 839
	2000～2016 平均	6 495	4 593	5 383	1 690	3 620	1 277	2 258	32 929	16 503

2. 西北地区区域间农业生产差异及时间演变

尽管西北地区广阔的土地资源能够为保障国家实行最严格的耕地保护制度，在城镇化建设、工业发展的进程中确保 18 亿亩耕地提供有力的支撑，但随着城镇化进程的加快，西北地区的农业发展也必须注重保护与适度开发并行的原则。西北地区耕地资源储备省（区）间差异大，内蒙古、宁夏、甘肃、青海、陕西、山西和新疆耕地资源量占西北耕地资源总量的百分比分别为 32%、5%、15%、2%、12%、17% 和 16%。受各省（区）面积的限制，耕地资源储备量在各省（区）相对稳定。2000～2014 年，西北地区的耕地资源在省（区）间表现出不同的变化趋势。如专题图 2-4 所示，内蒙古 2000～2012 年耕地面积一直稳定在 $7.14×10^6hm^2$ 左右，但 2013 年该数值增大至 $9.12×10^6hm^2$；宁夏 2002 年前耕地面积约为 $1.20×10^6hm^2$，但 2003～2011 年其耕地面积下降至 $1.12×10^6hm^2$ 左右，近年来其耕地面积又有回升至 $1.20×10^6hm^2$ 以上的趋势；甘肃农业耕地面积有小幅度的增长，2010 年后耕地面积约增加 $9.00×10^4hm^2$；陕西、山西耕地面积有下降趋势，研究时段内两省耕地面积合计下降 $5.0×10^5hm^2$ 以上；2000～2014 年，新疆耕地面积增加了 $6.50×10^5hm^2$。

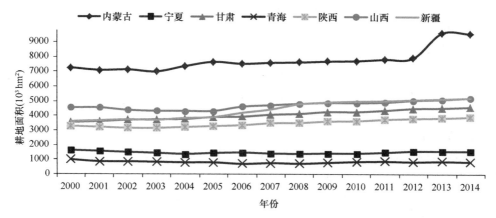

专题图 2-4　2000～2014 年西北七省（区）耕地面积变化图

专题表 2-2 和专题表 2-3 分别显示了西北地区主要粮食、经济作物的种植面积及产量在各省（区）的分配情况。青海、宁夏两省（区）的粮食、经济作物播种面积和产量均相当于西北总值的 6%左右。宁夏稻谷的种植面积与陕西、内蒙古相近，其稻谷产量占西北稻谷总产量的 22.3%，仅低于陕西的 30.3%，与内蒙古持平。青海是我国生产青稞的主要省份之一。七省（区）中，内蒙古的粮食产量接近西北地区粮食总产量的 30%。新疆粮食产量占西北粮食总产量的比例达到了 16.4%，粮食平均单产高于陕西、山西两省，具有较高的粮食生产能力。新疆以 88.9%的棉花种植面积生产西北地区 91.6%产量的棉花，是西北主要的产棉区。

专题表 2-2　西北各省（区）主要粮食、经济作物种植面积占西北总播种面积比例（%）

地区	粮食	稻谷	小麦	玉米	豆类	薯类	经济	棉花	油料	蔬菜	果品
内蒙古	29.2	21.9	11.2	36.4	49.4	29.4	13.2	0.1	35.4	15.0	2.4
宁夏	4.8	18.6	5.0	3.4	2.8	8.1	3.4	0.0	4.5	5.2	3.5
甘肃	15.8	1.4	20.1	10.9	10.5	28.7	14.5	3.3	16.1	22.5	15.6
青海	1.8	9.7	2.4	0.2	1.9	3.8	2.7	0.0	8.1	2.2	0.2
陕西	19.8	30.7	26.0	17.8	13.8	15.8	21.8	3.5	14.1	24.5	38.4
山西	17.3	0.5	15.7	21.2	17.2	12.9	10.9	4.2	10.7	16.0	12.2
新疆	11.2	17.2	19.5	10.2	4.4	1.4	33.6	88.9	11.2	14.7	27.7
合计	100	100	100	100	100	100	100	100	100	100	100

地区	粮食	稻谷	小麦	玉米	豆类	薯类	经济	棉花	油料	蔬菜	果品
内蒙古	29.9	22.0	9.2	39.1	47.9	29.7	15.2	0.1	35.9	19.2	6.8
宁夏	5.1	22.3	4.1	4.4	1.7	5.8	5.0	0.0	3.9	5.3	5.0
甘肃	13.5	1.5	16.1	9.9	12.9	33.2	15.8	3.2	15.8	18.2	12.6
青海	1.6	3.5	2.5	0.2	3.1	5.3	1.5	0.0	8.6	1.8	0.1
陕西	17.4	30.3	24.5	13.9	13.0	13.9	23.9	2.4	14.3	18.5	36.9
山西	16.0	0.4	14.4	19.5	12.7	9.4	15.1	2.7	6.5	16.7	14.0
新疆	16.4	20.2	29.2	12.9	8.6	2.8	23.5	91.6	15.0	20.3	24.6
合计	100	100	100	100	100	100	100	100	100	100	100

　　作物的种植结构受当地的自然条件、灌溉保证程度、饮食习惯、市场需求、作物的经济效益等因素的制约。作物种植结构和产量结构不仅在西北地区表现出省（区）间差异，对同一省（区）而言，其内部作物的种植面积和产量占其省（区）内作物总种植面积和总产量的比例也有一定的种间差异。专题表2-4显示了各省（区）主要粮食、经济作物的种植面积结构。宁夏和青海几乎没有棉花的种植，且青海没有稻谷种植，但青稞、油料作物种植较多；内蒙古种植比例较大的作物有玉米、豆类、薯类和油料；宁夏和甘肃小麦、玉米、薯类的种植比例较大；陕西、山西和新疆粮食作物均以小麦、玉米为主，经济作物中新疆以棉花和果品为主。

专题表2-4　西北地区各省（区）作物种植面积结构（%）

地区	稻谷	小麦	玉米	豆类	薯类	油料	棉花	蔬菜	果品	合计
内蒙古	1.62	9.38	40.97	18.50	11.08	13.12	0.03	4.21	1.08	100
宁夏	7.58	23.20	20.83	5.81	16.87	9.10	0.01	8.09	8.51	100
甘肃	0.16	26.26	19.07	6.13	16.89	9.32	1.50	9.84	10.82	100
青海	8.23	22.73	1.99	7.99	16.35	34.56	0.00	6.98	1.16	100
陕西	2.66	25.52	23.42	6.04	6.97	6.10	1.20	8.03	20.07	100
山西	0.06	20.78	37.47	10.14	7.66	6.27	1.96	7.06	8.60	100
新疆	1.64	20.99	14.66	2.12	0.66	5.31	33.49	5.28	15.85	100

注：青海地区"稻谷"为"青稞"

　　一般而言，一个区域内农户的种植习惯相似，且有一定的延续性，即作物种植结构在同一地区内相对稳定。但随着社会的发展和城镇化进程的加快，近年来农民外出务工人数不断增加，农村老龄劳动力所占比例增大，劳动能力下降，因此，农民开始更倾向于种植便于管理的作物，可以说在种植农作物时，农作物所带来的经济效益已经不再是农民选择种植何种作物的主导因素了。统计资料显示，2000～2016年9种作物的种植比例在七省（区）内均有所变化。就西北整体而言，作物种植结构的时间演变趋势为：玉米的种植比例表现出增大的趋势，2000年玉米的种植比例不足20%，但2012年之后玉米的种植比例稳定在30%以上；同为粮食作物的稻谷、小麦、豆类和薯类在西北地区的种植比例均表现出减少的趋势，2002年前稻谷的种植比例稳定在2.0%以上，但近年来稻谷的种植比例约占9种作物的1.5%；小麦种植比例下降的幅度较稻谷更大，已由25%降至16%；同样，豆类的种植比例也有较大幅度的减少，2006年以前种植比例在10%以上，至2016年种植比例已降至6%左右；西北地区薯类种植以马铃薯为主，虽然其具有高产抗旱的特点，适合在旱区种植，但其种植比例也降低了近 2 个百分点；经济类作物中，果品的种植比例上升较为明显，在 2000 年种植比例不足 8%，近年来增至 13%，且在 2000～2016 年呈增加的趋势；相较于果品，棉花和蔬菜在西北地区的种植比例增加幅度较小；而油料作物的种植面积呈减少趋势（专题图 2-5）。

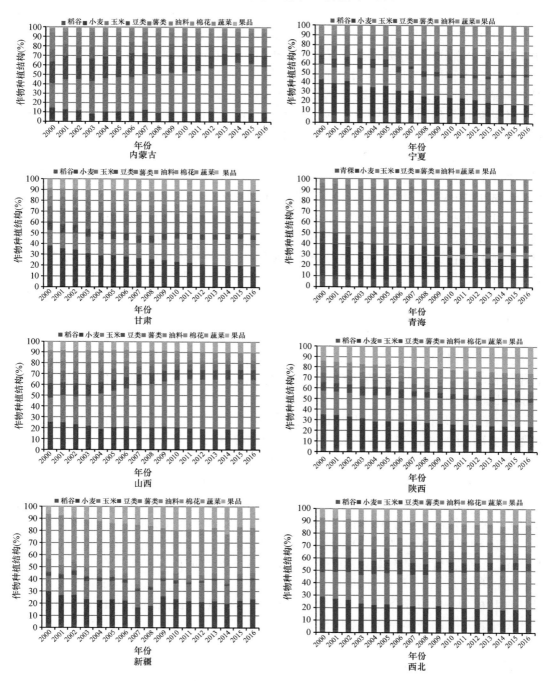

专题图 2-5　2000～2016 年西北各省（区）主要粮食、经济作物种植结构演变趋势
（彩图请扫封底二维码）

西北七省（区）作物种植结构在 2000～2016 年虽呈现大致相似的变化趋势，但各省（区）不尽相同（专题图 2-5）。内蒙古玉米种植面积增大的趋势明显，种植面积比例由 2000 年的 26%增大至 2016 年的 48%，有近 1 倍的增幅；稻谷、小麦、豆类和薯类种植比例表现出下降的趋势，其中小麦和薯类的种植比例均已降至不足 9 种作物总种植面积的 10%，豆类的种植比例由原来的 20%以上降至 10%左右；油料、棉花、蔬菜和果品 4 类经济作物种植比例有小幅度的下降，但波动不大。宁夏玉米和薯类种植面积比例增大了约 10 个百分点，增加趋势明显；小麦种植面积比例由 2000 年的 35%降至 2016 年的 12%，豆类种植比例约下降 7 个百分点，稻谷种植比例下降约 2 个百分点；蔬菜和果品的种植比例均呈现上升的趋势，增幅 7 个百分点左右；油料种植比例有所下降。甘肃几类作物种植结构的变化情况与宁夏较为相似，同样表现为粮食作物中玉米、薯类种植比例增大，稻谷、小麦、豆类种植比例减小，且玉米增幅较大，小麦降幅最大，种植面积比例约减少 20 个百分点。2008 年以前，青海地区玉米的种植比例约为 0.5%，但近年来玉米的种植比例快速上升，种植比例扩大至原来的 10 倍以上；薯类种植面积所占比例由原先的 10%增至近 20%；其余三类粮食作物青稞、小麦、豆类的种植比例呈下降的趋势，小麦和豆类种植比例分别下降了 10 个百分点和 5 个百分点左右；蔬菜和果品种植面积有所增加。研究时段内，陕西小麦种植面积所占比例下降 10 个百分点左右，果品种植面积所占比例增加近 10 个百分点，豆类种植面积所占比例下降 5 个百分点左右，蔬菜种植面积所占比例增加约 5 个百分点，其他几类作物种植面积所占比例除玉米呈现增加趋势外，均表现为下降趋势。研究时段内，山西玉米种植面积增大为原来的 2 倍，玉米种植面积所占比例由 2000 年的 22%升至 2016 年的 46%，扩种最为明显；小麦、豆类和薯类的种植面积所占比例下降幅度均在 5 个百分点以上；蔬菜、果品种植面积所占比例则有小幅增加。新疆果品种植面积比例由 2000 年的 6.3%，增加到 2016 年的 17.3%，种植面积增加了 5.1 倍；稻谷种植面积比例相对稳定；小麦种植面积比例下降；玉米种植面积比例增加。

《中华人民共和国国民经济和社会发展第十三个五年规划纲要》（简称《"十三五"规划纲要》）中指出，我国应当增强农产品安全保障能力，确保稻谷、小麦等口粮种植面积基本稳定，确保谷物基本自给、口粮绝对安全，调整优化农业结构，提高农产品综合生产能力和质量安全水平，形成结构更加合理、保障更加有力的农产品有效供给。积极引导调整农业种植结构，支持优势产区加强棉花、油料、糖料、大豆、林果等生产基地建设。西北地区 9 种作物种植结构时间演变的结果表明，西北地区口粮中小麦、稻谷和豆类的种植面积在减少，2000～2016 年小麦和豆类种植面积的减少量约为 $9.00 \times 10^5 hm^2$，稻谷种植面积约减少 $7.00 \times 10^4 hm^2$，玉米的种植面积有大幅度的增加，2016 年的种植面积约是 2000 年种植面积的 2 倍（专题表 2-5）。作物种植结构的调整受当地自然条件和社会条件的综合影响，国家实行的向玉米种植户进行农补、农村劳动力减少而玉米便于管理且高产等综合因素导致玉米在各省（区）的种植面积均有所增加；国家在西北地区大力推行退耕还林等生态保护工程，促进了西北地区果树种植面积的增加；城镇化进程的加快、农村交通逐步便利等也解决了果品、蔬菜等时鲜农作物的运输问题，增加了其市场需求量，这些因素也促进了西北地区果品和蔬菜种植面积的增加。但结合《"十三五"规划纲要》中提出的农业发展方略，西北地区调整农业种植结构必须兼顾本区粮食的需求与供应间的平衡及资源尤其是水资源的承载力。受传统习惯的影响，北方地区饮食结构中多以面食为主，这就要求对未来西北地区农业进行规划时，必须考虑缩减种植面积后小麦的产量是否还能满足本地区对小麦的需求。

专题表 2-5　西北地区粮食种植面积占作物总种植面积的比例及几类作物的种植面积

年份	粮食比例（%）	稻谷（×10³hm²）	小麦（×10³hm²）	玉米（×10³hm²）	豆类（×10³hm²）	薯类（×10³hm²）	棉花（×10³hm²）	油料（×10³hm²）	蔬菜（×10³hm²）	果品（×10³hm²）
2000	72.5	483	5537	4129	2500	1998	1121	2492	1060	1540
2005	68.0	395	4465	5347	2261	1972	1394	2018	1358	2027
2010	69.9	406	4755	6942	2054	2198	1619	2045	1776	2980
2015	67.0	391	4569	8541	1494	1989	1968	2092	2085	3259
2016	65.9	416	4613	8227	1609	2049	1850	2229	2132	3306
平均	68.7	418	4788	6637	1984	2041	1590	2175	1682	2622

如前所述，研究时段内西北地区几类粮食作物除玉米和薯类外，均表现出种植面积减少的特征。另外，统计资料显示，西北地区的人口呈现逐年增加的趋势，2000 年西北地区总人口为 14 700 万人，至 2016 年其人口增至 16 291 万人。因此，本专题依据西北七省（区）和中国 9 种作物的产量、人口数据，分别计算了西北地区和中国 9 种作物的人均产量（专题表 2-6）。分析可知，西北地区稻谷的人均产量仅为全国人均产量的 1/7

专题表 2-6　2000～2016 年西北地区与中国主要粮食、经济作物人均产量（单位：kg/人）

年份	稻谷		小麦		玉米		豆类		薯类		棉花		油料		蔬菜		果品	
	西北	中国	西北	中国	西北	中国	西北	中国	西北	中国	西北	中国	西北	中国	西北	中国	西北	中国
2000	21	148	109	79	133	84	19	16	36	29	11	3	22	23	237	351	89	49
2001	20	139	106	74	136	89	17	16	30	28	11	4	17	22	234	379	85	52
2002	19	136	108	70	154	94	21	17	37	29	11	4	21	23	271	412	92	54
2003	15	124	98	67	162	90	17	16	38	27	12	4	21	22	289	418	128	112
2004	16	138	100	71	180	100	20	17	39	27	14	5	21	24	302	424	140	118
2005	18	138	101	75	190	107	21	17	34	27	14	4	21	24	315	432	149	123
2006	20	138	104	83	190	115	20	15	39	21	17	6	20	20	333	410	174	130
2007	18	141	95	83	200	115	20	13	36	21	22	6	15	19	367	427	186	137
2008	18	144	102	85	221	125	20	15	41	22	22	6	22	22	372	446	217	145
2009	18	146	114	86	219	123	19	14	35	22	18	5	23	24	421	463	242	153
2010	19	146	113	86	239	132	20	14	36	23	17	4	25	24	455	485	253	160
2011	19	149	110	87	264	143	20	14	41	24	20	5	25	25	482	504	272	169
2012	19	151	116	89	287	152	19	13	39	24	24	5	25	25	495	523	296	178
2013	18	150	108	90	318	161	17	12	42	24	23	5	26	26	511	540	312	184
2014	18	151	113	92	318	158	14	12	39	24	24	5	27	26	515	556	332	191
2015	17	152	121	95	323	164	14	12	37	24	22	4	28	26	563	570	354	200
2016	18	150	120	93	310	159	15	13	38	24	22	4	26	26	575	557	369	205

左右，但研究时段内西北地区稻谷的人均产量相对稳定，并没有因本区域稻谷播种面积的减少而大幅度降低，但因中国稻谷人均产量的增加，西北地区稻谷人均产量和中国稻谷人均产量的差距在增大；西北地区小麦、豆类、薯类的人均产量均高于中国的平均水平，分别是中国人均产量的 1.31 倍、1.27 倍和 1.52 倍（2000～2016 年平均），但近年来小麦的人均产量与中国平均水平的差距在增大，豆类和薯类人均产量的水平与中国平均水平的差距相对稳定。西北地区玉米人均产量的增加较为明显，2000 年玉米的人均产量为 133kg/人，2016 年人均产量增至 310kg/人，是全国均值的 1.9 倍。经济类作物中，西北地区蔬菜的人均产量整体上低于全国的人均产量，但随着近年来蔬菜种植面积的增加，两者间的差距在逐步减小，西北地区人均产量大致以 21kg/(人·a)的速度增长。西北地区棉花和果品的人均产量总体也呈增加趋势，油料的人均产量一直在 22kg/人左右，浮动较小。

　　经济的发展和人民生活水平的提高推动了人们膳食结构的调整，进而刺激了不同农产品的市场需求，也在一定程度上影响着农业种植结构的调整。上文重点分析了西北地区整体人均主要粮食、经济作物产量与中国人均产量的差异，尽管整体看来，研究时段内西北地区主要粮食、经济作物的人均产量高于全国的平均水平，但随着主要粮食作物小麦、稻谷的减少和人口的增加，在未来农业种植结构调整时必须注意西北本地区的口粮供应保障程度。另外，西北地区七省（区）间种植结构和人口等因素的差异，势必导致不同省（区）间主要粮食、经济作物人均产量的差异。尽管农产品的人均产量和农产品的人均需求量不同，但农产品的人均产量在一定程度上却可以反映该地区农产品需求量的盈余（专题表 2-7）。

专题表 2-7　2000～2016 年平均水平下西北七省（区）主要粮食、经济作物人均产量（单位：kg/人）

省份	稻谷	小麦	玉米	豆类	薯类	棉花	油料	蔬菜	果品
内蒙古	25.5	62.5	569.0	55.7	70.1	0.1	53.4	478.9	92.6
宁夏	102.1	107.5	249.5	8.0	54.7	0	22.0	540.4	276.9
甘肃	1.6	104.5	138.0	14.3	75.7	3.3	21.91	445.2	166.9
青海	17.7	72.6	14.5	15.7	55.2	0	53.7	205.4	5.6
陕西	23.1	109.6	129.3	9.9	21.6	1.7	13.6	309.6	333.1
山西	0.3	69.4	197.5	10.5	15.6	2.0	6.4	293.8	137.7
新疆	27.1	235.7	216.6	11.5	7.6	121.4	25.3	594.8	405.0
西北	18.3	108.1	226.1	18.4	37.5	17.9	22.6	396.3	217.1
中国	143.6	82.6	124.2	14.5	24.7	4.6	23.6	464.5	138.8

　　在作物种植面积、区域人口相对稳定的情况下，为提高地区作物的人均产量，需提高作物的单产水平。西北各省（区）研究时段内 9 种作物单产整体上有所提高，但单产的提高程度显示出一定的作物差异和区域差异（专题表 2-8）。就粮食生产而言，新疆粮食单产显著高于其余省（区），随着粮食单产水平在各省（区）的提高，粮食单产区域差异在不断缩小。新疆、宁夏、内蒙古三个省（区）在研究时段内粮食单产基本稳定在西北七省（区）中的前三位，而陕西、山西、甘肃、青海四省域粮食单产相近，具有一定的年际波动性，其中青海粮食单产提高的幅度最小。

专题表 2-8　西北各省（区）主要粮食、经济作物单产情况　（单位：kg/hm²）

地区	年份	粮食	稻谷	小麦	玉米	豆类	薯类	棉花	油料	蔬菜	果品
甘肃	2000	2 550	8 508	2 232	4 532	1 440	2 517	1 656	1 335	27 089	8 104
	2005	3 235	8 059	2 755	4 939	1 700	3 576	1 728	1 529	28 256	8 076
	2010	3 423	7 050	2 852	4 673	1 783	2 869	1 578	1 853	31 280	11 633
	2016	4 053	6 710	3 513	5 601	1 813	3 355	1 502	2 290	35 679	15 605
	平均	3 402	7 458	2 941	4 957	1 721	3 189	1 664	1 697	31 155	10 593
内蒙古	2000	2 800	6 119	2 947	4 847	965	2 835	3 172	1 324	36 359	25 963
	2005	3 800	7 399	3 114	5 904	1 523	2 776	1 117	1 758	45 661	34 343
	2010	3 925	8 128	2 919	5 896	1 509	2 474	1 261	1 847	51 170	42 191
	2016	4 806	6 415	2 863	6 669	1 516	3 072	1 460	2 143	51 516	41 698
	平均	3 932	6 963	2 917	5 869	1 387	2 836	1 721	1 740	49 439	37 180
宁夏	2000	3 101	8 133	2 547	6 255	600	2 320	—	891	30 553	10 789
	2005	3 864	8 570	2 877	6 806	850	2 348	—	1 259	35 785	14 338
	2010	4 224	8 416	3 327	7 422	769	1 915	—	2 110	40 187	19 156
	2016	4 762	8 394	3 240	7 281	1 158	2 097	—	2 141	44 774	22 429
	平均	4 083	8 299	3 012	7 110	914	2 037	—	1 560	38 024	18 317
青海	2000	2 563	2 187	2 875	5 797	1 306	3 220	—	1 013	38 200	5 374
	2005	3 798	2 884	4 062	8 165	2 875	4 308	—	1 968	32 698	6 051
	2010	3 717	2 467	3 693	8 702	2 350	4 215	—	1 964	33 540	7 544
	2016	3 681	2 142	3 832	6 788	2 112	3 903	—	2 106	33 761	5 296
	平均	3 548	2 510	3 800	7 336	2 304	3 873	—	1 826	33 284	5 696
山西	2000	2 678	7 241	2 409	4 470	1 194	2 465	1 041	1 075	38 010	7 078
	2005	3 224	3 358	2 805	5 205	1 059	1 674	1 056	778	36 765	11 243
	2010	3 350	4 423	3 188	4 945	720	1 360	1 180	1 121	39 790	16 131
	2016	4 068	7 000	4 063	5 471	1 138	2 388	1 464	1 345	50 378	23 629
	平均	3 438	5 094	3 351	5 080	1 020	1 984	1 154	1 095	41 038	15 160
陕西	2000	2 850	6 540	2 723	3 914	784	2 341	911	1 276	24 333	7 428
	2005	3 300	6 667	3 312	4 003	970	1 339	1 107	1 638	26 226	11 085
	2010	3 687	6 662	3 515	4 501	2 011	2 393	1 361	1 861	31 172	13 629
	2016	4 003	7 491	4 111	4 742	1 467	2 608	1 405	2 095	35 978	15 967
	平均	3 511	6 895	3 453	4 336	1 432	2 451	1 194	1 751	28 830	12 297
新疆	2000	5 593	7 733	4 763	7 021	2 800	5 062	1 438	1 940	40 448	7 866
	2005	5 960	7 765	5 375	7 161	2 587	4 414	1 615	2 099	48 807	10 732
	2010	5 775	8 812	5 567	6 448	2 523	5 542	1 697	2 437	57 129	10 374
	2016	6 298	8 627	5 608	7 455	2 543	6 122	14 961	395	60 217	18 021
	平均	5 988	8 153	5 362	7 057	2 732	5 724	3 319	2 028	52 316	11 472

（二）西北地区农业发展方向

由西北地区农业生产现状的分析可知，2016 年西北地区耕地面积较 2000 年总体

增加了 $2.00 \times 10^6 hm^2$ 以上，耕地资源的增加主要发生在新疆、内蒙古两区，而陕西、山西、青海耕地资源则有一定的减少，西北地区耕地资源的增加在一定程度上缓解了城镇化建设、工业发展等带来的耕地资源被占用而导致的土地资源紧张，为保障国家实行最严格的耕地保护制度，确保18亿亩耕地提供有力的支持。但西北地区是我国生态脆弱带，《全国农业可持续发展规划（2015～2030 年）》中明确指出，新疆、宁夏、甘肃、山西、陕西和内蒙古地区未来的农业规划原则是适度发展，而青海则是保护发展。因此，结合我国对西北地区农业发展的大政方针，可以预见尽管西北地区有丰富的土地资源，但对其进行农业开发时必须兼顾该地区的环境承载能力，适度开发。另外，随着国家新一轮"退耕还林、退耕还草"政策的实施，西北地区目前尚在耕种的严重沙化和水土流失耕地将会被退耕，综合来看，西北地区未来农业发展的方向可归结为以下几点。

首先，综合考虑生态环境的承载能力，适度发展，重点通过调整农业种植结构和提高农作物单产水平确保农作物产品尤其是粮食的安全供给。通过分析 2000～2016 年西北七省（区）主要粮食、经济作物的生产情况可知，西北地区农业种植结构正在发生变化，并以玉米、薯类、果品、棉花和蔬菜种植面积增加，小麦、稻谷、豆类、油料种植面积减少为主要特征。西北地区水资源短缺，在农业用水量不增加的前提下，调整作物种植结构时"减小高耗水作物的种植比例"是缓解其农业用水压力的有效途径，未来西北地区农业种植结构仍应以扩大玉米、薯类、果品、蔬菜等用水效率较高且经济效益相对较好的作物的种植面积为主，可适当减少小麦、稻谷、豆类、油料等高耗水作物的种植面积。当然，调整作物的种植结构还当秉承"因地制宜、口粮供给安全"的原则。在国家实施"一带一路"和"精准扶贫"的大背景下，西北地区的农业布局也应充分发挥地区光热资源充足的优势，各省（区）根据自身条件重点发展优势农产品，如确保甘肃、新疆和宁夏平原、河套灌区等农产品主产区的粮食生产能力，确保国家粮食安全，同时在西北地区优化马铃薯的种植，在新疆巩固棉花生产的地位；根据自身的地理区位优势，适当扩大果园的种植面积，形成地理特征鲜明的林果产业。特色优势农业产业是指在一个区域或一个市（州）或更大的范围内，以农业资源、技术、品牌、区位等方面的优势为基础，以市场为导向，以特色农产品为依托，形成的具有独特的资源条件、明显的区域特征、特殊的产品品质的农业产业（程敏，2013）。在"精准扶贫"的时代背景下，西北地区也应树立形成特色优势农业产业链的发展观念。

其次，西北地区主要粮食、经济作物的单产水平大多低于全国平均值，但也说明西北地区农业生产具有较大潜力。提高单产是西北地区农业发展的另一关键因素。目前，西北地区农业生产、管理水平低于全国平均水平，农业发展相对落后，未来西北地区的农业发展应当注重科技兴农，管理应由粗放型向集约型转变。

西北地区农业发展方向可以概括为：立足现有水土资源环境承载能力，匹配好各种农业生产要素，突破资源环境约束，促进农业协调发展，加强农业产能建设，保证国家农产品有效供给；将农业生产、农业用水与当地的生态承载能力相结合，在发展农业的同时保护区域生态环境，促进区域绿色、协调、可持续发展。

二、西北地区农业用水评价

（一）西北地区农业用水现状

西北地区是我国最为干旱的地区，专题表 2-9 显示了西北七省（区）2000～2016 年的水资源总体状况。西北地区水资源总量占全国水资源总量的 10% 左右，且省（区）间水资源量的差异显著。同时，在研究时段内西北地区水资源总量也表现出较大的年际波动性。

专题表 2-9 西北地区水资源量总体情况

项目	年份	内蒙古	宁夏	甘肃	青海	陕西	山西	新疆	西北
水资源量（亿 m³）	2000	320	7	219	550	300	70	952	2418
	2005	456	9	304	876	491	84	963	3183
	2010	389	9	254	741	507	92	1124	3116
	2016	427	10	168	613	272	134	1093	2716
	时段均值	398	8.75	236.25	695	392.5	95	1033	2858.25
占全国水资源量比例（%）	2000	1.16	0.03	0.79	1.99	1.08	0.25	3.44	8.73
	2005	1.63	0.03	1.09	3.12	1.75	0.30	3.43	11.35
	2010	1.39	0.03	0.91	2.64	1.81	0.33	4.01	11.11
	2016	1.31	0.03	0.52	1.89	0.84	0.41	3.37	8.37
	时段均值	1.37	0.03	0.83	2.41	1.37	0.32	3.56	9.89

另外，水源枯竭正在进一步恶化西北地区水资源匮乏的现状。例如，祁连山冰川一直是河西走廊 $6.7×10^4 hm^2$ 耕地、400 万人口、数百个工矿企业、500 万头牲畜赖以生存发展的固体水库（潘新华，2004），但近年来祁连山冰川的退缩一直在悄悄进行着。研究表明，祁连山的冰川大部分处于退缩状态，且退缩速度在加快，东部冰川的年平均退缩速度约为 16.8m，中部冰川约为 3.3m，西部冰川约为 2.2m（潘新华，2004）。黄河源头地区雪线上升，导致黄河来水减少，西北地区众多引黄灌区的可引水量下降。资源型缺水在加剧的同时，西北地区的水质也在逐步恶化，水体污染、水环境恶化不断加剧。

干旱的气候条件使水资源成为限制西北地区农业发展的关键因子，也导致西北地区的农业生产以灌溉农业为主，大部分地区表现为没有灌溉就没有农业的农业生产特征，对于灌溉条件较差、灌溉配套设施不完备的地区，农民多种植抗旱作物，但一般这些地区的作物单产水平较低，农业生产能力低。甘肃、山西、陕西和青海农田灌溉面积占作物总播种面积的比例相对较低，内蒙古、宁夏和新疆灌溉面积占作物播种面积的比例基本都在 40% 左右，其中新疆地区更是高达 80% 以上；就西北整体而言，灌溉面积占作物总播种面积的比例有上升的趋势，且西北七省（区）灌溉面积也有所增加（专题表 2-10）。如专题图 2-6 所示，灌溉面积增长幅度在新疆地区最为突出，农田灌溉面积增加速度超过 $1.00×10^5 hm^2/a$；内蒙古的灌溉面积总体上也表现出较明显的增长，增长速度接近

$5.00 \times 10^4 \text{hm}^2/\text{a}$；与其他省（区）不同，青海和陕西灌溉面积在 2000～2016 年并没有增加，甚至有减少的趋势。

专题表 2-10　西北地区农业灌溉总体情况

项目	年份	内蒙古	宁夏	甘肃	青海	陕西	山西	新疆	西北	中国
灌溉面积占作物总播种面积比例（%）	2000	40	39	25	38	29	27	91	41	34
	2005	43	45	28	37	30	29	86	43	35
	2010	43	37	26	48	31	34	85	45	38
	2015	41	39	31	33	29	39	84	45	40
	2016	40	40	31	36	29	40	85	46	40
农业用水占总用水量比例（%）	2000	87	92	80	72	73	65	95	87	62
	2005	82	93	79	69	66	55	91	84	57
	2010	70	92	79	60	59	56	91	80	55
	2015	66	88	81	51	54	61	94	81	63
	2016	73	87	80	75	53	62	94	83	62
亩均灌溉用水量（m^3）	2000	446	1213	619	644	303	210	829	609	479
	2005	378	979	559	616	287	209	753	540	448
	2010	362	981	559	597	305	217	673	528	421
	2015	327	705	497	565	300	186	617	457	394
	2016	305	636	487	565	312	188	617	444	380

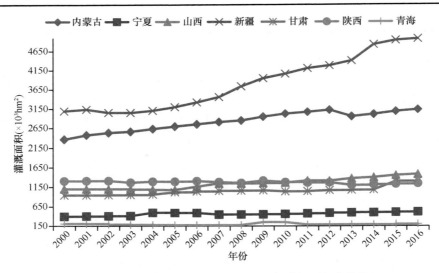

专题图 2-6　西北七省（区）2000～2016 年灌溉面积变化情况

　　《中华人民共和国国民经济和社会发展第十三个五年规划纲要》中指出我国农业灌溉要在重点灌区全面开展规模化高效节水灌溉行动，受水资源紧缺和用水压力的影响，未来农业发展在一定程度上需要推广旱作农业。《中华人民共和国国民经济和社会发展第十四个五年规划和 2035 年远景目标纲要》中强调要持续强化农业基础地位，指出以粮食生产功能区和重要农产品保护区为重点，实施高标准农田建设工程，确保建成

10.75 亿亩集中连片高标准农田。推广节水灌溉技术，推进工程节水、品种节水、农艺节水、管理节水。西北地区作为中国粮食生产的重要区域，始终在确保国家粮食安全中起着举足轻重的作用，该地区的粮食生产也始终备受国家农业发展规划的关注。该《纲要》在对西北地区的农业发展方向中重点指出要在南疆叶尔羌河、和田河等流域，以及甘肃河西走廊等严重缺水区域，实施专项节水行动计划，力争在西北地区实现节水增效。结合国家对西北地区农业发展的规划，可以预见，未来西北地区的农业灌溉面积比例可能会进一步增加，尤其是采用节水灌溉工程的灌溉农田所占的比例应该会有所增加。

农业在西北地区的经济发展中具有重要地位，相应的农业用水也是西北地区用水的重要组成部分，占用水总量的 70%左右，部分地区农业用水比例达到了 90%以上，新疆南部的喀什、阿克苏等地农业用水占到总用水量的 95%以上。西北七省（区）农业用水量占区域用水总量的百分比整体上高于全国值，其中新疆、宁夏和内蒙古地区尤为突出。近年来，随着其他行业用水量的增加，西北地区农业用水量占区域用水总量的比例在逐步下降（专题表 2-10）。

干旱的气候条件及农耕地沙化、盐碱化等不但要求西北地区的农业生产必须有灌溉的支撑，也导致西北地区亩均灌溉用水量整体高于全国平均水平。陕西、山西和内蒙古的亩均灌溉用水量小于全国平均值，其余省（区）亩均灌溉用水量均大于全国值，但近年来随着农业用水总量的减少，农田的亩均灌溉用水量也开始减少，2000～2016 年，宁夏亩均灌溉用水量减少了 500m³ 以上，新疆亩均减少 200m³ 以上，甘肃亩均减少 100m³ 以上。

（二）基于水足迹理论评价西北地区农业生产用水效率

为达到《中华人民共和国国民经济和社会发展第十四个五年规划和 2035 年远景目标纲要》中提出的强化农业"节水增效"的目标，提高西北地区作物生长过程中的用水效率势在必行。以水足迹方法为工具，定量分析研究时段内西北七省（区）9 种作物的生产水足迹和水足迹，以量化西北地区农业用水效率，以及对降水（绿水）、灌溉水（蓝水）的利用情况，并进一步分析作物生产水足迹和农业水分有效利用率的空间分异特征与时间演变趋势，以便各区域根据本地的水资源禀赋合理调整作物种植结构，改善区域农业用水状况，合理配置农业用水，将农业用水在不同作物间进行合理分配。

1. 西北地区作物生产水足迹

作物生产水足迹是区域生产单位作物产品所消耗的水资源量，根据作物生长过程中消耗水资源类型的差异，作物生产水足迹可以分为作物生产蓝水足迹和作物生产绿水足迹，其中作物生产蓝水足迹指区域生产单位作物产品所消耗的蓝水——储存于淡水湖泊、河流和含水层中的水资源量；作物生产绿水足迹指区域生产单位作物产品所消耗的绿水——来源于降水并通过作物蒸发蒸腾消耗掉的水资源量。作物生产水足迹是反映作物生长过程中水分消耗的综合指标，可作为用水效率评价工具，综合考虑绿水和蓝水的利用效率。同时根据研究区域的不同，水足迹可以用以量化田间、区域等不同尺度的水资源消耗。运用水足迹理论进行农业耗水评价，实现了灌溉农业和旱作（雨养）农业用水效率评价指标的统一。水足迹理论为农业水管理及用水效率评价提供了新的思路，扩展了传统水资源评价的外延和内涵。

专题表 2-11 显示了西北地区及中国主要粮食、经济作物生产水足迹、生产蓝水足迹及生产绿水足迹在研究时段（2000～2016 年）的平均值。同一地区间不同作物、同一作物不同地区间生产水足迹、生产蓝水足迹和生产绿水足迹都表现出一定的差异性：经济作物生产水足迹总体低于粮食作物的生产水足迹，青海、宁夏、甘肃三省（区）粮食作物生产水足迹是其经济作物生产水足迹的 4.0 倍左右，粮食、经济作物生产水足迹差异最为突出；其次是陕西、山西两省，其粮食作物生产水足迹分别是相应省域经济作物生产水足迹的 3.3 倍与 3.6 倍；内蒙古、新疆两区粮食作物生产水足迹分别是经济作物生产水足迹的 2.4 倍与 2.0 倍；西北地区整体上粮食作物生产水足迹是其经济作物生产水足迹的 2.7 倍，总体上西北地区粮食作物、经济作物生产水足迹差异程度小于中国平均水平——中国粮食作物生产水足迹为经济作物生产水足迹的 3 倍。就粮食作物而言，同一粮食作物生产水足迹虽然在省（区）间呈现出较为明显的空间差异，但不同种类的粮食作物生产水足迹的大小关系在省（区）间则表现出相似的规律：粮食作物生产水足迹从大到小在各省（区）基本均是豆类、小麦、稻谷、玉米和薯类的顺序，只是粮食作物间生产水足迹的差异程度在各省（区）不同。西北地区豆类生产水足迹是薯类生产水足迹的 16 倍，作物生产水足迹在作物间的差异显著。西北地区作物生产水足迹的种间差异明显比中国突出。就经济作物而言，棉花、油料生产水足迹远大于蔬菜、果品的生产水足迹。

专题表 2-11 2000～2016 年西北七省（区）及中国主要粮食、经济作物生产水足迹均值

（单位：m³/kg）

项目		内蒙古	宁夏	甘肃	青海	陕西	山西	新疆	西北	中国
稻谷	蓝水足迹	0.925	1.813	0.750	0.044	0.561	0.585	1.788	1.144	0.528
	绿水足迹	0.306	0.258	0.431	1.503	0.528	0.530	0.137	0.376	0.683
	总水足迹	1.231	2.071	1.181	1.547	1.089	1.115	1.925	1.520	1.211
小麦	蓝水足迹	1.069	1.484	1.389	2.227	0.539	0.535	1.919	1.180	0.639
	绿水足迹	0.471	0.562	0.866	0.910	0.787	0.738	0.350	0.640	0.946
	总水足迹	1.540	2.046	2.255	3.137	1.326	1.273	2.269	1.820	1.585
玉米	蓝水足迹	0.486	0.788	0.676	0.347	0.239	0.268	1.224	0.533	0.184
	绿水足迹	0.462	0.518	0.626	0.672	0.814	0.912	0.290	0.603	0.932
	总水足迹	0.948	1.306	1.302	1.019	1.053	1.180	1.514	1.136	1.116
豆类	蓝水足迹	0.756	3.154	1.001	2.903	0.748	0.408	3.820	1.113	0.200
	绿水足迹	1.801	1.719	2.237	1.944	2.597	3.064	0.637	2.034	1.597
	总水足迹	2.557	4.873	3.238	4.847	3.345	3.472	4.457	3.147	1.797
薯类	蓝水足迹	0.033	0.049	0.015	0.029	0.016	0.011	0.120	0.026	0.022
	绿水足迹	0.144	0.154	0.178	0.140	0.193	0.231	0.121	0.171	0.202
	总水足迹	0.177	0.203	0.193	0.169	0.209	0.242	0.241	0.197	0.224
综合粮食作物	蓝水足迹	0.525	1.090	0.764	1.225	0.377	0.323	1.626	0.721	0.398
	绿水足迹	0.523	0.456	0.667	0.801	0.806	0.937	0.315	0.631	0.820
	总水足迹	1.048	1.546	1.431	2.026	1.183	1.260	1.941	1.352	1.218

续表

	项目	内蒙古	宁夏	甘肃	青海	陕西	山西	新疆	西北	中国
棉花	蓝水足迹	0.373	0.000	3.839	0.000	0.487	0.513	1.825	2.009	1.077
	绿水足迹	1.209	0.000	0.785	0.000	1.388	1.603	0.619	0.689	1.208
	总水足迹	1.582	0.000	4.624	0.000	1.875	2.116	2.444	2.698	2.285
油料	蓝水足迹	0.384	0.000	0.000	0.000	0.026	0.191	2.079	0.492	0.497
	绿水足迹	1.455	1.114	1.243	1.143	1.350	2.604	0.954	1.387	2.251
	总水足迹	1.839	1.114	1.243	1.143	1.376	2.795	3.033	1.879	2.748
蔬菜	蓝水足迹	0.098	0.130	0.046	0.075	0.006	0.017	0.341	0.117	0.020
	绿水足迹	0.141	0.182	0.196	0.182	0.198	0.266	0.070	0.178	0.261
	总水足迹	0.239	0.312	0.242	0.257	0.204	0.283	0.411	0.295	0.281
果品	蓝水足迹	0.330	0.282	0.065	0.444	0.012	0.057	0.713	0.255	0.053
	绿水足迹	0.068	0.132	0.242	0.516	0.402	0.257	0.139	0.291	0.333
	总水足迹	0.398	0.414	0.307	0.960	0.414	0.314	0.852	0.546	0.386
综合经济作物	蓝水足迹	0.174	0.196	0.076	0.067	0.011	0.035	0.807	0.230	0.053
	绿水足迹	0.265	0.201	0.275	0.393	0.353	0.314	0.186	0.273	0.354
	总水足迹	0.439	0.397	0.351	0.460	0.364	0.349	0.993	0.503	0.407

注：宁夏、青海两省（区）棉花种植面积较小，在本报告中未考虑；青海地区"稻谷"项实指"青稞"

　　同一粮食作物生产水足迹在西北七省（区）间的差异虽然没有作物间生产水足迹差异突出，但也表现出了较为明显的空间差异性。首先，5 类粮食作物中，西北地区仅有薯类的生产水足迹小于全国平均水平，即西北地区薯类生产过程中用水效率高于全国平均水平，但其余 4 种粮食作物在西北地区的生产水足迹均高于全国平均水平，西北地区豆类生产水足迹将近全国平均水平的 2 倍，从研究时段内的平均水平看，同样生产 1kg 豆类，相对于全国平均水平，西北地区要多消耗 1.35m³ 水资源。经济作物中，西北地区油料作物生产水足迹不足中国油料生产水足迹的 0.7 倍，蔬菜生产水足迹与中国平均水平相近，棉花和果品生产水足迹分别是中国平均水平的 1.2 倍和 1.4 倍。

　　作物生产水足迹在西北七省（区）内部也呈现出空间差异性：青海综合粮食作物生产水足迹最大，是内蒙古综合粮食作物生产水足迹的 1.9 倍；新疆和山西分别是西北地区综合经济作物生产水足迹的最大和最小省（区）。另外，除新疆地区综合经济作物生产水足迹明显高于另外六省（区）外，综合经济作物生产水足迹在省（区）间的差异相对较小。综合粮食作物生产水足迹和综合经济作物生产水足迹分别是反映各省（区）生产粮食和经济作物总体用水效率高低的指标，其大小是各类粮食（经济）作物生产水足迹对粮食（经济）作物产量的加权平均值。因此，作为反映生产粮食或经济作物农产品用水效率高低的指标，综合粮食作物生产水足迹和综合经济作物生产水足迹的大小受当地的作物种植结构、产量结构及相应作物用水效率高低的直接影响，综合粮食作物生产水足迹和综合经济作物生产水足迹的研究可以为区域内部调整粮食、经济作物种植结构提供理论指导。

　　作物生产水足迹的组成可以在一定程度上反映作物生长过程中的主要耗水类型，相对于蓝水资源而言，绿水资源是直接被作物蒸发蒸腾而消耗掉的降水资源，绿水的消耗不需要借助任何工程手段，而是直接被作物蒸腾消耗，因此绿水资源的耗水成本较低。与作物生产水足迹相似，作物生产蓝水足迹组成在作物间和区域间均有一定的差异（专题表 2-12）。

与中国平均水平相比，西北地区各作物生产蓝水足迹占作物生产水足迹的比例均较高，其中综合粮食作物和综合经济作物生产蓝水足迹占其生产水足迹的比例分别比中国平均水平约高出 21 个百分点和 33 个百分点。陕西和山西两省作物生产水足迹组成与中国作物生产水足迹的组成结构较为相似，其他省（区）大多高于全国均值，新疆和宁夏对蓝水资源的依赖程度较高。稀少的降水导致农业生产高度依赖灌溉，这是西北地区作物生产蓝水足迹高的主要原因。另外，作物生产水足迹的组成除与当地的降水量有关外，还与降水量和作物生育期的吻合程度及作物耗水量的多少有关，西北地区的降水集中发生在每年的 6～9 月，部分作物如小麦，生育的中前期可利用降水资源较少，因此呈现出生产蓝水足迹所占比例较高的特点。玉米生育期多为雨热同季，通常生产蓝水足迹所占比例较低。

专题表 2-12 2000～2016 年西北七省（区）主要粮食、经济作物生产蓝水足迹所占比例

项目	作物	内蒙古	宁夏	甘肃	青海	陕西	山西	新疆	西北	中国
生产蓝水足迹所占比例（%）	稻谷	75.1	87.6	63.5	2.9	51.2	51.8	92.9	74.8	43.6
	小麦	69.4	72.5	61.6	71.0	40.3	41.4	84.6	64.7	40.3
	玉米	51.3	60.2	52.0	34.1	22.4	22.2	80.8	46.3	16.5
	豆类	29.6	64.7	30.9	59.9	21.1	11.5	85.7	34.9	11.1
	薯类	18.8	23.9	7.9	17.1	7.6	4.5	49.8	13.1	9.7
	综合粮食	50.0	70.9	53.4	60.3	32.0	25.7	84.3	53.3	32.7
	棉花	23.6	0.0	83.0	0.0	26.0	24.2	74.7	73.2	47.1
	油料	20.9	0.0	0.0	0.0	1.9	6.8	68.6	25.4	18.1
	蔬菜	41.2	41.6	19.1	29.2	3.1	6.1	82.9	39.4	7.0
	果品	82.9	68.1	21.1	46.3	2.8	18.2	83.7	47.1	14.9
	综合经济	41.2	49.3	21.6	14.6	3.1	9.9	81.3	45.8	13.0

注：宁夏和青海两省（区）棉花种植面积较小，在本报告中未考虑；青海地区"稻谷"项实指"青稞"

（1）西北地区综合粮食、经济作物生产水足迹时空演变趋势

作物生产水足迹受作物生育过程中的耗水量和作物产量的直接影响，2000～2016 年，西北七省（区）9 种作物产量均表现出了上升趋势，其原因为农业管理水平、生产水平的提高促进了农业水资源的高效利用，农业用水水平的提高也会提高农业用水效率。如专题图 2-7 所示，西北七省（区）综合粮食作物生产水足迹都表现出一定的年际波动，但总体

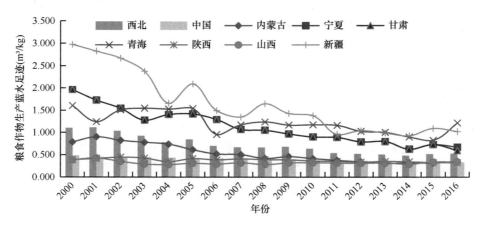

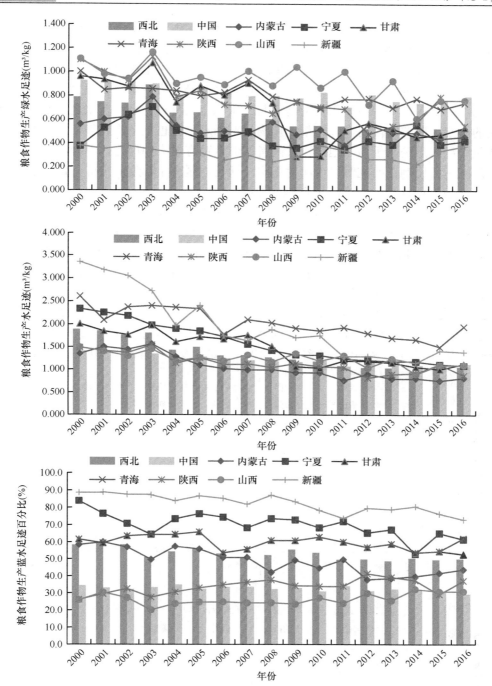

专题图 2-7 西北七省（区）综合粮食作物生产水足迹及其组成演变趋势

呈下降趋势，且作物生产蓝水足迹的变化趋势与作物生产水足迹的变化趋势较为吻合，而作物生产蓝水足迹占作物生产水足迹的比例在研究时段内虽有一定的下降，但下降幅度不大。研究时段内宁夏、甘肃、青海、新疆四省（区）综合粮食作物生产水足迹较大。

从西北整体来看，2010 年以前，西北地区综合粮食作物生产水足迹大于全国均值，但西北整体粮食生产过程中的用水效率有了较大的提高，近年来西北地区综合粮食作物生产水足迹稍低于中国平均水平。与综合粮食作物生产水足迹的变化趋势相似，西北地区综合粮食作物生产蓝水足迹在研究时段内也表现出较明显的下降，2003 年以前，西北地区综合粮食作物生产蓝水足迹是中国综合粮食作物生产蓝水足迹的 2 倍以上，至 2016 年，西北地区综合粮食作物生产蓝水足迹约为中国综合粮食作物生产蓝水足迹的 1.6 倍，在研究时段内西北地区与中国综合粮食作物生产蓝水足迹间的差距有明显的减小。研究时段内，综合粮食作物生产绿水足迹也呈下降趋势，中国综合粮食作物生产绿水足迹高于西北地区，且两者间的差距有增大的趋势。综合粮食作物生产蓝水足迹所占比例在研究时段内相对稳定，西北地区有小幅度的下降，但其值均不低于 50%，表明西北地区对灌溉依赖程度较高。

2000～2016 年，西北七省（区）综合粮食作物生产水足迹及生产蓝水足迹都呈现减小的趋势。研究时段内生产水足迹及生产蓝水足迹的减小幅度在省（区）间有一定的差异：总体表现为生产水足迹或生产蓝水足迹值越大的省（区），其值的下降程度越大。正因此，研究时段内综合粮食作物生产水足迹及生产蓝水足迹的省（区）间差异在缩小。总体上，综合粮食作物生产水足迹的下降速率大于其生产蓝水足迹的下降速率。

2000～2016 年，西北地区综合经济作物生产水足迹平均值和生产蓝水足迹平均值均大于中国的平均值，且其生产蓝水足迹始终显著高于中国的相应值（专题图 2-8）。同样，研究时段内，西北地区和中国综合经济作物生产水足迹及生产蓝水足迹的差异程度在减小。

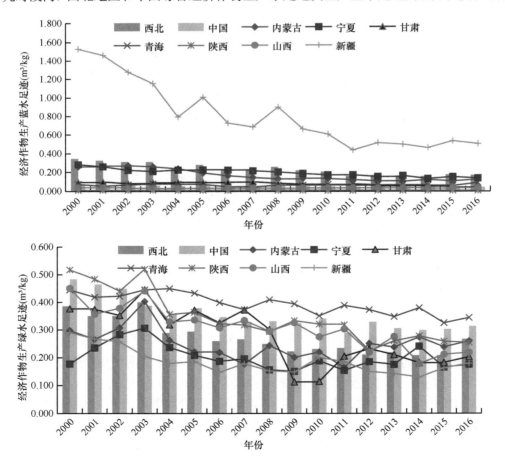

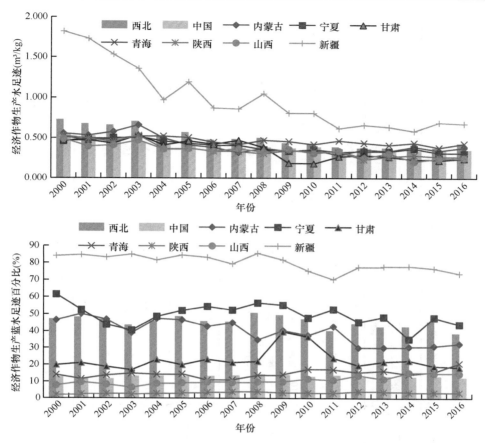

专题图 2-8 西北七省（区）综合经济作物生产水足迹及作物生产水足迹组成演变趋势

中国综合经济作物生产绿水足迹在研究时段内整体上大于西北地区的值，两者同样在研究时段内呈现减小的趋势。新疆综合经济作物生产水足迹及其蓝水足迹比例显著高于其余六省（区），剩余六省（区）间综合经济作物生产水足迹和生产蓝水足迹的差异较小。

（2）西北地区主要粮食、经济作物生产水足迹时空演变趋势

综合粮食作物生产水足迹、综合经济作物生产水足迹分别综合反映了西北地区粮食、经济作物生产过程中的用水效率，作物生产水足迹在作物间有一定的差异。以 2000 年、2005 年、2010 年和 2016 年 9 种作物的生产水足迹及其组成为例，分析研究时段内 9 种作物生产水足迹的时空演变趋势。专题表 2-13 显示了上述年份西北七省（区）稻谷、小麦和玉米生产水足迹及其组成的演变情况。

与综合粮食作物和综合经济作物生产水足迹在研究时段内的变化趋势相似，3 类主要粮食作物生产水足迹在研究时段内均有一定程度的减小。青海 3 类作物生产水足迹在七省（区）中相对较高，且在研究时段内没有明显的减小，因此青海应该是西北地区未来提高农业用水效率的重要区域。青海小麦生产过程中对蓝水的依赖程度较高，2016 年小麦生产蓝水足迹占小麦生产水足迹的比例为 74.8%，是玉米（38.6%）的近 2 倍。3 类作物的生产水足迹在新疆和宁夏相对也较高，但研究时段内有较大的降低幅度。

专题表 2-13　西北 7 省（区）稻谷、小麦和玉米生产水足迹及其组成情况

年份	地区	稻谷		小麦		玉米	
		生产水足迹 (m³/kg)	生产蓝水足迹比例 (%)	生产水足迹 (m³/kg)	生产蓝水足迹比例 (%)	生产水足迹 (m³/kg)	生产蓝水足迹比例 (%)
2000	内蒙古	1.635	79.9	2.015	74.9	1.168	58.7
	宁夏	3.031	93.1	2.767	83.4	1.648	74.3
	甘肃	1.440	61.6	2.604	56.9	1.604	49.9
	青海	1.656	2.8	3.296	70.4	1.081	33.5
	陕西	1.335	42.8	1.687	32.6	1.370	17.7
	山西	1.314	52.6	1.499	42.2	1.388	22.8
	新疆	3.290	95.0	3.774	88.9	2.488	86.1
2005	内蒙古	1.314	80.1	1.619	75.1	0.951	58.1
	宁夏	2.446	90.1	2.332	77.3	1.444	66.3
	甘肃	1.371	59.7	2.627	57.6	1.541	47.9
	青海	1.508	3.4	3.468	74.5	1.054	38.2
	陕西	1.148	51.7	1.397	40.9	1.071	23.6
	山西	1.129	51.2	1.296	40.8	1.213	21.8
	新疆	2.409	94.3	2.789	87.4	1.847	84.2
2010	内蒙古	1.018	71.0	1.290	64.7	0.818	46.4
	宁夏	1.772	86.3	1.781	70.3	1.153	57.6
	甘肃	0.928	79.6	1.749	78.2	0.941	70.8
	青海	1.438	3.2	3.200	73.6	0.990	37.1
	陕西	1.013	53.8	1.221	42.9	0.922	25.1
	山西	1.092	53.6	1.241	43.1	1.140	23.5
	新疆	1.635	90.0	1.996	79.2	1.353	74.5
2016	内蒙古	0.934	69.2	1.189	62.8	0.771	44.0
	宁夏	1.460	83.6	1.521	65.7	1.012	52.4
	甘肃	0.977	63.1	1.868	61.2	1.080	51.5
	青海	1.614	3.42	3.758	74.8	1.135	38.6
	陕西	0.945	52.1	1.035	45.6	0.803	26.0
	山西	1.061	58.8	1.179	48.4	1.038	27.5
	新疆	1.305	87.4	1.644	74.5	1.129	69.2

注：青海地区"稻谷"指"青稞"，专题表 2-16～专题表 2-27 同

专题表 2-14 显示了豆类、油料和棉花生产水足迹及其组成的演变情况。豆类、油料和棉花是作物生产水足迹较高的 3 类作物，研究时段内 3 类作物在西北七省（区）的种植面积在缩减，且除在新疆外，油料的种植多以雨养种植为主，因此油料作物的生产蓝水足迹占油料作物生产水足迹的比例较小。同样，3 类作物生产水足迹在研究时段内呈现下降的趋势，青海作物生产水足迹下降幅度最小，新疆下降幅度最大，但新疆各作物生产水足迹也相对较高。

2016 年豆类生产水足迹在七省（区）中的最大值和最小值分别出现在青海和内蒙古，油料和棉花生产水足迹的省（区）间差异及在研究时段内的演变情况比较相似：在陕西和新疆，油料和棉花的生产水足迹有相对明显且稳定的下降；青海和宁夏两省（区）几乎没有棉花种植，其省（区）内油料生产水足迹在年际没有明显的波动规律。

专题表 2-15 显示了西北七省（区）薯类、蔬菜和果品生产水足迹及其组成的演变情况。研究时段内西北七省（区）3 类作物单产增加趋势明显。因相对较高的单产水平和单产的增加，3 类作物生产水足迹相对较小，研究时段内也呈减小的趋势。新疆 3 类作物生产水足迹均较高，青海果品生产水足迹较高，薯类生产水足迹较低，但总体而言，3 类作物生产水足迹的空间差异小于上述 6 类作物生产水足迹的空间差异。

西北七省（区）3 类作物生产蓝水足迹占其生产水足迹的比例在研究时段内的演变规律与作物生产水足迹总体下降的规律不同，陕西和山西薯类、蔬菜、果品生产蓝水足迹占其生产水足迹的比例较低，以雨养种植为主，但近年来生产蓝水足迹占生产水足迹的比例有小幅度的增加；甘肃和青海 3 类作物生产蓝水足迹占其生产水足迹的比例稍低于西北地区平均值，在研究时段内相对稳定；而 3 类作物生长过程中对蓝水依赖程度较高的内蒙古、宁夏和新疆，其生产蓝水足迹所占比例则有了较为明显的下降。

2. 西北地区作物水足迹

水足迹是一个国家、一个地区或个人在一定时间内生产或消费的所有产品和服务所需要的水资源总量，形象地说，就是水在生产和消费过程中的足迹。如专题图 2-9 所示，各省（区）生产 9 类作物的水足迹在年际有一定的波动，而且这种波动没有明显的下降或上升规律；另外，同种作物水足迹在各省（区）间也不尽相同，这主要与各省（区）作物的种植结构、产量结构、各作物生产水足迹的大小相关。西北地区整体上 9 类作物水足迹在 2000～2016 年相对稳定，但水足迹在作物间的分配有一定的变化：玉米、果品和蔬菜 3 类作物的水足迹在增加，稻谷、小麦、豆类和油料水足迹则有较明显的减少，薯类和棉花水足迹在研究时段内相对稳定。

研究时段内各省（区）9 种作物水足迹虽有较大的年际波动，但总水足迹在作物间的分配与西北整体的变化情况相似。例如，内蒙古作物水足迹减少的是稻谷、小麦和豆类，显著增加的是玉米，其他几类作物水足迹则相对稳定；宁夏小麦、稻谷和豆类的水足迹有明显下降，而玉米、蔬菜和果品水足迹显著增大。

受作物播种面积、作物产量、作物生产水足迹大小等因素的综合影响，西北七省（区）9 种作物水足迹差异较大（专题表 2-16）。西北地区粮食水足迹占作物水足迹总量的 63%，基本等于中国的相应值，表明在我国和西北地区水资源都主要用于粮食的生产。除新疆粮食作物和经济作物水足迹各占总水足迹的 50% 左右外，其余六省（区）的粮食作物水

专题表 2-14 西北 7 省（区）豆类、油料和棉花生产水足迹及其组成情况

年份	地区	豆类 生产水足迹 (m³/kg)	豆类 生产蓝水足迹比例 (%)	油料 生产水足迹 (m³/kg)	油料 生产蓝水足迹比例 (%)	棉花 生产水足迹 (m³/kg)	棉花 生产蓝水足迹比例 (%)
2000	内蒙古	3.001	35.6	2.157	26.8	1.698	27.2
	宁夏	6.311	77.8	0.922	0.0	—	—
	甘肃	4.057	29.2	1.685	0.0	5.373	82.0
	青海	5.108	59.2	1.226	0.0	—	—
	陕西	4.515	16.9	1.997	1.4	2.571	19.2
	山西	4.080	11.8	3.141	7.1	2.425	25.5
	新疆	7.444	89.8	4.909	76.9	4.347	82.6
2005	内蒙古	2.400	35.9	1.723	27.1	1.357	27.4
	宁夏	5.450	70.4	1.061	0.0	—	—
	甘肃	3.964	27.5	1.684	0.0	5.028	80.8
	青海	5.256	64.1	1.110	0.0	—	—
	陕西	3.515	22.5	1.458	1.9	2.020	25.4
	山西	3.589	11.2	2.770	6.8	2.116	24.4
	新疆	5.494	88.3	3.697	74.2	3.245	80.4
2010	内蒙古	2.329	25.4	1.739	18.4	1.367	18.7
	宁夏	4.281	62.2	1.064	0.0	—	—
	甘肃	1.969	50.1	0.576	0.0	4.001	91.7
	青海	4.873	63.0	1.060	0.0	—	—
	陕西	3.026	24.0	1.233	2.1	1.743	27.0
	山西	3.338	12.2	2.565	7.4	1.994	26.2
	新疆	3.903	80.6	2.905	61.2	2.443	69.2
2016	内蒙古	2.219	23.8	1.666	17.2	1.310	17.4
	宁夏	3.721	57.1	1.049	0.0	—	—
	甘肃	2.696	30.6	1.098	0.0	3.697	83.0
	青海	5.685	64.5	1.187	0.0	—	—
	陕西	2.527	25.9	0.961	2.4	1.413	30.0
	山西	2.964	14.7	3.437	5.9	2.561	21.7
	新疆	3.203	76.1	2.517	54.7	2.070	63.3

注："—"表示宁夏和青海两省（区）棉花种植面积较少，本专题中没有计算

专题表 2-15 西北 7 省（区）薯类、蔬菜和果品生产水足迹及其组成情况

年份	地区	薯类		蔬菜		果品	
		生产水足迹 (m³/kg)	生产蓝水足迹比例 (%)	生产水足迹 (m³/kg)	生产蓝水足迹比例 (%)	生产水足迹 (m³/kg)	生产蓝水足迹比例 (%)
2000	内蒙古	0.201	23.3	0.302	49.0	0.600	86.9
	宁夏	0.202	37.4	0.381	59.7	0.646	77.9
	甘肃	0.246	7.3	0.330	17.3	0.429	18.7
	青海	0.180	16.7	0.273	28.7	0.876	52.4
	陕西	0.296	5.6	0.302	2.2	0.656	1.9
	山西	0.284	4.7	0.327	6.3	0.599	11.4
	新疆	0.354	59.2	0.781	89.1	1.791	87.3
2005	内蒙古	0.161	23.6	0.242	49.3	0.491	15.1
	宁夏	0.204	28.9	0.354	50.1	0.485	86.7
	甘肃	0.245	6.8	0.326	16.2	0.535	73.5
	青海	0.170	19.8	0.263	33.1	0.989	51.8
	陕西	0.220	7.8	0.222	3.1	0.455	2.8
	山西	0.251	4.4	0.288	5.9	0.385	14.8
	新疆	0.274	55.6	0.577	87.6	1.290	88.0
2010	内蒙古	0.165	15.8	0.220	37.1	0.349	82.7
	宁夏	0.187	22.0	0.300	41.0	0.400	68.1
	甘肃	0.093	16.1	0.141	33.8	0.171	39.0
	青海	0.160	19.0	0.248	32.1	0.819	57.0
	陕西	0.187	8.4	0.188	3.4	0.424	2.7
	山西	0.232	4.9	0.267	6.5	0.284	20.3
	新疆	0.242	40.7	0.412	79.5	0.939	78.4
2016	内蒙古	0.158	14.7	0.208	35.2	0.326	79.2
	宁夏	0.176	18.5	0.273	36.0	0.352	61.9
	甘肃	0.161	7.8	0.218	18.3	0.229	24.4
	青海	0.182	20.0	0.283	33.5	1.132	49.2
	陕西	0.163	8.7	0.145	3.9	0.403	2.6
	山西	0.202	5.9	0.233	7.9	0.227	27.2
	新疆	0.221	34.5	0.339	74.9	0.698	81.7

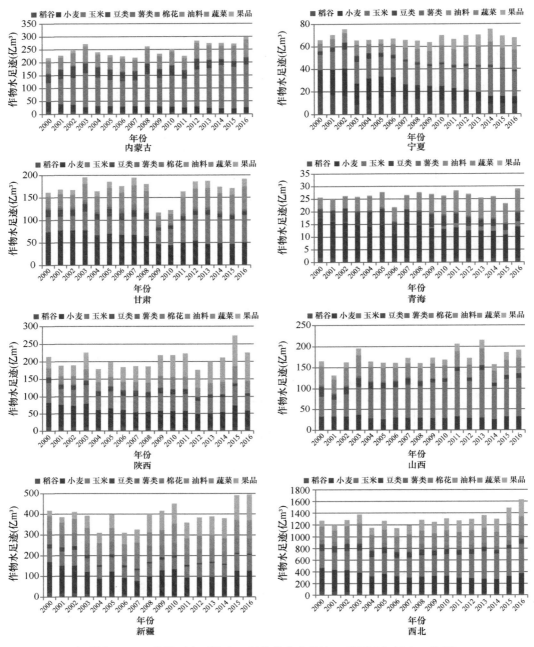

专题图 2-9　西北地区主要粮食、经济作物水足迹（彩图请扫封底二维码）

专题表 2-16　2000～2016 年平均作物水足迹和作物水足迹结构

项目	地区	稻谷	小麦	玉米	豆类	薯类	棉花	油料	蔬菜	果品	总水足迹
作物水 足迹 （亿 m³）	内蒙古	8	23	122	34	3	0	24	28	9	251
	宁夏	13	14	19	3	1	0	2	10	7	69
	甘肃	0	60	43	12	4	4	7	28	13	171
	青海	2	13	1	4	1	0	3	3	0	27
	陕西	9	54	47	12	2	1	7	22	53	207

项目	地区	稻谷	小麦	玉米	豆类	薯类	棉花	油料	蔬菜	果品	总水足迹
作物水足迹（亿 m³）	山西	0	30	79	13	1	1	6	28	14	172
	新疆	11	106	64	11	0	63	16	52	73	396
	西北	43	300	375	89	12	69	65	171	169	1293
	中国	2301	1722	1809	347	74	137	855	1722	619	9586
作物水足迹结构（%）	内蒙古	3	9	49	14	1	0	10	11	4	100
	宁夏	19	20	28	4	1	0	3	14	10	100
	甘肃	0	35	25	7	2	2	4	16	8	100
	青海	7	48	4	15	4	0	11	11	0	100
	陕西	4	26	23	6	1	0	3	11	26	100
	山西	0	17	46	8	1	1	3	16	8	100
	新疆	3	27	16	3	0	16	4	13	18	100
	西北	3	23	29	7	1	5	5	13	13	100
	中国	24	18	19	4	1	1	9	18	6	100

足迹都显著高于经济作物水足迹。内蒙古玉米和豆类的水足迹占总水足迹的 62%左右，宁夏稻谷、小麦和玉米水足迹占总水足迹的将近 70%，甘肃小麦和玉米水足迹合计占总水足迹的 60%，青海小麦水足迹占总水足迹的 48%，陕西小麦、玉米和果品水足迹占总水足迹的 74%，山西玉米水足迹占总水足迹的 46%。

（三）区域间虚拟水贸易

虚拟水是指生产商品和服务中所需要的水资源量，是镶嵌在商品和服务中的水资源。当一个地区的某种作物产品生产不能满足或超过本地区的需求时，就会产生区域间该种作物产品的贸易，随之而来的是虚拟水在区域间的流动。流入西北地区的主要作物产品是稻谷和蔬菜，流入西北地区稻谷的总量在 2000～2016 年有增加的趋势，蔬菜则呈现减少的趋势（专题表 2-17）。自 2010 年后，西北地区开始由油料产品调入区变为油料产品调出区。西北地区是小麦、玉米、豆类、薯类、棉花和果品的输出区，在研究时段内西北地区调出玉米、薯类、果品和棉花量的增长趋势十分明显。

专题表 2-17　西北地区与非西北地区作物的年调运量　（单位：万 t）

年份	稻谷	小麦	玉米	豆类	薯类	粮食	棉花	油料	蔬菜	果品	经济
2000	−1868	448	730	40	94	−556	108	−15	−1681	583	−1005
2001	−1769	476	686	21	36	−550	108	−85	−2154	479	−1652
2002	−1742	560	884	46	125	−127	110	−27	−2092	567	−1442
2003	−1637	458	1080	4	167	72	127	−10	−1927	232	−1578
2004	−1825	437	1205	42	175	34	137	−41	−1822	323	−1403
2005	−1816	396	1272	72	113	37	150	−35	−1774	394	−1265
2006	−1813	330	1139	78	275	9	165	−8	−1184	670	−357
2007	−1893	185	1302	113	234	−59	246	−62	−927	753	10
2008	−1960	269	1487	71	284	151	249	1	−1138	1112	224
2009	−1993	429	1493	67	199	195	205	−3	−652	1376	926
2010	−1997	433	1675	89	194	394	200	9	−476	1471	1204
2011	−2050	368	1908	92	265	583	233	6	−346	1634	1527

续表

年份	稻谷	小麦	玉米	豆类	薯类	粮食	棉花	油料	蔬菜	果品	经济
2012	−2090	416	2148	100	240	814	293	1	−460	1874	1708
2013	−2101	290	2511	81	274	1055	294	4	−462	2032	1868
2014	−2130	338	2580	31	238	1057	308	18	−650	2269	1945
2015	−2075	472	2650	41	211	1299	297	53	245	2598	3193
2016	−2149	435	2467	40	225	1018	303	4	−26	2673	2954

注：负号表示作物产品流入西北地区；反之为作物产品流出西北地区

按照人均作物占有量相等的原则，2002 年之后，西北地区与中国其他区域间的粮食贸易过程中，西北地区主要是粮食输出区的角色，2016 年西北地区向其他区域输出粮食量超过 1000 万 t；且随着其内部蔬菜、果品等经济作物种植面积的扩大，从 2007 年开始，西北地区也成了经济作物的输出区，到 2016 年西北地区向其他区域输出的经济作物量超过 2900 万 t。

伴随着作物产品的贸易势必产生虚拟水的流动，除 2001 年西北地区通过作物贸易流入了外部约 27 亿 m³ 虚拟水外，研究时段内西北地区主要表现为向外输出虚拟水，且 2008 年之后，西北地区每年向外输出的虚拟水量均超过 100 亿 m³，2016 年更是高达 301.9 亿 m³（专题表 2-18）。从作物角度，稻谷的调入是西北地区虚拟水调入的主要途径，西北地区通过稻谷的调入年均调入的虚拟水量约 232.6 亿 m³，2000~2016 年，虽然西北地区调入的稻谷量在增加，但西北地区通过稻谷调入的虚拟水量则相对稳定，这主要是因为近年来其他地区稻谷生产过程中用水效率提高，稻谷生产水足迹减小。蔬菜调入量的减少和用水效率的提高，也使得西北地区通过蔬菜调入的虚拟水量呈现下降的趋势，2005 年以前，西北地区通过蔬菜调入的虚拟水量均在 50 亿 m³ 以上，2009 年后，这一值则不足 20 亿 m³。

专题表 2-18　西北地区与非西北地区作物贸易产生的虚拟水贸易量（单位：亿 m³）

年份	稻谷	小麦	玉米	豆类	薯类	粮食	棉花	油料	蔬菜	果品	经济	总量
2000	−255.3	111.7	109.4	16.4	2.3	−15.5	46.2	−4.7	−53.9	42.7	30.3	14.8
2001	−235.2	114.1	102.4	8.4	0.9	−9.4	43.6	−27.1	−68.4	34.2	−17.7	−27.1
2002	−227.5	130.1	127.5	18.0	2.9	51.0	43.4	−8.4	−65.9	41.2	10.3	61.3
2003	−214.1	107.6	169.1	2.0	4.7	69.3	46.2	−3.0	−58.2	18.1	3.1	72.4
2004	−227.7	82.3	147.0	14.1	3.6	19.3	37.9	−11.8	−50.7	18.6	−6.0	13.3
2005	−228.7	82.4	154.5	23.6	2.4	34.2	48.7	−10.6	−52.8	25.3	10.6	44.8
2006	−224.6	58.1	123.5	23.9	5.5	−13.6	41.0	−2.2	−33.2	34.4	40.0	26.4
2007	−225.2	33.3	143.7	33.8	5.1	−9.3	60.5	−17.2	−25.0	39.8	58.1	48.8
2008	−227.9	47.7	158.2	21.4	5.6	5.0	65.7	0.2	−30.8	59.4	94.5	99.5
2009	−230.6	71.4	153.0	18.6	2.9	15.3	47.9	−0.8	−17.4	69.6	99.3	114.6
2010	−238.1	70.9	165.2	24.0	2.9	24.9	49.0	1.5	−13.6	74.0	110.9	135.8
2011	−223.9	54.9	179.6	22.8	4.2	37.6	45.4	0.9	−8.3	72.2	110.2	147.8
2012	−250.2	58.3	194.6	26.2	4.1	33.0	55.6	0.2	−12.8	74.9	117.9	150.9
2013	−239.7	41.7	232.2	21.2	4.5	59.9	54.6	0.6	−11.9	84.1	127.4	187.3
2014	−238.8	45.0	219.1	7.8	3.8	36.9	51.8	2.6	−16.6	91.4	129.2	166.1
2015	−229.8	67.2	247.5	10.3	3.2	98.4	62.1	7.9	5.6	110.2	185.8	284.2
2016	−236.5	73.4	263.9	12.5	4.5	117.8	63.3	0.7	−0.7	120.8	184.1	301.9

注：负号表示虚拟水流入西北地区；反之为虚拟水流出西北地区。下同

　　因西北地区与中国其他区域在农业生产过程中对蓝、绿水消耗比例的差异，西北地区与中国其他区域进行作物贸易的过程中，调入或调出区域内部的虚拟蓝水量与虚拟绿水量也有较大的差异。专题表 2-19 和专题表 2-20 分别显示了西北地区与非西北地区作物贸易过程中产生的虚拟蓝水、虚拟绿水贸易量。调入稻谷是虚拟水从外部流入西北

专题表 2-19　西北地区与非西北地区作物贸易产生的虚拟蓝水贸易量（单位：亿 m³）

年份	稻谷	小麦	玉米	豆类	薯类	粮食	棉花	油料	蔬菜	果品	经济	总量
2000	-108.0	75.4	55.5	6.3	0.3	29.5	37.4	-0.8	-1.8	17.7	52.5	82.0
2001	-96.8	76.3	56.0	3.6	0.1	39.2	34.9	-4.5	-2.2	14.1	42.3	81.5
2002	-92.1	87.1	67.9	7.4	0.4	70.7	34.3	-1.3	-2.0	17.6	48.6	119.3
2003	-92.7	65.4	77.6	0.7	0.5	51.5	35.8	-0.5	-2.0	8.1	41.4	92.9
2004	-103.4	53.0	73.0	5.3	0.5	28.4	28.0	-2.2	-1.9	8.5	32.4	60.8
2005	-95.8	55.0	77.2	9.3	0.3	46.0	37.7	-1.8	-1.7	12.8	47.0	93.0
2006	-100.2	37.3	58.0	8.3	0.7	4.1	30.9	-0.4	-1.2	16.4	45.7	49.8
2007	-100.2	20.7	65.2	10.9	0.6	-2.8	43.6	-3.1	-0.9	18.3	57.9	55.1
2008	-97.8	31.5	72.7	6.7	0.7	13.8	51.9	0.1	-1.0	32.8	83.8	97.6
2009	-99.7	49.8	70.6	7.3	0.5	28.5	35.5	-0.1	-0.6	36.7	71.5	100.0
2010	-98.1	48.0	75.1	8.6	0.5	34.1	33.6	0.4	-0.4	36.2	69.8	103.9
2011	-103.9	34.1	77.5	7.9	0.6	16.2	28.8	0.2	-0.3	29.6	58.3	74.5
2012	-106.9	37.7	84.4	8.0	0.5	23.7	39.3	0.0	-0.4	36.9	75.8	99.5
2013	-106.6	27.0	98.8	6.2	0.5	25.9	38.3	0.1	-0.4	39.8	77.8	103.7
2014	-105.1	29.4	96.6	2.5	0.5	23.9	37.4	0.5	-0.6	42.3	79.6	103.5
2015	-96.1	43.4	104.4	3.3	0.4	55.4	41.7	1.7	2.1	56.9	102.4	157.8
2016	-96.6	40.5	100.7	3.3	0.5	48.4	39.7	0.1	0.0	57.2	97	145.4

专题表 2-20　西北地区与非西北地区作物贸易产生的虚拟绿水贸易量（单位：亿 m³）

年份	稻谷	小麦	玉米	豆类	薯类	粮食	棉花	油料	蔬菜	果品	经济	总量
2000	-147.3	36.3	54.0	10.1	2.0	-44.9	8.8	-3.9	-52.1	25.1	-22.1	-67.0
2001	-138.4	37.7	46.4	4.7	0.7	-48.9	8.6	-22.7	-66.3	20.0	-60.4	-109.3
2002	-135.3	43.0	59.6	10.6	2.5	-19.6	9.1	-7.1	-63.9	23.6	-38.3	-57.9
2003	-121.4	42.2	91.4	1.3	4.2	17.7	10.5	-2.5	-56.2	9.9	-38.3	-20.6
2004	-124.3	29.3	74.0	8.8	3.1	-9.1	10.0	-9.6	-48.8	10.1	-38.3	-47.4
2005	-132.9	27.4	77.3	14.3	2.1	-11.8	11.0	-8.8	-51.1	12.6	-36.3	-48.1
2006	-124.5	20.7	65.5	15.6	4.8	-17.9	10.1	-1.8	-32.0	18.0	-5.7	-23.6
2007	-125.0	12.6	78.5	22.9	4.5	-6.5	16.9	-14.0	-24.1	21.5	0.3	-6.2
2008	-130.0	16.2	85.5	14.7	4.9	-8.7	13.8	0.2	-29.7	26.6	10.9	2.2
2009	-130.9	21.6	82.4	11.3	2.4	-13.2	12.5	-0.6	-16.8	32.9	28.0	14.8
2010	-140.0	22.9	90.1	15.4	2.5	-9.1	15.4	1.1	-13.1	37.8	41.2	32.1
2011	-120.0	20.8	102.1	14.9	3.6	21.4	16.7	0.7	-8.0	42.6	52.0	73.4
2012	-143.4	20.6	110.2	18.2	3.6	9.2	16.3	0.1	-12.4	37.9	41.9	51.1
2013	-133.1	14.7	133.3	14.9	4.0	33.8	16.3	0.5	-11.5	44.3	49.6	83.4
2014	-133.6	15.6	122.5	5.3	3.3	13.1	14.4	2.1	-16.0	49.1	49.6	62.7
2015	-133.7	23.8	143.2	7.0	2.9	43.2	20.4	6.2	3.5	53.3	83.4	126.6
2016	-139.9	32.9	163.1	9.2	4.1	69.4	23.6	0.6	-0.7	63.6	87.1	156.5

地区的主要途径，而调入的虚拟绿水量占调入稻谷虚拟水量的 55%左右；另外，西北地区通过调入蔬菜产生的虚拟绿水调入量占其虚拟水量的 96%以上。综合来看，西北地区与其他区域间的贸易产生的虚拟水流入主要是调入绿水。而西北地区在农业生产过程中，对蓝水的依赖程度较高，也导致其调出的虚拟水主要为蓝水，研究时段内，与其他区域进行作物贸易的过程中，西北地区始终对外输出蓝水资源，且输出量基本不低于 50 亿 m^3，年均蓝水资源输出量为 95.3 亿 m^3。

专题表 2-19 和专题表 2-20 也显示了西北地区与非西北地区间虚拟蓝、绿水贸易在 2000～2016 年的时间演变情况。从 9 种作物虚拟蓝、绿水调运的总量看，2000～2016 年，西北地区通过经济作物向外输送的虚拟蓝水量增加速度较快，经济作物的输出成为西北地区虚拟蓝水资源流出的主要途径。

西北地区干旱的气候特点决定了其作物生长过程中对绿水资源消耗较少的特点，这也是其虚拟水输出中以虚拟蓝水资源的输出为主的主要原因。然而，从虚拟绿水资源输出的时间演变来看，2007 年后，西北地区已经由绿水输入区变成了绿水输出区。西北地区作为我国最为干旱的地区，水资源是限制其农业发展的主要因子，虚拟水贸易为缓解区域水资源压力提供了新的解决方案。可以预见，随着西部地区退耕还林等生态保护措施的实施，未来西北地区林果的种植面积将会进一步扩大，经济作物的输出也会相应加大。因此，为缓解西北地区水资源的压力必须采取有效措施以增加绿水资源的可利用量或绿水资源转化成能够储存的蓝水资源量；同时，在调整西北地区作物种植结构时必须综合考虑作物生育期的耗水量、作物水分生产率、区域水资源禀赋、市场需求等因素，在西北地区尽量减少耗水量大、作物水分生产率低的作物的种植，适当增大耐旱作物的种植比例。

三、西北地区水资源压力评价

西北地区水资源量仅占全国水资源总量的 10%左右，与其土地面积占国土总面积的 39.16%极不匹配。除了资源型缺水的现实外，西北地区农业生产过程中作物生产水足迹总体较高，而且降水稀少、蓝水使用比例高，使得西北地区所面临的水资源短缺形势更为严峻。目前，公认的表征水资源压力的指标有人均水资源占有量和水资源开发利用程度两类。根据西北水资源的耗用特点，选用水资源开发利用程度来表征西北地区的水资源压力。水资源开发利用程度是年取用的淡水资源量占可获得（可更新）的淡水资源总量的百分率，是反映水资源稀缺程度的指标，指标的阈值或标准系根据经验确定：当水资源开发利用程度小于 10%时为低水资源压力；当水资源开发利用程度大于 10%、小于 20%时为中低水资源压力；当水资源开发利用程度大于 20%、小于 40%时为中高水资源压力；当水资源开发利用程度大于 40%时为高水资源压力（刘雅玲等，2016）。为探讨农田灌溉及 9 种作物生产对用水的影响，以农业用水量、9 种作物蓝水足迹为基础数据，分别量化了中国、西北及西北各省（区）农业生产用水占用水总量和 9 种作物蓝水足迹占农业用水量的比例，以便分析西北地区作物生产对水资源压力的贡献率。

研究时段内西北地区和中国的用水总量都表现出增加的趋势，且中国用水总量的增加较西北地区的增加幅度更加明显（专题表 2-21）。作物蓝水足迹是由农田灌溉水转化而来，因此，研究时段内作物蓝水足迹和农业用水量在时间上呈现出类似的年际波动规律：两个指标在中国表现出波动性增加，在西北地区则呈波动性减少的趋势，这与中国区域调配水方案的变化有关，近年来西北地区的引黄水量有明显的减少。

专题表 2-21 西北与全国用水情况及西北相应指标占全国总量的百分比

年份	用水总量（×10⁸m³）			农业用水量（×10⁸m³）			作物蓝水足迹（×10⁸m³）		
	西北	全国	西北占比（%）	西北	全国	西北占比（%）	西北	全国	西北占比（%）
2000	1025	5498	18.6	890	3784	23.5	692	2583	26.8
2001	1027	5567	18.4	860	3826	22.5	671	2391	28.1
2002	1011	5497	18.4	891	3736	23.8	697	2329	29.9
2003	1014	5320	19.1	859	3433	25.0	660	2311	28.6
2004	1024	5548	18.5	758	3586	21.1	585	2405	24.3
2005	1050	5633	18.6	883	3580	24.7	672	2408	27.9
2006	1073	5795	18.5	754	3664	20.6	572	2446	23.4
2007	1068	5819	18.4	750	3600	20.8	573	2403	23.8
2008	1078	5910	18.2	878	3664	24.0	656	2446	26.8
2009	1074	5965	18.0	881	3723	23.7	656	2480	26.5
2010	1089	6022	18.1	877	3689	23.8	659	2465	26.7
2011	1103	6107	18.1	753	3744	20.1	574	2496	23.0
2012	1156	6131	18.9	808	3880	20.8	608	2594	23.4
2013	1157	6183	18.7	820	3922	20.9	619	2611	23.7
2014	1142	6095	18.7	804	3869	20.8	604	2569	23.5
2015	1144	6103	18.7	924	3851	24.0	682	2738	24.9
2016	1132	6040	18.7	938	3768	24.9	705	2504	28.2

研究时段内西北地区用水总量占其可开发利用水资源总量百分比的均值为39.1%，按上文中提到的水资源压力指标，当水资源开发利用程度在其可利用水资源总量的20%～40%时，该地区的水资源压力为中高水资源压力。研究时段内西北地区的水资源压力虽然表现出了年际波动，但大多数在中高水资源压力和高水资源压力的界线周围波动。同时段内，中国的水资源开发程度在20.0%左右浮动，中国接近中低水资源压力向中高水资源压力过渡的边缘（专题表2-22）。西北地区用水总量中约有78.2%用于农田灌溉，本研究中所计算的9种作物蓝水足迹占西北地区用水总量的百分比接近60.0%，9种作物蓝水足迹占西北地区农业用水总量的76.0%左右。西北地区的上述值比中国整体高10～15个百分点，这与西北地区整体所面临的水资源形势较中国整体严峻的实情相符。

从时间演变的趋势看，无论是西北地区还是中国整体，农业用水量占总用水量的比例都呈现减小的趋势，尽管这种减小表现出年际波动，但基于工业发展、城镇化建设、生态环境用水量增加，而水资源可开发利用的总量相对稳定的事实，可以预见未来农业用水量占总用水量的比例只会继续减少而不会增加。与农业用水量占用水总量的比例呈下降趋势相一致，计算所得的9种作物蓝水足迹占西北地区用水总量的百分比也呈现下降的趋势，但几种作物蓝水足迹占农业用水总量的比例则相对稳定。

专题表 2-22 西北和中国整体农业用水及作物生产用水对水资源利用的贡献率（%）

年份	用水总量/水资源总量		农业用水量/用水总量		蓝水足迹/农业用水量		蓝水足迹/用水总量	
	西北	中国整体	西北	中国整体	西北	中国整体	西北	中国整体
2000	42.4	19.8	86.9	68.8	77.8	68.3	67.5	47.0
2001	39.9	20.7	83.8	68.7	78.0	62.5	65.4	42.9
2002	40.8	19.5	88.2	68.0	78.2	62.3	69.0	42.4
2003	33.2	19.4	84.7	64.5	76.8	67.3	65.1	43.4
2004	40.8	23.0	74.1	64.6	77.1	67.1	57.1	43.3
2005	33.0	20.1	84.1	63.6	76.1	67.3	64.0	42.7
2006	42.6	22.9	70.3	63.2	75.8	66.7	53.3	42.2
2007	41.4	23.0	70.3	61.9	76.3	66.7	53.7	41.3
2008	43.3	21.5	81.5	62.0	74.6	66.8	60.8	41.4
2009	38.6	24.7	82.0	62.4	74.5	66.6	61.1	41.6
2010	35.0	19.5	80.6	61.3	75.1	66.8	60.5	40.9
2011	36.2	26.3	68.3	61.3	76.3	66.7	52.1	40.9
2012	37.1	20.8	69.9	63.3	75.3	66.9	52.6	42.3
2013	34.5	22.1	70.8	63.4	75.5	66.6	53.5	42.2
2014	41.4	22.4	70.4	63.5	75.1	66.4	52.9	42.2
2015	42.7	21.8	80.7	63.1	73.8	71.1	59.6	44.9
2016	41.7	18.6	82.9	62.4	75.2	66.4	62.3	41.5
平均	39.1	21.5	78.2	63.9	76.0	66.6	59.4	42.6

　　水资源开发利用程度，农业灌溉和 9 种作物蓝水足迹对水资源利用的贡献率，以及 9 种作物蓝水足迹占农业用水量的比例均表现出较显著的省（区）间差异（专题表 2-23）。从水资源开发利用的程度看，西北地区水资源压力由大到小的省（区）依次为宁夏、山西、甘肃、新疆、内蒙古、陕西和青海，其中陕西和青海分别处于中高水资源压力和低水资源压力，其余五省（区）全部处于高水资源压力。

专题表 2-23 西北七省（区）农业用水及作物生产用水对水资源利用的贡献率（%）

地区	年份	用水总量/水资源总量	农业用水量/用水总量	蓝水足迹/农业用水量	蓝水足迹/用水总量	地区	年份	用水总量/水资源总量	农业用水量/用水总量	蓝水足迹/农业用水量	蓝水足迹/用水总量
内蒙古	2000	53.8	87.3	79.9	69.7	陕西	2000	26.2	64.2	83.5	53.6
	2005	38.3	82.3	85.4	70.3		2005	16.1	66.2	86.4	57.2
	2010	46.8	69.9	85.2	59.6		2010	16.4	59.2	89.8	53.2
	2016	44.6	73.1	87.4	63.9		2016	33.4	52.9	88.1	46.6
	平均	45.9	78.2	84.5	66.1		平均	23.0	60.6	86.9	52.7
宁夏	2000	1247.4	92.6	65.8	60.9	山西	2000	80.5	61.6	77.6	47.8
	2005	915.5	93.2	65.8	61.3		2005	66.2	55.2	80.3	44.3
	2010	776.7	91.7	64.7	59.3		2010	69.7	56.0	80.4	45.0
	2016	676.0	86.7	65.0	56.4		2016	56.3	61.9	108.4	67.1
	平均	903.9	91.1	65.3	59.5		平均	68.2	58.7	86.7	50.9

地区	年份	用水总量/ 水资源总量	农业用水量/ 用水总量	蓝水足迹/ 农业用水量	蓝水足迹/ 用水总量	地区	年份	用水总量/ 水资源总量	农业用水量/ 用水总量	蓝水足迹/ 农业用水量	蓝水足迹/ 用水总量
甘肃	2000	56.1	79.7	74.5	59.4	新疆	2016	51.7	94.3	68.0	64.1
	2005	40.4	79.3	76.7	60.8		平均	50.6	92.8	73.1	67.8
	2010	47.9	78.7	79.7	62.7	青海	2000	5.1	72.4	68.3	49.4
	2016	70.3	80.0	81.7	65.4		2005	3.5	68.7	72.0	49.5
	平均	53.7	79.4	78.2	62.1		2010	4.2	59.7	71.7	42.8
新疆	2000	50.4	95.0	79.7	75.7		2016	4.3	75.4	72.0	54.3
	2005	52.8	91.3	73.4	67.0		平均	4.3	69.1	71.0	49.1
	2010	47.6	90.6	71.2	64.5						

四、西北地区粮食生产及农业用水预测

为分析未来西北地区粮食生产、农业用水和可利用水资源总量变化情况，借助线性回归和灰色系统模型中的 GM(1,1)模型对粮食单产、粮食总产、作物蓝水足迹和西北地区未来降水变化情况进行了预测，以分析西北地区未来粮食生产和作物生产用水的关系。

（一）构建相关指标的预测方程

西北地区粮食单产和总产都呈增加趋势，分别以 2000～2014 年西北地区粮食单产和粮食总产系列数据为基础，运用线性回归法拟合了粮食单产和粮食总产随时间变化的演变方程，两个方程中反映拟合值与实测值拟合优度的 R^2 值分别为 0.911 和 0.956。为检测线性回归方程的可靠性，专题表 2-24 中显示了运用拟合的线性回归方程所得的粮食单产值和总产值及两项指标的相对误差，结果表明 2009 年粮食单产拟合值和实测值间的相对误差为 7.0%，2000 年粮食总产拟合值和实测值间的相对误差为 7.9%，其余年份两个指标的相对误差均不足 7.0%，表明此线性回归方程较精确，能够用于未来西北地区粮食单产和总产的预测。

粮食单产预测方程[式（专题 2-1）]：

$$Y=102.1k+2976.8 \tag{专题 2-1}$$

式中，Y 为西北地区粮食单产，kg/hm^2；k 为表示时间的序列号，k=1，2，3，…

粮食总产预测方程[式（专题 2-2）]：

$$P=251.91k+4393.5 \tag{专题 2-2}$$

式中，P 为西北地区粮食总产，×10^{4}t；k 的意义同上。

同样根据线性回归方法，对西北地区人口随时间的演变趋势进行了拟合，拟合方程的 R^2 值为 0.997，2000～2014 年，西北地区人口的拟合值和实测值间的相对误差不足0.5%，表明方程具有较高的拟合精度，线性回归方程如下[式（专题 2-3）]：

专题表 2-24　粮食单产和总产拟合值相对误差分析表

年份	序列号 k	单产实测值（kg/hm²）	单产拟合值（kg/hm²）	相对误差	总产实测值（×10⁴t）	总产拟合值（×10⁴t）	相对误差
2000	1	2997	3079	2.7	5042	4645	7.9
2001	2	3036	3181	4.8	4835	4897	1.3
2002	3	3374	3283	2.7	5389	5149	4.4
2003	4	3514	3385	3.7	5236	5401	3.2
2004	5	3724	3487	6.3	5741	5653	1.5
2005	6	3693	3589	2.8	5887	5905	0.3
2006	7	3749	3692	1.5	5994	6157	2.7
2007	8	3653	3794	3.9	6000	6409	6.8
2008	9	3839	3896	1.5	6539	6661	1.9
2009	10	3738	3998	7.0	6557	6913	5.4
2010	11	3917	4100	4.7	6975	7165	2.7
2011	12	4152	4202	1.2	7453	7416	0.5
2012	13	4371	4304	1.5	7894	7668	2.9
2013	14	4563	4406	3.4	8277	7920	4.3
2014	15	4586	4508	1.7	8314	8172	1.7

$$R = 99.708k + 14\,576 \qquad\qquad\text{（专题 2-3）}$$

式中，R 为西北地区人口数量，×10⁴人；k 的意义同上。

　　与粮食单产、粮食总产和人口变化表现出的较明显的线性增长趋势不同，作物生产过程中的蓝水消耗量和西北地区的水资源量在年际表现出较大的随机性，因此线性回归的方法不再适合于作物蓝水足迹和西北地区水资源量的预测。GM(1,1)模型是将无规律的原始数据生成后，使其变为较有规律的生成数列，建立的微分方程动态模型，以 2000～2014 年西北地区作物蓝水足迹和降水量为基础数据，建立的作物蓝水足迹和降水量预测方程分别为式（专题 2-4）和式（专题 2-5）。

　　作物蓝水足迹预测方程：

$$\text{VBW} = \left(692 - \frac{665.6466}{0.0071}\right)e^{-0.0071i} + \frac{665.6466}{0.0071} \qquad\qquad\text{（专题 2-4）}$$

式中，VBW 为西北地区 9 种作物的蓝水足迹，×10⁸m³；i 为距离初始年的间隔年数，取 0，1，2，…

　　降水量预测方程：

$$P = \left(0.271 + \frac{0.2933}{0.0031}\right)e^{0.0031i} - \frac{0.2933}{0.0031} \qquad\qquad\text{（专题 2-5）}$$

式中，P 为西北地区降水量，m；i 意义同上。

　　根据构建的拟合方程，把 $i=0$，1，2，…，14 代入，计算得到生成模型的数据，运用模型还原之后的数据和实际值相比可以进行拟合结果误差分析（专题表 2-25）。作物蓝水足迹和降水量的拟合值与实际值间存在一定的误差，但所构建的方程基本能够满足趋势预测的要求。

专题表 2-25　西北地区 9 种作物蓝水足迹和降水量拟合值相对误差分析

年份	i	蓝水足迹（$\times 10^8 m^3$）			降水量（m）		
		实测值	拟合值	相对误差	实测值	拟合值	相对误差
2000	0	692	692	0.1	0.271	0.271	0.0
2001	1	671	658	1.9	0.267	0.295	10.5
2002	2	697	654	6.3	0.291	0.295	1.4
2003	3	660	649	1.6	0.366	0.296	19.0
2004	4	585	645	10.3	0.290	0.297	2.7
2005	5	672	640	4.7	0.296	0.298	0.6
2006	6	572	635	11.2	0.283	0.299	5.6
2007	7	573	631	10.1	0.311	0.300	3.5
2008	8	656	626	4.4	0.294	0.301	2.4
2009	9	656	622	5.2	0.278	0.302	8.8
2010	10	659	618	6.3	0.289	0.303	4.7
2011	11	574	613	6.8	0.308	0.304	1.3
2012	12	608	609	0.1	0.299	0.305	2.0
2013	13	619	605	2.4	0.318	0.306	3.7
2014	14	604	600	0.6	0.318	0.307	3.7

（二）西北地区未来粮食生产和农业生产用水预测

根据相应的拟合方程，求出西北地区人口、粮食单产、粮食总产、作物蓝水足迹和降水量的预测值（专题表 2-26）。

专题表 2-26　西北地区人口、粮食单产、粮食总产、作物蓝水足迹和降水量预测值

年份	人口（$\times 10^4$人）	粮食单产（kg/hm^2）	粮食总产（$\times 10^4 t$）	作物蓝水足迹（$\times 10^8 m^3$）	降水量（m）
2022	16 869	5 325	10 187	567	0.314
2023	16 969	5 427	10 439	563	0.315
2024	17 069	5 529	10 691	559	0.316
2025	17 168	5 631	10 943	555	0.317
2026	17 268	5 734	11 195	551	0.318
2027	17 368	5 836	11 447	547	0.319
2028	17 468	5 938	11 699	544	0.320
2029	17 567	6 040	11 951	540	0.321
2030	17 667	6 142	12 203	536	0.322
2031	17 767	6 244	12 455	532	0.323
2032	17 866	6 346	12 707	528	0.324
2033	17 966	6 448	12 958	525	0.325
2034	18 066	6 550	13 210	521	0.326
2035	18 165	6 652	13 462	517	0.327

在人口、粮食单产、粮食总产、作物蓝水足迹和降水量几个指标中，西北地区人口所表现的年际变化规律最为明显也最为稳定。按线性增长趋势拟合西北地区人口值，至

2035 年西北地区的人口将超过 1.8 亿人，是 2000 年的 1.2 倍，人口的增长势必会给粮食的供给带来一定的压力。拟合值显示，到 2035 年西北地区粮食单产和总产分别可达到 6652kg/hm² 和 13 462 万 t，按照拟合的粮食单产和粮食总产，粮食的播种面积需要增加至 $2.02×10^7hm^2$，较 2016 年增长 $1.87×10^6hm^2$。然而，从西北地区粮食种植面积的历史变化情况来看，粮食种植面积在西北地区表现出一定的波动性，2000～2003 年，西北地区粮食播种面积随着耕地面积的减少，由 $1.68×10^7hm^2$ 减小至 $1.49×10^7hm^2$，2003～2012 年则呈现较明显的线性增长趋势，至 2012 年西北地区粮食种植面积达到 $1.81×10^7hm^2$，同时段内西北地区的耕地面积也表现出相似的线性增长趋势，但 2012～2016 年，西北地区粮食的种植面积并没有因为其耕地面积增加近 $2.00×10^6hm^2$ 而有所增加（专题表 2-27）。因此，在预估西北地区未来粮食总产时，还必须考虑粮食种植面积增长空间的限制。根据国家对西北地区农业生产"适度开发"和"退耕还林、保护生态"的总体方针，在预测西北地区粮食种植面积变化时有必要持保守态度。

专题表 2-27　结点年份西北地区人口、粮食单产、粮食总产、作物蓝水足迹和降水量值

年份	人口（×10⁴人）	粮食单产（kg/hm²）	粮食总产（×10⁴t）	作物蓝水足迹（×10⁸m³）	降水量（m）
2000	14 700	2 997	5 042	692	0.271
2005	15 173	3 693	5 887	672	0.296
2010	15 720	3 917	6 975	659	0.289
2015	15 508	4 614	8 481	596	0.308
2016	16 291	4 601	8 451	592	0.309
2000～2016 均值	15 478	3 964	6 967	642	0.295
2025	17 168	5 631	10 943	555	0.317
2030	17 667	6 142	12 203	536	0.322
2035	18 165	6 652	13 462	517	0.327
2025～2035 均值	17 667	6 142	12 203	536	0.322

2000～2016 年，西北地区粮食单产的时段平均值为 3964kg/hm²，按拟合值预测，2025～2035 年，西北地区粮食单产的时段平均值需要达到前者的 1.5 倍。根据 2000～2016 年西北地区粮食种植面积和单产变化情况来看，当种植面积突然增大时，往往会出现粮食平均单产下降的情况。以新疆为例，2008～2016 年粮食的年均总种植面积较 2000～2007 年增长约 $6.90×10^5hm^2$，但伴随着粮食种植面积的增加，粮食的单产却下降了，由粮食单产随时间变化的曲线图上可以看出，2008 年之后的粮食单产与之前的单产水平线相平行。粮食种植面积增加导致粮食单产水平降低的原因主要在于：首先，西北地区农业生产的管理比较粗放，机械化程度不高，当种植面积扩大时因劳动力限制，往往会导致新增种植面积的管理滞后；其次，西北地区的农业生产受水资源的限制，新增土地往往没有配套的灌溉设备，因此多为旱作农业，而产量低是西北地区旱作农业的普遍特点。因此，在未来西北地区土地开发的过程中必须注意"适度开发"的原则，尤其是干旱区，过度开发有可能恶化原本管理粗放的农业种植，使总体单产降低。结合数值拟合的预测结果及西北地区单产、种植面积随时间变化的趋势可以得出如下结论：首先，未来西北地区因人口的增多，对农产品的消费需求会有所增加；其次，因西北地区丰富的土地资源储备，其耕地面积也会有一定幅度的增加，但必须

控制增加的幅度，以其生态环境承载能力为底线，否则，耕地面积的增加可能会导致作物的平均单产水平降低，降低土地的边际效益；最后，未来西北地区与中国其他部分进行农产品贸易时，仍然会以虚拟水输出为主，尽管农业技术、管理水平的提高及国家节水增量政策的施行会提高西北地区的农业用水效率，但西北地区的农业用水压力却不一定有较大程度的缓解。当然，预测结果显示，西北地区未来的降水量会有一定程度的增加，若能合理控制西北地区的耕地面积和作物种植结构并适当发展旱作农业，西北地区的农业用水压力将不会增大。

五、政 策 建 议

西北地区作为中华民族农业的发祥地，具有悠久的农耕文明，农业是该区人民生存的基底。在过去几十年中，西北地区的农业生产取得了巨大的成就，主要体现为：农业生产规模不断扩大，生产水平不断提高，农产品产量大幅度增加。西北地区农业生产取得的成就对其经济发展、农产品的安全供给贡献突出。同时，西北地区土地面积占全国国土面积的比例高达 39.16%，虽然西北地区人口占全国人口的比例仅 10%左右，是我国人口密度较为稀疏的地区，但该区是我国少数民族聚集区。无疑，西北地区的农业发展对保证我国的社会稳定和经济发展具有举足轻重的作用。

然而，西北地区干旱半干旱的自然条件，特别是水资源短缺的实际条件，使其农业生产同时具有总体产量低且产量不稳定的特点，而该区急剧增加的人口使其土地和粮食等农产品供给面临越来越大的压力。不但如此，西北地区是我国生态环境最为脆弱的区域之一，因此在对该区有限水资源进行调配的过程中必须考虑区域生态环境的用水需求，而随着区域工业、城镇化进程的加快及国家最严格水资源管理办法的实施，可以预见未来西北地区农业用水在量上不会增加，而气候暖干化的总体趋势会使西北地区农业生产所面临的水资源压力更加严峻。因此，在国际化绿色化背景下，结合《"十三五"规划纲要》中提出的"确保谷物基本自给、口粮绝对安全，调整优化农业结构，提高农产品综合生产能力和质量安全水平，形成结构更加合理、保障更加有力的农产品有效供给"的农业发展要求，本专题开展了西北农业水资源与粮食安全关系研究，结合专题的研究成果提出改善新疆、青海、宁夏、甘肃、内蒙古、陕西和山西七省（区）农业发展的政策建议，期望本专题的研究成果对于"一带一路"、西部大开发、精准扶贫计划和生态文明的顺利实施具有积极的推动作用，为国家进一步制定西北地区社会经济可持续发展的政策提供参考。

（一）逐步减少农业用水总量

应考虑土地资源储备、水资源压力和农业生产能力等因素的综合影响，对西北地区进行合理开发和保护。西北地区是我国光热资源最为丰富的地区，是我国重要的优质粮棉和瓜果产区。但同时，西北地区也是我国最为干旱的地区，降水稀少，蒸发强烈，许多地区没有灌溉就没有农业；区内涵盖我国的黄土高原地区，因此也是我国水土流失最为严重的地区。西北地区生态系统极度依赖于水资源系统，而西北地区水资源开发利用率超过了40%，属于高水资源压力，农业用水占总用水量比例高，因此应逐步减小农业用水规模。

应对农业水土资源进行分区划片，制定农业水土资源开发利用规划和保护方案，实现农业水土资源高效利用。以西北地区农业生产水平较高的省（区）如新疆（新疆粮食单产6270kg/hm²，仅次于江苏、上海和吉林，为全国粮食单产第四高的地区）为参考，对西北七省（区）农业生产进行综合规划，缩小省（区）间农业生产差异水平，提高西北地区农业生产的综合能力。

降水预测显示，未来西北地区的降水量将有小幅度的增加，尽管降水量的增加不大，但如果能够合理利用，增加的降水也会在一定程度上促进西北地区水资源压力的缓解，也能减少一定的水土流失。

（二）优化调整种植结构

在确保口粮供给的前提下，依据绝对优势和相对优势，调整作物种植结构，增加饲料作物种植比例，减少高耗水作物面积，提高作物降水利用比例，缓解西北地区农业用水压力。因作物生理特性的差异，不同作物在生长过程中对水分的消耗及用水效率也有所不同，粮食作物中薯类、玉米的用水效率较高，而稻谷、小麦和豆类的用水效率则较低；经济作物中蔬菜、果品的用水效率较高，而油料、棉花的用水效率则相对较低。2000～2016年，西北地区农业种植结构经历了明显的变化，总体表现为粮食作物种植比例下降，经济作物种植比例增加，而粮食作物中玉米的种植比例在各省（区）都表现出增加的趋势，其他四类粮食作物的种植面积则减少。然而，薯类相对于玉米更加耐旱，用水效率也较高，因此，在未来西北地区粮食作物种植结构规划时，应对玉米的种植面积稍微进行控制，并适当引导农民增加对薯类的种植。西北地区经济作物中，油料的种植面积比例有所减少，棉花、蔬菜和果品的种植比例则有所增加。作物种植结构的调整可以和"精准扶贫"协同规划，借着"精准扶贫"的时机，明确西北各省（区）的优势农产品，并相应地引进一些特色农产品加工、生产的龙头企业，形成具有地域特性的农产品品牌，促进农业生产和其他产业协同发展。此外，饲料作物较饲料粮通常能更多地为动物提供能量，因此，西北地区应改变当前的粮经二元作物结构为粮经饲三元作物结构。

（三）实施丝路经济带虚拟水工程

我国人口持续增长，尤其是全面放开三胎政策的实施，会导致粮食消费量的增加，根据预测到2035年还需要新增1亿t粮食。由于耕地资源和水资源的限制，以及我国人民对食物质量和结构多样性的要求，已很难通过发展国内生产来满足粮食的持续需求。长期以来，我国粮食主要进口国比较单一，运输距离远，粮食安全存在巨大隐患。"一带一路"倡议的实施，为中国粮食安全提供了新的契机。"一带一路"沿线国家多是发展中国家，农业在其国民经济发展中占据重要地位，各国都有发展农业合作、促进农业转型升级的共同诉求，比较人均耕地资源和粮食生产现状，中亚五国（哈萨克斯坦、乌兹别克斯坦、吉尔吉斯斯坦、土库曼斯坦、塔吉克斯坦）具备打造成中国战略储备粮仓的潜力。

1. 中亚五国的农业生产条件与农业生产、消费现状

农业是中亚五国的传统主导产业，产业结构简单，这一特征与其自然资源条件适宜农业生产有关。

中亚五国与我国西北地区类似，光热资源丰富，年均日照时间为 2000~3000h，光热同季。土地资源丰富，国土面积合计 400 万 km^2，其中耕地面积 3241 万 hm^2，相当于我国耕地面积总量的 1/4，草地面积 2.5 亿 hm^2，相当于我国的 62.54%；另有不少可耕地未被利用，如土地较多的哈萨克斯坦近年来农业用地在 1500 万~1800 万 hm^2，不到其耕地面积的 80%。水资源较为短缺，但相对我国西北地区而言要丰富，中亚五国的年降水量在 160~700mm，其中哈萨克斯坦和吉尔吉斯斯坦的降水较多，中亚五国的人均水资源量均低于 8000m^3，高于我国西北地区人均 2310m^3 的水平，但从整体上看属于缺水国家，对种植业形成一定的制约。中亚地区地表水分布极不平衡，吉尔吉斯斯坦和塔吉克斯坦两国拥有的地表水资源分别占中亚五国的 43.4% 和 25.1%，超过整个中亚地区的 2/3，中亚五国水资源在各国间的协调问题是关系中亚五国农业发展的重要问题。

中亚五国农业以种植业和畜牧业为主，每一农业劳动力平均拥有 5hm^2 耕地和 39hm^2 草场，但普遍存在农业投入严重不足的问题，农业生产技术相对落后，经营粗放，现代化水平低，粮食单产低，灌溉定额大，用水效率低。种植业方面，以粮食（小麦、玉米和水稻）、油料和棉花这三类土地密集型产品为主，其他较重要的作物是蔬菜瓜果。畜牧业以养羊、养牛、养马为主，养禽也占一定的比例。

中亚各国居民食品消费结构中，谷物产品消费占 50%，动物性产品消费占 20%。居民对肉、奶等畜产品加工品有特殊的消费偏好，但中亚五国食品加工业发展严重滞后，畜产品以未加工产品为主，加工产品少，畜产品加工品主要依赖进口。

2. 我国西北地区及中亚五国在丝绸之路经济带建设中的地位

丝绸之路经济带东边牵着亚太经济圈，西边系着发达的欧洲经济圈。中国的西北地区和中亚五国位于丝路经济带的核心地带，地域辽阔，有丰富的自然资源、矿产资源、能源资源、土地资源和宝贵的旅游资源，被认为是"世界上最长、最具有发展潜力的经济大走廊"，但该区域交通不够便利，自然环境较差，经济发展水平与两端的经济圈存在巨大落差，整个区域存在"两边高，中间低"的现象。

3. 我国西北地区与中亚五国发展虚拟水贸易的基础

中亚五国与我国西北地区毗邻，拥有超过 3000km 的边境线，有 9 个跨界同缘民族散居在境内。语言和风俗习惯类似，文化生活联系广泛，构成了该区域经济合作的人缘基础。西北少数民族与中亚一些民族在民族宗教方面联系密切，同源跨国民族的存在和地理上的毗邻而居，使民族感情天然存在，合作交流历史久远。依靠这种地缘优势，西北地区已经成为我国向西开放的前沿阵地，成为与中亚国家对外经济合作重要的承接地和聚合点。此外，欧亚大陆桥的贯通，上海合作组织合作平台的建立，国家西部大开发、

丝路经济带政策的实施为西北地区食物贸易提供了战略机遇，也为食物虚拟水工程奠定了坚实的基础。

我国粮食进口主要集中在美国、澳大利亚、巴西、阿根廷等几个国家，进口国家集中，且粮食运输距离远，粮食安全问题存在较大隐患。中亚国家与我国西北地区毗邻，与其发展食物贸易有利于改善我国贸易结构，促进粮食安全。

我国与中亚五国在农业领域有较好的互补性和互利性，具备很好的农业合作潜力。中亚五国具有丰富的农业自然资源，耕地资源丰富，水资源较我国西北地区相对丰富，而我国西北地区具有技术和管理优势以及相对的资金优势，加强双边合作，对于提高中亚五国农业生产水平和用水水平与我国粮食安全及资源性短缺农产品供给程度，以及建立未来的海外出口基地具有深远的战略意义。

4. 丝路经济带食物虚拟水工程

中亚五国农业生产及用水水平提升　中亚五国农业投入普遍不足，农业机械发展相对滞后，劳动力生产率低，有巨大潜力可以挖掘。五国总面积占我国国土面积的 40% 左右，人口占 4%；中亚五国的现有谷物播种面积为 1774.1 万 hm²，相当于我国的 19%、我国西北地区的 234%；年谷物总产量为 2900.7 万 t，相当于我国的 5%、我国西北地区的 74%；单产 1635.0kg/hm²，相当于我国的 27%、我国西北地区的 32%；农业节水灌溉面积较少，用水效率低下，灌溉水利用效率不及我国西北地区的 20%，故对农业节水灌溉技术具有极强的需求；而我国西北地区具有资金优势，农业机械化率和农业科技水平相比中亚五国较高，如新疆在地膜覆盖技术和膜下滴灌技术方面具有较成熟的经验与较高的技术水平，拥有自主研发的节水灌溉产品及技术。因此，丝路经济带食物虚拟水工程应首先加强对中亚五国农业的技术与资金支持，在尽量不增加其农业水资源利用量的前提下，提升其农业生产水平和用水水平。

我国西北地区、中亚五国产业结构及种植结构优化调整　中亚五国降水主要集中在冬春季，我国西北地区降水主要集中在 6~9 月，因此中亚五国小麦、油料作物降水利用比例相对较高，灌溉水需求较少；中亚五国草地资源丰富，有利于发展畜牧产业，但由于食品加工业发展严重滞后，畜产品加工产品少。我国畜禽产业使用饲料粮较多，需要耗用较多的水资源。因此，应将我国西北地区、中亚五国食物产业统筹考虑，加强地区之间的协调，将水资源作为重点考虑因素，优化调整我国西北地区、中亚五国产业结构及种植结构，使得各区域建立起适水型的产业结构和种植结构。

我国西北地区与中亚五国食物虚拟水贸易　将以上两个方面作为基础，发展我国西北地区与中亚五国的食物贸易，进一步改善区域之间的交通设施，完善双边和多边贸易协调机制，建立"互联网+现代农业"商业营销模式等，为我国西北地区与中亚五国食物虚拟水贸易的实施奠定基础。

西北地区畜牧业发展潜力与可持续策略研究

本专题以西北地区畜牧业发展为研究对象，在充分吸收国内外畜牧业研究成果、综合调研的基础上，深入研究国内畜产品供给、消费及供需平衡状况，结合国际畜牧业供需和贸易状况，合理研判我国畜牧业未来供给、发展趋势及可持续发展的策略；在充分考虑国际粮食安全走势对我国畜牧业供需影响的基础上，以可持续发展，确保国家畜牧业安全为目标，构建畜牧产业可持续发展战略框架，提出具有指导意义的国家畜牧业安全战略、重大工程和支撑体系；针对我国畜牧业安全面临的问题、发展趋势以及机遇挑战，建立起安全长效机制，提出保障我国畜牧业安全可持续发展的重大保障措施和政策建议。

一、西北地区畜牧业发展现状

畜牧业是现代农业的重要组成部分，畜牧业发展水平的高低则是衡量一个国家农业发达程度的重要标志。改革开放 40 多年来，我国畜牧业发展极为迅速，不仅在产量上取得快速增长，同时也形成了独立的产业体系，成为我国农业的支柱性产业。目前，我国畜牧业发展正处于产业结构、生产方式与经济增长方式的转型阶段，推动我国畜牧业的现代化和可持续发展是我国经济发展、社会进步与人民物质生活水平提高的必然要求，是农民增收、农业增效与推动农业现代化进程的重要途径之一。目前我国养殖业主要集中在黄淮海区、长江中下游区、西南区，这些地区畜牧业集约化程度和现代化水平明显优于西北地区，但人口密集、养殖业面源污染等因素限制了畜牧产业的进一步发展。西北地区地域辽阔，自然资源丰富，是发展畜牧业的理想地区，并且在国家加快推进产业结构调整，推进农业供给侧结构性改革以及"丝绸之路经济带"建设的宏观背景下，国家一再强调优化畜种结构和区域布局，鼓励调结构、转方式，大力支持发展西北地区畜牧业。因此，我国畜牧业主产区逐步向西北转移已成必然趋势。据此，研究西北地区畜牧业生产力水平和发展潜力，旨在分析其在保障本地区动物源性食品消费需求的前提下，究竟能为区外提供多少畜产品。而且，西北地区能否抓住国家实施畜牧业"西移北进"战略的重大历史机遇，实现畜牧业转型升级和跨越式发展，值得深入分析研究，其结果可为国家宏观政策调整和区域发展策略制定提供科学依据。

本报告所提的"西北地区"与传统意义的西北五省（区）概念不同，本研究根据中国工程院重大咨询项目要求，"西北地区"包括陕西、甘肃、青海、宁夏、新疆、山西以及内蒙古除东部 4 盟外的西部地区，涉及 7 个省（区）。该区域地域广阔，草地资源占全国总量的 2/3，拥有得天独厚的区位优势以及种类众多的地方畜禽良种，畜牧业资源优势突出，是我国重要的畜产品供给与消费地。纵观历史，西北地区也一直是我国牛羊肉的主要产区和城乡居民牛羊肉的主要供应地区。

自 2016 年承担本研究任务以来，我们先后组织我校师生和 7 个省（区）的专家学者及技术管理部门有关领导进行了资料收集、典型调查、问卷调查、座谈交流等，几易其稿，形成了此项研究报告。

（一）西北地区畜牧业产值情况

自 2000 年以来，我国畜牧业发展十分迅速，极大地满足了人们对畜产品的需求，同时也促进了我国农业经济的发展，在农业结构中具有重要的地位。西北地区作为我国牛、羊肉供给的主产区之一，发展更为迅速。

从专题表 3-1 可以看出，2015 年，我国农林牧渔总产值为 107 056.4 亿元，较 2000 年提高了 3 倍多，而西北地区农林牧渔总产值为 10 931.4 亿元，较 2000 年提高了 4 倍多，可见西北地区农业发展速度超过全国平均水平，并且农林牧渔总产值占全国农林牧渔总产值的比例也从 2000 年的 8% 提高到 2015 年的 10.2%。2015 年我国畜牧业产值较 2000 年提高了 3 倍多，而西北地区畜牧业总产值较 2000 年提高了 4 倍多，畜牧业的发展速度也超过全国平均水平。

专题表 3-1　2000～2015 年全国及西北地区农业产值情况

年份	农林牧渔总产值			畜牧业产值			西北地区畜牧业产值占总产值比例（%）
	全国（亿元）	西北地区（亿元）	占比（%）	全国（亿元）	西北地区（亿元）	占比（%）	
2000	24 915.8	1 999.9	8.0	7 393.1	544.0	7.4	27.2
2005	39 450.9	3 300.1	8.4	13 310.8	990.9	7.4	30.0
2010	69 319.8	7 006.9	10.1	20 825.7	1894.1	9.1	27.0
2015	107 056.4	10 931.4	10.2	29 780.4	2 935.6	9.9	26.9
2015 年较 2000 年增减　绝对值	82 140.6	8 931.5	—	22 387.3	2 391.6	—	—
百分比（%）	329.7	446.6	—	302.8	439.6	—	—

注：数据来自西北各省（区）统计年鉴（2015 年）

虽然西北地区畜牧业发展迅速，但是畜牧业产值占农业总产值的比例并没有提升。2015 年西北地区畜牧业产值占当年农业总产值的 26.9%，不仅仅是西北地区，纵观全国，畜牧业产值也只占农业总产值的 1/3 左右。而国外畜牧业发达的国家，畜牧业产值一般占农业总产值比例的 60% 以上，有的国家甚至会占到 70%～80%。据统计，我国草地畜牧业产值甚至不超过农业总产值的 5%。这说明，西北地区乃至全国地区畜牧业的发展现状相较畜牧业发达国家差距还很大。

从专题图 3-1 可以看出，2000～2015 年，西北项目调研区畜牧业产值都有或多或少的增长，其中增长较多的是内蒙古、陕西与新疆。

（二）西北地区家畜存栏情况

从专题表 3-2 可以看出，2000～2015 年西北地区牛、猪和羊的存栏量有明显提高。

2015 年西北地区牛存栏 1945.2 万头，占全国牛存栏总数的 18.0%；生猪存栏 2656.0 万头，占全国生猪存栏总数的 5.9%；羊存栏 12 862.3 万只，占全国羊存栏总数的 41.4%。

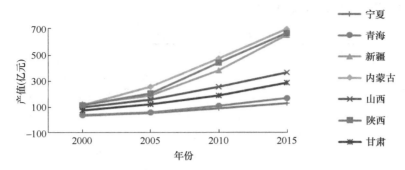

专题图 3-1　2000～2015 年西北地区畜牧业产值变化趋势

专题表 3-2　2000～2015 年全国及西北地区主要家畜年底存栏情况

年份	牛（万头）			猪（万头）			羊（万只）		
	全国	西北地区	占比（%）	全国	西北地区	占比（%）	全国	西北地区	占比（%）
2000	12 353.2	1 806.5	14.6	41 633.6	2 599.4	6.2	27 948.2	11 030.4	39.5
2005	10 990.8	2 223.9	20.2	43 319.1	3 164.7	7.3	29 792.7	13 352.9	44.8
2010	10 626.4	1 869.7	17.6	46 460.0	2 527.5	5.4	28 087.9	11 088.5	39.5
2015	10 817.3	1 945.2	18.0	45 112.5	2 656.0	5.9	31 099.7	12 862.3	41.4
2015 年较 2000 年变化	-12.4%	7.7%	3.4 个百分点	8.4%	2.2%	-0.3 个百分点	11.3%	16.6%	1.9 个百分点

注：数据来自西北各省（区）统计年鉴（2015 年）

将"十二五"期间各省（区）家畜存栏数的平均值换算为标准羊单位，结果如专题表 3-3 所示。

专题表 3-3　"十二五"期间主要家畜年底存栏情况

地区	牛（万头）	其他大家畜（万头）	猪（万头）	羊（万只）	折合羊单位（万羊单位）
陕西	147.5	18.3	880.7	665.8	2 815.9
甘肃	504.6	162.8	661.3	2 004.2	6 333.2
宁夏	98.5	8.8	70.8	551.1	1 193.8
青海	495.7	30.3	118.3	1 469.1	4 276.6
新疆	367.2	195.7	278.4	3 612.3	6 844.4
山西	95.0	27.8	485.1	866.8	2 208.5
内蒙古	135.7	28.5	146.1	1 908.1	2 948.3
共计	1 844.2	472.2	2 640.7	11 077.4	26 620.5

注：数据来自西北各省（区）统计年鉴（2015 年），牛等大家畜为 5 个羊单位，猪为 1.5 个羊单位

（三）西北地区主要畜产品生产情况

由专题表 3-4 可以看出，2000～2015 年西北地区畜产品产量属于上升趋势，比较之下全国平均水平增长略显缓慢。其中奶类总产量增长幅度最大，主要是因为奶牛的存栏

量有了明显提高,但是占全国总产量的比例只略有增长。分析其原因,一是其他省份(如山东、河北等地)奶牛业发展较快,二是奶牛的单产要低于其他省份。肉类总产量与禽蛋产量占全国的比例也没有明显的提升。

专题表 3-4　2000~2015 年西北地区主要畜产品产量情况

年份	肉类总产量(万 t)			奶类总产量(万 t)			禽蛋产量(万 t)		
	全国	西北地区	占比(%)	全国	西北地区	占比(%)	全国	西北地区	占比(%)
2000	6013.9	418.1	7.0	919.1	281.1	30.6	2182.0	130.0	6.0
2005	6938.9	594.6	8.6	2864.8	982.3	34.3	2438.1	160.6	6.6
2010	7925.8	546.1	6.9	3748.0	1210.1	32.3	2762.7	164.2	5.9
2015	8625.0	645.7	7.5	3870.3	1225.4	31.7	2999.2	211.9	7.1
2015 年较 2000 年变化	43.4%	54.4%	0.5 个百分点	321.1%	335.9%	1.1 个百分点	37.5%	63.0%	1.1 个百分点

注:数据来自 2015 年各省(区)统计年鉴

从专题表 3-5 可以看出,2015 年西北地区牛肉、羊肉产量分别为 124.3 万 t、176.8万 t,分别占全国总产量的 17.8%、40.1%,也就是说我国牛羊肉总产量接近 30% 来自西北地区,而猪肉产量仅占 5% 左右。这足以说明西北地区草食畜牧业在总体畜牧业中具有主导作用。

专题表 3-5　2000~2015 年西北地区肉类产量情况

年份	猪肉产量(万 t)			牛肉产量(万 t)			羊肉产量(万 t)		
	全国	西北地区	占比(%)	全国	西北地区	占比(%)	全国	西北地区	占比(%)
2000	3966.0	223.3	5.6	513.1	64.6	12.6	264.1	94.5	35.8
2005	4555.3	300.6	6.6	568.1	91.8	16.2	350.1	160.8	45.9
2010	5071.2	242.2	4.8	653.1	104.0	15.9	398.9	154.5	38.7
2015	5486.5	278.7	5.1	700.1	124.3	17.8	440.8	176.8	40.1
2015 年较 2000 年变化	38.3%	24.8%	-0.6 个百分点	36.4%	92.4%	5.2 个百分点	66.9%	87.1%	4.3 个百分点

注:数据来自(2015 年)西北各省(区)统计年鉴

从专题表 3-6 可以看出,西北地区牛肉的主产区为新疆与内蒙古,2015 年内蒙古与新疆牛肉总产量接近西北地区总产量的 50%。西北地区猪肉主产区为陕西与山

专题表 3-6　2015 年西北各省(区)主要畜产品产量情况

畜产品	山西	内蒙古	陕西	甘肃	青海	宁夏	新疆
肉类总产量(万 t)	85.6	115.7	116.2	100.6	42.6	29.2	155.8
牛肉(万 t)	5.9	24.3	7.9	20.1	15.9	9.8	40.5
猪肉(万 t)	60.3	22.7	90.4	52.8	12.5	7.1	33.1
羊肉(万 t)	6.9	62.2	7.8	21.2	13.1	10.1	55.4
奶类(万 t)	92.7	574.8	189.9	60.5	42.4	136.5	158.6
禽蛋(万 t)	87.4	10.0	58.1	11.7	3.3	8.8	32.6

注:数据来自 2015 年西北各省(区)统计年鉴

西，2015 年陕西与山西猪肉总产量接近西北地区总产量的 50%。西北地区羊肉主产区为内蒙古与新疆，2015 年内蒙古与新疆羊肉总产量接近西北地区总产量的 70%。西北地区奶类主产区为陕西、内蒙古、新疆与宁夏，其 2015 年奶类产量都超过 100 万 t。西北地区禽蛋主产区为山西与陕西，2015 年其禽蛋产量接近西北地区的 70%。

（四）西北地区秸秆产量及饲料化利用情况

随着畜牧业的迅猛发展，畜禽饲料的需求量十分巨大。据统计，2015 年全球饲料产量为 9.955 亿 t，销售额达到 4500 亿美元，在今后将持续增长。2015 年，据农业部统计，中国的饲料产量突破了 2 亿 t，位居世界第一。而生产饲料消耗了大量的粮食及其他农作物产品，这一趋势还在不断加剧。秸秆制成的饲料，含有丰富的纤维素、半纤维素、木质素等粗纤维，这种粗纤维不能为一般的畜禽所利用，却能被反刍动物牛、羊等利用。研究表明，饲料化是农作物秸秆最好的利用方式。饲料化利用农作物秸秆，不仅可以降低养殖成本，提高乳肉品质，使得人畜争粮的问题得以解决，而且可以减少放牧，使草场得以保护。

秸秆资源主要包括谷物和豆类作物秸秆，秸秆资源量根据各种农作物秸秆草谷比系数计算得来。草谷比系数为：水稻 0.9、小麦 1.1、玉米 1.2、谷子 1.6、高粱 1.8、其他谷物 1.6、豆类 1.5。2015 年西北地区粮食及主要农作物产量见专题表 3-7，根据计算得出 2015 年西北地区理论秸秆资源量。

专题表 3-7　2015 年西北地区粮食及主要农作物产量情况

地区	粮食（万 t）	稻谷（万 t）	小麦（万 t）	玉米（万 t）	豆类（万 t）	棉花（万 t）	油料（万 t）
陕西	1 226.8	118.6	458.1	543.1	21.2	3.9	62.7
甘肃	1 171.1	51.4	281.0	577.2	36.2	4.3	71.6
宁夏	372.0	65.5	39.6	226.9	3.4	—	15.3
青海	102.7	9.7	34.1	18.6	5.6	—	30.5
新疆	1 521.1	77.1	698.3	705.1	20.8	350.3	62.9
山西	1 259.6	58.2	271.4	862.7	30.6	—	15.3
内蒙古	757.2	16.0	54.4	563.7	3.6	—	126.3
西北地区	6 410.5	396.5	1 836.9	3 497.3	121.4	358.5	384.6
全国	62 143.9	20 822.5	13 018.5	22 463.2	1 589.8	560.3	3537
占比（%）	10.3	1.9	14.1	15.6	7.6	64.2	10.9

注：数据来自西北各省（区）统计年鉴（2015 年）

从专题表 3-8 可以看出，2015 年我国秸秆产量为 44 195.4 万 t，而秸秆饲料化利用量为 10 828.0 万 t，仅占总量的 24.5%。2015 年西北地区秸秆产量为 7687.7 万 t，饲料化利用秸秆量为 3885.8 万 t，占总量的 50.5%。其中秸秆饲料化利用程度由高到低的省（区）依次为甘肃、内蒙古、宁夏、新疆、青海、山西、陕西，其秸秆饲料化利用率分别为 65.7%、62.1%、60.0%、53.0%、50.0%、30.1%、30.0%。虽然西北地区秸秆饲料化利用率较高，但多数地区还存在秸秆就地焚烧的情况。对于秸秆资源综合利用的现状，国务院办公厅指出主要原因为全社会对秸秆焚烧危害性的认识不足，秸秆资源综合利用激励政策不到位，并提出提升全国秸秆资源利用率；在人口集中区域、机场周边和交通干线沿线以及地方政府划定的区域内，基本消除露天焚烧的情况。

专题表3-8　2015年西北地区秸秆资源量及饲料化利用情况

地区	秸秆产量（万t）	秸秆饲用量（万t）	秸秆饲料化利用率（%）
全国	44 195.4	10 828.0	24.5
陕西	1 680.3	504.1	30.0
甘肃	2 299.9	1 511.8	65.7
宁夏	360.1	216.0	60.0
青海	127.0	63.5	50.0
新疆	1 935.0	1 025.5	53.0
山西	727.8	218.8	30.1
内蒙古	557.6	346.1	62.1
西北地区总计	7 687.7	3 885.8	50.5

注：数据来自《中国草业统计（2015）》

（五）西北地区草地资源、饲料产量和草原保护

1. 西北地区草地面积

我国是一个草地资源大国，拥有各类天然草原面积近4亿hm^2，覆盖着近2/5的国土面积。草地资源在发挥生态系统服务功能、保障国家食物安全、维护社会和谐稳定等方面，均具有十分重要的作用和地位。

从草地总面积和可利用草地面积来看，西北地区占全国的比例在四成以上，说明西北地区草地资源丰富，发展草食畜牧业具有得天独厚的优势（专题表3-9）。

专题表3-9　2001～2015年全国及西北地区草地情况

年份	草地总面积（万hm^2）			可利用草地面积（万hm^2）		
	全国	西北地区	占比（%）	全国	西北地区	占比（%）
2001	38 567.0	19 412.2	50.33	30 872.2	16 291.1	52.77
2005	38 616.1	19 458.7	50.39	30 918.9	16 337.6	52.84
2010	39 283.3	19 126.3	48.69	33 099.5	15 972.1	48.25
2015	39 283.3	19 059.6	48.52	33 099.5	15 972.0	48.25

注：数据来自《中国草业统计》（2001～2015年）

2015年底，西北地区种草保留面积占全国的一半以上。从当年新增种草面积来看，西北地区占全国的比例在50%左右，且随年份增长有所波动（专题表3-10）。

在保护天然草地的同时，还应大力发展人工草地建设，扩大人工种草、改良种草和飞播种草的面积，加快现代牧草产业化进程。西北地区是草食畜牧业发展的重要地区，天然草地牧草供给量远不够当前发展的需要，所以为了能达到草食畜牧业可持续发展的目标，实现草畜平衡、协调发展，离不开人工草地的建设。2015年全国草产品加工企业共514家，其中西北地区有350家，占比达68.1%。数量较多的草产品加工企业为西北

地区牧草种植提供了较为先进的机械化生产，以及大量的资金投入。虽然现阶段牧草产业有了长足的进步，但其技术水平和生产能力与发达国家还有相当大的差距，还不能完全满足草食畜牧业的发展需求。

专题表 3-10　2001～2015 年全国及西北地区种草面积

年份	年末保留种草面积（万 hm²）			当年新增种草面积（万 hm²）		
	全国	西北地区	占比（%）	全国	西北地区	占比（%）
2001	1689.3	1190.2	70.5	548.9	339.8	61.9
2005	2151.3	1378.1	64.1	728.7	388.5	53.3
2010	2135.0	1093.6	51.2	750.2	369.2	49.2
2015	2308.6	1230.2	53.3	757.1	423.9	56.0

注：数据来自《中国草业统计》（2001～2015 年）

2. 西北地区饲料产量

饲料主要分为精饲料与粗饲料。精饲料主要为原粮转化饲料粮与粮油加工副产品转化饲料。粗饲料主要为秸秆饲料与饲用草。

（1）精饲料产量

西北地区在粮食作物产量上占全国比例不高，仅为 10.3%，其中小麦、玉米占全国的比例为 14.1%、15.6%（专题表 3-7）。棉花产量属于全国前列，主要种植地区在新疆，2015 年新疆棉花产量约为全国的 2/3。

经统计，2015 年西北地区原粮转化饲料粮为 3167.63 万 t，粮油加工副产品转化饲料分别有麦麸、大豆粕、棉籽粕、菜籽粕和花生粕等，共有精饲料约 4004.59 万 t（专题表 3-11）。

专题表 3-11　2015 年西北地区精饲料产量

项目	原粮转化饲料粮	粮油加工副产品转化饲料					总计
		麦麸	大豆粕	棉籽粕	菜籽粕	花生粕	
产量（万 t）	3167.63	408.68	82.55	183.55	83.25	78.93	4004.59

（2）粗饲料产量

西北地区饲用草产量主要来自天然草地以及人工种草产量，其中包括苜蓿种植和青贮玉米种植。2001～2015 年全国苜蓿生产面积逐渐增加，西北地区所占比例平均达 60%以上，其中新疆、甘肃苜蓿生产面积增幅较大（专题表 3-12）。苜蓿产量的大幅增长说

专题表 3-12　2001～2015 年全国及西北地区苜蓿生产面积

年份	全国（万 hm²）	西北地区（万 hm²）	占比（%）
2001	284.9	194.1	68.1
2005	341.0	197.0	57.8
2010	407.8	230.2	56.4
2015	471.1	306.4	65.0

注：数据来自《中国草业统计》（2001～2015 年）

明西北地区牧草产业的快速发展符合草食畜牧业发展的要求。同时由专题表 3-13 可以看出，青贮玉米也是西北地区主要种植的饲料作物，2015 年西北地区玉米总产量和青贮量占全国总产量的 50%以上，青贮玉米主要满足牧区牲畜冷季饲草料的供给，保证了牲畜的饲草需求。

专题表 3-13　2015 年主要牧草生产情况

项目	苜蓿生产情况		青贮玉米生产情况	
	总产量（万 t）	青贮量（万 t）	总产量（万 t）	青贮量（万 t）
全国	3217.5	205.0	5631.3	5993.0
西北	2026.5	123.7	3242.8	3165.4
占比（%）	63.0	60.3	57.6	52.8

注：数据来自《中国草业统计（2015）》

西北地区饲料产量详况见专题表 3-14。

专题表 3-14　2015 年西北地区饲料产量

名称	精饲料（万 t）		粗饲料（万 t）		合计（万 t）
	原粮转化饲料粮	粮油加工副产品转化饲料	秸秆饲料	饲用草	
产量	3 167.6	834.0	3 885.83	15 761.60	23 649.03
总计	4 001.6		19 647.43		

3. 西北地区饲料供求情况

2015 年西北地区饲料生产处于不平衡状态，精饲料短缺、粗饲料过剩（专题表 3-15）。造成这种现象的主要原因为耗粮型家畜所占比例较高。

专题表 3-15　2015 年西北地区饲料需求量

饲料产量（万 t）		存栏牲畜所需饲料量（万 t）		畜产品所需饲料量（万 t）		供求差额（万 t）	
精饲料	粗饲料	精饲料	粗饲料	精饲料	粗饲料	精饲料	粗饲料
4 004.6	20 801.2	4 072.5	13 432.1	3 580.4	4 233.5	−3 648.3	3 135.6

4. 西北地区草地保护情况

2015 年全国草地保护面积较 2001 年增长了近 11 倍，其中西北地区草地保护面积占全国的比例在 70%以上，说明天然草地的退化现象主要发生在西北地区（专题表 3-16）。

专题表 3-16　2001～2015 年西北地区草地保护情况

年份	禁牧休牧轮牧面积（万 hm²）			当年新增围栏面积（万 hm²）		
	全国	西北地区	占比（%）	全国	西北地区	占比（%）
2001	1 337.9	214.1	16.0	258.9	217.8	84.1
2005	7 443.7	5 543.1	74.5	805.3	645.4	80.1
2010	10 766.0	7 809.6	72.5	672.7	497.4	73.9
2015	15 972.7	11 899.6	74.5	299.3	172.7	57.7

注：数据来自《中国草业统计》（2001～2015 年）

近年来国家逐渐重视天然草地的保护工作，草地围栏等项目建设，限制了天然草地饲草产量，使得部分牧民被迫缩小牲畜养殖规模。在保护天然草地的同时，应大力开展人工种草建设，扩大饲草来源，保证牲畜饲草需求量，实现禁牧不禁养、减畜不减产的目标。

5. 西北地区草地载畜量分析

2011～2015 年全国天然草地生产力比较稳定，2013 年全国天然草原鲜草产量突破10.5 亿 t，其中内蒙古、甘肃、新疆、青海、宁夏鲜草产量达 4.3 亿 t，占全国鲜草产量的 41%（专题表 3-17）。近几年针对天然草地退化现象，政府部门加强了对牧区天然草地围栏的建设，禁牧、休牧、轮牧等措施的实施，有效地减少了牧区县的牲畜超载现象。

专题表 3-17　2011～2015 年全国草地生产力变化

年份	天然草原鲜草产量（万 t）	折合干草（万 t）	载畜力（万羊单位）	牧区县平均牲畜超载率（%）
2011	100 248.26	31 322.01	24 619.93	39.0
2012	104 962.00	32 387.50	25 457.01	34.5
2013	105 581.21	32 542.92	25 579.20	22.5
2014	102 219.98	31 502.20	24 761.18	20.6
2015	102 805.65	31 734.30	24 943.61	18.2

注：数据来自《全国草原监测报告》（2011～2015 年）

天然草地理论载畜量难以承载实际牲畜饲养数量，西北牧区均有不同程度的超载（专题表 3-18）。仅靠天然草地饲草供给量难以满足当前牲畜需求量，尤其是在围栏、禁牧措施的影响下，牲畜难以得到充足的饲草，导致牲畜养殖规模下降，在调研中也发现此问题十分严重。所以应在牧区加大力度进行人工种草建设来满足牧区草食牲畜的饲草需求。

专题表 3-18　2015 年西北牧区天然草地载畜情况

牧区	天然草地理论载畜量（万羊单位）	实际载畜量（万羊单位）	超/潜载（+/−）（万羊单位）	超/潜载幅度（+/−）（%）
甘肃	541.9	951.9	+410.0	+75.6
青海	2573.6	3344.0	+770.4	+29.9
宁夏	26.2	81.3	+55.1	+209.8
新疆	1187.5	1654.4	+466.9	+39.3
内蒙古	1627.5	1971.8	+344.3	+21.2
合计	5956.7	8003.4	+2046.7	+34.4

6. 西北地区草原危害治理情况

2001～2015 年西北地区草原鼠害和虫害面积呈下降趋势，说明相关部门逐渐重视起草原的治理工作（专题表 3-19），并且投入了更多的资金以及人力和物力减少草原虫害、鼠害的发生，草原治理工作卓有成效。

专题表3-19　2001～2015年西北地区草原危害治理情况

年份	草原鼠害（万 hm²）			草原虫害（万 hm²）		
	危害面积	治理面积	占比（%）	危害面积	治理面积	占比（%）
2001	2648.0	389.0	14.7	2052.8	313.5	15.3
2005	2802.8	457.8	16.3	1491.4	245.1	16.4
2010	2599.7	415.9	16.0	1408.8	388.3	27.6
2015	2098.5	400.1	19.1	958.9	334.5	34.9

注：数据来自《中国草业统计》（2001～2015年）

二、西北地区畜牧业发展优势和存在的问题

（一）西北地区畜牧业发展优势竞争力及机遇

1. 国家扶持力度大

国家高度重视畜牧业发展，不断加大政策支持与资金扶助力度。尤其是西北地区被列为国家优势畜产品生产区域之后，国家的支持力度逐年加强。

地处西北的陕西杨凌是我国第一个农业高新技术产业示范区，2010年，国务院下发《关于支持继续办好杨凌农业高新技术产业示范区若干政策的批复》（国函〔2010〕2号），明确提出通过5～10年的努力，把示范区建设成为干旱半干旱地区现代农业科技创新的重要中心、农业科技创业推广服务的重要载体、现代农业产业化示范的重要基地、国际农业科技合作的重要平台、支撑和引领干旱半干旱地区现代农业发展的重要力量。国家对杨凌示范区的大力支持，也将对西北地区畜牧科技创新能力和示范引领作用的发挥产生积极影响。

2. 资源条件好

西北地区拥有我国主要的天然草原，草地资源丰富，除此之外，西北地区还有大量荒山荒坡，有大量不适于耕种的陡坡地，都可种树种草发展畜牧业。西北农区还有数量非常庞大的农作物秸秆，这些秸秆经青贮、氨化、微贮，可作为草食家畜的优质饲料。另外，西北地区作为传统的畜牧业生产基地还具有畜牧科技力量雄厚、群众技术素质较高的优势。

3. 地区特色优势明显

西北地区家畜品种资源异常丰富，拥有20多个优良地方品种。如秦川牛、西镇牛、早胜牛、新疆褐牛、天祝白牦牛、八眉猪、关中黑猪、新疆细毛羊、小尾寒羊、白绒山羊、关中奶山羊、陕北细毛羊、宁夏滩羊、青海细毛羊、中国美利奴羊等。我国六大草原牧区中的四个在西北地区，西北地区也一直是我国城市居民牛羊肉的主要供给来源地。畜牧产业也正经历着从东部向西部、从南部向北部的转移。

4. "一带一路"倡议实施

"一带一路"倡议的实施,为西北地区畜牧业产业化发展创造了空前的历史机遇。借助"一带一路"倡议带来的产业链潜在基础和庞大的需求空间,西北地区畜牧业发展迎来了难得的历史机遇和良好的产业发展平台,产业化发展水平稳步提升。

5. 西北各地区畜牧业发展势头迅猛

近 10 年来,西北畜牧产业,特别是牛羊产业异军突起,发展迅速。新疆牛羊业发展如火如荼,自 2012 年以来,新疆相继出台了扶持牛羊生产发展的相关政策,目前已初步形成涵盖规模养殖、母畜扩增、饲草料保障、良繁体系、金融保险等产业发展关键环节的支持政策体系,这为牛羊肉增产保供提供了强大支撑。内蒙古举全区之力发展畜牧产业,在龙头企业的带动下,包括奶牛养殖业在内的一系列相关产业繁荣发展;提出"8377"发展计划以来,牛羊肉产业也成为内蒙古发展速度最快的产业之一。当前,内蒙古正在逐步构建覆盖全国一、二线重点城市的"电商平台+展示直销中心+零售体验店"一体化平台,这对于推动内蒙古绿色优势农畜产品走向全国意义重大。宁夏近年来引进高新技术、良种牛羊助力产业发展,河西走廊牛羊规模化集约化快速发展,甘肃河西走廊和青海柴达木盆地作为我国绿洲的主体成分形成了可持续发展的绿洲农业生产体系。山西畜牧产业在困境中突围求发展,2012 年山西启动了畜牧产业振兴计划,大力推进大草场、大园区、大龙头、大物流、大体系的现代畜牧产业格局形成。这些可喜的成就也说明西北各地区正铆足了劲要在畜牧业大展拳脚。

(二)西北地区畜牧业发展存在的问题

通过典型调查数据收集,分为农区与牧区两部分,分别于 2016 年 6~12 月先后在陕西、甘肃、宁夏、青海、新疆、山西和内蒙古等地(专题表 3-20),走访了 27 个县(旗)722 户农牧户,了解"十二五"期间西北地区畜牧业生产情况(包括种植业与养殖业两部分)、农牧户对目前家庭生产现状的看法以及调整农业结构的想法。

专题表 3-20　西北地区调研地点

地点	农区	牧区
陕西	铜川市新区坡头镇长命村 榆林市榆阳区	—
甘肃	张掖市甘州区大满镇新新村 张掖市甘州区明永镇永济村	武威市天祝藏族自治县
宁夏	中卫市沙坡头区迎水桥镇夹道村	吴忠市盐池县
青海	黄南藏族自治州尖扎县	果洛藏族自治州玛沁县
新疆	石河子市石总场北泉镇 阿克苏地区乌什县阿克托海乡 五家渠市 101 团	①富蕴县;②木垒哈萨克自治县;③阿克苏地区乌什县、温宿县;④昌吉回族自治州玛纳斯县;⑤奎屯市;⑥乌苏市;⑦伊宁县
山西	运城市永济市虞乡镇屯里村 吕梁市交城县寨则村	—
内蒙古	呼和浩特市武川县贾家沟村	①东乌珠穆沁旗;②西乌珠穆沁旗;③苏尼特左旗;④镶黄旗

通过实地调研和典型数据收集分析可以看到西北地区畜牧业仍然存在着很多问题。

1. 畜牧业基础设施落后，生产方式落后

通过调研发现，目前西北地区基础设施还比较落后，交通条件较差。生产方式也多以小户独立经营为主，大型专业化规模养殖发展缓慢。生产方式较为落后导致生产周期长，产品档次较低，资源消耗较大，市场竞争力弱。由于散户独立经营，因此家畜的一些常见疾病不能得到良好防治，如若出现大规模的疾病灾害，就会造成巨大的损失。由于受到地域和交通的限制，农产品、畜产品的流通成本增高，农民的负担增加。

2. 农牧区散养户和家庭牧场的局限性

在调研中发现，部分农牧民希望扩大规模发展，但受资金条件限制，牛舍圈棚、机械设备等基础设施的建设前期投入较大。政府贷款额度低、年限短、手续烦琐。而民间借贷利息高、压力大。另外，还受土地因素的限制，缺少流转土地，或者土地流转租金较高，让一部分想扩大发展规模的牧民望而却步。此外，家庭牧场缺少龙头企业带动，生产相对独立，通常参与繁育、生产、防疫、销售等所有环节，生产成本较高。生产防疫不规范，防疫难度较大，疫病的发生会给牧民带来严重的财产损失。大部分牧区远离城市，交通不便，导致畜产品销售困难。部分牧户商品意识不强，存在惜杀惜售的现象，往往将一些老弱残畜养死为止。

3. 畜产品加工体系落后，产品质量有待提高

西北地区相较于畜牧业发达的省（区）畜产品加工和流通企业较少，虽然有大型畜产品加工企业，但许多畜产品仍然以原料的形式外销。并且现有的加工企业技术水平较低，牲畜综合利用开发程度低，管理比较粗放，不能适应国内外市场的适量要求。畜牧业发达国家的肉类产品初加工大都用自动化成套设备，通过流水线作业来完成，并且肉类都是经过冷却排酸工艺处理，而西北地区肉类产品以冷冻和热鲜为主，很难适应国际市场的要求。

4. 饲料短缺，制约畜牧业发展

西北地区要发展畜牧业，必须要有种植业来支撑。由于西北大部分地区处于干旱区域，降水量较少，因此种植业发展条件相较我国其他地区差距较大，粮食产量较低，西北地区畜牧业的发展面临精饲料短缺而导致人畜争粮的矛盾。

5. 畜禽良种覆盖率低，制约畜牧业生产效率

良种是发展现代畜牧业的基础，发达国家畜禽良种率都在90%以上。我国畜牧业良种率在30%左右，而西北地区尚不足30%。品种老化致使牲畜生长缓慢，育肥期长，牲畜的胴体重、饲料转化率、产毛（奶）量均比较低。目前，西北地区牛、羊的净肉率均为45%左右，出栏率分别为35%、56%左右。由于净肉率与出栏率低，因此单位畜产品饲料消耗量较大，影响了农区畜牧业的发展和生产效率的提升。

6. 西北地区天然草地退化现象依然严重

目前，草地退化在草地生态系统中占据着主导位置，已成为制约全国草食畜牧业发展以及生态环境改善的重要因素。在调研中也发现，各地天然草场生产力水平较低的主要原因为草地退化。例如，青海草食畜牧业发展中存在的主要问题就是草地严重退化导致草食畜牧业经营效益差。

三、西北地区畜产品安全供求变化和趋势分析

（一）西北地区畜产品供需

通过西北各省（区）2015 年统计年鉴得到人口和人均粮食、肉类、奶类、蛋类消费量，通过加权计算出西北地区人均各食品的消费量。

从专题表 3-21 可以看出，西北地区在人均粮食与奶类消费量上超过全国平均水平，在人均肉类和蛋类消费量上低于全国平均水平。其中人均猪肉消费量低于全国平均水平，而牛羊肉消费量高于全国平均水平，说明由于西北地区丰富的饲草资源、匮乏的耕地资源、少数民族聚居的文化特点，因此节粮型的草食畜牧业得以充分发展，而耗粮型的养猪业发展程度较低。

专题表 3-21　2015 年全国及西北地区人均主要食品消费量

项目		全国	西北地区	西北地区与全国的差值
人口（万人）		137 462	15 010.2	10.92%（占全国比例）
人均粮食消费量（kg）		134.5	145.9	11.4
人均肉类消费量/kg	肉总	26.2	17.6	−8.6
	猪肉	20.1	9.7	−10.4
	牛肉	1.6	1.9	0.3
	羊肉	1.2	4.1	2.9
人均奶类消费量（kg）		12.1	15.2	3.1
人均蛋类消费量（kg）		9.5	8.1	−1.4

从专题表 3-22 可以看出，2015 年西北地区在粮食、肉类、蛋类和奶类产量上均能做到自给自足，还能为我国其他地区食物安全做贡献。

专题表 3-22　2015 年西北地区食品供求情况

项目	粮食（万 t）		肉类（万 t）		蛋类（万 t）		奶类（万 t）	
	产量	消费量	产量	消费量	产量	消费量	产量	消费量
	6140.50	2189.99	630.92	264.18	214.30	121.56	1435.91	228.16
消费量与产量差值（万 t）	3950.51		366.74		92.74		1207.75	
消费量占产量比例（%）	35.66		41.87		56.72		15.89	

2015 年西北地区在保证本地区消费的前提下，富余量折合食物当量总量为 $4.85×10^9$kg/kg。全国人均消费量折合食物当量总量为 27.44kg/kg。从而可以算出西北地区在满足本区域需求后还可供应 17 674.93 万人（专题表 3-23）。

专题表 3-23　西北地区食品供给潜力情况

食品	西北地区		全国		可供应人口（万人）
	富余量（万 t）	折合食物当量（kg/kg）	人均消费量（kg）	折合食物当量（kg/kg）	
肉类	366.74	$2.08×10^9$	26.20	19.08	
蛋类	92.74	$6.03×10^8$	9.50	6.18	17 674.93
奶类	1 207.75	$2.17×10^9$	12.10	2.18	
合计	—	$4.85×10^9$	—	27.44	

注：1 个动物性食物当量折合 10 个植物性食物当量，猪肉、蛋类和奶类食物当量分别为 0.81kg/kg、0.65kg/kg、0.18kg/kg

（二）西北地区粮食及畜产品预测

近年来西北地区人口增长以及粮食和畜产品产量增加较为稳定，根据 2008～2015 年西北地区人口数量以及畜产品产量，计算每年的增长率，得出这 8 年的平均增长率，然后运用趋势预测法计算出 2025 年、2030 年、2035 年西北地区粮食和畜产品产量（专题表 3-24）。

专题表 3-24　2025～2035 年西北地区粮食及畜产品产量预测值

年份	粮食（万 t）	猪肉（万 t）	牛肉（万 t）	羊肉（万 t）	蛋类（万 t）	奶类（万 t）
2015	8 481.1	278.7	124.3	176.8	211.9	1 255.4
2025	13 042.3	366.3	196.6	242.5	306.3	1 235.8
2030	16 173.5	419.9	247.2	284.1	368.3	1 241.0
2035	20 056.4	481.3	310.8	332.7	442.8	1 246.2

2025 年猪肉、牛肉、羊肉、蛋类产量分别较 2015 年增加了 31.43%、58.17%、37.16% 和 44.55%，奶类产量比 2015 年下降了 1.56%。牛羊肉产量继续上升，增幅达 37% 以上，说明节粮型家畜养殖数量增多，居民人均牛羊肉消费量增加，肉类、蛋类产量稳步增长，奶类产量相对稳定，西北地区畜种结构进一步优化，符合西北地区草食畜牧业的发展要求。

随着人均畜产品消费量逐渐稳定，西北地区畜产品产量稳步提升，到 2025 年和 2035 年，满足区外畜产品消费人数有所增加。预计到 2025 年，西北地区在满足本地区畜产品消费需求的前提下，还将富余 577.4 万 t 畜产品，还可满足区外 12 711.5 万人的畜产品需求（专题表 3-25）。到 2035 年，西北地区在满足本地区畜产品消费需求的前提下，还将富余 849.1 万 t 畜产品，还可满足区外 16 813.9 万人的畜产品需求。

专题表 3-25　2020～2035年西北地区畜产品供求情况

项目	2015年						2020年						2025年						2030年						2035年					
	猪肉	牛肉	羊肉	蛋类	奶类		猪肉	牛肉	羊肉	蛋类	奶类		猪肉	牛肉	羊肉	蛋类	奶类		猪肉	牛肉	羊肉	蛋类	奶类		猪肉	牛肉	羊肉	蛋类	奶类	
畜产品产量（万 t）	278.7	124.3	176.8	211.9	1255.4		319.5	156.3	207.1	254.8	1230.6		366.3	196.6	242.5	306.3	1235.8		419.9	247.2	284.1	368.3	1241		481.3	310.8	332.7	442.8	1246.2	
西北人口（万人）						15 010.2						15 542.2						16 093						16 663.4						17 254.0
西北人均消费量（kg/人）	9.7	1.9	4.1	8.1	15.2		10.3	5.5	3.5	16	36		11	5.8	3.6	16.8	37.8		11.8	6.1	3.8	17.7	39.8		12.7	6.4	4.0	18.7	41.8	
畜产品消费量（万 t）	145.6	28.5	61.5	121.6	228.2		160.1	85.3	53.8	248.7	559.5		177	92.9	58.6	270.5	609		196.6	101	63.7	294.4	662.7		219.1	110.4	69.0	322.6	721.2	
畜产品剩余量（万 t）	133.1	95.8	115.3	90.3	1027.2		159.4	71	153.3	6.1	671.1		189.3	103.7	184	35.8	626.8		223.3	146.2	220.4	73.9	578.3		262.2	200.4	263.7	120.2	525.0	
剩余量食物当量（万 t）	107.8	95.8	115.3	58.7	184.9	562.5	129.1	71	153.3	4	120.8	478.2	153.3	103.7	184	23.3	112.8	577.1	180.9	146.2	220.4	48	104.1	699.6	212.4	200.4	263.7	78.1	94.5	849.2
全国人均消费量（kg/人）	20.1	1.6	1.2	9.5	12.1		21.4	5.5	3.5	16	36		23.7	5.8	3.6	16.8	37.8		23.7	6.1	3.8	17.7	39.8		25.0	6.4	4.1	18.6	42.0	
人均消费量食物当量（kg）	16.3	1.6	1.2	6.2	2.2	27.5	17.4	5.5	3.5	10.4	6.5	43.2	18.2	5.8	3.6	10.9	6.8	45.4	19.2	6.1	3.8	11.5	7.2	47.7	20.3	6.4	4.1	12.1	7.6	50.4
可供给人数（万人）						20 454.5						11 069.4						12 711.5						14 666.7						16 849.2

注：全国人均食物消费量来自《全国牛羊肉生产发展规划（2013～2020年）》、《中国农业展望报告（2015～2024）》、《中国食物与营养发展纲要（2014～2020年）》；以牛羊肉食物当量为标准 1kg/kg，猪肉、蛋类和奶类食物当量分别为 0.81kg/kg、0.65kg/kg、0.18kg/kg

西北地区 2015 年口粮消费量为 2018.87 万 t，占粮食总产量的 32.86%；预测 2020 年口粮消费量为 2098.2 万 t，占粮食总产量的 19.95%，较 2015 年下降 12.91 个百分点，说明粮食产量早已满足居民消费需求。随着口粮占比的下降，富余的粮食可以提供更多的精饲料，可以满足更多牛、羊的精饲料需求，从而扩大草食牲畜养殖规模，提高牛、羊肉产量，以供其他地区消费，缓解全国牛、羊肉需求压力。

四、西北地区畜产品安全生产的潜力分析

（一）资源潜力

通过对 1980～2010 年我国东、中、西部的食物消费和土地资源需求量的研究，发现植物性食物谷物类的消费量下降明显，而动物性食物肉禽类、蛋奶类和水产品的消费都呈上升趋势。

西北地区区域广阔，草地资源占全国的 50%左右，在畜牧业发展方面有着得天独厚的优势，经预测，未来十年西北地区在满足本地区畜产品消费需求的前提下，每年能够额外满足 1 亿以上的人口对畜产品的需求。

（二）经济潜力

在"丝绸之路经济带"建设下，国家强调优化畜种结构和区域布局，鼓励调结构、转方式，大力支持发展畜牧业，我国畜牧业主产区逐步向西北转移已成必然趋势。立足当前农业国际合作基础，充分挖掘与"丝绸之路经济带"沿线国家农业合作潜力，强化"大农业"海外投资力度，能够为我国农业"走出去"战略提供助力。同时，鼓励肉禽北移、蛋禽南移，促进家禽业均衡生产。出口生产企业应适时关注国际贸易和外需市场背景下的产业布局，提高国际市场竞争力。

（三）环境潜力

西北地区草原生态地位突出。近年来，国家有意识地利用经济激励机制进行草原生态系统管理，这直接或间接地增加了牧民的收入，激发了全社会、全民的草原生态保护意识和行为。同时，生态补偿也拓宽了草原保护融资渠道，促进了草原保护和草原生态系统可持续发展，避免中国西北部陷入"生态恶化—贫困—生态进一步恶化"的恶性循环。

（四）科技潜力

农业科技是由多种互相联系、互相区别的单向科学技术所构成的科技体系，农业科技进步是一个受多因素影响、由多阶段构成、多层次发展、多门类总和的动态复杂过程。我国从"十三五"开始，提出畜牧业"现代化"和"可持续"发展的目标，使畜牧业发展走在农业现代化的前列，确保在农业中率先实现现代化。

在畜牧业发展中政府机构、农业科技研究机构及人员、农业科技推广机构及人员、

农业生产者等是农业科技进步过程中最重要的主体。政府机构根据社会经济发展做出管理决策，为农业科技进步提供有力的资金、物资支持；农业科技研究机构及人员主要是承担农业科技项目，创造、提供农业科技创新成果；农业科技推广机构及人员主要从事农业科技新成果的推广工作，宣传、传授并组织农业劳动者应用新技术；农业生产者主要是应用农业科技成果。

（五）提质潜力

当前，我国畜牧行业处在转型升级的关键阶段。"畜牧发展，良种为先"，2016 年农业部发布的《关于促进现代畜禽种业发展的意见》中要求形成以育种企业为主体，产学研相结合、育繁推一体化的畜禽种业发展机制，到 2025 年主要畜种核心种源自给率达到 70%，国家级保护品种有效保护率达到 95%以上，基本建成与现代畜牧业相适应的良种繁育体系。

从企业发展上说，发达国家已经有了专门育种、制种的大型集团，如德国的 EW 集团、荷兰的 Hendrix 集团等。而我国，纵观排名较前的畜牧业 34 家上市公司，没有专门的种业公司，种业只是作为畜牧集团的一个附属部门。在新三板上市的 87 家畜牧挂牌企业里，也只有 3 家种业公司。

今后，我国在坚持地方品种原始创新和引进品种消化吸收再创新相结合，坚持常规育种与分子育种相结合，家畜突出本品种选育，家禽突出商业配套系培育，加快构建商业化畜禽种业体系，着力提升畜禽种业的核心竞争力方面，有着巨大的发展前景。

（六）农牧民增收潜力

由于生态环境条件的限制和不合理的经济结构，西北部地区社会经济发展水平低。而西北部地区农牧民贫困是由于过度依赖自然资源维持生计，采用短期的生存战略，过度利用土地资源，因此让环境保护处于低级地位，并且极易受到外部的冲击。最重要的是，如果环境退化或者他们获取或利用自然资源受限的话，他们是受影响最严重的，且没有应对能力。

现阶段，在保证生态环境不被破坏的情况下，应改变传统畜牧业发展模式，推进整合草场、集中饲养、轮牧轮休、保护草场、优化产业链等进度，在解放生产力的同时达到草场减负、牧民增收的目的。

（七）生态潜力

生态文明处在我国经济社会发展的突出位置，西北畜牧业发展必须走尊重生态环境、尊重发展规律的路子。但在长期传统畜牧业生产模式下，随着牧业人口增长，超载过牧带来的人草矛盾日益突出，西北畜牧业呈现出"草原退化—牲畜无草可食—牧民无法生存"的恶性局面。

因此，改变困境，唯有彻底地改变发展模式，从索取转向保护，从单一的养殖向生态生产的良性循环转变。做到以草定畜、草畜平衡，有效地解决超载放牧和维持生态环境之间的矛盾，推行"饲草—养殖—粪便—有机肥—饲草"发展新模式，保障草原的生产能力不断提高、草原生态环境的好转。

五、区域畜牧业生产安全协同机制

（一）资源要素协同机制原则

当前，畜牧业发展正处于转型升级的关键阶段，发展的内部条件和外部环境都发生着深刻变化，畜牧业转型发展任务艰巨，时间紧迫，挑战巨大。要遵循可持续发展的战略理念，合理利用土地和人口资源，积极开发荒山坡地，防止过度放牧、扎堆养殖，应利用种养结合，改善土地。要做到绿色化健康养殖，无公害，无残留，发展环境友好型畜牧业。面对国内国际竞争，努力提高自身竞争力，合理竞争，不盲目跟风，科学养殖，发挥地方优势品种，生产优势畜产品，同时放大眼界，做到畜产品国际化认可。

1. 统筹种养殖结构

种养主体分离、种养布局错位、种养依存关系弱化，已经成为可持续发展的巨大障碍，粮改饲作为调整优化农业结构的重要着力点，必须抓好，不容懈怠；奶业发展不足、草业发展滞后的短板亟待弥补。加快发展草牧业，支持青贮玉米和苜蓿等饲草料种植，开展粮改饲和种养结合模式试点，促进粮食、经济作物、饲草料三元种植结构协调发展。同时，草食性家畜养殖场粪便经处理后，就近消纳利用，既可以培肥地力，又可以减轻环境压力。

2. 优化市场产业链

顺应市场需求变化，积极推进地方特色畜禽品种资源开发利用。鼓励各地争创特色畜产品优势区，推动资金项目向优势区、特色产区倾斜。同时，开展名特优畜产品品牌建设和推介活动，打造一批优质安全的特色畜产品品牌，扩大产业规模，提高市场竞争力，加快发展特色畜牧业产业。

（二）资源要素协调模式

1. 区域间协调模式

随着我国农业产业化的快速发展，龙头企业的带动能力加强，促进区域内畜牧业的标准化生产和规模化经营，畜牧业产业的区域化趋势越来越明显。我国西南地区畜牧业发展的重点是依托草资源优势发展以牛、羊为主的食草型畜牧业。而生猪产业带主要集中在华南、华中和华北等主产粮地区。对比我国四个大的肉牛主要产区（中原肉牛产区、东北肉牛产区、西北肉牛产区、西南肉牛产区）肉牛发展情况看，全国肉牛生产布局正在发生转变，出现了肉牛的主产区由牧区向粮食主产区或油料和棉花产量较高的农区转移的趋势，东北和西北肉牛主产区发展肉牛产业潜力大，我国东北肉牛带和西北肉牛带具备大力发展肉牛产业的人力及自然资源优势，两地区可以成为中国肉牛产业发展的新的增长极。而奶牛产业主要集中在内蒙古、黑龙江、河北、山东和新疆五省（区）。

2. 牛肉、羊肉、牛奶的协调模式

西北肉类和奶类制品能够满足当地人的需要，因此在协调发展模式上应该注重生态环境保护和可持续发展战略，提高输出效率，增加畜牧产值。《中国农业展望报告（2015～2024）》中预测西北地区猪肉产出高于消费水平，因此可减小耗粮型生猪的养殖规模，进而发展草食性如牛、羊等品种，调整产业结构和产业布局，淘汰落后加工企业，扶持发展精深加工；继续引进资本开发养殖资源；创新养殖模式，加快技术进步；优化产业结构，继续推进"节粮型"畜牧业发展；大力发展奶牛、肉牛和肉羊等草食家畜产业。

3. 绿色化与畜产品安全的协调模式

1）强化饲料质量安全监管，组织实施全国饲料质量安全监测计划，以卫生指标、禁用物质和牛羊源性成分为重点，强化检打联动，加大对不合格产品的查处力度。

2）加强饲料质量安全风险监测，以防止非法添加、查找潜在风险、强化原料把关为重点，组织开展饲料生产隐患排查和预警监测，保障饲料产品质量安全。

3）按照"就地消纳、能量循环、综合利用"原则，推进粮经饲统筹、种养循环发展，探索推广畜牧业可持续发展模式。组织开展畜禽粪污处理和资源化系列宣传活动，总结经验，挖掘典型，在全社会形成支持畜禽粪污处理和资源化利用的良好氛围。

4. 国际化与产业安全的协调模式

牛羊肉、乳制品等进口量大幅增长，挤占了国内产业的发展空间，提质增效、全面提升产品竞争力，是产业发展的重大命题。新阶段、新形势下，必须积极进取，勇于创新，更加注重市场导向，更加注重信息化手段，更加注重典型模式示范，更加注重科学宣传引导，推动畜牧业在农业现代化进程中率先取得突破。

利用跨区域综合资源优势构造产业链体系，支持和鼓励优势资源参与产业链的构建，刺激和带动西北地区产业链上下游企业发展。通过搭建跨区域产业链体系，让具备一定实力的企业走出国门，走向国际，形成品牌示范效应，促进产业发展良性循环。

在打造国际品牌化畜牧产业的过程中，要着力于跨区畜牧产业经营模式创新、组织重构和畜产品品质化保证。首先，在农牧民以及经营主体上，要构建品质化要求下的跨国、跨区利益联动机制，继续深入和推进龙头企业带动机制的建设。利用技术支撑，从源头上重构和重建跨区性质的"资源创新利用—高效健康养殖—组织化生产—品牌化营销—高端市场增值"牛羊肉与奶类的全产业链组织模式及经营模式。

六、西北地区畜产品安全可持续发展战略构想

党的十八大以来，以习近平同志为核心的党中央指出我国在社会主义初级阶段的奋斗目标，是在中国共产党的领导下，把中国建设成为富强、民主、文明、和谐的社会主义现代化国家，实现两个一百年的奋斗目标和中华民族伟大复兴的中国梦。在这个伟大目标中，农业现代化是所有现代化的关键，畜牧业现代化则是农业现代化的重要标志。

"十二五"期间，各地围绕中央总体部署，落实农业一号文件精神，在解决"三农"问题上下大功夫，使我国食物安全和可持续发展取得重大突破。粮食产量连续增加，畜牧业尤其是草食畜牧业取得长足进展。2015年，我国畜牧业产值为29 780.4亿元，较2000年提高了3倍多，而西北地区畜牧业总产值为2935.6亿元，较2000年提高了4倍多，畜牧业的发展速度也超过全国平均水平。

然而，如果将我国畜牧业与世界发达国家和地区，如北美洲、欧洲和大洋洲某些国家相比，无论是养殖模式（种养结合或放牧）、生产水平、技术创新、智能化水平，还是畜产品产量、质量、安全、节能、环保、生产成本等，尤其是人均占有肉蛋奶水平和畜牧业产值在农业中的占比，这些国家和地区都优于中国。西北地区在这方面则更为落后。因此，在国际化背景下，西北地区必须寻求新的发展思路，借鉴先进的发展理念，坚持绿色、高效、可持续发展原则，确定合理的发展目标和路径，实施一系列重大工程，实现快速或跨越式发展目标。

要准确把握西北地区畜牧业的发展思路，就需要弄清楚西北地区的资源优势和问题所在，以及中央对西北地区发展的总体定位和优势政策。

（一）西北畜牧业发展优势及机遇

西北地区拥有我国主要天然草原，草地资源丰富，草产业独具特色。西北地区家畜品种资源异常丰富，拥有20多个优良地方品种，种质资源具有较高的生物多样性。西北地区有众多的少数民族，他们以广袤的草原为家，以放牧草食家畜为生，畜牧业历史悠久。有天然的饮奶、吃肉习惯和养殖爱好、经验。近十年来，西北畜牧产业，特别是牛羊产业异军突起，现代化进程加快，发展迅速，势头鼓舞人心。宁夏近年来引进高新技术、良种牛羊助力产业发展；河西走廊牛羊规模化集约化快速发展；山西畜牧产业大力推进大草场、大园区、大龙头、大物流、大体系的现代畜牧产业格局形成；甘肃河西走廊和青海柴达木盆地作为我国绿洲的主体成分形成了可持续发展的绿洲农业生产体系。

2019年以来，国家实施黄河流域生态保护和高质量发展战略，实施西部大开发战略，直接关系到扩大内需、促进经济增长；关系到民族团结、社会稳定和边防巩固；关系到改善环境，治理沙尘暴和预防土壤沙化碱化，回复植被；关系到东西部协调发展和最终实现共同富裕，具有重要的现实意义和深远的历史意义。同时，国家"一带一路"倡议启动实施，有利于西部畜牧业发展，这为西北地区畜牧业产业化发展创造了空前的历史机遇，西北地区畜牧业将迎来难得的历史机遇和良好的产业发展平台，产业化发展水平将稳步提升。

（二）西北地区畜牧业发展存在的问题

1. 西北地区畜牧业自身基础差，结构性矛盾突出

与京津冀、东南沿海以及其他地区相比，西北地区地域辽阔，跨度大，自然条件和社会经济条件差距悬殊。西北地区畜牧业和全国一样，由发展起来的现代化规模牧场（小

区）和小型散养户组成。就规模化牧场而言，为大型乳制品加工企业和现代化屠宰企业提供奶源与牛源的龙头企业及标准化牧场，其经营和技术水平得到了较大提高，但是，由于受土地分割、种养分开、养加分离等影响，其草牧业一体化的观念依然难以突破，种养循环和养加一条龙的局面难以形成，畜牧业种养加完整的产业链条形成机制仍然停留在初中级阶段。

从 2016 年下半年对陕西、甘肃、宁夏、青海、新疆、山西和内蒙古等地 27 个县（旗）722 户农牧户的走访调研与数据分析来看，西北地区小型散养户畜牧业存在着很多严峻的问题：①畜牧业基础设施条件差，生产方式落后；②养殖技术落后，疫病防控难；③经济实力低下，抗灾抗风险能力差；④牲畜良种覆盖率低，畜牧业生产效率低下；⑤优质饲草和饲料缺乏。

2. 西北地区畜牧业市场基础差，国际竞争力低下

西北地区相较于畜牧业发达的省（区）畜产品加工和流通企业较少，虽然后有大型畜产品加工企业，但加工的能力不足，许多畜产品仍然以原料的形式外销。且由于国外畜牧业发达地区和我国东部沿海地区的肉类产品加工大都采用自动化成套设备，通过流水线作业来完成，奶类多加工成干酪、配方奶粉、酸奶和冰激凌等经过冷链而供应上市，肉类是经过冷却排酸、部分分割和真空包装等工艺处理进入超市而销售的。西北地区由于环境条件差、加工企业现代化技术水平低、社会经济落后、道路交通闭塞、地理位置偏远、信息交流不畅等因素，尽管拥有许多民族的特色优势产品，但现代化开发程度低，产品单一包装粗糙，不能适应国内外市场的要求。同样，西北地区肉类产品以烤涮煎炸新鲜烹食为主，很难适应国际市场快运快销的要求。

3. 西北地区天然草地退化现象严重，可持续生产能力差

牧草和饲料是畜牧业的基石与根本。目前，西北地区由于干旱缺水、过度开发和超载过牧等现象多发，因此草地退化现象十分严重，草地生态系统恢复非常困难，这已成为全国草食畜牧业发展以及生态环境改善的重要制约因素。本团队在调研中也发现，各地天然草场生产力水平较低的主要原因是草地退化。

4. 知识型青年劳动力缺乏，技术服务和政策支持跟不上

随着青年劳动力外出打工就业，西北牧区大部分牧民年龄偏大，他们受教育程度不高，对畜牧生产活动没有相应的专业知识和技术培训，即使存在培训，其接纳新知识也较为困难。部分牧户未对牲畜进行适当补饲，并且圈舍环境差，导致牲畜死亡率升高，畜产品质量和产量得不到提升。

（三）发展思路

近年来，我国经济发展整体进入新常态，中央提出了创新、协调、绿色、开放、共享五位一体发展理念，这是指导我国经济未来发展的总要求，"一带一路"倡议的提出给西部带来发展的新机遇，因此，西北地区畜牧业发展的思路就是要立足西部实际，利用优势资源，坚持问题导向，围绕"一带一路"宏图实现，通过供给侧改革实现西部畜牧业经济的腾飞，打造国家动物源性食品生产加工贮存基地、生物和畜牧技术创新与成果转化基地、国际丝路畜牧业高端人才培养和畜产品贸易基地。

任何行业都不是孤立存在和发展的。因此畜牧业的发展也不能就事论事，单独对待。畜牧业与种植业和加工业有着密切的联系，从农田到餐桌，从种植、养殖到加工、消费构成一个完整的产业链。

从国家大政方针和总体布局来看，畜牧业发展要遵循创新、协调、绿色、开放、共享五位一体发展理念。从健康中国、美丽乡村、食品安全和可持续发展角度看，畜牧业发展要坚持的原则是种养结合、养加互惠、产业配套、适度规模、生态环保、优质高效。要处理好畜牧业与上下游相关产业之间的关系，也要处理好畜牧业猪马牛羊各产业之间以及每个产业链上各个环节之间的关系。不能就养殖而养殖，就加工而加工。要以消费需求开拓市场，以市场定位引领加工规模，以加工能力引导养殖规模，以养殖规模确定饲料生产，反过来，做好从农场到餐桌的安全生产供应，做到种好饲草、养好牛羊、产好奶肉。

另外，要利用好西北地区地理优势发展绿色畜牧业，创新种养模式，用好人才、技术和服务，坚持经济算总账，藏粮于田、藏粮于畜、藏粮于技。

（四）发展目标

西北地区畜牧业发展目标是：立足西北，服务全国，参与"一带一路"国际合作。近期目标是参照我国人群营养健康现状和需求，在西北地区实施《国民营养计划（2017～2030年）》，努力达到计划中规定的各项目标。中长期目标是在达到本地区人民消费需求的同时，一方面利用西部地区优势资源，适应并开拓国内肉蛋奶消费市场，服务全国尤其是东部沿海地区；另一方面积极参与"一带一路"沿线国家的食品和丝绸贸易，提高创汇收入，改善地区经济，提高地区内农牧民收入和生活水平。通过现代化畜牧业发展，带动种草养畜、退耕还草、退耕还林工程，加速生态西北、美丽西北建设，实现畜牧业经济腾飞。

（五）主要路径

西北地区畜牧业可持续发展是一个复杂艰巨而又长期综合的巨大工程，不可能一蹴而就，应该纳入西部大开发的总体部署之中统筹考虑。就现今的任务而言，提出以下路径以商榷。

1）从供给侧改革考虑，应大力发展草牧业混合经济，着力推进退耕还草、退耕还林和粮改饲工程，为畜牧业可持续健康发展提供充足的原料保障。

2）为了退耕还草、退耕还林和粮改饲工程正常进行，要有计划地实施水利、电、气、路工程，完善水利、交通、通信设施，以便对确定的退耕还草、退耕还林和粮改饲工程进行现代化管理与信息化监控。

3）为了畜牧业可持续发展，必须针对西北各个地区畜牧资源和地理气象等条件进行科学的规划布局，在不同地区形成各自的优势，满足消费市场差异化的需求。

4）在西北地区区域布局的基础上，利用现代科学技术和成果，对企业建场和家畜育种、繁殖、饲料营养、饲养管理、健康、粪污处理、饲养环境绿化等进行技术指导、技术培训、技术服务，建立相应的服务平台和专业服务队伍。

5）在西北地区建立相应的牧草收获、收购、交易标准和法规，以及独立的第三方检测、定价、维权组织机构，建立可与种养企业利益共享、风险共担的肉奶蛋等食品加工企业。

6）国家有关部门和各级政府是西北地区畜牧业可持续发展的最大保障，西北地区在资金、人才、技术、金融、保险、法律等方面均需要国家和政府大力支持，要积极搭建交流平台，各地畜牧业协会、企业、养殖户自身也要积极参与，有所作为。

七、重　大　工　程

根据以上对西部地区现状、优势与需求的调查了解，以及问题、目标、途径的分析，未来西部地区畜牧业发展可设立以下重大工程。

（一）粮改饲及草业土地规划、建档、环评工程

西北地区有其独特的地理气候，所以要因地制宜，立足种养结合循环发展，引导种植优质饲草料，发展草食畜牧业，重点优化区域农业生产结构。

发展畜牧业，必须以改善和保护生态为前提。要切实加强草原确权登记与草地承包流转工作，把草原管理、保护、建设与合理利用有机地结合起来，积极开展草原资源与生态监测网络体系建设，对草原面积、质量、长势、生产力、灾情等方面进行监测，为有效开展草原生态环境治理提供数据和技术基础。认真核定草原载畜量，全面推进草畜平衡制度落实。一是在养畜多、草原牧用压力较重的牧区，选择土壤肥沃、土层深厚的退耕地、荒芜地、疏林地、林（茶、果）园幼苗地，广泛开展人工种草，实施退化草原的补播改良。二是在无天然草原或天然草原极少的农区，积极开展"粮改饲"种植，扩大饲草料种植面积，把冬闲田夏末秋初播种饲草料作为解决冬春鲜草、夏秋青干草供应问题的重要措施。三是发展以豆科牧草为必要成分的人工草地和改良草地，扩大豆科饲草料引种、培育、栽培面积，增加播种比例，强化综合利用技术，解决草食动物养殖业天然蛋白质饲料资源短缺的问题。四是积极推行秸秆饲料化利用，普及秸秆综合加工调制技术，提高秸秆利用率；充分利用菜籽饼、豆腐渣、糖（酒）糟等工业副产品饲料资源，减少饲料原料消耗。五是普及优质高产栽培饲草料青干草人工和自然干燥调制技术，人工（天然）饲草料与秸秆采集、干燥、堆垛、粉碎（铡短、揉丝）、青（微）贮、氨化等技术，提高饲草料调制加工与储备技术的进村入户率，建立和完善饲草料储备制度，确保饲草料产品供应安全、质量安全，从而保障畜产品安全。

（二）畜牧资源调查、区划与品种改良工程

2015年农业部发布《关于促进草食畜牧业加快发展的指导意见》，指出在今后一段

时期我国草食畜牧业发展要以肉牛、肉羊、奶牛为重点，以转变发展方式为主线，以提高产业效益和素质为核心，坚持种养结合，优化区域布局，加大政策扶持，强化科技支撑。西北地区畜牧业资源调查中牛羊肉的优势产区为新疆和内蒙古，奶类优势产区为陕西、内蒙古、新疆和宁夏。充分发挥各地区的优势，形成品牌效应，利用区域间的协调发展，促进区域内畜牧业的标准化生产和规模化经营。同时畜禽品种和饲草品种的优化改良是维持、促进畜牧业发展的根本，要建立一批畜牧品种良种繁育示范场和饲草良种试验田。

（三）新建畜牧场设计及设施配套建设工程

近年来，我国草食畜牧业呈现出加速发展的势头，综合生产能力持续提升，标准化规模养殖稳步推进。养殖区域从牧区向农区转变，养殖生产逐步由放牧向舍饲和半舍饲转变，养殖模式由分散饲养向规模化饲养转变。新疆、内蒙古等传统牧区牛羊养殖形式呈现多种模式，而其他省（区）养殖形式则以舍饲和半舍饲为主。要大力发展西北地区草食畜牧业，加快形成规模化、集约化、机械化和产业化的现代化养殖业，畜牧场工程技术紧跟服务，采用专业人才设计并保证全程有畜牧工作者参与或者直接由他们承担专业化设计建设。现代畜牧生产工艺要以动物遗传育种、动物营养与饲料、动物环境工程、动物繁殖、兽医卫生防疫、畜牧经营管理等相关学科理论为指导。要遵循效益优先、可行性建设、对地区经济发展和社会进步有促进作用与指导意义、环境保护等原则，合理的畜牧场工艺设计应该适合当地的自然条件、社会条件、市场需求及经济技术条件，采用最先进的科学技术，以现代工业仪器设备武装畜牧业企业，保证生产工艺的实施，降低生产成本，提高畜牧业生产水平和经济效益。

西北地区畜牧业起步很早，很多畜牧场建厂早，早期建设不合理，设备老化，环境控制力减弱，生产性能降低，畜禽基本需求和福利得不到保障，健康养殖越来越无法实现。为提高区域畜禽标准化规模养殖水平，促进畜牧业生产持续健康发展，改造落后的畜牧场势在必行。本着"产业布局优化、资源高效利用、生产清洁可控、产品优质安全、环境持续改善、经济效益明显"的原则，提高畜牧场标准化、安全化、生态化水平。

畜牧养场区的规划和畜舍设施及环境设计的科学合理与否直接关系到畜产品的健康和生产效率。对现有畜牧场改造的过程中首先应控制养殖规模，按雨污分流、粪污无害化处理等方式进行改造升级，达到"防雨、防溢、防渗、防臭"的环保要求，并且达到污物排放标准和排放总量控制的要求。另外，要进行配套设施的标准化改造和提升，全面落实污染防治措施，减少对环境的污染，提高畜禽粪污综合利用率，坚持源头减量、过程控制、末端利用的治理路径并探索建立畜牧养殖等有机废弃物综合利用的收集、转化、应用三级网格社会化运营机制。

（四）畜牧品种繁育与现代生物技术应用示范工程

现代生物技术运用于畜牧业，开创了畜牧业生产的新途径，使得优秀家畜种质资源的保存、利用，以及提高畜禽的生长和生产性能与畜禽产品的数量及质量具有广阔的前景，对畜牧业发展乃至国民经济的发展都有着深远的意义。

以生物技术保存畜禽遗传资源，包括胚胎和生殖细胞的冷冻技术以及利用分子生物技术建立畜群、禽群的 DNA 基因文库两种方法。生物技术在畜禽育种方面存在很多优势。可以利用生物技术打破物种界限，突破亲缘关系的限制，培育出自然界和常规育种难以产生的具有特别优良性状的畜禽品种；还可以弥补常规育种需要进行多代杂交所需时间长的缺点，加快育种进程，满足人们对畜禽产品的需求。同时现代生物技术对饲料资源开发利用和动物疾病与诊断均有快速、准确、高效的方法，可大力发展应用。

（五）饲草业收获、加工、贮存及高效利用工程

西北地区饲草业资源丰富，亟待高效利用。通过优质高产饲草筛选、优质饲草丰产栽培管理、多样化饲草产品低损低耗调制加工和饲草产品质量安全检测与评价及草畜高效转化利用等技术研究，选育区域性优质新品种，筛选出适宜地区种植的饲草品种，同时采用优化技术提高贫瘠草地人工种植的成功率，提高产量，改善土壤，治理环境。要形成各地区优良草种的良种繁育体系，建立饲料加工和草畜转化示范基地。研发集收获时期、收获方法、晾晒、打捆和贮存为一体的牧草调制技术体系与草颗粒加工工艺。推动饲草业的经营调整、精深加工，转变传统畜牧业的经营模式，提高畜牧业经营效益，建立现代化、产业化、集约化、规模化、科技化、市场化草原畜牧业，提高国内国际饲草市场和畜产品市场竞争力。

（六）畜牧场粪肥及废弃物资源综合治理及利用工程

支持综合利用；支持种养结合，推动就近利用；还田利用，要考虑土地消纳能力，消毒以防止疫病传播；养殖和废弃物处理活动，要采取措施防止污物外泄；排污要达标，未经处理不得排放；产排污情况向环保部门报告；尸体处理要严格按照国家和地方规定，防止疫情传播，防止环境污染；尸体处理享受政府补贴；污染严重的养殖密集区域应由县级政府组织治理，采取配套建设设施，进行布局调整和搬迁、转产等；养殖户因规划调整、禁养区划定等受到损失，可依法由县级以上地方人民政府予以补偿。同时采取激励措施，用环保等资金支持污染治理设施建设；利用相关政策支持企业或养殖户，开展农业畜禽粪便制造有机肥；自愿进一步减排的可按与政府签订的协议申请奖励，优先获取相关政策支持。

①加强畜禽养殖粪污收集环节工艺研究与设备研发：加强不同规模的粪污差异化处理模式与经济节能处理技术（能源型、环保型、经济型）研发。小型场采用分散收集、统一处理，大型厂采用机械清粪—管道输送—集中贮存—高效处理与利用；加强轻简型、智能化粪污收集、施用机械设备研发。②政策层面：突出粪污处理的公益性性质；采用多元化政策扶持方式（实施农机购机补贴、实施运行费用补贴、以奖替补）；建立粪污处理与施用规范；综合考虑养殖业布局、规模，研究制定我国不同地区畜禽养殖总量控制策略；加强监管。

八、政策建议

（一）区域协调政策

西部地区面积广阔，人口稀少，经济差距大，地形地貌不同，畜牧业发展正处于粮改饲、草牧业转型时期，需要对土地、牧场、饲料饲草和畜种等资源要素进行统筹与建档，对种养结构、养殖模式等进行统一调整，对补助资金和市场消费进行统一调控，对区域内产品及品牌进行统一打造和宣传，因此，需要建立区域间协调组织和国际化网络平台。

（二）法治保障政策

在法治国家建设中，我国逐渐步入了依法治国的新时代。发展西部畜牧业，不仅是经济问题和乡村振兴的问题，而且是社会稳定、人民幸福的政治问题。在西部畜牧业大发展的进程中，制定和完善各种法律法规，是这一事业顺利开展的关键和保障。应联系畜牧业上下游、相关部门和地方政府进行认真研究与梳理，切实依法保牧、依法促牧、依法兴牧。

西北地区退耕还林还草生态工程
对区域食物安全的影响研究

退耕还林还草是指在水土流失严重或粮食产量低而不稳的坡耕地和沙化耕地，以及生态地位重要的耕地退出粮食生产，进行植树或种草的生态治理活动。退耕还林工程是我国垦殖史的重大转折，也是我国目前投资量最大、涉及面最广的生态建设工程，包括25个省（区）、2280个县（区）、1.23亿农民。退耕还林工程的实施，在改善我国生态脆弱区的植被覆盖、减少水土流失方面发挥了巨大作用，也给世界特别是发展中国家的生态环境建设提供了可以借鉴的范例。

自国家实行退耕还林还草工程以来，退耕还林与粮食安全之间的关系始终是社会各界关注的热点问题，研究者纷纷从不同学科（农学、土壤学、生态学、经济学等）和不同尺度（国家、区域、县域、农户）展开研究，取得了较为丰富的研究结果。吕金芝和王焕良（2010）利用全国数据采用逐步迭代的方式分析了1997~2006年退耕还林工程对粮食生产的影响，结果认为退耕还林工程给粮食产量带来了一定的负面影响，对不同区域的影响不尽相同，对东部和粮食主产区的粮食产量负面影响较大，而对于西部水土流失区粮食生产影响较小。目前，学术界对于退耕还林工程对粮食生产的影响有着不同的观点，主要有两类经验性结果，一是认为退耕还林工程促进粮食生产或对粮食生产影响不大（Xu et al.，2006；国家林业重点工程社会经济效益测报中心和国家林业局发展计划与资金管理司，2004，2005，2006，2007）；二是认为退耕还林工程对粮食生产产生了明显影响，需要停止退耕还林工程或者调整其规模（Hyde et al.，2003；东梅，2006）。因此，如何在改善生态环境与粮食安全、耕地安全之间选择合适的平衡点是目前亟待解决的重大问题。

从2014年起退耕还林还草工程已进入新一轮实施阶段，2014年我国完成退耕还林33万 hm^2，2015年完成66万 hm^2，2016完成100万 hm^2。新一轮退耕还林重点安排在长江中上游地区和黄河中上游地区，还有内蒙古、宁夏、青海、新疆等西北风沙灾害严重的省（区）。国家需对退耕还林工程的生态环境效应进行评估，其中对区域食物生产能力的影响是评估的重要方面。但退耕还林生态工程存在如下三个方面的问题：①收集到的退耕还林还草工程实施数据可用性不强，缺乏省市级退耕还林还草空间分布图；②收集到的退耕还林还草工程实施数据缺乏相应的物种资料，无法确定生态林与经济林的种类及比例；③缺乏对不同生态类型区退耕还林还草工程实施状况的长期、定位的综合监测数据。由于食物安全涉及农林牧渔各领域，很难就退耕还林还草工程对区域食物安全的影响进行科学的评估，因此，本项工作主要就退耕还林还草工程对区域粮食安全的影响进行评估。

综上所述，本专题主要在西北地区退耕还林还草生态工程的实施面积与分布、我国退耕还林工程对粮食生产与农民收入的影响、西北地区不同坡度坡耕地面积与分布及可能的退耕规模、西北地区退耕面积与粮食生产的关系、退耕还林还草工程对不同空间尺度粮食安全的影响、农户层面退耕还林还草生态修复与经济发展实证调研的基础上，提出对西北地区进一步实施退耕还林还草生态工程的建议与对策。

一、西北地区退耕还林还草生态工程的实施面积与分布

长期以来，盲目毁林开垦和进行陡坡地、沙化地耕种，造成了我国严重的水土流失和风沙危害，洪涝、干旱、沙尘暴等自然灾害频频发生，人民群众的生产、生活受到严重影响，国家的生态安全受到严重威胁。1999 年，陕西、四川、甘肃 3 省率先开展了退耕还林试点，由此揭开了我国退耕还林的序幕。2002 年 1 月 10 日，国务院西部开发办公室召开退耕还林工作电视电话会议，确定全面启动退耕还林工程。

西北地区包括陕西、甘肃、青海、宁夏、新疆、山西和内蒙古（除东四盟），在综合自然区划中分属西北干旱区、青藏高原区和黄土高原区 3 个自然地理单元；在生态区位上处于冬季风向南、东南方向侵袭的必经之地，长江和黄河等大江大河上中游的重要地带。由于自然条件的限制和人类不合理的利用，目前西北地区已成为我国草场退化、水土流失与荒漠化最为严重的地区，水旱、风沙、滑坡、泥石流等自然灾害是抑制该区农业发展的主要因素。退耕还林还草是建设西北地区的重大战略举措，对抑制和扭转西北地区生态环境恶化的趋势意义重大。

西北地区的陕西省是全国退耕还林还草工程面积最大、最早试点的省份之一。1999年退耕还林还草工程在区域内 34 个县（市、区）全面启动，2001 年工程范围覆盖延安市 13 个县（区），延安成为全国第一个市级试点，2002 年退耕还林工程覆盖全省 10 市的 103 县（区）。陕西省退耕还林工程主要分布在陕北（榆林、延安两市），占全省任务的 49%，陕南（安康、汉中、商洛三市）占全省任务的 28%，关中地区占全省任务的23%。陕西省经过多年生态治理实践，尤其是退耕还林后，创造了不少典型模式，如吴起县的"封山禁牧、退耕还林还草"、米脂县"四个一工程"、米脂县高西沟村的"三三制"、安塞县[①]纸坊沟的"水土保持型生态农业"和榆林沟的"坝系农业"等。实践证明，退耕还林对实现西部生态修复与环境改善发挥了重要的作用。

（一）第一轮退耕还林还草工程实施情况

根据《国务院关于进一步做好退耕还林还草试点工作的若干意见》（国发[2000]24号）、《国务院关于进一步完善退耕还林政策措施的若干意见》（国发[2002]10 号）和《退耕还林条例》的规定，国家林业局（现国家林业和草原局）会同国家发展改革委、财政部、国务院西部开发办公室、国家粮食局（现国家粮食和物资储备局）编制了《退耕还林工程规划（2001~2010 年）》。退耕还林还草工程建设范围包括北京、天津、河北、山

---

① 2016 年 6 月，撤销安塞县，设立安塞区，为了便于叙述，本书统一使用安塞县，特此说明。

西、内蒙古、辽宁、吉林、黑龙江、安徽、江西、河南、湖北、湖南、广西、海南、重庆、四川、贵州、云南、西藏、陕西、甘肃、青海、宁夏、新疆等 25 个省（区、市），共 1897 个县（市、区、旗）。

根据因害设防的原则，按水土流失和风蚀沙化危害程度、水热条件和地形地貌特征，将工程区划分为 10 个类型区，即西南高山峡谷区、川渝鄂湘山地丘陵区、长江中下游低山丘陵区、云贵高原区、琼桂丘陵山地区、长江黄河源头高寒草原草甸区、新疆干旱荒漠区、黄土丘陵沟壑区、华北干旱半干旱区、东北山地及沙地区。同时，根据突出重点、先急后缓、注重实效的原则，将长江上游地区、黄河上中游地区、京津风沙源区以及重要湖库集水区、红水河流域、黑河流域、塔里木河流域等地区的 856 个县（市、区、旗）作为工程建设重点县（市、区、旗）。

退耕还林还草工程建设的目标和任务是：到 2010 年，完成退耕地造林 1467 万 hm^2，宜林荒山荒地造林 1733 万 hm^2（两类造林均含 1999～2000 年退耕还林试点任务），陡坡耕地基本退耕还林，严重沙化耕地基本得到治理，工程区林草覆盖率增加 4.5 个百分点，工程治理地区的生态状况得到较大改善。

按照行政区域划分，我国 34 个（区、省）市可以划分为六大区域：东北、华北、华东、中南、西南、西北。东北地区包括黑龙江、吉林、辽宁；华北地区包括北京、天津、河北、山西、内蒙古；华东地区包括上海、山东、江苏、浙江、安徽、福建、江西、台湾；中南地区包括河南、湖北、湖南、广东、广西、海南、香港、澳门；西南地区包括重庆、四川、贵州、云南、西藏；西北地区包括陕西、甘肃、青海、宁夏、新疆。

我国退耕还林工程用 15 年时间完成了退耕地造林 296.7 万 hm^2、荒山荒地造林和封山育林 2053.3 万 hm^2。工程实施 15 年来，完成工程建设任务 2940 万 hm^2，相当于再造了一个内蒙古国有林区，工程区森林覆盖率平均提高超过 3 个百分点，使全国有林地面积、森林总蓄积量增长分别超过 15.4%、10%。工程实施 15 年来，惠及农民 1.24 亿人，2000～2012 年，工程区农民的人均纯收入由 1945 元增加到了 5693 元，是我国实现"倍增"目标的重要途径。退耕还林工程推进了全国 1.24 亿农村人口解决温饱问题，并在维护国土生态安全、推动农业产业结构调整、增加农民收入、拉动国内需求、应对全球气候变化等诸多方面发挥了重大作用。

本项目所指的西北地区，包括陕西、甘肃、青海、宁夏、新疆、山西全部和内蒙古（除东四盟），涉及七个省（区），西北地区和全国退耕还林还草工程各年度实施情况如专题表 4-1 所示。西北地区 1999～2011 年退耕还林还草面积累计约 751.99 万 hm^2，占全国同期退耕还林还草面积的 36.14%。陕西、甘肃、青海、宁夏、新疆、山西和内蒙古地区退耕还林还草的实施面积分别为 209.76 万 hm^2、160.07 万 hm^2、34.77 万 hm^2、73.66 万 hm^2、81.20 万 hm^2、102.07 万 hm^2 和 90.45 万 hm^2，占西北地区同期退耕还林还草面积的 27.89%、21.29%、4.62%、9.8%、10.8%、13.57% 和 12.03%。因此，无论从退耕还林还草工程实施的时间，还是实施的范围来看，西北地区都是全国退耕还林还草工程的重点实施区域。

专题表 4-1　西北地区和全国 1999～2011 年退耕还林还草工程实施面积

年份	山西（hm²）	内蒙古（hm²）	陕西（hm²）	甘肃（hm²）	青海（hm²）	宁夏（hm²）	新疆（hm²）	西北地区（hm²）	全国（hm²）	西北地区占全国比例（%）
合计	1 020 706	904 486	2 097 648	1 600 743	347 695	736 592	811 996	7 519 866	20 807 901	36.14
1999	—	—	217 400	43 800				261 200	381 333	68.5
2000	19 343	51 807	95 389	55 851	4 826	11 260	17 951	256 427	518 776	49.43
2001	19 441	32 073	101 216	28 732	16 718	16 987	19 747	234 914	489 121	48.03
2002	188 914	139 719	235 299	111 832	47 202	53 333	88 318	864 617	2 284 475	37.85
2003	280 383	204 131	562 405	526 106	88 160	270 759	249 456	2 181 400	6 196 128	35.21
2004	133 333	170 043	421 506	316 138	43 707	144 895	97 242	1 326 864	3 217 542	41.24
2005	47 339	62 963	62 454	207 640	38 177	82 380	73 116	574 069	1 898 360	30.24
2006	45 998	21 754	78 377	66 250	—	37 165	39 732	289 276	976 991	29.61
2007	80 234	20 927	90 050	75 337	21 923	24 690	41 907	355 068	1 056 020	33.62
2008	60 428	60 821	74 131	60 069	15 509	35 844	62 308	369 110	1 189 695	31.03
2009	35 667	48 555	39 328	42 797	28 102	33 042	50 120	277 611	886 666	31.31
2010	64 335	51 997	60 737	44 027	20 855	20 238	39 033	301 222	982 617	30.66
2011	45 291	39 696	59 356	22 164	22 516	5 999	33 066	228 088	730 177	31.24
各省（区）占西北地区的比例（%）	13.57	12.03	27.89	21.29	4.62	9.8	10.8			

（二）新一轮退耕还林还草工程实施情况

2014 年是我国全面深化改革的开局之年，也是新一轮退耕还林工程实施元年。我国实施《新一轮退耕还林还草总体方案》，退耕还林事业进入了巩固已有退耕还林成果和实施新一轮退耕还林并重的新阶段。启动新一轮退耕还林工作，是建设生态文明和美丽中国的战略举措，是解决我国水土流失和风沙危害问题的必然选择，是促进农民脱贫致富和全面建成小康社会的客观要求，对应对全球气候变化具有重大意义。

国家高度重视退耕还林工作，2010～2014 年，连续 5 年强调退耕还林的重要性，并于 2010 年、2012 年、2013 年和 2014 年分别在中央一号文件中对退耕还林工作作出部署。

2010 年，中央一号文件《中共中央　国务院关于加大统筹城乡发展力度进一步夯实农业农村发展基础的若干意见》要求，巩固退耕还林成果，在重点生态脆弱区和重要生态区位，结合扶贫开发和库区移民，适当增加安排退耕还林。

2012 年，中央一号文件《中共中央　国务院关于加快推进农业科技创新持续增强农产品供给保障能力的若干意见》要求，巩固退耕还林成果，在江河源头、湖库周围等国家重点生态功能区适当扩大退耕还林规模。

2013 年，中央一号文件《中共中央　国务院关于加快发展现代农业进一步增强农村发展活力的若干意见》要求，巩固退耕还林成果，统筹安排新的退耕还林任务。

2014 年，中央一号文件《关于全面深化农村改革加快推进农业现代化的若干意见》要求，从 2014 年开始，继续在陡坡耕地、严重沙化耕地、重要水源地实施退耕还林还草。

新一轮退耕还林重点安排在长江中上游地区和黄河中上游地区，还有内蒙古、宁夏、青海、新疆等西北风沙灾害严重的省（区）。在新一轮退耕还林工程中，国家不再对农户种植经济林的比例进行限制，而是鼓励各地因地制宜，发展适合本地区域特色、能够快速增加农民收入的林木产业。

因此，实施新一轮退耕还林被列入了我国深化改革的措施之一，成为当前实现绿色增长、科学发展的主要手段，将进一步增强我国的生态承载能力，提升综合国力。国际社会看到我国退耕还林工程取得的重大成就，也给出了符合逻辑的判断。《美国国家科学院院刊》在调查报告中称，"中国的退耕还林工程如果能继续推进，将成为世界其他国家可借鉴的典范"；日本《经济学人》刊载文章称，"退耕还林是中国社会经济持续发展的关键"。因此，退耕还林工程作为捍卫国土生态安全、强农惠农的"德政工程""民心工程"，要达到更为持久的经济和社会效果，还需要新的政策强基固本。

从生态建设来看，我国陡坡地耕种造成林草植被的人为破坏，导致山体土壤岩石裸露风化，山洪地质灾害多发和水土流失。据有关部门监测，占全国水土流失总面积6.7%的陡坡地的水土流失占总量的28%，坡耕地集中地区甚至达50%以上，三峡库区占73%。沙化地耕种加剧了沙尘天气、良田受侵等风沙危害。

从农业耕种来看，坡耕地和沙化地耕种困难，产量低而不稳。而经过测算可知，新一轮退耕还林还草将影响粮食产量约62.5亿kg，仅为2013年全国粮食总产量的1.04%。且第一轮退耕还林的实践表明，由于生态环境和生产条件的改善，退耕地区粮食单产水平的提高足以抵补退耕地产量的减少。加之城镇化步伐的加快，农民对耕种陡坡地和沙化地的依赖程度逐渐降低。

同时，据第二次全国土地调查和年度变更调查成果，全国有25°以上坡耕地550万hm^2，除已梯化的和已划入基本农田的外，还剩余145万hm^2；据国家林业局统计，全国严重沙化耕地113万hm^2；据初步统计，丹江口库区、三峡库区未划入基本农田的15°~25°坡耕地有25万hm^2，均具备退耕条件。

此外，《新一轮退耕还林还草总体方案》还明确，对已划入基本农田的25°以上坡耕地，要本着实事求是的原则，在确保省域内规划基本农田保护面积不减少的前提下，依法定程序调整为非基本农田后，方可纳入退耕还林还草范围。严重沙化耕地、重要水源地的15°~25°坡耕地，需经有关部门研究划定范围，再考虑实施退耕还林还草。

（三）退耕还林还草工程生态效益评估

国家林业局于2014年正式发布了第一部《退耕还林工程生态效益监测国家报告（2013）》（以下简称《报告（2013）》），该报告是由国家林业局退耕还林（草）工程管理中心组织、由国家林业局森林生态系统定位观测研究网络中心提供技术依托、由陕西省等6个退耕还林生态效益监测重点省级行政区和42个森林生态系统定位观测网站提供野外监测数据，共同完成的。监测结果表明，截至2013年底，6个退耕还林工程重点监测省级行政区共涵养水源183.27亿m^3/a、固土2.04亿t/a、保肥444.05万t/a、固定二氧化碳1397.00万t/a、释放氧气3214.90万t/a、林木积累营养物质40.20万t/a、提供空气负离子5452.62×10^{22}个/a、吸收污染物102.00万t/a、滞尘1.4亿t/a。按照2013年现价评估，退耕还林工程重点监测省份每年的生态效益价值量总和为4502.39亿元。其中，涵养水源总价值量为2109.48亿元，保育土壤总价值量为486.09亿元，固碳释氧总价值量为 593.65 亿元，林木积累营养物质总价值量为 71.80 亿元，净化大气环境总价值量为 344.68 亿元，生物多样性保护总价值量为 896.69 亿元。这是第一次从国家层面，系统、科学地用数字反映退耕还林工程所取得的生态效益，对科学评估重点生态工程绩效具有重要意义。

国家林业局于 2015 年 5 月发布了《退耕还林工程生态效益监测国家报告（2014）》（以下简称《报告（2014）》），由国家林业局退耕还林（草）工程管理中心、中国林业科学研究院、北京市农林科学院等单位相关专家共同参与完成。该《报告》以《报告（2013）》为基础，在技术标准上，严格遵照《退耕还林工程生态效益监测评估技术标准与管理规范》（办退字〔2013〕16 号）确定的监测评估方法开展工作。在评估范围上，选择了长江、黄河中上游的 13 个省级行政区（内蒙古、宁夏、甘肃、山西、陕西、河南、四川、重庆、云南、贵州、湖北、湖南、江西）；在数据采集上，利用了全国退耕还林工程生态连清数据集，包括工程区内 45 个退耕还林工程生态效益专项监测站，69 个中国森林生态系统定位研究网络（China Forest Ecosystem Research Network，CFERN）所属的森林生态站，400 多个以林业生态工程为观测目标的辅助观测点，以及 7000 多块固定样地的大数据；在测算方法上，采用分布式测算方法，分别在省级行政区尺度（长江、黄河中上游流经的 13 个退耕还林工程省级行政区）和流域地理尺度（长江、黄河流域中上游）对 163 个市级区域及 126 个县级区域同时按照三种植被恢复类型（退耕地还林、宜林荒山荒地造林、封山育林）与三个林种类型（生态林、经济林、灌木林）的四级分布式测算等级，分别划分为 1467 个和 1134 个相对均质化的生态效益测算单元进行评估测算；在评估指标上，包括涵养水源、保育土壤、固碳释氧、林木积累营养物质、净化大气环境、生物多样性保护和森林防护 7 项功能 14 类指标。

《报告（2014）》结果表明，截至 2014 年底，长江、黄河中上游流经的 13 个省级行政区退耕还林工程生态效益物质量评估结果为：涵养水源 307.31 亿 m^3/a、固土 4.47 亿 t/a、保肥 1524.32 万 t/a、固碳 3448.54 万 t/a、释氧 8175.71 万 t/a、林木积累营养物质 79.42 万 t/a、提供空气负离子 6620.86×10^{22} 个/a、吸收污染物 248.33 万 t/a、滞尘 3.22 亿 t/a（其中，吸滞 TSP 2.58 亿 t/a，吸滞 $PM_{2.5}$ 1288.69 万 t/a）、防风固沙 1.79 亿 t/a。按照 2014 年现价评估，13 个省级行政区退耕还林工程每年产生的生态效益总价值量为 10 071.50 亿元，其中，涵养水源 3680.28 亿元、保育土壤 941.76 亿元、固碳释氧 1560.21 亿元、林木积累营养物质 143.36 亿元、净化大气环境 1919.77 亿元（其中，吸滞 TSP 61.46 亿元，吸滞 $PM_{2.5}$ 1040.96 亿元）、生物多样性保护 1444.87 亿元、森林防护 381.25 亿元。

长江、黄河流域中上游退耕还林工程生态效益物质量评估结果为：涵养水源 259.00 亿 m^3/a、固土 3.89 亿 t/a、保肥 1370.41 万 t/a、固碳 2936.70 万 t/a、释氧 6965.36 万 t/a、林木积累营养物质 65.08 万 t/a、提供空气负离子 5715.91×10^{22} 个/a、吸收污染物 214.66 万 t/a、滞尘 2.82 亿 t/a（其中，吸滞 TSP 2.26 亿 t/a，吸滞 $PM_{2.5}$ 1128.04 万 t/a）、防风固沙 1.35 亿 t/a。按照 2014 年现价评估，长江、黄河流域中上游退耕还林工程每年产生的生态效益总价值量为 8506.26 亿元，其中，涵养水源 3102.14 亿元、保育土壤 813.60 亿元、固碳释氧 1330.20 亿元、林木积累营养物质 117.95 亿元、净化大气环境 1591.22 亿元（其中，吸滞 TSP 53.27 亿元，吸滞 $PM_{2.5}$ 904.74 亿元）、生物多样性保护 1261.80 亿元、森林防护 289.35 亿元。

其中，黄河流域中上游退耕还林工程生态效益物质量评估结果为：涵养水源 64.09 亿 m³/a、固土 1.27 亿 t/a、保肥 412.28 万 t/a、固碳 901.35 万 t/a、释氧 2063.08 万 t/a、林木积累营养物质 28.43 万 t/a、提供空气负离子 1719.76×10²² 个/a、吸收污染物 80.95 万 t/a、滞尘 9390.01 万 t/a（其中，吸滞 TSP 7512.06 万 t/a，吸滞 PM₂.₅ 375.61 万 t/a）、防风固沙 1.27 亿 t/a。按照 2014 年现价评估，黄河流域中上游退耕还林工程每年产生的生态效益总价值量为 2674.90 亿元，其中，涵养水源 768.36 亿元、保育土壤 275.40 亿元、固碳释氧 397.14 亿元、林木积累营养物质 50.47 亿元、净化大气环境 562.53 亿元（其中，吸滞 TSP 17.96 亿元，吸滞 PM₂.₅ 304.13 亿元）、生物多样性保护 344.57 亿元、森林防护 276.43 亿元。

二、西北地区退耕还林还草生态工程对粮食生产与农民收入的影响

退耕还林工程的实施，对实现西部生态修复与环境改善发挥了重要的作用，突出表现在扩大了森林面积、提高了森林覆盖率、降低了水土流失面积、生态环境得到明显改善和营造了良好的人居环境（Deng et al.，2012；苏冰倩等，2017a）。因此，本节通过对西北地区省（区）尺度上退耕还林与粮食生产和农民收入动态变化进行研究，探讨退耕还林生态工程对区域人民生活的影响。

（一）各省（区）退耕还林面积变化动态

2004～2011 年西北地区退耕还林面积呈现减少的趋势，由 2004 年的 164 万 hm² 减少到 2011 年的 22.8 万 hm²，年平均减少约 20 万 hm²（专题图 4-1）。西北地区七个省（区）退耕还林面积总体变化趋势与西北地区一致，但是，各省（区）每年的退耕还林情况稍有差异（专题表 4-1）。其中，内蒙古地区的退耕还林面积占西北地区的比例最高，平均占西北地区的 23.8%，青海地区退耕还林面积最少，平均仅占西北地区的 4.4%，不足内蒙古地区的 1/5。

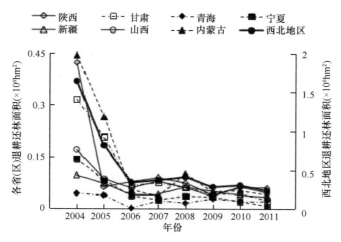

专题图 4-1　西北地区和各省（区）退耕还林还草工程实施面积变化

（二）各省（区）粮播面积与粮食产量动态分析

1. 粮播面积时序变化动态

2000～2014 年西北地区粮播面积呈先减少后增加的趋势，总体上分为 2 个阶段：第一阶段，2000～2003 年粮播面积逐年减少阶段；第二阶段，2003～2014 年粮播面积逐年增加阶段。粮播面积由 2000 年的 1680 万 hm² 减少到 2003 年的 1490 万 hm²，2003 年粮播面积最少，随后又逐渐增加，到 2014 年达到 1820 万 hm²（专题图 4-2）。在西北地区七个省（区）中，陕西和青海地区粮播面积总体减少，但减少幅度不大，呈先减少，后增加，再减少的变化规律；宁夏地区粮播面积总体波动减少，2002 年粮播面积最高，达到 88.1 万 hm²，到 2014 年，粮播面积年均减少 14.3%；甘肃地区粮播面积先减少，2003 年后又增加，但总体变化幅度不大；新疆地区粮播面积波动增加，2007 年粮播面积最少，为 138 万 hm²，2014 年达到 226 万 hm²，是 2007 年的 1.64 倍；山西地区粮播面积在波动中增加，但增加幅度不大，2011 年后趋于稳定；内蒙古地区粮播面积呈先减少后增加的趋势，到 2014 年时，粮播面积超过 565 万 hm²，比 2000 年的 444 万 hm² 增加 27.3%。

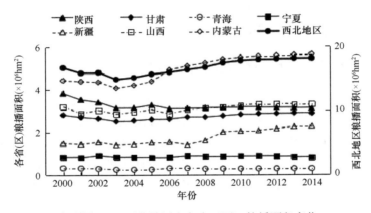

专题图 4-2　西北地区和各省（区）粮播面积变化

2. 粮食产量时序变化动态

除 2001 年、2003 年西北地区粮食总产量比前一年稍微有所减少外，2004～2014 年西北地区粮食总产量呈逐年增加的趋势。2014 年西北地区粮食总产量最高，超过 8300 万 t，比 2000 年增加 66.2%；2001 年粮食总产量最低，仅有 4800 万 t，比 2000 年减少 4.1%（专题图 4-3）。在 2000～2014 年西北地区七个省（区）中，青海地区粮食年产量最少，在西北地区粮食总产量中所占比例最小，平均为 1.5%，其中 2007 年粮食产量最高，但也仅有 $1.06×10^6$ t；宁夏地区占西北地区粮食总产量的比例也较小，平均为 5.1%；内蒙古地区粮食年产量最多，年均增产 $1.08×10^6$ t，2014 年粮食产量达到 $2.75×10^7$ t，是青海地区 2014 年粮食产量的 26 倍左右；2014 年，陕西、甘肃粮食总产量分别为 $1.20×10^7$ t、$1.16×10^7$ t，二者相差无几，但相比之下 2000～2014 年甘肃比陕西年均增产幅度大；2014 年，新疆、山西粮食总产量比陕西、甘肃略高，分别为 $1.41×10^7$ t、$1.33×10^7$ t，陕西、山西、新疆和甘肃地区年均粮食产量占西北地区年均粮食产量的比例分别为17.2%、16.3%、15.8%和14.1%。

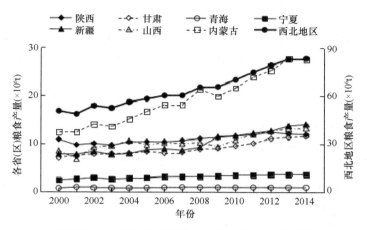

专题图 4-3　西北地区和各省（区）粮食产量变化

（三）各省（区）农民收入变化动态

2002～2012 年西北地区农民收入逐年增加，且各省（区）增加趋势整体一致（专题图 4-4）。西北地区农民收入从 2002 年平均每人 1844.1 元增加到 2012 年的 6074.9 元，翻了一番多。西北地区七个省（区）中，内蒙古地区农民收入最多，年均 4238.2 元，高于西北地区平均水平 3413.6 元，甘肃地区最少，年均 2645.7 元，甘肃地区农民年均收入仅为内蒙古地区的 62.4%。七个省（区）的农民收入在 2002～2012 年都逐年增加，而且增加趋势明显，陕西、甘肃、青海、宁夏、新疆、山西、内蒙古分别增加 261.0%、183.4%、221.4%、222.3%、243.1%、195.7%、264.9%。

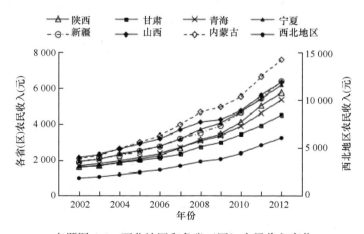

专题图 4-4　西北地区和各省（区）农民收入变化

（四）各省（区）退耕还林与粮食生产、水土保持、农民收入的关系

1. 各省（区）退耕还林与粮食生产、农民收入的时间变化关系

西北地区各省（区）退耕还林面积与粮播面积的相关关系随着年份的变化而分别表现不同的规律（专题表 4-2）。其中，2008 年呈极显著正相关（$P<0.01$），相关系数为 0.944，在 2004 年和 2010 年正相关关系显著（$P<0.05$），其余年份均呈不显著正相关。说明在 2004～2011 年，每一个年份内粮播面积都呈现出随着退耕还林面积的增加而增加的趋势，并且在 2008 年相关性最好。

专题表 4-2　西北地区退耕还林面积与粮食生产、农民收入的时间变化关系

项目	退耕还林面积							
	2004 年	2005 年	2006 年	2007 年	2008 年	2009 年	2010 年	2011 年
粮播面积	0.874*	0.676	0.713	0.430	0.944**	0.670	0.782*	0.605
粮食产量	0.777*	0.695	0.648	0.343	0.975**	0.844*	0.698	0.564
农民收入	−0.006	0.323	0.026	−0.246	0.540	0.327	0.216	0.275

注：**表示在 0.01 水平下相关关系极显著（$P<0.01$）；*表示在 0.05 水平下相关关系显著（$P<0.05$）

西北地区各省（区）退耕还林面积与粮食产量的相关关系随着年份的变化也分别表现不同的规律（专题表 4-2）。其中，2008 年呈极显著正相关（$P<0.01$），相关系数为 0.975，在 2004 年和 2009 年正相关关系显著（$P<0.05$），其余年份均呈不显著正相关。说明在 2004～2011 年，每一个年份内退耕还林工程都在一定程度上起到了提高粮食产量的作用，并且在 2008 年相关性最好，但粮食产量的提高并不全是退耕还林工程的功劳。

西北地区各省（区）退耕还林面积与农民收入的相关关系随着年份的变化也分别表现不同的规律（专题表 4-2）。2004～2011 年退耕还林面积和农民收入的相关性均未达统计学显著水平（$P>0.05$），且相关系数较小，其中，2004 年和 2007 年呈负相关，其余年份均呈正相关。由此可以认为，在 2004～2011 年，除 2004 年、2007 年外，其余每一个年份内退耕还林面积的增加都可能会增加农民收入，从而更加有利于农村经济的发展。

2. 各省（区）退耕还林与粮食生产、水土保持、农民收入的相关关系

西北地区粮播面积、粮食产量、农民收入、径流量、土壤侵蚀量和退耕还林面积的直线回归方程分别为：$y=-1.6497x+17.622$、$y=-9.0768x+68.631$、$y=1073.5x-28.573$、$y=1.4896x+18.231$、$y=-116.75x+657.75$；拟合度分别约为 60.1%、45.3%、88.7%、28.8%、73.8%。粮播面积与退耕还林面积的一元线性回归关系显著（$P<0.05$），粮播面积随着退耕还林面积的增加而减少（专题图 4-5）。粮食产量与退耕还林面积的一元线性回归关系不显著（$P>0.05$），粮食产量也随着退耕还林面积的增加而减少。农民收入与退耕还林面积的一元线性回归关系显著（$P>0.05$），农民收入随着退耕还林面积的增加而增加。径流量与退耕还林面积的一元线性回归关系不显著（$P>0.05$），径流量也随着退耕还林面积的增加而增加。土壤侵蚀量与退耕还林面积的一元线性回归关系显著（$P<0.05$），而且，土壤侵蚀量随着退耕还林面积的增加而减少。

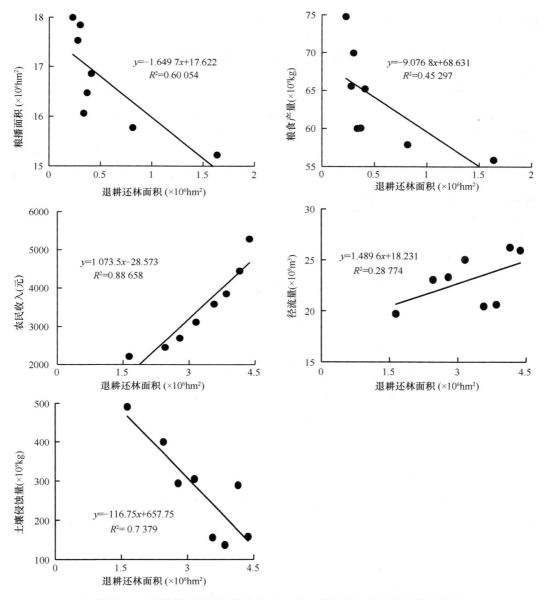

专题图 4-5　退耕还林面积与粮食生产、水土保持和农民收入的相关关系

三、退耕还林还草生态工程对不同空间尺度粮食安全的影响

陕西省处于东部湿润区向西部干旱区过渡地带，形成全国少有的南北兼有、东西过渡气候资源特点和农业特点。从北部农牧交错区，到中北部的典型旱作农业区、中部的灌溉农业区、南部的亚热带水稻种植区，主要种植制度及其关键技术可应用到我国 35% 的广大区域（上官周平等，2011）。因此，陕西省生态建设、农业生产能力、粮食供需状况以及粮食生产发展前景受到社会各界的广泛关注。本节主要以陕西省为例，分析退耕还林还草生态工程对省域、市域、县域和农户水平粮食生产的影响，对于指导西北地

区粮食生产、生态建设和农业经济发展具有借鉴作用。

（一）退耕还林生态工程对陕西省粮食生产的影响

陕西省 1999～2007 年累计退耕面积达到 110.6 万 hm²，仅为退耕还林面积，不包括荒山造林面积。自从 1999 年实行退耕还林试点工程以来，实施封山禁牧、坡耕地和沙化耕地退耕造林及荒山宜林区造林等具体措施，使陕西省森林覆盖率由 1999 年的 30.92%提高到 2009 年的 37.26%，生态环境得到明显改善。陕西省退耕面积自 1999 年试点工程实行以来先上升后下降（专题图 4-6），2002 年和 2003 年退耕面积较大，分别为 25.37 万 hm² 和 28.2 万 hm²，两年退耕面积占到总退耕面积的 48.44%，2004 年以后退耕面积逐年下降，2008 年退耕面积为 2.76 万 hm²，退耕还林工程进入结构调整与功能优化阶段。

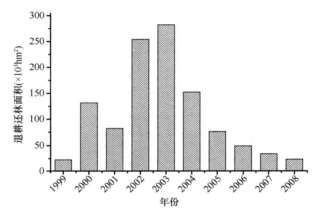

专题图 4-6　陕西省 1999～2008 年退耕还林面积变化动态

通过对陕西省 1999～2008 年粮播面积、耕地面积和退耕还林面积的综合分析发现，粮播面积随着退耕还林面积的变化呈波动式下降（专题图 4-7），其中在 2003 年，

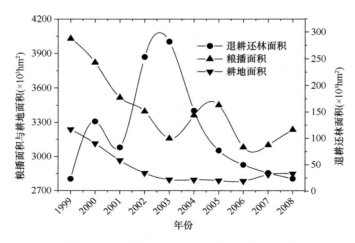

专题图 4-7　陕西省 1999～2008 年退耕还林面积、耕地面积与粮播面积变化动态

退耕面积达到历年最大，粮播面积降到最低。由于每年退耕的累积、农业结构调整和建设占用耕地等，耕地面积较为平缓地下降，从 1999 年的 323.83 万 hm² 降到 2006 年的 278.33 万 hm²，2007～2008 年耕地面积小幅度回升。

陕西省近 30 年粮食产量呈波动上升趋势，粮食总产量始终在 1000 万 t 的平均线上，以正负约 200 万 t 的振幅波动。1998 年达到历史最高产量（1303.1 万 t）；2000～2003 年因市场上出现卖粮难现象、退耕还林占用大量的耕地，粮播面积大幅减少，粮食产量再次滑坡，2003 年粮食产量降低到 968.4 万 t；2004 年至今全省粮食产量比较稳定，基本保持在 1100 万 t 左右。粮食产量的剧烈波动，与粮食生产的科技投入、粮播面积、粮食的价格以及国家政策密切相关，2000～2003 年市场出现粮食收购价格低、卖粮难的现象，加上退耕还林政策的实施，粮播面积大减，农民种粮积极性不高，导致粮食产量下跌；2004 年以后，国家出台了许多惠农政策，提高了粮食收购价格，又促使粮播面积增加，粮食产量基本处于稳定状态。

1999～2008 年陕西省退耕还林面积与粮播面积呈负相关（$R=-0.54$，$P<0.05$），表明退耕还林对粮播面积影响较大，进而影响粮食产量，其与退耕面积呈负相关关系（$R=-0.56$，$P<0.05$）。由于粮食单产波动式上升，因此粮食总产量与其播种面积和耕地面积相关性较小（专题表 4-3），但耕地面积是粮播面积的基础，二者之间相关性大（$R=0.91$，$P<0.01$）。所以，在退耕还林占用大量耕地的背景下，由于陕西省粮食单产的提高和国家投入的增加，全省的粮食总产并没有受到明显的影响，粮食总产维持在 1000 万 t 水平上。

专题表 4-3　陕西省粮播、耕地、退耕还林面积和粮食产量的相关关系（1999～2008 年）

项目	粮播面积	耕地面积	退耕还林面积	粮食产量
粮播面积	1.00	—	—	—
耕地面积	0.91**	1.00	—	—
退耕还林面积	−0.54*	−0.27	1.00	—
粮食产量	0.02	−0.15	−0.56*	1.00

注：**表示在 0.01 水平下相关关系极显著（$P<0.01$）；*表示在 0.05 水平下相关关系显著（$P<0.05$）

（二）退耕还林生态工程对陕北黄土丘陵区粮食生产的影响

由于耕地面积持续减少，而粮食需求持续增加，在短期内退耕区人口—耕地—粮食三者之间的耦合关系必然受到影响。陕北黄土丘陵沟壑区受自然、经济和技术条件以及土地利用结构的制约，水土流失严重，导致农业生产的自然条件较为严酷，耕地农业生产力水平较低（上官周平和彭琳，1999）。因此，区域的耕地数量变化必将影响到粮食生产的波动，进而影响到粮食有效供给及粮食安全。

衣华鹏等（2005）以陕西黄土高原水土流失区为例，从生态退耕规模及其对粮食生产的影响出发，剖析陕西黄土高原水土流失区的粮食安全问题。他们根据陕西省生态退耕县坡耕地现状以及各生态县（区、市）的地理分布、地貌类型和土壤、气候特征差异，把陕西黄土高原水土流失区的坡耕地分布明显地划分为长城沿线风沙区、黄土丘陵沟壑区和渭北旱塬区，各生态类型区内的典型生态退耕县及大于 25° 的坡耕地面积见专题表 4-4，生态退耕所造成的耕地面积的减少对粮食生产的影响是最直接、最明显的。在陕西黄土高原水土流失区，由于当地群众在坡耕地上采取的是广种薄收、粗耕粗放的经营方式，坡耕地产量多年徘徊在 430～1300kg/hm²，15°～25° 的坡耕地大多在 1000kg/hm² 以下，而陡坡耕地的粮食单产则更低。就分区而言，长城沿线风沙区单产最低、渭北旱塬区最高。由于陕西黄土高原水土流失区退耕主要是针对大于 25° 的陡坡耕地，并考虑各生态区粮食单产的差异，因此，粮食单产分别取长城沿线风沙区 435kg/hm²、黄土丘陵沟壑区 585kg/hm² 和渭北旱塬区 690kg/hm²。根据计划退耕规模，该区 20 个生态退耕县大于 25° 的坡耕地全部退耕，按粮食作物比例计算，可减少粮食总量 29 974.9 万 kg，长城沿线风沙区、黄土丘陵沟壑区和渭北旱塬区分别减少 4611.1 万 kg、20 551.9 万 kg 和 4811.9 万 kg，减少的粮食总量仅占该区 1995 年粮食总产量（287 409 万 kg）的 10.4%，远低于 24.5% 的退耕地比例数，表明这部分耕地退下来对该区粮食的供应影响并不太大。

专题表 4-4 陕西黄土高原水土流失区坡耕地现状分布 （单位：hm²）

生态类型区	典型生态退耕县（区、市）	坡耕地面积	25° 以上坡耕地面积
长城沿线风沙区	榆林，神木，定边，靖边，府谷	132.51×10⁴	17.67×10⁴
黄土丘陵沟壑区	延安，延川，延长，子长，吴起，绥德，安塞	383.94×10⁴	49.19×10⁴
渭北旱塬区	耀州，麟游，凤翔，礼泉，长武，旬邑，合阳，富平	65.15×10⁴	8.69×10⁴

衣华鹏等（2005）通过分析后认为，坡耕地退耕对粮食总产造成的负面影响是不言而喻的，但从节约投入、改善粮食生产环境以及投入产出效率的角度而言，其影响又具有积极作用。一方面，退耕使原投入的水、肥、农药、种子和劳力转向适宜耕种的耕地，并且在坡耕地上进行投入的边际效应必然会低于投入非坡耕地和非沙化耕地的边际效应。这样，增加的投入必然会带来这些适宜耕地粮食单产的提高，进而增加粮食总产。另一方面，坡耕地的退耕还林还草，既保护和改善了生态环境，又有利于提高这些土地及其他平川耕地的肥力，在一定程度上改善了水土流失区粮食生产环境的立地条件，提高了粮食生产能力，有利于提高粮食的单产和总产水平。从这个意义上讲，陕西黄土高原水土流失区的生态退耕完全可以消除自身所带来的不利影响。通过对陕西黄土高原水土流失区人口—粮食关系的研究，从粮食总产数量上讲，生态退耕并不会使陕西黄土高原水土流失区的粮食供需关系发生实质性的变化。

综上所述，退耕还林工程实施 10 年来，对生态环境有明显的改善，但也给区域粮食生产及粮食安全带来一定的负面影响，在陕北黄土高原水土流失区退耕面积所占比例较小区域，退耕对粮食生产和粮食安全影响不大，但对于退耕面积比较大的区域，区域粮食安全仍然受到较大影响；对于粮食主产区，退耕直接导致粮食产量的波动，对粮食生产及粮食安全影响较大（李建平和上官周平，2012）。

（三）退耕还林生态工程对县域尺度粮食生产的影响

目前以县域为单元，分析退耕还林对粮食生产与粮食安全影响的工作较多，并在不同生态与经济背景的县份取得了不少进展。郗静和曹明明（2008）以榆林市米脂县为例，从退耕还林对粮食生产的影响出发，剖析了该地区的粮食安全问题，研究结果表明在低的需求（人均粮食需求量为190kg）下，退耕还林工程没有对该县的粮食安全构成较大威胁，但随着需求水平提高，粮食安全威胁迅速加大。赵连武等（2009）以陕北米脂县为例进行研究，认为退耕还林还草工程是耕地总面积迅速减少的主要原因，提高粮食单产、保障粮食总产是实现粮食安全的最关键因子，持续增长的人口导致耕地的承载压力越来越大，并影响到该县的粮食安全。华凤燕和杨尚勤（2008）以描述统计学的方法结合计量经济学双重差分法（difference in differences，DID）来分析退耕前后吴起县各个乡镇粮食产量的变化，认为虽然吴起县退耕还林工程实施对粮食总产量是有影响的，但是对吴起县的粮食自给没有影响。何毅峰等（2008）认为吴起县整个县域层面的耕地压力较高，粮食供需处于一种不稳定不安全状态，近年来粮食产量虽有所增加，粮食供需矛盾有所缓解，但吴起县的粮食生产情况不容乐观，形势依然严峻，粮食安全问题需要长期高度重视。所以，不同学者在县域尺度上的研究结论差异较大，对延安市吴起县的粮食生产与粮食安全的认识也明显不同，这就需要对粮食—耕地—人口进行综合分析，以取得具有可操作性的基本认识。

成六三等（2010）为了评估黄土丘陵区实施退耕还林工程对县域粮食安全的影响，选取陕西省榆林市典型4县（米脂、清涧、子洲和吴堡），假设实施退耕还林工程的粮食补贴全部以粮食实物兑现和不实施退耕还林工程退耕的坡耕地提供粮食生产，运用修订的耕地压力指数模型来对比评估退耕还林工程对县域粮食安全的影响。所选4县均以传统农村经济为主，经济基础较为薄弱，农业种植结构以粮食为主。1999～2008年4县耕地面积变化差别较大，子洲县耕地面积几乎翻一倍，米脂县和吴堡县耕地面积有41%的增幅，清涧县耕地面积减少5.7%。从时间上看，在1999～2001年清涧县和吴堡县耕地面积减少幅度分别为17%和19%，米脂县耕地面积减少幅度为5%，但子洲县耕地面积反而增加了13%；在2002～2003年4县耕地面积出现了不同幅度的增长，其中子洲县耕地面积增长了1.2倍，吴堡县耕地面积增长了一倍，米脂县耕地面积增长了9.4%，清涧县耕地面积增长了2.9%；在2003～2008年，米脂县和清涧县耕地面积分别增加了55%和13.7%，而子洲县和吴堡县耕地面积分别减少了1.4%和13%。

榆林4县粮食产量变化波动比较大，但整体上呈现不断增长的发展趋势。1999～2008年4县平均粮食产量为0.88万～5.3万t，其中子洲县＞清涧县＞米脂县＞吴堡县。从时间上看，1999～2000年4县出现粮食产量最低值，主要是气候比较干旱所致；2001～2005年4县粮食产量都出现波动，主要是由于退耕还林工程实施引起耕地数量的变化；2006～2008年4县粮食产量都出现快速增长的趋势，粮食产量增长幅度为1.6%～73.7%，这主要归因于耕地面积增加和生产粮食环境的改善。

米脂县4种情景下的耕地压力指数 K 发展变化方向相同且都平缓趋向于1（专题图4-8a），无论给定人均粮食量300kg还是400kg，情景1的 K 值比情景2或者情景3的 K 值比情景4都整体上小，但两者的差别主要在1999～2001年阶段，2000年两者差别最为明显，主要归因于气候干旱和粮食补贴直接缓解耕地压力的作用。2002～2008年，两者差别就没有那么明显了，主要是由于米脂县耕地面积的增长。假设1下，情景1的 K 值比情景3小；假设2下，情景2的 K 值比情景4小，表明人均粮食产量提高，

K 值有所上升。总之，1998～2008 年米脂县粮食安全的压力逐步减小，粮食补贴和粮食单产增加起了很大作用，也有一部分耕地面积增长的作用。

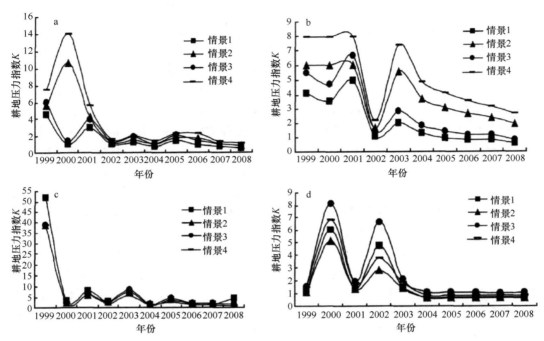

专题图 4-8　米脂县（a）、子洲县（b）、吴堡县（c）和清涧县（d）耕地压力指数 K 变化

情景 1，人均粮食产量 300kg，假设 1；情景 2，人均粮食产量 300kg，假设 2；情景 3，人均粮食产量 400kg，假设 1；情景 4，人均粮食产量 400kg，假设 2。假设 1 为实施退耕还林工程的粮食补贴全部以粮食实物兑现，假设 2 为不实施退耕还林工程退耕的坡耕地提供粮食生产

子洲县 4 种情景的耕地压力指数 K 发展变化方向相同且都趋向于 1（专题图 4-8b），但是在 1999～2001 年，4 种情况的 K 值都明显大于 1，表明耕地压力过大，粮食安全问题比较严重，粮食补贴起的作用较小，耕地数量远不能满足生产需要，子洲县耕地处于缓慢增加的状态。2002 年，耕地压力指数 K 值急剧下降，主要由于子洲县 2001 年耕地面积急剧增加了 1～2 倍，因此耕地压力明显减小。2003～2008 年，假设 1 的耕地压力指数 K 明显小于假设 2，粮食补贴对粮食安全起着很明显的作用。

吴堡县 4 种情景的耕地压力指数 K 发展变化方向相同且都趋向于 1（专题图 4-8c），但吴堡县耕地压力指数 K 一直都在平衡值之上，表明耕地长期处于压力之下，人地关系不协调，粮食安全问题比较突出。由于吴堡县退耕面积较少，粮食补贴对粮食安全影响程度甚微。1999 年和 2000 年分别出现耕地压力指数 K 最高点和最低点，最高点主要受气候干旱所影响，最低点主要由于耕地面积增长了 1 倍。虽然后期耕地面积有所减少，但幅度远远小于 2000 年的变化幅度，一直对耕地压力起了主要的作用。

清涧县 4 种情景的耕地压力指数 K 发展变化方向相同且都趋向于 1（专题图 4-8d），但在 2000 年和 2002 年出现了 2 次 K 值增大的极值，这是由于清涧县耕地面积减少幅度较大且气候干旱，其他年份 4 种情景的耕地压力指数 K 无明显变化，耕地压力基本平衡，主要因为清涧县地理位置靠南，耕地生产力较高且稳定，故在缓解粮食安全上假设 1 和假设 2 效果是等同的。

成六三等（2010）通过分析耕地压力指数模型，发现退耕还林工程对米脂县和子洲县粮食安全影响较明显，对清涧县和吴堡县影响甚微。不同退耕规模对不同人口密度县域粮食安全的影响程度不同，米脂县和子洲县在相同退耕规模下，粮食补贴对人口数量大的子洲县和人口密度大的米脂县粮食安全的影响较明显，粮食安全程度提高需要粮食补贴和一定耕地面积来保证；对于退耕规模较小的吴堡县和人口密度较小的清涧县，粮食补贴对粮食安全影响的程度甚微，粮食安全程度提高需要合适的耕地面积和单产水平来保证。

（四）退耕还林生态工程对农户尺度粮食生产的影响

吴起县位于延安西北部，在全国率先实施退耕还林工程，是全国退耕还林封得最早、退得最快、面积最大、群众得实惠最多的县份，成为"全国退耕还林试点示范县"、"全国造林先进县"和"退耕还林与扶贫开发结合试点县"等。1998 年即作出实施封山禁牧、大力发展舍饲养羊的决定，1999 年将坡度在 25° 以上的 1.03 万 hm² 坡耕地一次退耕到位，成为全国一次性退耕面积最大的县。截至 2008 年，吴起县累计完成退耕面积 1.62 万 hm²，全县林草覆盖率达 65% 以上，县域森林覆盖率 38.7%，城镇绿化覆盖率 42.5%。本节就以吴起县为例，通过分析和整合大量农户实际调查资料，探讨退耕还林对农户尺度粮食安全的影响。

李桦等（2006）在吴起县所辖的 12 个乡镇的 23 412 退耕户中采取现场问卷调查的形式，获得有效问卷 1619 户，经统计分析得出退耕以后，退耕农户倾向于选择单产高、经济优势明显的农作物品种，同时增加了对单位面积耕地的农用物资和劳动力的投入。各乡镇的户均耕地面积从 1998 年退耕还林前的平均 3.47hm² 下降到 2004 年退耕还林后的平均 0.80hm²，退耕还林面积占原耕地面积的 77%，大量耕地被占领。从种植的主要作物来看，玉米、马铃薯、杂粮的户均播种面积分别减少了 50%、60%、91%，抗逆性比较强的小杂粮作物种植在山坡地或贫瘠土地上，播种面积减少最多，是退耕的主要粮食作物。而退耕还林后，玉米、马铃薯、杂粮的单位面积产量均有不同程度的提高，平均来看玉米单产在退耕还林后是退耕还林前的 1.3 倍，马铃薯单产在退耕还林后是退耕还林前的 1.2 倍，杂粮单产在退耕还林后是退耕还林前的 1.2 倍，粮食单产虽然有所增加，但增加量不足以抵消由于粮食播种面积损失而带来的粮食减产。在吴起县，上述三种主要农产品基本上退耕户都种植。玉米主要是作为饲料，马铃薯相对于陕西省其他县（市）而言，产量与价格较高，有相对比较优势，杂粮的比较优势低于玉米和马铃薯，退耕还林后，在耕地有限的情况下杂粮种植就让位于玉米和马铃薯。

李文卓等（2010）在吴起县展开农户调查，选取了 3 个乡镇（吴起镇、新寨乡、周湾镇），调查了 5 个行政村（马湾、杨庙台、新寨村、小口则、梁伙场）97 户农户，其中有效样本数 94 户，涉及人口 469 人，其中高类型户 132 人，中类型户 226 人，低类型户 111 人。对退耕还林还草后不同收入类型农户的土地利用结构及其变化、产业结构及经济效益，以及 2007 年农户的粮食供需及输入输出情况等方面进行了分析，取得如下调查结果。

吴起县退耕前种植结构多样化，除了玉米和马铃薯，糜子、谷子、豆类等的种植也非常普遍，退耕后由于耕地面积减少，现农户主要种植玉米和马铃薯，这两种农作物的种植面积占总面积的80%。2007年粮食总产185 237kg（含马铃薯折算），粮食播种面积62.6hm^2，单产为2959.1kg/hm^2，人均粮食占有量为395kg。如果按照我国粮食安全领域的主流观点保障每年人均400kg粮食以上，则2007年农户粮食自给比例为98.75%。基于粮食安全考虑，将高、中、低三种收入类型农户的粮食需求标准定为：富裕型450kg，小康型400kg，温饱型350kg，计算不同收入水平农户的粮食自给率（专题表4-5）。总体上，农户的粮食自给率较高，其中高收入户和中收入户的自给率分别达到100.9%和104.0%，虽然他们的种植业比例不高，但粮食完全能够自给，主要是因为这两类农户的耕地面积大，管理水平好，总产较高；低收入户中由于存在家里部分人口未赶上划分土地的情况，人均耕地面积少，加上产业效益低，自给率明显低于前二者。这是在所有人口在家用粮的角度下分析的，即包含潜在压力的粮食供需情况。如果从现实角度来看，几乎每户都有外出打工和在外求学的人口，很少在家用粮，如将这部分人口数去掉，得出现实中粮食自给率平均为132.4%，各类农户的粮食都能够完全满足（专题表4-6）。

专题表4-5　吴起县各类型农户粮食供需情况

项目	高收入户	中收入户	低收入户
人均基本农田（hm^2）	2.1	2.2	1.6
粮食生产总量（kg）	59 937	93 995	31 305
粮食需求总量（kg）	59 400	90 400	38 850
粮食自给率（%）	100.9	104.0	80.6

专题表4-6　吴起县各类型农户现实粮食供需情况

项目	高收入户	中收入户	低收入户
总人数（人）	132	226	111
打工及上学人数（人）	45	61	23
粮食生产总量（kg）	59 937	93 995	31 305
粮食需求总量（kg）	39 150	66 000	30 800
粮食自给率（%）	153.1	142.4	101.6

李文卓等（2010）调查发现退耕几年来随着社会经济发展，农民收入水平提高，现在当地农户的粮食构成以外购大米和面粉为主，马铃薯为辅，玉米属饲料粮。调查的94户农户的外购粮为52 691.5kg，出售粮食51 380kg，自产口粮有24 892.5kg，牲畜用粮92 455kg（其中有7400kg属外购）。农户生产生活用粮（包括自产和购买）的24.6%是通过购买满足的，75.4%是自己生产的，其中输出粮24.1%，自产自食11.6%，饲料粮比例为39.7%。考虑农户的输入输出情况之后，分析了各类型户的外购、出售和自产自用情况（专题表4-7）。3种类型农户的生产生活都是以自产为主，其中高收入类型户的自产自用比例较低，输出率最高，且输入率＜输出率，这部分农户的种植业效益较好，而且随着收入的提高，对粮食的购买率也较高；中收入类型户的自产自用比例最高，虽然输入率＞输出率，但都不高，且输入率最低，这部分农户明显更依靠自产粮食；低收入类型户由于种植业效益和产量不高，输入率最高，自产自用比例最低。

专题表 4-7 吴起县各类型农户粮食输出输入情况

项目	高收入户	中收入户	低收入户
输入率（%）	26.7	22.1	33.0
输出率（%）	31.1	20.4	26.5
自产自用比例（%）	42.3	57.5	40.5

虽然退耕引起了农户土地利用结构和产业结构的变化，但随着农业科技水平的发展，劳动力外出，目前吴起县农户仍可基本实现粮食自给，粮食安全问题仍不突出。口粮品种通过部分调剂得以满足，无论是考虑潜在的粮食压力还是现实的粮食压力，都能从数量上基本保障农户的口粮安全问题。

四、农户层面退耕还林还草生态工程与社会
经济效益间的互馈效应

生态系统为人类社会发展提供资源和环境，社会经济效益又引导着人类对生态系统的态度和方式发生改变，两者的互馈关系决定了人地系统的演化方向和人类进程。人类社会经济发展和生态系统之间的相互关系，是当今可持续科学的核心问题之一。现有研究多是对生态修复工程带来的社会经济效益进行分析，却忽略了对生态修复与社会经济效益间互馈效应的探讨。一方面，生态修复与社会经济效益之间并不是简单直接的因果关系，忽略或错误地认识这种作用关系将会导致生态修复政策与农民生产生活的脱节，由此主导和实施的生态修复工程反而可能会阻碍当地经济社会发展；另一方面，若缺乏社会经济效益的支撑，脱离项目实施地政府和公众的支持，生态修复项目的实施效果也会大打折扣。本节基于农户微观数据，对退耕还林生态工程与社会经济效益间的互馈效应进行分析，进而提出能够使生态修复工程效益与农户微观行为意愿更加契合的政策建议，并为生态系统与社会和谐发展提供理论支撑。

（一）实地调研与样本统计

1. 典型县调研

黄土高原区宏观地貌类型复杂多样，其中黄土丘陵沟壑区总面积 14 万 km²，是黄土高原地区最典型的地貌单元之一，以峁状、梁状丘陵为主，沟壑纵横、地形破碎，15°以上的土地面积占 50%～70%，沟壑密度高达 2～7.6km/km²；黄土高原沟壑区总面积 20 万 km²，地形地貌特点是塬面广阔平坦、沟壑深切，水土流失比较严重，沟壑密度 1～3km/km²。这两大区域地处黄河中游，地形破碎，易受侵蚀，是水土流失的主要区域，也是我国贫困市县和退耕还林集中区。因此，课题组分别在黄土丘陵沟壑区和黄土高原沟壑区选取了典型样本点，即丘陵沟壑地貌特征显著的安塞县（以峁状沟壑为主）与延川县（以梁状沟壑为主），以及高原沟壑地貌特征显著的洛川县。

安塞县位于延安市北部，属于典型的黄土丘陵沟壑区，2011 年全县人口总数为 17.24

万人，其中 83.46%为农业人口。土地总面积 2950km^2，有 14 个乡（镇），209 个行政村；地形支离破碎，植被覆盖率小，水土流失面积达 27.71 万 hm^2，占全县面积的 94%；气候属中温带大陆性半干季风气候，降水年际变化较大，年内分配不均，主要集中在 7～9 月，约占全年降水的 63%。

延川县位于延安市东北部，全县土地总面积 1984km^2，其中耕地面积 73 996hm^2，25°以上坡耕地 18 573hm^2。全县土壤以黄绵土为主，土层深厚，耕性良好。现有林地 1.167hm^2，人工草地 0.133hm^2，林草覆盖率 6.6%，该县是生态修复工程示范县。

洛川县位于延安市南部，总面积 1886km^2，平均海拔 1100m，属渭北黄土高原沟壑区，是黄土高原面积最大、土层最厚的塬区，也是目前世界上保存最完好的古塬地貌之一。气候属暖温带半湿润大陆性季风气候。日照充足，雨热同季，昼夜温差大，具有发展农业，特别是苹果产业得天独厚的优势，素有"苹果之乡"和"陕北粮仓"的誉称。

2. 样本描述统计

本次调研于 2015 年 5 月对相应区域的农户进行了实地入户调查，共发放问卷 500 份，有效问卷 476 份，有效率为 95.2%。其中，安塞县有效问卷 160 份，延川县有效问卷 157 份，洛川县有效问卷 159 份。从调研样本基本情况来看，70 岁以上户主占 6%、50～70 岁户主占 49%、30～50 岁户主占 40%、30 岁以下户主占 5%，说明被调研家庭户主年龄大多集中在 30～70 岁，这部分人群是目前我国农村主要的农业劳动力，也可以较好地理解问卷的相关内容，能够保障调研结果的代表性、可靠性和有效性。

从被调查者的教育背景来看，被调研家庭户主的受教育程度以小学及以下和初中为多数，这两者占调查户主的 85.1%，也有个别户主受教育水平达到了本科及以上，表明该地区农户的受教育程度仍处于较低水平，这一调查结果也与我国农村的实际情况相符。

从样本点农户的收入构成来看，安塞和延川两地农户的非农收入高于农业纯收入，而洛川样本点居民的非农收入低于农业纯收入（专题表 4-8）。这主要是因为安塞和延川地区居民收入来源以打工、自营业或兼业等非农方式为主，而洛川地区居民收入主要靠农业，与其苹果产业的发展等密切相关。就非农收入而言，安塞最高，洛川次之，延川最低；而对于农业纯收入来说，洛川居民远远高于另外两个地区，安塞最低。

专题表 4-8 农户家庭农业纯收入与非农收入统计 （单位：元/人）

项目	安塞	洛川	延川
非农收入	32 893.97	22 092.01	17 099.34
农业纯收入	1 571.75	35 572.97	3 178.59

从户均家庭纯收入来看，样本点地区家庭纯收入多集中在 10 000 元以下，且三个样本县的家庭纯收入有较大差异性（专题表 4-9），特别是在"小于 10 000 元"和"10 000～20 000 元"这两个区段，延川县农户的占比要相对较大，这表明延川县收入相对较低的农户占比更高。

项目	小于 10 000 元/户 比例	10 000~20 000 元/户 比例	20 000~30 000 元/户 比例	30 000~40 000 元/户 比例	大于 40 000 元/户 比例
洛川	47.5	19.3	13.2	4.7	15.3
延川	56.0	28.2	7.3	2.3	6.2
安塞	50.2	24.7	13.6	4.2	7.3

从样本农户对生态修复工程的了解情况来看，不同样本点农户对生态修复工程的了解程度存在很大差异（专题表 4-10）。对安塞县而言，农户对生态修复工程了解"1 项及以下"的占 56.9%，居三样本县最高；而延川县了解"2 项"的农户所占比例最多；对洛川县而言，农户对生态修复工程了解"5 项及以上"的占 38.4%，为三样本点最高。这一结果表明，安塞县和延安县农户对生态修复工程的认知度要明显低于洛川县，当然这与不同区域社会经济发展水平、居民整体素质和政府生态修复宣传力度有很大关系，也从一个侧面反映出安塞县和延川县需要进一步加大对生态修复工程相关知识的宣传普及力度，使农户认识到实施生态修复工程的目的和意义。

专题表 4-10 样本点地区对生态修复工程的了解程度构成 （%）

项目	1 项及以下	2 项	3 项	4 项	5 项及以上
安塞	56.9	18.7	13.7	6.3	4.4
延川	17.2	31.2	19.1	15.3	17.2
洛川	22.6	10.1	16.3	12.6	38.4

从样本农户家庭耕地和退耕面积来看，延川县户均退耕还林面积最多，安塞次之，洛川最低（专题表 4-11）；安塞县户均耕地面积最多，延川次之，洛川最低，这主要与区域生态环境状况和农业产业类型有关。例如，洛川县农业生产早在 2000 年之前就已实现了从粮食到苹果的转换，因此户均家庭耕地面积较低，同时需要退耕的耕地也相对较少。

专题表 4-11 样本点家庭退耕还林及耕地面积构成 （单位：hm^2）

项目	安塞	洛川	延川
退耕还林面积	1.38	0.10	1.54
耕地面积	0.47	0.05	0.38

（二）模型构建与变量说明

1. 模型构建

农户是生态修复工程的生态效益和社会经济效益的直接利益主体。由于起初生态修复工程的实施具有强制性（实施行为可能不尽如人意、实施行为可能和实施意愿不一致等），为更好地对生态工程进行评价，并为后续相关政策提供参考，从农户视角切入对生态修复工程效益进行分析尤为重要。本研究将借鉴健康信念模式（health belief model，HBM），该模式基于刺激反应理论和价值期望理由，即行为由行为主体对行为结果的主观价值判断和行为导致结果可能性的主观判断决定。基于理性人假设，这里将农户层面的"生态修复"分为农户生产生活过程中实施的生态修复行为和农户未来继续实施上述生态修复行为的意愿两个方面。这样，农户通过参与生态修复工程或实施生态修复行为而获得生态修复所带来的社会经济效益，而其社会经济效益感知的提升又能够增强其继续实施生态修复的意愿，因此在农户生态修复与其所获得的社会经济效益间就形成了一个具有相互作用的互馈关系。根据以上理论分析，本研究提出以下两条假设：假设1，农户的生态修复行为越积极，其获取的社会经济效益感知则越强；假设2，农户感知到的社会经济效益越多，其对生态修复工程的实施意愿则越强烈。

为了检验农户生态修复与社会经济效益间互馈效应的存在，并测度其相互影响的程度，本研究采用比传统的多元回归、逻辑斯谛（logistic）回归更适合对多原因、多结果问题及由直接观察变量构成的潜变量进行处理的结构方程模型（structural equation model，SEM），通过将测量方程和基于既定理论的理论模型相结合，把模型误差纳入模型中进行分析，其估计结果更为准确，能很好地实现社会科学描述性研究和解释性研究的统一。SEM的具体形式如下：

$$\eta = B\eta + \Gamma\xi + \zeta \qquad\qquad （专题4-1）$$

$$y = \Lambda_y\eta + \varepsilon \qquad\qquad （专题4-2）$$

$$x = \Lambda_x\xi + \delta \qquad\qquad （专题4-3）$$

式中，η 为内生潜变量，本研究中可以表示为农户对生态修复带来的社会经济效益的感知和实施生态修复行为的意愿；ξ 为外生潜变量，可以指代农户采取生态修复的行为，以及户主年龄、户主受教育程度、家庭劳动力数量、生态环境现状认知和生态修复工程认知。通过 B（内生潜变量的系数矩阵）、Γ（外生潜变量的系数矩阵）以及 ζ（未能被解释的部分），结构方程把内生潜变量和外生潜变量联系起来。潜变量可以由观测变量来反映，其中式（专题4-2）和式（专题4-3）为测量方程，反映潜变量与观测变量之间的一致性关系。其中，x 为外生潜变量的观测量向量，y 为内生潜变量的观测变量，Λ_x 为外生潜变量与其观测变量的关联系数矩阵，Λ_y 为内生潜变量与其观测变量的关联系数矩阵，ε、δ 均表示残差项，本研究中 δ 为零向量。

在此基础上，本研究构建了农户生态修复与社会经济效益间互馈效应分析的SEM（专题图4-9）。SEM分析框架中包含"修复行为"、"效益感知"和"修复意愿"三个潜变量。此外，模型中还包含户主年龄、户主受教育程度、家庭劳动力数量、生态问题机理认知、生态修复工程认知五个观测变量，其具体内涵和描述性统计如专题表4-12所示。

2. 变量选取与信度效度检验

需要具体说明的是，SEM中三个潜变量各由五个观测变量进行测度。其中，"修复行为"主要是指农户遵从政策规定并投身于生态修复工程方面的活动。王雪梅和曾蕾（2003）在对伊春林区的林木管护状况进行调查分析时发现，退耕还林区存在着滥砍滥伐的现象，且很多管护人员缺乏相关的管护技术和知识。因此，本研究从学习管护知识与技术（行为1）、管护退耕林频率（行为2）、减牧圈养（行为3）、保护耕地环境（行为4）四个方面对农户生态修复行为进行测度。"效益感知"主要是指农户感知到的区域

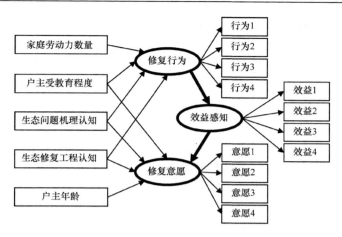

专题图 4-9 生态修复与社会经济效益互馈效应的 SEM

⬭ 代表潜变量; ▭ 代表观测变量; → 代表因果关系

专题表 4-12 SEM 变量描述统计及信度、效度检验结果

	变量	变量说明	均值	标准差	标准因子载荷
修复行为	行为 1	我学习了一些生态修复（如林木管护）的相关技术/知识	2.79	1.34	0.721
	行为 2	我经常对退耕林木进行管护（劈杂、除草、施肥、打药等）	3.10	1.47	0.632
	行为 3	退耕还林工程实施以来，改放牧为圈养，并减少了畜牧量	2.72	1.46	0.510
	行为 4	施肥打药时我会考虑对耕地质量和周围环境的影响	2.85	1.30	0.518
效益感知	效益 1	生态修复工程的实施促进了当地社会经济的发展	3.45	1.29	0.675
	效益 2	生态修复工程的实施提高了我家的收入水平	2.84	1.39	0.742
	效益 3	生态修复工程的实施改善了我们的居住环境	4.14	1.06	0.567
	效益 4	生态修复工程的实施造福了子孙后代	4.22	1.03	0.658
修复意愿	意愿 1	我愿意参与黄土高原生态修复工程	4.12	1.14	0.527
	意愿 2	我愿意参加生态修复的技能培训（水保、林木管护技术等）	3.41	1.38	0.505
	意愿 3	村民有保护退耕林（管护、补植、补造）的责任和义务	4.06	1.06	0.531
	意愿 4	我会劝说/举报他人的毁林、复垦等行为	3.50	1.40	0.522
观测变量	户主年龄	30 岁以下=1，30～40 岁=2，40～50 岁=3，50～60 岁=4，60 岁以上=5	2.51	0.99	—
	户主受教育程度	小学及以下=1，初中=2，高中/中专=3，大专=4，本科及以上=5	1.71	1.07	—
	家庭劳动力数量	1 人及以下=1，2 人=2，3 人=3，4 人=4，5 人及以上=5	2.13	1.11	—
	生态问题机理认知	乱砍滥伐、过度开荒和放牧破坏了黄土高原区地表植被	2.61	1.53	—
	生态修复工程认知	了解几项修复工程：1 项及以下=1，2 项=2，3 项=3，4 项=4，5 项及以上=5	2.66	1.52	—

注：除"户主年龄"、"户主受教育程度"、"家庭劳动力数量"和"生态修复工程认知"以外，其余变量均为认同度打分，1 代表完全不同意，2 代表比较不同意，3 代表一般，4 代表比较同意，5 代表完全同意

社会经济和自身社会经济条件及状况的改善程度，这主要得益于生态修复工程的实施和农户自发生态修复行为。本研究主要从促进当地社会经济发展（效益 1）、提高家庭收入水平（效益 2）、改善居住环境（效益 3）、造福子孙后代（效益 4）四个方面对农户的社

会经济效益感知进行测度。"修复意愿"主要是指农户在现阶段及将来参与生态修复工程或实施生态修复行为的主观愿望。已有研究中，柯水发和赵铁珍（2008）将是否愿意参与退耕还林作为农户生态修复意愿的测度指标；李桦等（2011）将是否愿意巩固退耕还林成果作为对生态修复意愿的测度指标。参考上述相关研究，并根据调查区域的实际情况，本研究主要从修复工程参与意愿（意愿1）、管护技能培训参与意愿（意愿2）、对保护退耕林责任与义务的认可度（意愿3）、对违规行为的规劝意愿（意愿4）等四个方面对农户生态修复行为的实施意愿进行测度。

为了确保问卷的可靠性，通常采用信度指数（Cronbach's alpha）这个指标来对问卷指标的信度进行检验。本研究运用 SPSS 21.0 对修复行为、效益感知和修复意愿三个潜变量涉及的 17 个观测变量进行信度分析。结果显示，修复行为、效益感知、修复意愿的 Cronbach's alpha 值分别为 0.620、0.640、0.662，问卷整体的 Cronbach's alpha 值为 0.717，均高于 0.6，说明信度较好（一般认为该值大于 0.6 即表示信度较好）。

为了进一步衡量问卷整体的内在结构是否合理，本研究进行了探索性因子分析（exploratory factor analysis，EFA），对问卷效度进行检验。结果显示，各观测变量指标的标准因子载荷系数均满足 Fornell 和 Larcker（1981）提出的标准化的因子载荷应大于 0.5 的要求，说明各潜变量的观测变量的内部一致性较好。同时，效度检验得到的 KMO 值为 0.756，＞0.7，Bartlett 球形检验 Approx. Chi-Square 值为 1348.358，在 1% 的水平上显著，说明问卷的结构效度较好且数据具有很高的相关性，适宜做因子分析。

（三）互馈效应分析的结构方程模型估计

1. 模型整体适配度检验

在样本数据符合模型构建标准的基础上运用 AMOS 21.0 软件对模型进行验证与修正。模型适配度检验是理论模型构建是否科学的重要依据。从模型整体适配度指标来看（专题表 4-13），模型绝对拟合指数全部达到了建议值要求，相对拟合指数中除 NFI、TLI 以外，其余各指标值均达到了建议的取值范围，表明测量模型整体拟合情况较好。

专题表 4-13 结构方程模型适配度指标统计

拟合指数	具体指标	建议值	结构方程模型估计值
绝对拟合指数	χ^2	越小越好	335.861
	χ^2/df	＜3.00	2.2294
	RMR	≤0.5	0.096
	RMSEA	≤0.05 拟合良好，≤0.08 拟合合理	0.069
	GFI	≥0.9 为优，≥0.8 尚可接受	0.921
	AGFI	≥0.9 为优，≥0.8 尚可接受	0.884
相对拟合指数	NFI	≥0.9 为优，≥0.8 尚可接受	0.754
	IFI	≥0.9 为优，≥0.8 尚可接受	0.816
	TLI	≥0.9 为优，≥0.8 尚可接受	0.754
	CFI	≥0.9 为优，≥0.8 尚可接受	0.812

2. 生态修复与社会经济效益互馈效应的 SEM 分析结果

由 SEM 的路径系数分析结果可知（专题表 4-14），农户生态"修复行为"对其社会经济"效益感知"有正向影响，标准化路径系数为 0.458，且在 1%的水平上显著。这表明农户实施的生态修复行为（即参与生态修复工程、掌握相关技术知识、对退耕林木进行管护、减少放牧和畜牧量、施肥打药考虑对耕地质量和周围环境的影响）越积极，其感知到的生态修复社会经济效益（即促进当地的经济发展、提高农户收入水平、改善居住环境、造福子孙后代）越大。这主要是因为农户实施的生态修复行为带来了自身收入水平、收入结构和生活状况的提升，同时植被覆盖率的提高也有助于保持水土、调节小气候和增加降雨量，从而改善居住环境，造福子孙后代。

专题表 4-14　结构方程模型估计结果

路径	未标准化				标准化
	参数估计值（Estimate）	估计标准误（S.E.）	临界比值（C.R.）	P	参数估计值（Estimate）
效益感知＜修复行为	0.705	0.133	5.309	***	0.458
修复意愿＜效益感知	0.473	0.085	5.582	***	0.481
行为 4＜修复行为	1.000	—	—	—	0.426
行为 3＜修复行为	0.721	0.164	4.391	***	0.474
行为 2＜修复行为	1.661	0.257	6.461	***	0.628
行为 1＜修复行为	1.512	0.243	6.226	***	0.627
效益 1＜效益感知	1.000	—	—	—	0.662
效益 2＜效益感知	1.155	0.104	11.065	***	0.710
效益 3＜效益感知	0.601	0.082	7.370	***	0.486
效益 4＜效益感知	0.449	0.075	5.959	***	0.473
意愿 4＜修复意愿	1.000	—	—	—	0.603
意愿 3＜修复意愿	0.769	0.084	9.197	***	0.610
意愿 2＜修复意愿	1.088	0.116	9.380	***	0.663
意愿 1＜修复意愿	0.595	0.083	7.163	***	0.438
修复意愿＜户主年龄	0.074	0.043	1.704	0.088	0.087
修复意愿＜户主受教育程度	0.141	0.056	2.533	0.011	0.134
修复意愿＜生态问题机理认知	0.049	0.027	1.814	0.070	0.089
修复意愿＜生态修复工程认知	0.148	0.031	4.824	***	0.268
修复行为＜户主受教育程度	0.086	0.040	2.137	0.033	0.124
修复行为＜家庭劳动力数量	0.082	0.029	2.861	***	0.158
修复行为＜生态问题机理认知	0.037	0.019	1.918	0.055	0.101
修复行为＜生态修复工程认知	0.179	0.031	5.824	***	0.492

注：***代表差异显著（$P<0.01$）

农户实施的生态修复行为为其带来了社会经济效益。那么，当农户感知到这些社会经济效益的提升之后，很可能继续增加对生态环境的投入。这一点在本研究 SEM 的路径分析结果中得到了证实，农户社会经济"效益感知"对其生态"修复意愿"有正影响，标准化的路径系数为 0.481，且在 1%的水平上显著。这表明，较高的社会经济效益感知反过来又会提高农户的生态修复意愿（即生态修复工程的参与意愿、生态修复技能培训的参与意愿、生态保护的责任和义务认同感，以及劝说或阻止他人破坏性行为的意愿）。这主要是因为，生态修复工程的实施切实促进了区域社会经济的发展，提高了农户整体收入和生活水平，改善了农户生活环境。而这些生态修复带来的效益又增进了农户对生态修复的认知水平，提升了农户实施生态修复行为的意愿。

农户通过实施生态修复行为可以得到自身社会经济效益的提升，反之社会经济效益的提升又能够增进农户实施生态修复行为的意愿。也就是，在农户层面存在生态修复与社会经济效益间的互馈效应关系。这表明，我国已经实施或正在实施的生态修复政策已经在农户层面形成了有效的正反馈作用，生态修复与区域社会经济发展之间将进入良性循环。值得注意的是，农户"效益感知"对"修复意愿"的标准化路径系数（0.481）要大于"修复行为"对"效益感知"的标准化路径系数（0.458）。也就是说，生态修复与社会经济效益之间的互馈效应并非等价的相互作用，造成这一结果的原因可能是农户生态认知水平的提升加强了社会效益对生态修复的反馈作用，但目前生态修复政策所带来的社会经济效益仍然未达到农户的期望水平。因此，后期政策制定中应该更多地考虑生态修复与农户增收的结合。

从 SEM 的观测变量来看，"户主受教育程度"、"生态问题机理认知"和"生态修复工程认知"均对农户"修复行为"与"修复意愿"有显著的正向影响，这表明农户自身认识和理解水平，以及对生态问题产生机理和生态修复工程作用机理认知水平的提高能够增强/增加农户实施生态修复的意愿/行为。"户主年龄"对农户"修复意愿"具有正向影响，然而其对"修复行为"没有显著影响。可能的原因是，随着年龄的增加，农户自身对生态环境的认识和理解更加深刻，实施生态修复行为的意愿也更加强烈，但随着年龄进一步增加，农户也开始逐渐失去实施生态修复行为（林木管护等）的能力。"家庭劳动力数量"对农户生态"修复行为"有正向影响，且在 1%的水平上显著，这可能是由于劳动力充足的家庭往往有更多的资金、时间和精力能投入到对生态环境的修复中。

五、西北地区不同坡度耕地面积与分布及可能的退耕规模

根据国家退耕还林还草生态工程的规定，就被退耕地而言，主要有三种类型：坡耕地退耕、荒漠化土地退耕和盐碱化耕地退耕，其中坡耕地退耕是当前退耕生态工程实施的重点。本节主要分析西北各省（区）不同坡度耕地面积与分布及可能的退耕规模，为新一轮退耕还林还草工程的顺利实施提供科技支撑。

（一）各省（区）耕地坡度分级面积

通过对西北地区各省（区）土地详查数据（刘育成，2000）的统计分析（专题表 4-15），西北地区共有耕地 2675.4 万 hm^2，占全国耕地总面积 13 487.9 万 hm^2 的 19.8%，2°以上

的坡耕地 1284.1 万 hm²，占全区耕地总面积的 48.0%，其中 2°～6°、6°～15°、15°～25° 和大于 25°的坡耕地所占比例分别为 20.2%、8.0%、13.1% 和 6.7%。西北地区大于 15° 坡耕地的面积为 529.7 万 hm²，占全区耕地总面积的 19.8%，占全国相应等级坡耕地面积的 1/4 强（27.9%）。

专题表 4-15　西北各省（区）耕地坡度分级面积　　　　　（单位：万 hm²）

区域	耕地总面积	ACL≤2°	2°<ACL≤6°	6°<ACL≤15°	15°<ACL≤25°	ACL>25°
陕西	473.8	169.1	56.1	1.0	114.3	133.3
甘肃	358.8	126.8	67.2	1.6	132.9	30.3
青海	47.6	23.2	10.5	0.2	13.1	0.6
宁夏	91.0	56.6	18.0	0.4	15.2	0.8
新疆	378.7	367.7	10.8	0.1	0.1	0.0
山西	480.3	158.8	118.9	124.4	63.9	14.3
内蒙古	845.2	489.1	259.5	85.7	10.1	0.8
西北地区	2675.4	1391.3	541.0	213.4	349.6	180.1
不同坡度耕地占西北地区的比例（%）	100	52.0	20.2	8.0	13.1	6.7

注：ACL（area of cultivated land）为耕地面积

西北地区共有 25°以上陡坡耕地 180.1 万 hm²，占耕地总面积的 6.7%，集中分布在陕西和甘肃两省的黄土丘陵沟壑区与秦巴山地区。在西北七省（区）的县级单位中，25° 以上坡耕地分布情况如专题表 4-16 所示。

专题表 4-16　西北地区 25°以上坡耕地面积及比例较大的县级单位

省	面积在 1.3 万～3.3 万 hm² 的县级单位	面积超过 3.3 万 hm² 的县级单位	比例在 30%～50% 的县级单位	比例超过 50% 的县级单位
陕西	西乡 勉县 略阳 汉阴 石泉 岚皋 白河 商州 丹凤 山阳 延长 延川 佳县	宝鸡 宁强 镇巴 安康 紫阳 平利 旬阳 镇安 延安 子长 安塞 志丹 吴起 绥德 清涧 子洲	宝鸡 凤县 太白 西乡 勉县 安康 汉阴 宁陕 旬阳 商州 商南 柞水 延安 子长 安塞 志丹 吴起 绥德	宁强 略阳 镇巴 佛坪 石泉 紫阳 岚皋 平利 镇坪 白河 丹凤 山阳 镇安 清涧 子洲
甘肃	宁县 镇远 康县 宕昌 岷县	武都 礼县	宕昌 康县 州曲	武都

小于 25°坡耕地的开垦和耕作同样也是西北地区水土流失及土地荒漠化扩展的重要原因。因此，在实施 25°以上陡坡耕地退耕的同时，必须对西北地区小于 25°的坡耕地，特别是 15°～25°的缓坡耕地的退耕作出周密规划。

根据土地利用详查资料，西北地区有 15°～25°的坡耕地 349.6 万 hm²，与 25°以上陡坡耕地相似，同样集中分布于黄土丘陵沟壑区和秦巴山地区。若将 15°以上坡耕地全部退耕，则该区退耕总面积将达到 529.7 万 hm²，约占该区耕地总面积的 1/5，人均耕地将由 0.18hm² 降至 0.11hm²（专题表 4-17），相应的人均粮食占有量势必也会降低。

专题表 4-17　西北五省（区）退耕前后人均耕地面积变化

时间	省（区）	陕西	甘肃	青海	宁夏	新疆	西北地区
1996 年	耕地面积(万 hm²)	514.0	502.5	68.8	126.9	398.6	1610.8
	人口(万人)	3543.0	2466.9	488.3	521.2	1689.3	8708.7
	人均耕地面积(hm²)	0.15	0.20	0.14	0.24	0.24	0.18
2015 年	人口(万人)	3775.1	2590.8	583.4	661.5	2298.5	9909.3
	退掉大于 25°坡耕地后的人均耕地面积(hm²)	0.10	0.18	0.12	0.19	0.17	0.14
	退掉大于 15°坡耕地后的人均耕地面积(hm²)	0.08	0.13	0.10	0.17	0.17	0.11

我们以县为单元，在保证人均耕地 0.1hm²、人均粮食占有水平可望达到 400kg 以上的前提下，以 2015 年市县人口预测值为基础将 15°～25°的坡耕地部分退耕，经计算可得到如下结果：到 2015 年，西北地区退掉大于 25°的陡坡耕地后，可退掉 15°～25°坡耕地 194.2 万 hm²，占现有耕地面积的 12.1%（苏冰倩等，2017b）。各省（区）可能的退耕情况如专题表 4-18 所示。

专题表 4-18　西北地区未来耕地可能的退耕面积　　　　　（单位：万 hm²）

省（区）	总耕地面积	保障粮食安全前提下的耕地面积	理论上可退耕面积	15°以上坡耕地面积	实际退耕面积	未来可退耕面积
陕西	473.8	377.5	198.4	247.6	209.8	−11.4
甘肃	358.8	259.1	257.5	163.2	160.1	97.4
青海	47.6	58.3	9.8	13.7	34.8	−25.0
宁夏	91.0	66.2	59.9	16.0	73.7	−13.8
新疆	378.7	229.8	154.3	0.1	81.2	73.1
山西	480.3	364.8	115.5	78.2	102.1	13.4
内蒙古	845.2	175.4	132.4	10.9	90.4	42
西北地区	2675.4	1531.1	927.8	529.7	752.1	175.7

注：保障粮食安全前提下的耕地面积[即为了保障西北各省（区）粮食安全，绝不可退耕的耕地面积]=2015 年末人口数×人均耕地 0.1hm²

（二）未来可能的退耕还林还草规模分析

西北地区 25°以上陡坡耕地集中分布在陕西和甘肃两省的黄土丘陵沟壑区与秦巴山地区。根据《中华人民共和国水土保持法》的规定，大于 25°的陡坡耕地必须无条件退耕，因此西北地区至少必须退耕 180.1 万 hm²，占现有耕地的 6.7%。在实施 25°以上陡坡耕地退耕的同时，由于小于 25°的坡耕地，特别是 15°～25°的缓坡耕地，也是造成西北地区水土流失和土地荒漠化扩展的主要原因之一，因此坡度在 15°～25°的缓坡耕地也应作为退耕的重点。若将大于 15°的坡耕地全部退耕，则该区退耕总面积将达到 529.7 万 hm²，约占该区耕地总面积的 1/5。

但实际上 15°～25°坡耕地并不属于国家强制退耕的范畴，因此，该类耕地退耕必须考虑其对农民生活水平和生态环境保护的双重影响。就西北地区目前退耕还林还草生态工程实施情况来看（专题表 4-18），除陕西和甘肃实际退耕面积小于 15°以上坡耕地面积外，其他省（区）均已超过 15°以上坡耕地面积。在各省（区）实际考察过程中，也常见到 15°以上坡耕地耕种的情况，15°～25°的缓坡耕地不可能也不应该全部退耕。只能在保证一定人均耕地水平且不影响西北地区粮食安全的前提下，从保持水土和荒漠化防治的角度出发，科学地确定该区退耕面积及退耕进度，进行部分退耕还林还草或采取坡改梯等形式进行改良。

综上所述，在保证人均耕地 0.1hm² 的前提下，以 2015 年末人口数为基础，西北地区未来尚有 175.7 万 hm² 的退耕面积，约占西北地区耕地面积的 6.6%。其中，甘肃是西北地区退耕的第一大省，未来可退耕面积占西北地区未来可退耕总面积的 55.4%，占本省耕地总面积的 27.15%；其次是新疆，未来可退耕面积占西北地区未来可退耕总面积的 41.6%，占本区耕地总面积的 19.3%；内蒙古与山西尚有一定的可退耕面积，分别占西北地区未来可退耕总面积的 23.9% 和 7.6%。

六、对西北地区进一步实施退耕还林还草生态工程的建议

1999 年，国务院提出"退耕还林（草），封山绿化，以粮代赈，个体承包"政策，并在陕西、四川、甘肃 3 省率先开展了退耕还林试点，2002 年正式启动退耕还林工程，在全国 25 个省、市、自治区全面开展，2014 年启动了新一轮退耕还林还草工作。由于新一轮退耕还林还草政策与 1999 年实施的前一轮退耕政策有较大不同，并且各地区的社会、经济发展情况不同，因此各地政策执行的进展存在较大差别。新一轮退耕政策实施以来，补助费用少、年限短，对农户吸引力小；土地利用现状数据与实地摸底调查的数据有冲突，落实退耕地块困难；缺乏相关配套政策；各部门工作效率低等原因，导致新一轮退耕政策执行不理想，许多省份和县市不能顺利开展退耕工作。本节针对这些问题，对西北地区新一轮退耕还林还草提出如下建议。

（一）退耕应与西北生态环境建设统筹规划，突出重点，和坡耕地改造同步进行

退耕还林还草是西北地区生态环境建设的重大举措，也是全国生态环境建设的一项宏伟工程。因此，西北地区的退耕，必须与区域生态环境建设规划相协调，统筹规划、分类指导，突出重点、分期分批实施，应与坡耕地改造同步进行。

退耕应与西北生态环境建设统筹规划，分类指导，具体安排。西北地区占国土总面积的比例超过 1/3，涉及西北干旱区、青藏高原区和黄土高原区 3 个地理单元。任何地区的退耕，都要与西北地区的生态环境建设相结合，把青藏高原区的退耕与江河源区生态环境保护、西北干旱区的退耕与沙漠化防治、黄土高原区的退耕与水土流失治理统筹规划，分类指导，针对不同区域特点，详尽规划、具体安排。

坡耕地退耕应突出重点地区，按计划分期分批实施。西北地区坡耕地退耕的重点在陕西省和甘肃省。考虑到退耕面积较大，对粮食生产的影响强烈，退耕应在试点的基础上，分期分批进行。在退耕任务的时间安排上，应首先将水土流失严重、水土环境恶化地区的坡耕地，尤其是陡坡耕地退下来。在退耕任务的区域安排上，人少地多的地区和

人多地少的地区应区别对待,前者可以在保证 0.1hm² 基本农田的基础上集中力量进行大规模退耕;后者则应在努力提高粮食单产量的前提下稳步退耕,以保证农民的长期吃饭问题。

(二)实施"藏粮于地"工程,全面提高西北地区的土地资源综合生产能力

西北地区深居内陆,交通不便,经济落后,从其他地区调粮有一定的困难和压力。因此,建议首先实施"藏粮于地"工程,全面提高该区的土地资源综合生产能力,尽可能通过区域性努力来解决西北地区的粮食安全问题。"藏粮于地"工程主要包括以下内容。

建设基本农田,搞好农田基本建设,提高耕地资源利用效率。西北地区退耕后将保留 6°以上的缓坡耕地 330 万 hm²。有计划、有步骤地开发后备耕地资源,提高土地资源利用率。据《〈中国 1∶100 万土地资源图〉土地资源数据集》,西北地区共拥有后备耕地资源 1180.3 万 hm²,是我国后备耕地资源最为丰富的地区。在遵循自然规律和经济规律的前提下,可以有计划有步骤地开发后备耕地资源,以缓解西北地区因退耕加剧的人地矛盾,提高土地资源利用率。这将对西北地区农业的可持续发展和生态环境保护起到积极的推动作用。

建设区域性粮食生产基地,提高土地资源的区域配置效率。宁夏的银川平原,陕西的渭河谷地和渭北旱塬,甘肃的河西走廊,新疆的昌吉、伊宁、塔城、博尔塔拉和阿克苏、莎车等地区,水资源充沛、光热资源丰富、生产条件优越、农业历史悠久,可以集中力量,加大投入,建设区域性商品粮基地。这不仅可以解决区域粮食供求平衡问题,实现西北地区的粮食自给,而且可以促进区域农牧结合发展,提高区域土地资源配置效率,从而为西北地区的退耕工作奠定良好的物质基础。

在西北地区生态建设的进程中,退耕后要保证该地区七个省(区)1 亿多人的吃饭问题,并力争提高居民生活水平,必须提高保留耕地的粮食产量水平。首先,在保证人均基本农田的前提下,对坡耕地实施坡地梯田化工程,以提高耕地产出水平,进而保证人均粮食占有水平。其次,增加科技投入,采用先进的喷灌、波涌灌溉、膜上灌等节水灌溉方法,推广农业耕作蓄水保墒技术、春季抗旱坐水种技术、配肥改土抗旱技术等旱作农业新技术,培育综合性状优良的作物品种,应用高效、低毒、无残留的新型农药和化肥,从而全面提高耕地资源利用效率。同时在遵循自然规律和经济规律的前提下,有计划、有步骤地开发后备耕地资源,以缓解西北地区因退耕加剧的人地矛盾,提高土地资源利用率,这也将对西北地区农业的可持续发展和生态环境保护起到积极的推动作用。

(三)统筹处理生态修复与社会经济发展的关系,建立生态修复政策实施长效机制

研究发现生态修复与社会经济发展的互馈影响会滞后两年,并且,生态修复指标在本研究中选用累计造林面积,凸显出生态修复与社会经济互馈发展是中长期影响,因此在政策制定时要正确处理好短期利益和长远利益的关系。黄土高原生态修复的短期目标

是提高生态效益和经济效益，最终目标是促进经济社会可持续发展，因此，社会效益是应该考虑的一个长远目标。建议在政策制定与实施中，要坚持生态效益、经济效益和社会效益相统一，正确处理好三者之间的关系，正确处理好近期利益和长远利益的关系，把社会效益作为"纲"，把经济效益和生态效益作为"目"，在社会效益"纲"领下，充分保证生态效益，最大程度地提高地方和农民的经济效益，在确保生态效益的前提下，最大程度地发挥经济效益，兼顾长远的社会效益。同时，如果把退耕还林工程建设与构建社会主义和谐社会、新农村建设和政府转变职能结合起来，将会收到事半功倍的效果。

西北地区涉及七个省（区），各地的自然条件、经济条件和社会条件差异较大，很难采用统一的标准。本研究仅选取三个县进行测算，结果表明各县生态修复与社会经济发展的互馈程度各有不同，因此，必须坚持因地制宜、实事求是、注重实效的原则，结合当地自然、地理、土壤、气候等条件，尊重客观规律，合理布局，实行分类指导、分级管理。坚持适地选择生态修复手段，并与农民的经营管理水平相适应，切忌搞形式主义，不顾客观条件"一刀切"。此外，还可以充分利用生态改善后的环境资源优势，尽快开发和实施生态旅游、水资源利用、森林氧吧、森林碳汇交易等项目，为生态修复工程维护开拓广阔的资金来源渠道。

完善有效补偿措施，提高农民粮食生产积极性。从 2004 年开始，国家出台了一系列补偿粮食生产者的政策，对粮食生产大力支持，但农民之所以对退耕还林还草工程仍有疑虑、有消极情绪，主要还是因为享受不到生态经济的成果，所以，在新一轮政策下，国家特别要重视在退耕中将农民的损失尽可能降到最低，要更加注重用实在的补助来调动群众参与的积极性，建立起更灵活、更合理、更有导向性的经济综合补偿方案，以此来促进退耕还林还草的实施。首先建议政府本着实事求是的原则，分区施政，提高退耕补助标准，延长补助期限。其次要进一步落实深化粮食流通体制改革的有关政策，尽快实施和落实直补政策，对种粮农户进行直接补贴；进一步完善农业税费改革，减轻种粮农民的负担；实施农业产业化经营，通过龙头企业把农户和市场连接起来，逐步构建省域性的粮食生产基地；有条件的地方要积极鼓励引导农民逐步进行规模经营，降低生产成本。

区域经济发展与生态修复对基础教育和医疗水平有明显促进作用，而居民身体与文化素质的提高对一个地区社会经济发展和生态文明建设具有长远的积极意义。因此，应该增加正规教育投入，不断完善农村九年义务教育制度，同时加大以职业技能培训为主要内容的农村非正规教育发展力度，包括增加培训资金、培训人员、培训机构，增强农民科学耕种、育林、养殖等促进生态修复与经济收入增加的农业技能或者一些非农就业技能水平。尽快完善农村医疗保障体系，通过增加农村医疗保障投入、完善农村医疗保障制度，提高农民的健康水平。

（四）生态修复政策应兼顾农户转业就业问题，大力推广经济林，实现生态修复与农户经济收益双赢

今后生态修复与保护政策的制定中需要更多地考虑农户层面的社会经济效益。实地访谈中我们发现，由于缺乏相应的职业技能和就业信息，农户外出务工的工作环境、生

活状态、工资收入等很难达到预期水平，而有限的生态修复工程补助对其生活水平的改善程度也相当有限。因此，未来生态修复政策的制定中应该更多地兼顾农户利益，从提供就业培训指导、建设各类招聘信息服务平台、为农户非农自主经营提供小额贷款、完善农村社会保障体系等方面，为农户创造更多的非农就业机会，排除农户难以向非农产业转移的障碍，使更多农村剩余劳动力逐渐从传统小农生产中转移出来，并达到更高的收入水平。

当前生态修复工程建设已初见成效，农户的生态修复意愿也因直接受到感知行为控制的影响而处在重要的转型期。实地访谈发现，尽管多数农户赞成生态工程的实施，但他们更希望能够在生态环境保护与修复的同时获得更多的经济效益，而非单一的退耕、退牧和天然林保护。因此，相关政策的制定不仅仅要重视黄土高原区生态环境的保护与修复，还要能够给区域内农户带来实质性的社会经济效益，从而实现生态环境改善与农户效益提升的双赢，加强农户层面的生态修复与社会经济效益之间的互馈关联。因此，未来生态修复工程的实施可以更多地考虑适合于各地形区的经济林的推广，并对农户进行林木管护技术的指导和培训，使农户在退耕还林中得到实质性的经济利益。

退耕还林还草，一方面是为了修复生态环境，实现环境保护目标；而另一方面，是经济发展的客观需求，尤其是农村地区。正确处理好生态保护与经济发展二者之间的矛盾，将有利于退耕还林还草的开展。因此，这就要求我们要立足于区域生态实际情况，有针对性地开展相关农业项目，将不适合耕地的地块根据其地质特点，尝试采取林果产业化、旅游产业化、绿色食品产业化等经营方式，从拓宽经济增长点的目标出发，合理规划好西北地区的土地使用，促进区域经济可持续发展。此外，可逐步建立商品性农产品与种植、养殖相结合的加工系统，使农业向"农工商一体化、产加销一条龙"的方向发展，促进区域农牧结合，以农业产业化促进农村经济快速发展。这样不仅可以解决一部分农民的就业问题，而且能快速提高农民收入，从而为西北地区的退耕工作奠定良好的物质基础。还可在气候条件适宜的地区建设一批中草药等的繁育基地，提高产品质量等级，实现种植规模化，使它们成为退耕中促进后续产业发展、提高农民收益的另一条捷径。

西北地区农业整体产业布局研究

在十九大精神以及国际化绿色化背景下，本专题以西北地区的农业产业布局为研究对象，在深入分析西北地区各省（区）农业资源条件、各省（区）及整体农业产业布局现状背景和问题、各省（区）及整体农业产业布局演变趋势、各省（区）及整体农产品区域比较优势的基础之上，结合西北地区各省（区）农产品特色优势，提出西北地区农业产业布局调整优化所必须遵循的原则；针对西北五省（区）农业产业布局现存问题，并结合土地资源禀赋和人口变动与城镇化、交通运输能力因素的变化，对西北五省（区）农业产业空间布局的调整优化提出保障措施。

一、西北地区农业资源条件分析

农业生产具有地域性，农业生产的地域分布是由农业地域分异规律所决定的。自然条件是农业生产合理布局的基础，农业产业空间布局最重要的是因地制宜。中国西北地区属于亚欧大陆草原、荒漠地区的组成部分，位于亚欧大陆的腹地，深处内陆，距离海洋较远，地理位置决定了西北地区的气候、土壤、水温、植被、地貌等特征，这些独特特征的相互组合，形成了西北地区复杂多样的生态系统，影响着农业产业布局。

（一）自然资源条件及特征分析

1. 土地资源概况

西北五省（区）土地辽阔，总土地面积达 308.01 万 km²，约占全国总陆地面积的 32.1%，人均土地面积为 0.0315km²。全区耕地面积 24 656.3 万亩[①]，占全区总土地面积的 5.34%；林地 65 384.72 万亩，占全区总土地的 14.03%；牧草地 129 188.4 万亩，占全区总土地的 27.96%；沙荒面积近 1 亿 hm²，占全区总土地的 32%。西北地区土地资源整体呈现为山地多、平地少，土壤稀薄、土地肥力较低，坡度较大，地势和气候条件恶劣，降水稀少，大部分为沙漠戈壁所占据，加上植被稀少，水土流失严重，且耕地比例低、牧草地比例较高，使畜牧业成为西北地区最具潜力和优势的产业。

土地生态面临着恶化趋势。西北地区自然环境脆弱，土地资源质量较差，在使用过程中，农牧业的粗放式经营、过度放牧，现代化肥农药的大量使用，滥砍滥伐森林、林地，建筑工业占地等，导致林草地植被破坏严重，土壤盐渍化、沙化严重，耕地质量下

---

① 根据《中国统计年鉴（2016）》分地区耕地面积计算得来。

降，可利用的土地面积不断减少，生态功能衰退、荒漠化严重。

土地开发程度低。由于地形呈现山地多、平地少的特点，加上经济落后，资金设备等投入不足，西北地区的土地开发程度仅仅为 37.6%，比全国平均水平低 34.9 个百分点，因此西北地区存在大量后备土地资源可开发。但是，西北地区水土资源却不匹配，阻碍后备资源的利用和开发，而且大多数的后备土地资源多位于偏远地区，增加了开发的难度和成本。从目前西北地区土地的开发利用情况来看，土地利用率和农用地指数以及土地垦殖率、耕地复种率最高的是陕西，宁夏虽然土地利用率最低，但是农用地指数以及耕地复种率等较高，甘肃从各个指标来看都处于中等水平，所以西北地区的农业产业布局整体也呈现出向东部倾斜的局面。

2. 气候条件概况

西北地区地处内陆，为典型的大陆性气候，夏季炎热，冬季严寒，降水稀少且不平衡，终年干旱，除东部个别地区（陕西关中平原）和一些高山年降水量超过 600mm 以外，其余地区年降水量在 50~600mm，大部分地区不足 200mm。大部分地区年日照时数均在 2400~3200h，日照百分率多在 60% 以上，年辐射量多在 58.62~66.99×10⁴J/(cm²·a)，是我国太阳能仅次于西藏高原的第二个高值区。年积温一般为 2000~4000℃，无霜期 220~227 天，水热同季有利于发展农牧业，冷热干湿具备的气候类型又适宜发展不同生态型的家畜和作物。

西北地区的大陆性气候加上"三山夹两盆"的特殊地势，使得水分充足的地表占比较小，沙漠占大部分，所以我国西北地区夏季昼夜温差大。越往西北的宁夏、新疆等地区昼夜温差越明显，成为西北地区瓜果蔬菜的优势产地。

西北地区内部各地区之间的气候差异也非常明显。河西走廊、柴达木盆地、宁夏平原、海东河湟谷地、陇中黄河谷地降水稀少，但是光热丰富，节水、补水灌溉和利用光热资源的优质高效灌溉农业优势凸现；陇东、陇中和宁南黄土高原地区光热较为丰富而且降水适中，通过北部调整夏秋作物比例和南部稳定两年三熟制度的适生增效雨养农业潜力较大；陇南山地东部水热匹配较好，西部降水偏少，适合发展多种经营的名优新特色农业产品；河湟丘陵山地、甘南高原、青南高原和祁连山地东部地区降水稍多但是热量不足，利用粮草轮作、农牧结合维持稳产增收；青南高原和祁连山地西部地区干旱缺水，热量不足，通过自然保护、强化管理保障生态体系。

西北地区光照条件优越，冷热干湿具备，光热降水配合良好。整体上呈现自南向北水热资源减少、光照资源增加，以及自东向西降水资源减少、光照资源增多的特点，导致西北地区的农业产业布局呈现由南向北和由西向东的变化趋势。

3. 水资源概况

水资源是农业发展的命脉，水的多少制约着农业发展水平的高低。西北地区降水极不平衡，年降水量 50~600mm，个别地区超过 600mm，同时蒸发强烈，且盆地农业区的蒸发量大于高山的非农业区。干旱严重、水资源短缺成为农、林、牧和经济发展的限制因素。首先，地区分布不均，水资源不平衡，影响农业发展，加上年际水量变化大，年内水量集中，使得多数地区形成了靠天吃饭的局面；其次，水土流失严重，水域分散，开发难度大；最后，随着工农业规模的不断扩大，大量农药化肥的使用以及城镇污水的排放，使得水质污染严重，导致水资源更加缺乏。

西北地区不仅水资源短缺，而且分布不平衡，使得西北地区的农业布局多沿河、沿湖泊以及沿绿洲分布。要实现西北地区的可持续发展和水资源的可持续利用，必须走高效节水农业的道路，减少农作物单位面积需水量。

4. 生态环境概况

西北地区由于水资源的短缺，植物生长受到严重限制，植物品种数量相对偏低。再加上开发利用的不合理，因此植被覆盖度低，气候问题越来越严峻，旱情加重，水土流失严重，温室效应愈加显著。脆弱的生态环境严重制约了西北地区农业的发展。

西北五省（区）生态环境极其脆弱，人地矛盾突出，面临着一系列的生态破坏及退化问题，如水土流失、荒漠化、土壤盐渍化、草原退化、生物多样性减少，以及生态景观单一、缺少生态屏障及沙尘暴频发等，生态环境面临严峻挑战。我国西北地区生态环境的总体状况是：普遍脆弱，局部改善，总体恶化，短期改善，长期恶化。由于脆弱的生态环境，西北地区的农业呈现"越穷越种，越种越穷"的怪圈。

（二）农业经济资源特点分析

1. 交通不发达

西北地区的交通网络整体呈现由东向西倾斜的态势，对农业的影响整体呈现"交通优势度越高，农业增加值比例越低"的特征，例如，交通优势度较低的甘肃陇南地区、天山山脉中天山区的农业比例高达40%左右。从县市的角度来看，农业增加值比例与交通优势度大致呈现"负相关关系"，但是相关程度不大，存在特殊例外。

2. 劳动力资源概况

西北地区总体的文化教育事业相当落后，低文化程度人口的比例很大，而且地处山区，交通不便，开化程度低于东部地区，导致人们思想观念落后、保守，再加上科技落后、人才匮乏等原因，造成西北地区劳动力整体素质偏低，严重阻碍西北地区的发展。

经济社会的发展及农业自身的限制，使得西北地区大量的青壮年劳动力外流，农村劳动力呈现老龄化及妇女化倾向，他们在体力及科技的接受程度上表现出弱势，在一定程度上阻碍了西北地区农业的现代化进程。

（三）农业科技资源分析

农业科技是农业发展的第一生产力。西北地区文化教育、科技水平偏低，是农业发展所面临的严重问题。西北地区农业科技优势显著，西域国家农业科技园的建设是西北地区农业科技优势的一个缩影。同时西北地区的产业优势明显，产业优势是形成科技优势的基础和依托，发展和形成优势科技领域需要产业的支持与基础，另外，科技的发展又可以带动产业的发展。但是，西北地区科技发展基础差，人才投入少，经费投入低，而且由于西北地区的教育水平落后，科技人才缺乏，影响了西北地区农业的发展。

总体来讲，西北地区科技产出整体水平落后，科技产出能力较弱，科技投入并没有转化为相应的产出，而且科技没有与农业更好地相结合以促进农业的发展。

西北地区农业资源所具有的特点，是影响西北地区农业产业布局的基础、根本之所在，因此，西北地区的农业产业布局，既要符合西北地区的自然特点、国家的整体方针，也要具有自己的特色。根据实际情况，因地制宜地发展特色农业产业和优势农业经济，发挥地方长处，弥补短处，实现农业的可持续健康发展。

二、西北地区农业产业布局的现状、背景及问题分析

资源禀赋和经济发展因素影响农业产业布局区域化特征。其中，耕地、光热水等自然资源的分布决定了基本的农业区划，资源禀赋是影响农业空间布局的自然性因素，经济发展则是社会性因素；政策引导对优化农业生产空间布局也具有重要影响，尤其是国家区域发展政策引导各区域发挥比较优势，可提高农业生产集中度。依托丝绸之路经济带建设，对陕西省、甘肃省、青海省、宁夏回族自治区、新疆维吾尔自治区等西北5省（区）农业产业布局的现状和合理性进行分析，有利于促进西北地区发挥地缘优势、优化农业产业布局、协调经济发展以及有效地融入丝绸之路经济带建设中。

（一）西北五省（区）农业产业布局现状分析

西北地区合乎客观规律的农业生产地域分工进一步形成，农业产业总体布局渐趋合理化，农业产业集聚程度不断提高，呈现出农业产业集聚和集群化的显著特点。西北五省（区）在因地制宜发挥资源优势的基础上，围绕市场需求，建设了一系列优势农产品产业带活动，使得农业优势区域的规模化、专业化、市场化和产业化水平进一步提高，优势农产品区域集中度稳步提高，农业产业集聚、集群和优势产业发展迅速，农业产业空间分布趋于合理和科学。本节主要围绕产业带和优势产业发展情况对各省（区）农业产业布局的现状加以分析。

（1）陕西农业产业布局现状

1）粮食产业带。陕西的粮食产业带主要分布于关中平原，当地大力实施粮食单产提高工程。积极推广优良品种繁育、旱作农业等实用技术，建设优质小麦、高产玉米基地。以提升小麦、玉米单产水平为重点，推广小麦、玉米一体化高产集成配套技术，提高粮食生产能力。

2）设施蔬菜产业带。近年来，陕西设施蔬菜发展迅速。2014年，以日光温室、大拱棚为代表的标准化设施占地面积快速增加，已建成蔬菜设施130.16万个，设施蔬菜亩产3825kg。陕西设施蔬菜种植以黄瓜、辣椒、茄子等品种为主，占全部设施蔬菜产量的七成以上，种植品种相对单一。

3）果业产业带。2015年，陕西果园总面积达到127万hm²，总产达到1600万t。截至2015年，全省建成苹果基地县43个、梨基地县10个、猕猴桃基地县6个、柑橘主产县2个，形成了渭北黄土高原68万hm²苹果产业带、秦岭南北麓百万亩猕猴桃产

业带、秦岭南坡浅山地区近 4 万 hm^2 柑橘产业带、大中城市近郊百万亩时令果品产业带等果品生产板块。

4）林特花卉产业带。秦岭北麓位于秦岭分水线至关中平原南缘之间，涉及西安、宝鸡、渭南 3 市 15 个县（区），总人口 335 万。秦岭是我国南北气候分界线，是植物的王国（2000 多种）、动物的乐园（560 种），秦岭北麓森林覆盖率达 40%（共有林地 3000km^2），是关中的天然空气调节器，也是林特药杂花卉理想的生产基地。境内盛产木材、竹材、生漆、杜仲、猕猴桃、木耳、香菇等几十种林特杂果，以及天麻、当归、柴胡、灵芝草等上百种中药材。

5）畜禽养殖产业带。陕西在"十二五"期间，认真实施陕北肉羊、关中奶畜、渭北肉牛、陕南生猪基地建设项目，加快产业结构调整，促进优势畜产品向主产区集聚，初步形成了"陕南生猪、关中奶畜、陕北羊子"的产业布局。2015 年，陕南生猪出栏占全省的 44%；陕北羊存栏占全省的 60%，其中绒山羊全部分布在陕北地区；关中奶牛存栏占全省的 95%，奶山羊全部集中在关中地区；渭北肉牛出栏占全省的 60%。

（2）甘肃农业产业布局现状

甘肃地理过渡性强，生态类型多样，光热资源丰富，发展特色农业比较优势明显，是西部重要的特色农产品生产基地。近年来，甘肃坚持发挥比较优势、发展特色产业，着力推进特色农业和品牌农业发展，马铃薯、中药材、玉米制种、啤酒大麦等产业的原料种植面积或产品产量居全国第一，形成了马铃薯产业、中药材产业、制种业、苹果产业、酿酒原料产业、蔬菜产业等六大产业，铸就了甘肃农业的特色。

1）马铃薯产业。马铃薯是甘肃第三大粮食作物，马铃薯产业已成为带动农业和农村经济发展，促进农业增效、农民增收的战略性主导产业。全省初步形成河西沿黄全粉薯条薯片专用型、中部淀粉加工型、天水陇南早熟菜用型三大商品生产基地。

2）中药材产业。中药材是甘肃在全国具有比较优势和发展潜力的产业。2009 年，甘肃省出台《甘肃省加快发展中药材产业扶持办法》，年安排 5000 万元专项资金，扶持中药材产业发展。目前全省中药材人工种植面积位居全国第一，尤其是道地药材品种规模化种植优势明显，在全国的地位更加突出。全省 70 个县进行中药材生产。

3）制种业。甘肃制种业发展条件得天独厚、成效明显。优势品种向优势区域集中，种子综合生产能力明显增强。目前，甘肃已发展成为全国最大的玉米种子生产基地和重要的瓜菜、花卉、马铃薯种薯生产基地。

4）苹果产业。苹果是甘肃分布范围最广、栽培面积最大的果树树种，是具有明显竞争优势的特色产业和主产区农民增收的支柱产业。优势产区基本形成，天水已成为我国最大的元帅系苹果生产基地，平凉、庆阳已成为全国知名的优质红富士苹果生产基地。2008 年第二轮全国苹果优势区域布局规划中，甘肃有 18 个县进入全国苹果优势区域重点县，并在平凉、天水各建立了一个国家级苹果试验站。

5）酿酒原料产业。甘肃是全国啤酒大麦和啤酒花的主产区，在国内市场占有率较高。甘肃啤酒大麦占全国总产量的 40% 左右，为全国啤酒大麦主产区中产量最大、品质最好的省份，全省主栽品种甘啤 3 号和甘啤 4 号，各项酿造品质指标均超过了国家标准。全省现有制麦加工企业 42 家，设计加工规模 88 万 t，实际加工量 55 万 t，产量约 40 万 t。

6）蔬菜产业。蔬菜是甘肃种植业中比较效益明显、分布范围广、对农民增收贡献份额最大的特色优势产业。甘肃已成为全国重要的高原夏菜基地、西菜东调基地和西北地区冬春淡季供应中心。目前蔬菜生产逐步向具有较强比较优势和区位优势的河西走廊、沿黄灌区、泾河、渭河流域及徽成盆地集中，形成全省五大蔬菜产业区。已建成规模较大、功能齐备的蔬菜专业批发市场30多个，年蔬菜调出量在200万t以上，销往全国20多个省（区）。

（3）宁夏农业产业布局现状

1）清真肉羊产业。宁夏的羊肉具有品种、品牌、民族、区位、市场和价格等方面的比较优势。现已形成北部引黄灌区饲养羊区和中南部生态养羊区，还建成了盐同灵及贺兰山东麓绒山羊基地，永宁、中卫、西吉3个国家级秸秆养羊示范区，优势区域布局为：河西肉羊核心区，布局在惠农、平罗、贺兰、永宁、青铜峡、利通、中宁、沙坡头的黄河以西地区；黄河东南岸肉羊补给区，布局在陶乐、灵武、利通、中宁、沙坡头的灌区乡镇；中南部山区生态养羊区，布局在石嘴山、吴忠、固原等3个市的14个县（市、区）。

2）奶产业。宁夏具备发展奶产业的良好条件，奶牛主产引黄灌区自然条件优越，饲草料资源丰富。鲜奶在资源、生产成本等方面具有明显的比较优势。目前有乳制品加工企业23家，日加工处理鲜奶1000t以上。优势区域布局：引黄灌区奶产业分布在吴忠市利通、青铜峡，沙坡头、中宁，永宁、贺兰、灵武，石嘴山市平罗、惠农等市、县（区），以利通、灵武、永宁等市、县（区）为中心区。

3）枸杞。枸杞是宁夏传统的出口商品，在宁夏人工栽培已有千余年，誉称"红宝"，是宁夏特产之一，药用及保健价值高。目前已经形成中宁、银川、惠农、固原等4个规模生产基地，80%以上的集中产区实现了无公害生产。优势区域布局：贺兰山东麓区、永宁灌区及清水河流域3个枸杞主产区。贺兰山东麓区布局在永宁、贺兰、惠农、平罗，自治区枸杞研究所等7个县（区）所；永宁灌区包括沙坡头、中宁2个市县；清水河流域布局在原州区和海原、同心、中宁3个县。

4）葡萄产业。宁夏具有独特的种植酿酒葡萄的自然资源优势，是全国优质的无公害葡萄生产区。贺兰山东麓洪积扇和冲积平原地处世界葡萄种植的"黄金地带"，是西北新开发的最大的酿酒葡萄基地，该地的气候、地形、土壤和灌溉条件为生产优质酿酒葡萄提供了得天独厚的条件，是中国独一无二的优质葡萄栽培区，是种植酿酒葡萄的最佳生态区之一。优势区域布局：贺兰山东麓地区，其中玉泉营地区是该地区的核心区域，青铜峡市、永宁县和红寺堡开发区是宁夏3个葡萄种植大区。

5）脱水蔬菜。宁夏脱水蔬菜产业发展具备优越的条件和良好的产业基础，青红椒、番茄、芹菜已成为宁夏脱水蔬菜的特色主导产品。因为人均耕地较多，劳动力便宜，加上能源优势，所以脱水蔬菜产品具有成本优势和价格比较优势，已成为宁夏重要的创汇产业，具有一定的规模优势。优势区域布局：重点建设脱水蔬菜原料基地惠农、平罗2个县区，主产番茄、甘蓝、梅豆、菠菜、芹菜等；积极发展彭阳的青红椒、胡萝卜基地；脱水蔬菜加工企业布局在引黄灌区。

6）马铃薯。宁夏是国内主要的马铃薯淀粉生产基地，已建成马铃薯淀粉加工企业20多家，具有年生产淀粉及其衍生物10万t的能力，占全国产量的1/3。宁夏马铃薯产业具有种植、加工和价格、质量、安全等方面的优势，主产区宁南山区的气候、土壤特点正适合马铃薯生长，当地马铃薯相对于其他作物稳产高产、经济效益好，具有显著的比较优势。宁南山区天然隔离条件好，传毒媒虫少，环境污染相对轻，满足生产绿色无"污染"和无公害食品的要求，为马铃薯及其制品突破质量、卫生、安全等技术性贸易壁垒而进入国际市场创造了有利条件。优势区域布局：宁南山区8个县（区）马铃薯种植基地——西吉、隆德、泾源、彭阳、海原、盐池、同心和红寺堡开发区，主产淀粉加工原料和脱毒种薯；引黄灌区（平罗、红寺堡等地）形成了早熟蔬菜商品基地。

（4）青海农业产业布局现状

青海地区水资源非常丰富，耕地相对集中，但地区分布不平衡。本地区的农林牧业有高产的特性，畜牧业在农业中占主导地位。蔬菜产业主要分布在大通、乐都、湟中和西宁郊区。优质小麦产业主要分布在东部农业区和柴达木盆地区的水浇地。商品油菜籽产业主要依靠青南、海北小油菜生产；互助土族自治县（简称互助县）主要是杂交油菜制种产业。出口型蚕豆产业主要分布在湟中、湟源、大通。马铃薯产业主要分布在互助、大通、湟中等地。特色果品、花卉等产业主要分布在西宁市各区县和乐都、平安等。优质牧草种子及青稞产业主要集中在浅山和半浅半脑地区。

（5）新疆农业产业布局现状

在重点发展自治区产粮大县和伊犁河谷流域国家新增千亿斤粮食工程规划区域粮食生产，提高粮食安全保障能力的前提下，在南疆以棉花、设施农业、瓜果和特色园艺生产为重点；在北疆沿天山一带以棉花、加工番茄、设施蔬菜为发展重点，围绕畜牧业发展；东疆吐哈盆地以葡萄、哈密瓜、设施蔬菜为发展重点；伊犁、塔额盆地、阿勒泰等区域以优质小麦、玉米、杂豆、设施蔬菜和籽用瓜为发展重点；在乌鲁木齐等地州中心城市及大型工矿开发区所在县市积极发展"菜篮子"工程，确保城市蔬果供应。

（二）西北地区农业产业布局的整体现状分析

农业产业布局是指农业产业部门及各部门内部生产产品的种类和数量的地域分布与组合状况。其主要内容包括：农业产业地区间的分工，各部门之间的结合形式和比例关系在地域空间的安排，以及农业产业集群和农业产业与其他产业的融合等。

1. 西北五省（区）主要农产品产出水平

西北五省（区）的农业产业均是因地制宜，根据各自的具体情况，分别呈现各具特色的布局。在产出水平上从整体来说，西北地区的主要农产品有粮食、蔬菜、果品、经济作物、畜牧产品和奶产品等。根据《中国统计年鉴（2016）》数据整理测算，西北五省（区）粮食、蔬菜、经济作物及畜牧产品在全国的占比不足10%，果品、奶产品占比分别为16.61%、14.54%（专题表5-1）。

从总量水平和规模来看，西北五省（区）主要农产品在全国的占比较低。但是，总量水平难以反映出农产品的产出效益及生产的区域优势。通过对单产优势指数的测算，西北5省（区）在玉米、马铃薯、油菜籽、蔬菜种植上都具备单产优势；除青海省外，其他4省（区）在水稻和花生的种植上也都具有较强的单产优势；陕西省、青海省、宁夏地区、新疆地区在小麦的种植上具备单产优势；陕西省、甘肃省、新疆地区在大豆和

专题表 5-1　西北五省（区）农作物产量以及在全国产量中的占比

农作物	地区	2015 年产量（万 t）	西北五省（区）总产量（万 t）	在西北五省（区）中的占比	全国产量（万 t）	西北五省（区）在全国占比
粮食	陕西	1 226.8		0.279 2		
	甘肃	1171.1		0.266 5		
	青海	102.7	4 394.5	0.023 4	62 143.9	0.070 7
	宁夏	372.6		0.084 8		
	新疆	1521.3		0.346 2		
蔬菜	陕西	205.1		0.043 6		
	甘肃	1823.1		0.387 5		
	青海	166.4	4 704.3	0.035 4	76 900.0	0.061 2
	宁夏	575.8		0.122 4		
	新疆	1933.9		0.411 1		
果品	陕西	1930.9		0.424 6		
	甘肃	679.0		0.149 3		
	青海	3.6	4 547.4	0.000 8	27 375.0	0.166 1
	宁夏	298.9		0.065 7		
	新疆	1635.0		0.359 5		
经济作物	陕西	80.7		0.074 5		
	甘肃	93.5		0.086 4		
	青海	30.5	1 082.8	0.028 2	17216.6	0.062 9
	宁夏	15.5		0.014 3		
	新疆	862.6		0.796 6		
畜牧产品	陕西	116.2		0.270 5		
	甘肃	96.3		0.224 2		
	青海	34.7	429.6	0.080 8	8 625.0	0.049 8
	宁夏	29.2		0.068 0		
	新疆	153.2		0.356 6		
奶产品	陕西	189.9		0.337 4		
	甘肃	39.9		0.070 9		
	青海	32.7	562.8	0.058 1	3 870.3	0.145 4
	宁夏	136.5		0.242 5		
	新疆	163.8		0.291 0		

资料来源：根据《中国统计年鉴（2016）》整理而来

棉花的种植上具有单产优势；甘肃省、青海省、新疆地区在甜菜的种植上具有单产优势；陕西省、甘肃省、宁夏地区则在烟草的种植上拥有单产优势。

单产优势指数（X_1）是反映农产品产出效益的指标，基本呈现出生产的地域优势。计算公式为

$$X_{1ij} = \frac{AY_{ij}/AY_i}{AY_j/AY} \qquad （专题 5-1）$$

式中，X_{1ij} 为 i 省（区）j 作物单产优势指数；AY_{ij} 为 i 省（区）j 作物的单产；AY_i 为 i

省（区）所研究作物的平均单产，AY_j 为 j 作物的全国平均单产；AY 为所研究作物的全国平均单产。若 $X_{1ij} > 1$ 表明 i 省（区）j 农产品与全国平均水平相比具备单产优势；若 $X_{1ij} < 1$，则表明 i 地区该农产品处于单产劣势；$X_{1ij} = 1$ 表明 i 地区该农产品不具备单产优势或劣势。X_{1ij} 值越大，代表该作物的单产优势越显著。具体计算结果见专题表 5-2。

专题表 5-2　西北 5 省（区）主要农产品单产优势指数

省（区）	小麦	水稻	玉米	大豆	马铃薯	花生	油菜籽	蔬菜	棉花
陕西	1.44	2.24	1.71	1.89	1.47	1.65	2.07	1.93	2.23
甘肃	0.95	1.79	1.62	1.94	1.70	1.81	1.69	1.55	1.99
青海	2.03	0	3.19	0	3.05	0	2.93	2.34	0
宁夏	1.60	3.24	3.40	0	1.55	1.27	3.41	3.21	0
新疆	1.21	1.51	1.38	1.97	1.76	1.76	1.53	1.82	1.61

资料来源：根据《中国统计年鉴（2016）》整理计算而来

2. 西北五省（区）主要农产品产量集中度分析

西北五省（区）主要农产品的区域分布状况及集中程度主要通过产量集中指数来反映。产业集中度和地区专业化程度的指标可以综合反映产量的集中程度。计算公式为

$$X_{2ij} = \frac{Y_{ij} / P_i}{Y_j / P}$$
（专题 5-2）

式中，X_{2ij} 为 i 省（区）j 作物产量集中指数；Y_{ij} 为 i 省（区）j 作物的产量；P_i 为 i 省（区）的农村人口数；Y_j 为 j 产品的全国总产量；P 为全国农村总人口数。$X_2 > 1$ 时，表明该种农产品生产比较集中，该省（区）对于该产品的生产具有较高的专业化水平；当 $X_2 < 1$ 时，表明该省（区）对于该产品的生产具有较低的专业化水平；$X_2 = 1$ 时，表明产量的集中水平与全国平均水平保持一致。

通过计算各省（区）的产量集中指数可以得出，陕西省的小麦、马铃薯、油菜籽产量比较集中；甘肃省的玉米、马铃薯、油菜籽、甜菜具有产量集中优势；宁夏地区的玉米、马铃薯、蔬菜产量集中优势较为突出；新疆地区的小麦、玉米、大豆、棉花、甜菜和蔬菜产量集中优势较强，特别是棉花和甜菜的产量集中优势更为突出；宁夏在玉米、马铃薯和蔬菜方面具有集中优势；青海在所选取的主要农产品方面，无一具有集中优势。具体结果见专题表 5-3。

专题表 5-3　西北 5 省（区）主要农产品产量集中优势指数

省（区）	水稻	小麦	玉米	马铃薯	油菜籽	棉花	蔬菜	甜菜
陕西	0.16	1.17	0.99	1.32	1.01	0.34	0.81	0
甘肃	0.01	0.85	1.15	5.60	1.01	0.49	0.94	1.17
青海	0	0.07	0.04	0.45	0.53	0	0.05	0
宁夏	0.75	0.84	2.09	5.70	0.03	0	1.53	0
新疆	0.21	3.47	2.15	0.56	0.55	39.36	1.60	36.18

资料来源：根据《中国统计年鉴（2016）》整理计算而来

3. 西北五省（区）主要农产品区域专业化率分析

区域专业化率是区域产业侧重化程度的综合表现，反映了农产品生产的区域专业化水平，计算方法为

$$X_{3ij} = \frac{Y_{ij}/Y_i}{Y_j/Y}$$ （专题 5-3）

式中，X_{3ij} 为 i 省（区）j 作物区域专业化率；Y_{ij} 为 i 省（区）j 作物的产量，Y_i 为 i 省（区）所研究作物总产量；Y_j 为 j 作物的全国产量；Y 为所研究作物的全国总产量。当 $X_3 > 1$ 时，表明该农产品在 i 省（区）的区域专业化程度较高；当 $X_3 < 1$ 时，表明区域专业化程度较低。

通过对主要农产品区域专业化率的计算发现，除宁夏地区外，小麦在西北 5 省（区）具有区域专业化优势；除青海省外，玉米在其他 4 省（区）具有区域专业化优势；除新疆地区外，马铃薯和蔬菜在其他 4 省（区）具备区域专业化优势；另外，陕西、甘肃和青海的油菜籽都具有较强的区域专业化优势；甘肃和新疆的甜菜具有一定的区域专业化优势；棉花区域专业化程度在新疆表现得更为显著（专题表 5-4）。

专题表 5-4　西北 5 省（区）主要农产品区域专业化率

省（区）	水稻	小麦	玉米	马铃薯	油菜籽	棉花	蔬菜	甜菜
陕西	0.24	1.72	1.45	1.94	1.48	0.50	1.20	0
甘肃	0.01	1.07	1.45	7.08	1.27	0.62	1.94	1.48
青海	0	1.41	0.36	8.95	10.57	0	1.03	0.01
宁夏	0.61	0.68	1.69	4.11	0.02	0	1.24	0
新疆	0.11	1.80	1.11	0.29	0.28	20.31	0.83	18.71

资料来源：根据《中国统计年鉴（2016）》整理计算而来

通过以上的分析发现，西北地区面积广大，土地的生产力差异显著。实现农业产业布局优化必须根据各地区农业比较优势情况进行结构调整，以形成规模化和专业化农业产业区域。陕西省的小麦、玉米具有较强的规模优势，但并不是最具有优势的农作物。另外，甘肃省的甜菜、宁夏地区的小麦也同样有力地证实了这点。事实上，面积大、产量高的作物不一定就是优势产业，优势产业不仅要具备规模优势、单产优势、动态优势，而且要具有产量集中优势和区域专业化优势。

从小麦、玉米和马铃薯三大主粮来看，粮食产业分布不均，但各省（区）均有自身的粮食生产基地，陕西、甘肃以及新疆是西北地区主要的粮食生产基地。西北地区的蔬菜产业主要分布在新疆和甘肃，另外，宁夏的脱水蔬菜、陕西的番茄和辣椒也是西北地区的特色农业，在空间上也形成了明显的产业带和集聚区。农产品基地的建设和发展，不仅促进了农业生产地域分工的进一步形成和发展，还使得西北地区的农业产业布局趋于合理化，农业集聚程度有所提高。在发挥地缘、资源优势的基础上，围绕市场需求，建设优势农产品产业带活动，使得优势区域规模化、专业化、产业化水平进一步提高，农业产业分布更加合理和科学。

（三）西北地区农业产业布局的背景分析

西北自然条件恶劣，社会经济发展相对落后，人口密度较低，土地生产力及承载力低，故农业发展既有困难，又有潜力。大力发展西北区域农业，可以促进西北资源的开发与能源、原材料基地的建设，并促进西北综合经济实力的增强。

西北区域农业发展的地区布局主要是由西北的地理条件、发展战略及生态环境决定的，布局原则主要遵循：立足基本资源与优势资源，专业化与综合经营相结合；与资源结构、市场需求相适应；符合区域发展战略，围绕重点地区、重点产业布局；与生态环境相适应，不破坏生态平衡。农业区域布局的原则是动态的，反映了地区农业的基本要求，同时也为地区分类提供了依据。农业地区布局反映了国家大力发展农业的愿望，同时，又有利于区域资源的开发利用与保护。

1. 西部大开发对西北地区农业产业布局的影响

实施西部大开发，加快中西部地区发展，是党中央贯彻邓小平关于我国现代化建设"两个大局"战略思想，面向新世纪所做出的重大决策。1999 年 6 月，江泽民总书记在西安召开的西北五省（区）国有企业改革和发展座谈会上做了关于西部大开发的重要讲话。深刻阐述了西部大开发的重大意义，强调加快西部开发对推进全国的改革和建设而言是一个全局性的发展战略。西部大开发政策背景下，西北地区的农业主要是以保护、恢复生态环境为前提，以农业高新科技和生物工程为手段，以产业化为经营机制的现代化大农业。这是实现江泽民总书记"再造一个山川秀美的西北地区"的产业依托。西北地区大农业发展的第一要义是保护生态环境，坚持可持续发展的基本国策。因此，必须突破以粮为纲的传统观念，建立以"绿"为纲、综合治理、因地制宜的新观念。朱镕基总理于 1999 年 8 月在陕西考察工作时，关于如何贯彻落实江泽民总书记"再造一个山川秀美的西北地区"，提出了"十六"字方针："退田还林（草），封山绿化，个体承包，以粮代赈。"为恢复维护西北地区生态环境指明了方向，给出了具体的措施与政策。西部在贯彻江泽民总书记战略意图和朱镕基总理"十六字"方针精神时，把生态效益与经济效益高度统一起来，在封山绿化、养山育水之时，因地制宜，多种经济林，引导农民从事科技含量高的新行业、新产业。同时在关中、汉中、银川河套地区等传统高效产粮区，以高新技术为手段建立吨粮基地。充分发挥了陕西杨凌农业高新技术产业示范区的作用，在西部半干旱农业区完成维持其基本生存条件的节水农业工程，并在条件成熟时，启动南水北调（西线）工程，从根本上解决西北干旱、生态恶化问题。

现代生态化大农业的发展，必须有适应其生产力水平不断提高趋势的经济运行体制和微观经营机制作为制度依托。因此，西部农业改革的另一目标，便是继续深化和完善改革，在农业产业化的体制创新上探索一条既能保证农户经营自主权和积极性，又能促进农业生产向技术与资本集约化、经营规模化、产品市场化迈进的道路。以高新技术为手段，以产业化经营机制为制度依托，提升西北地区农业产业的发展规模和集聚程度。

2. "丝绸之路经济带"对西北地区农业产业布局的影响

"丝绸之路经济带"的提出，是新时期我国对外开放的新举措，也是亚欧区域经济一体化和世界经济全球化的新要求，它的建设对于加强区域经济合作、促进世界经济发展、保障我国战略安全、推动我国经济重心西移以及优化我国城市和人口布局具有重大意义。丝绸之路经济带的建设旨在全力开启一条陆上战略大通道，加大我国与欧亚地区的经济合作与贸易往来，而陕西省、甘肃省、青海省、宁夏回族自治区、新疆维吾尔自治区等西北 5 个省（区）在丝绸之路经济带建设中具有明显的地理优势，并且与中亚 5 国有着良好的合作基础。为更好地融入丝绸之路经济带建设，西北 5 省（区）应该以丝绸之路经济带空间区位为依托，以产业空间布局理论模式和产业布局原则为依据，以经济带局部与整体协调发展为目标，分析当前经济带沿途区域与国家的优势产业及特点，从经济带、国家、节点 3 个层面构建丝绸之路经济带的产业空间布局战略，为经济带的迅速崛起与协调可持续发展提供产业支撑，从而打造我国经济增长的新引擎。

在我国与中亚国家的经贸合作中，中亚国家的能源对我国有较大的吸引力，而我国的农产品则具有较强的比较优势。2013 年，我国对中亚国家农产品的出口额达到 47 823 万美元，而在西北 5 省（区）中，尤其是新疆地区和陕西省，二者是农产品出口的大省（区），陕西省出口额为 69 869.7 万美元，甘肃省为 33 807.8 万美元，青海省为 3046.3 万美元，宁夏地区为 10 757.8 万美元，新疆地区则达到了 84 529.3 万美元。相对而言，西北 5 省（区）在农业产业上具有一定的优势。因此，在丝绸之路经济带背景下研究西北 5 省（区）的农业产业，对于我国西北地区发挥地缘优势、合理布置产业布局、协调经济发展以及有效地融入丝绸之路经济带建设中都具有重要的现实意义。

（四）西北地区农业产业布局面临的主要问题

通过对我国西北地区农产品集中化和区域专业化的分析，发现西北地区在农业产业的布局和专业化生产方向上存在着不符合比较优势的"背离现象"。这一现象意味着西北地区农业区域分工的发展方向存在着不稳定性。具体问题主要集中表现在农业产业发展缺乏因地制宜的统一规划；农业产业集聚程度低；以及农业产业融合度差等方面。

1. 农业管理体制分散

农业管理体制分散，阻碍农业产业空间布局进一步优化。当前，我国虽然已经建立了社会主义市场经济体制，市场开始对资源配置起基础性的作用。但由于社会主义市场经济体制还不完善，政治体制改革不到位，政府仍沿袭过去的计划经济管理方式设置农业管理机构。据统计，在农业产前、产中、产后的管理上，共涉及 14 个部委（局）。在农业投资管理上，涉及 8 个部委（行）；在农产品加工流通管理上，涉及 6 个部委（局）；在农业生产资料管理上，涉及 5 个部委（局）。用这种方式配置农业资源，规划农业产业空间布局，结果是导致农业管理部门分割、行业垄断、市场封锁、农业资源配置低效。这种以计划经济管理方式设置的农业管理机构及其相应的管理体制机制，使得农业产业空间布局缺乏宏观指导和统一规划，极大地阻碍了农业产业集群与农业产业融合发展，妨碍了农业产业空间布局的进一步优化。

2. 农业产业集聚程度低

农业产业集群处于初级阶段，集群水平还不高。目前，西北地区虽然已经形成了粮食、蔬菜、果业、其他经济作物、畜牧业和奶业 6 大农业产业区的农业产业空间布局，但就整个农业产业集群发展阶段来看，还处于农业产业集群初级阶段，农业优势区域的规模化、专业化、市场化和产业化水平还较低。主要表现在：农业产业基地集聚种植已经初步形成，但规模还不大；农作物大部分以未加工的形式直接进行销售，附加值还比较低；粮食、棉花、油料、果品、肉类、奶类等优势农产品生产集聚得到加强，但产业集中度仍不高，农业产业带影响力不大；农业产业集群发展很不平衡，相比较而言，陕西农业产业集群发展较快，甘肃、宁夏粮食主产区农业产业集群发展明显滞后，青海、新疆农业产业集群发展差距更大。

3. 农业产业融合度不高

农业产业融合虽有了一定发展，但仍有很大的发展空间。就农业产业纵向融合而言，21 世纪以来，虽然西北地区农业供、产、加、销环节纵向融合加快，上游的辅助性、原料性企业和下游的销售、服务性企业已经融合进来，但一方面加工企业和运输服务企业的数量还很少，规模也不大，另一方面，农业供、产、加、销环节产业联系不紧密，农业产业集群协同效应不强，易发生机会主义行为。就农业产业横向融合而言，20 世纪80 年代以来，农业产业开始出现横向融合，产生了精确农业、工厂化农业、分子农业、太空农业等，增加了农业产业的横向增值机会，但由于受到体制、资金、技术、人才等方面的制约，西北地区的农业产业横向融合仍处于起步阶段，分子农业、快速农业、白色农业、蓝色农业等高科技农业仍有很大的发展空间。

三、西北地区农业产业布局演变分析

随着农业生产率的提高和产出的增加，农业发展将经历从自给性农业到混合性的多样化农业，再到专业化农业的过程。现代农业的特征是生产集约化、集中化和专业化。但是，由于经济基础和资源条件等方面的差别，我国不同地区农业生产的变化过程既有共性又有差异。分析我国西北五省（区）农业生产布局的变化特征和原因，不仅可以从中发现当下农业生产存在的关键问题和未来变化趋向，对促进该地区农业生产的持续稳定发展也具有积极的意义。

（一）西北地区农业生产部门结构演变分析

1. 西北地区农业生产项目的多样化与规模化

农业多样化是指各种农业活动在空间上的竞争程度。农业多样化发展的过程是与农村产业结构的调整过程相联系的。农业多样化包括两个方面：农林牧副渔多种经营；以及作物多样化。

（1）陕西农业生产的多样化与规模化

陕西省作为西北地区重要的粮食生产区，粮食产量由 2000 年的 1089.10 万 t 增长到 2015 年的 1226.70 万 t，增长了 12.63%，其中小麦产量变化不大，而玉米变化较大，2016 年陕西粮食产量保持平稳，为 1228.30 万 t，2017 年略微下降，为 1216.20 万 t。2000～2015 年，小麦从 418.60 万 t 小幅下降后升至 458.10 万 t，玉米从 413.70 万 t 大幅增至 543.10 万 t，幅度分别为 9.44%、31.28%，2016 年小麦产量略微下降，为 445.03 万 t，而玉米持续上升，为 545.39 万 t。在家畜养殖产业上，陕西的猪肉产量有很大幅度的提升，由 60.90 万 t 增长到 90.42 万 t，增长幅度为 48.47%，2016 年猪肉产量下降为 85.90 万 t。在蔬菜产业上，产量从 2000 年的 556.53 万 t 增长到 2015 年的 1822.50 万 t，增幅高达 227.48%，2016 年依旧持续增长，为 1896.18 万 t。在林特花卉产业上，茶叶产量在 2000～2015 年由 6126t 猛增至 54 000t，增幅高达 781.49%，2016 年茶叶产量增至 62 100t。在果业方面，猕猴桃从 2000 年的约 16.47 万 t 增长到 2015 年的约 120.59 万 t，增幅达 632.33%，2016 年、2017 年陕西猕猴桃产量突破 130 万 t 大关，分别为 131.30 万 t、138.90 万 t，2020 年猕猴桃产量达到 115.83 万 t。园林果业产量在 2000～2015 年由 493.80 万 t 增长到 1630.62 万 t，增幅为 230.22%，2016 年园林果业产量增至 1713.96 万 t。总体看来，在 2000～2015 年，陕西的整体农业布局是粮食种植业稳中求进，蔬菜、家禽养殖、林特花卉以及园林果业规模加大，2016 年和 2017 年陕西农业依然保持整体向好格局（专题表 5-5）。预计到 2035 年，陕西省农业产业将以园林果业、林特花卉、蔬菜和家禽养殖为主，保持粮食产量稳定，重点发展优势农产品，以提升陕西农业竞争力。

专题表 5-5　陕西农业生产的多样化与规模化

农业类型	2000 年产量（万 t）	2015 年产量（万 t）	增长率（%）
小麦	418.60	458.10	9.44
玉米	413.70	543.10	31.28
猪肉	60.90	90.42	48.47
蔬菜	556.53	1822.50	227.48
茶叶	0.61	5.40	781.49
猕猴桃	16.47	120.59	632.33
园林果业	493.80	1630.62	230.22

资料来源：本表所有数据根据中国经济社会大数据研究平台农业部分整理而来

（2）甘肃农业生产的多样化与规模化

对于甘肃省来说，粮食产量在 2000～2015 年由 713.50 万 t 增长到 1171.13 万 t，增幅达 64.14%，2016 年甘肃省粮食产量略微下降，为 1140.59 万 t；马铃薯产量从 2000 年的 105.00 万 t 增长到 2015 年的 225.30 万 t，增长幅度为 115%，2016 年马铃薯产量略微增长，为 226.10 万 t；苹果产量由 2000 年的 69.07 万 t 增长到 2015 年的 328.59 万 t，增长率达到了 376%，2016 年甘肃苹果产量出现较大幅度增长，产量达 360.11 万 t；在蔬菜产业方面，其在 2000～2015 年由 505.81 万 t 增加到 1823.10 万 t，增长幅度为 260%，2016 年蔬菜产量达 1951.48 万 t；制种业和中药材产业也呈现出产量增长与规模扩大的趋势。总体看来，甘肃省的农业布局总体趋势是粮食种植业稳中有进，中药材和制种业大幅提升。预计到 2035 年，甘肃省将以优势制种业、中药材和牛羊肉产业为主，树立本土特色、开拓市场，以提升农业整体竞争力（专题表 5-6）。

专题表 5-6　甘肃农业生产的多样化与规模化

农业类型	2000 年产量（万 t）	2015 年产量（万 t）	增长率（%）
粮食	713.50	1171.13	64
马铃薯	105.00	225.30	115
苹果	69.07	328.59	376
蔬菜	505.81	1823.10	260

资料来源：本表所有数据根据中国经济社会大数据研究平台农业部分整理而来

（3）宁夏农业生产的多样化与规模化

在宁夏清真肉类上，羊肉产量由 2000 年的 3.30 万 t 增长到 2015 年的 10.11 万 t，增长幅度为 206%，2016 年羊肉产量增至 10.52 万 t；牛肉产量由 2000 年的约 3.31 万 t 增长到 2015 年的 9.75 万 t，增幅为 195%，2016 年持续增长为 10.42 万 t；在奶制品产业上，产量由 2000 年的 23.64 万 t 增长到 2015 年的 136.53 万 t，增幅为 478%，2016 年持续增长为 139.47 万 t；在葡萄产业上，产量由 2000 年的 0.90 万 t 增长到 2015 年的 21.58 万 t，增幅为 2309%，2016 年产量下降为 19.49 万 t。总体看来，宁夏农业在加大对牛羊肉、奶制品和葡萄产业的布局。预计到 2035 年，宁夏将发展滩羊、山羊以及果品产业等特色优势产业，以发挥其独特的地理气候条件，提升宁夏农业竞争力（专题表 5-7）。

专题表 5-7　宁夏农业生产的多样化与规模化

农业类型	2000 年产量（万 t）	2015 年产量（万 t）	增长率（%）
羊肉	3.30	10.11	206
牛肉	3.31	9.75	195
奶制品	23.64	136.53	478
葡萄	0.90	21.58	2309

资料来源：本表所有数据根据中国经济社会大数据研究平台农业部分整理而来

（4）青海农业生产的多样化与规模化

对于青海省来说，在商品菜籽油产业上，产量从 2000 年的 19.10 万 t 增加到 2015 年的 30.00 万 t，增幅为 57%，2016 年产量下降为 29.62 万 t；在特色果品方面，产量从 0.78 万 t 增长到约 2.27 万 t，增幅达 191%。总体上看，青海农业保持传统青稞生产稳步上升，同时加强商品菜籽油、特色果品两个产业的布局，产量快速增加，随着市场需求的变化，青海要提升其农业在西北地区乃至全国的竞争力，到 2035 年需要实现其优势产业集群化、规模化和产业融合（专题表 5-8）。

专题表 5-8　青海农业生产的多样化与规模化

农业类型	2000 年产量（万 t）	2015 年产量（万 t）	增长率（%）
商品菜籽油	19.10	30.00	57
特色果品	0.78	2.27	191

资料来源：本表所有数据根据中国经济社会大数据研究平台农业部分整理而来

（5）新疆农业生产的多样化与规模化

对于新疆来说，在棉花产业上，产量由 2000 年的 150.00 万 t 增加到 2015 年的 350.30 万 t，增幅为 134%，2016 年新疆棉花产量持续增长至 359.38 万 t；谷物产量从 2000 年的 782.93 万 t 增长到 2015 年的 1480.47 万 t，增幅达 89%，2016 年谷物产量略微下降，为 1474.75 万 t；在核桃产业上，产量由约 1.15 万 t 增加到约 60.08 万 t，增幅为 5114%。总体上看，新疆的产业布局是继续加大棉花、谷物、核桃产业的推进。新疆一直以来作为我国著名瓜果、棉花之乡，应当发挥其现有的名气优势，大力发展特色瓜果、棉花等产业，以提升新疆农业整体竞争力（专题表 5-9）。

专题表 5-9　新疆农业生产的多样化与规模化

农业类型	2000 年产量（万 t）	2015 年产量（万 t）	增长率（%）
棉花	150.00	350.30	134
谷物	782.93	1480.47	89
核桃	1.15	60.08	5114

资料来源：本表所有数据根据中国经济社会大数据研究平台农业部分整理而来

2. 西北地区农业种植结构的变化

西北各地区通过农业结构调整，粮食种植业保持稳定，大力发展后续产业和特色农业，带动了畜牧业、林果业、草产业、中药材产业的发展，做到了减地不减收，促进西北生态脆弱区农业和农村经济较快发展。

（1）种植业在整个农业中的比例逐年下降，牧业快速增长

西北地区农林牧渔业总产值由 2000 年的 4790.5 亿元增长到 2014 年的 8554.2 亿元，绝对增长 3763.7 亿元，其中种植业占总产值的比例由 2000 年的 60.6% 降到 2014 年的 54.2%，降幅 6.4 个百分点，但比例仍然超过 50%；林、渔业增长缓慢，而牧业增长速度最快，由 2000 年的 33.3% 增加到 2014 年的 38.3%，增幅达 5 个百分点。与全国比较，西北地区农林牧渔总产值占全国农林牧渔总产值的比例基本保持在 2% 左右，而林业和牧业占全国的比例在 2000～2014 年分别增长 3.7 个百分点和 1.6 个百分点，这表明种植业在西北地区仍然是支柱产业。西北地区在优化产业布局的同时，使畜牧业、林果业在结构调整中保持良好的发展势头，提高传统农业的市场竞争力。例如，陕西省初步形成了陕北以羊为主、渭北以秦川肉牛为主、关中和城市郊区以奶畜业与家禽业为主、陕南以瘦肉型猪为主的畜牧业发展格局，秦川牛、肉羊和奶畜已成为该省畜牧业的主导产业及支柱产业，渭北旱塬及陕北以南以苹果业为主，成为农民增收的重要来源。

（2）种植业结构渐趋合理

西北地区大幅度调减低产的粮田面积，粮食作物种植面积由 2000 年的 73.9% 降到 2004 年的 65.8%，降幅达 8.1 个百分点；增加了蔬菜和瓜果类、油料、豆类、棉花等经济作物面积，其中蔬菜和瓜果增长幅度最大，增长了 3.2 个百分点。在粮食作物内部，压缩了普通粮食生产，扩大了薯类和豆类、玉米等小杂粮生产，原因是薯类等现已变成了收益较好的经济作物。西北生态脆弱区具有得天独厚的发展棉、糖、果、花、烟、药等经济作

物的生产优势，近几年来，已经逐步建立起优质棉花、糖料、果品、蔬菜、花卉、中药材等名优特农产品生产基地，逐步变资源优势、区位优势为商品优势和经济优势。

（3）西北各省（区）专业化分工程度加深

西北各省（区）由于地理和气候上的相似性，故而有很强的整体性，但又有各省（区）独自的特征，这就使得农业布局上或有些不同。各省（区）在这些年的发展中开始专注自己的优势产业，不断提升自己的专业化程度。

（二）西北地区农业产业空间结构演变分析

随着我国面临的资源环境压力的加剧以及国家对三农问题的重视，农业转型成为必然。如何转变农业发展方式，实现农业现代化及可持续发展成为党和国家工作的重中之重。一方面我国提出生态红线，划分出不同生态功能区，实施特殊保护，西北地区作为生态严重退化区，其生态特征对农业生产的限制，推动了农业产业布局的演变；另一方面为解决三农问题我国提出了乡村振兴战略，其目的在于彻底解决农村产业和农民就业问题，因地制宜实现城乡融合发展，为西北地区农业产业布局调整提供了方向和便利。因此西北地区农业产业的布局调整借势而为，不断完善和优化升级，力争在 2035 年政策阶段性目标完成时实现西北农业产业布局的优化，提升西北农业竞争力。

1. 农业产业布局体制机制逐渐完善

优化农业产业空间布局，发展农业产业集群与农业产业融合，就是为了提高农产品竞争力，而提高农产品竞争力除了要发展技术、发挥比较优势之外，还要优化政府对农业资源的配置。随着农业产业化水平的提升和农业的转型升级，西北地区逐渐建立和完善农业产业布局体制机制，对目前分散的农业管理体制进行调整，从而实现提高农业产业区域集群与农业产业融合建设的效率。建立完善农业产业集群与产业融合发展的农业产业空间布局体制机制，充分发挥市场对农业资源配置的基础性作用，完善农业管理体制机制，消除影响农业产业空间优化布局的体制机制障碍，统一领导农业生产、加工、销售等各个环节，强化政府对农业产业集群与产业融合发展的引导、支持、协调和服务功能，搞好宏观调控，为农业产业集群与产业融合发展提供一个良好的政策制度环境，以推进农业产业集群与产业融合发展。

2. 农业产业布局优化战略呈现差异化

由于西北各省（区）的自然资源、人口劳动力、生产力水平、经济资源等条件差别很大，适于发展各具优势的农产品，因此，根据各个地区的资源优势，按照优势农产品生产和市场的地域性特征，各省（区）根据农业产业基础和自然资源禀赋制定农业发展的区域布局框架，根据资源、劳动力、生产力水平出现的新变化科学合理地设置区域农业产业结构，优化农业生产力布局，规划现代农业园区，实施与各个地区资源条件、经济发展水平相适应的不同农业产业集群和产业融合发展的农业产业空间布局优化战略，从产业结构和区域布局高度趋同化朝差异化方向发展。对于西北地区来说，农业生产力水平和经济发展条件逐渐改善，以节约劳动力和节约土地并重为目的的小麦、棉花、油菜、畜产品等优势农产品产业带逐渐形成，与之相适应的农产品加工产业集聚化程度提高。基于资源经济条件，特色农业、生态农业、文化农业和特色农产品加工产业基地获得长足发展，优质棉花、糖料、果品、花卉、中药材、烟叶、茶叶等特色农产品产业带逐渐形成。

3. 农业产业布局优化战略不断推进

以优势农产品产业带和农产品加工业为重点的农业产业布局重点战略在西北五省（区）不断推进。首先，随着新型农民和农民企业家的广泛参与，有文化、懂技术、会经营、善管理的新型农民或农民企业家广泛参与到农业产业当中，成为农业产业布局战略的参与者和实施者。其次，随着科技进步的加快，科技对农业产业布局战略发挥了重要的支撑作用。一方面，以市场需求为导向，不断调整农业产业区域集群内主要产品的发展方向；另一方面，注重农业推广，不断将新成果、新产品和新技术推广、应用到区域内农产品产业带与农产品加工业集群中。最后，不断引导农业投资向农业产业区域内产业集群、产业融合倾斜。引导农业投资向区域内资本密集型的优势农产品产业、农产品加工业倾斜，以促进农业产业区域的产业集群和产业融合。

4. 农业产业布局不断优化

农业产业融合本身指的就是农业与工业、服务业等其他产业之间的融合发展。所以，发展农业产业集群、产业融合，既是发展农业，又是发展工业和服务业。西北地区农业产业集群发展呈现专业化与多元化并存的现象，并且，多元化产业集群的发展趋势逐渐增强。随着土地、劳动力、资金等生产要素市场以及农产品和农用生产资料等商品市场的逐步完善，农业产业集群在促进农业产区内的资金、信息和人才等要素按照市场规律在不同产业间畅通流动方面发挥着越来越重要的作用，以实现资源的优化配置，从而提高资源的使用效率。推动西北地区优势农业产区区域共同市场建设，有利于合理利用各个农业产区的区域优势，扩大区域内的市场规模，发挥区域分工的作用，加深区域间的经济合作，促进整个区域经济的发展。西北五省（区）可持续发展的农业产业结构和农业产业空间布局逐渐形成，农业产业集群和农业产业融合带在推动西北地区农业产业快速发展方面发挥的作用越来越大。

四、西北地区主要农产品区域比较优势分析

区域化布局是现代农业的基本特征之一。我国发展现代农业必须突破人均资源紧缺、生产规模狭小、组织化程度不高的制约瓶颈。继续推进优势农产品区域布局，实行相对集中连片的规模化生产、专业化经营和市场化运作，对于积极发展现代农业、繁荣农村经济，具有十分重要的现实作用和长远意义。因此，了解西北地区各省（区）农产品布局现状和区域比较优势，能够更好地制定农产品生产布局进一步调整的优化方案。

（一）西北各省（区）主要农产品布局现状

粮食、棉花、油料作物、果品和蔬菜是我国的几种主要农作物，其中，西北五省（区）

主要种植的粮食作物是小麦和玉米。我们主要从以上几种农作物的种植面积、种植结构、产量的纵向和横向比较梳理出西北地区农作物的布局现状。

1. 西北各省（区）主要农产品布局的纵向比较

总体上看，由于土地、气候等自然资源禀赋的差异，新疆、陕西和甘肃的农产品播种面积依次递减，分别为 599.4 万 hm^2、426.2 万 hm^2 和 419.7 万 hm^2（2015 年，下同），并且远远高于宁夏（125.3 万 hm^2）和青海（55.4 万 hm^2）。

专题图 5-1 给出了 2015 年西北各省（区）主要农产品的种植面积。陕西省的主要农作物是小麦、玉米和果品，种植面积分别为 108.3 万 hm^2、115.4 万 hm^2 和 122.4 万 hm^2，分别占陕西省农作物总种植面积的 25.4%、27.1%和 28.7%，仅这三种农作物就占用了81.2%的总播种面积。其中，果品中仅苹果就占据了一半左右的播种面积。蔬菜的种植面积略小（50.3 万 hm^2），占农作物总播种面积的 11.8%，油料次之，种植面积仅有 30.1 万 hm^2，占比 7.1%。观察专题图 5-1 可明显看出，甘肃和陕西的农产品种植结构差异主要体现在小麦和果品上。2015 年甘肃省小麦和玉米种植面积分别为 79.3 万 hm^2 和100.1 万 hm^2，占总播种面积的 18.9%和 23.9%。果品的播种面积仅为 45.69 万 hm^2，占比仅为 10.9%，显著低于陕西省。甘陕两省种植结构出现这一差异的主要原因是，甘肃省把一部分耕地用于种植马铃薯等薯类粮食作物。2015 年甘肃省薯类粮食作物的种植面积为 68.3 万 hm^2，占到总播种面积的 16.3%。油料和棉花的种植结构与陕西省基本一致，种植面积占比分别为 7.8%和 0.9%。

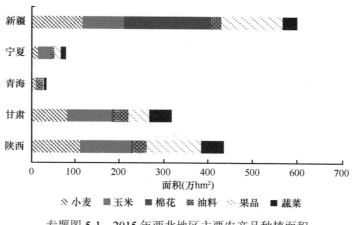

专题图 5-1　2015 年西北地区主要农产品种植面积
资料来源：2016 年各省（区）统计年鉴

青海的农作物种植面积在西北五省（区）中最小，主要农作物的种植结构也有显著差异。油料是青海最主要的农作物，2015 年其种植面积为 15.1 万 hm^2，占到农作物总播种面积的 27.3%。其中，98%的油料作为油菜籽。小麦次之，种植面积为 8.9 万 hm^2，占比为 16.1%。蔬菜和玉米的播种面积均非常小，棉花的播种面积为 0。与其他省份不同的是，青稞和薯类是青海省重要的粮食作物，2015 年其播种面积分别为 4.3 万 hm^2 和9.3 万 hm^2，分别占农作物总播种面积的 7.8%和 16.8%。

相比之下，宁夏的农作物播种面积略大于青海，但仍然较大幅度地小于其他三省

（区）。玉米是其最主要的粮食作物，2015 年播种面积达到 28.9 万 hm²，占比为 23.1%。果品、小麦和蔬菜的播种面积较为接近，为 13.0 万 hm² 左右，占比浮动于 9.8%～11.1%。棉花的播种面积也为 0。与其他省（区）不同，宁夏薯类的种植面积超过小麦，2015 年为 17.7 万 hm²，占比为 14.1%，成为继玉米之后的宁夏第二大粮食作物。

新疆作为西北五省（区）中农作物播种面积最大的省（区），其农作物布局情况也最具特殊性。其一，农作物品种非常集中，90%的播种面积用于种植棉花、果品、小麦和玉米这四种农作物。其二，棉花和果品在新疆的农产品种植中占据非常重要的地位。2015 年其棉花和果品的种植面积分别为 195.3 万 hm² 和 139.7 万 hm²，分别占总播种面积的 32.6%和 23.3%。小麦和玉米次之，种植面积占比分别为 19.1%和 15.2%。

通过农产品种植面积的纵向比较，我们可总结出西北各省（区）的主要农产品，如专题表 5-10 所示。

专题表 5-10　西北各省（区）的主要农产品（按重要次序由左到右递减排列）

省（区）	主要农产品
陕西	玉米、小麦、果品
甘肃	玉米、小麦、薯类
青海	油料、小麦
宁夏	玉米
新疆	棉花、果品

2. 西北各省（区）主要农产品布局的横向比较

通过上一节对主要农产品纵向比较的梳理，我们可知西北五省（区）主要种植的农产品有小麦、玉米、薯类、油料、棉花、果品。然而，这些农产品在西北各省（区）之间又存在怎样的分布结构呢？

（1）基于种植面积的横向比较

对比专题图 5-1 中不同柱型的长短便可发现，目前，陕西、甘肃和新疆是西北地区的主要粮食种植区，粮食品种主要包括小麦和玉米，薯类农作物的主产区位于甘肃。棉花的种植分布高度集中在新疆地区，油料更多地种植于甘肃和陕西，新疆和陕西是果品的主要产区，而蔬菜种植面积在西北五省（区）之间的差异相对较小。

（2）基于产量的横向比较

如果从产量的角度进行横向比较，是否还能得到相同的结论？专题图 5-2 展示出了 2015 年西北地区主要农产品产量。

第一，小麦和玉米作为西北地区的主要粮食作物，其产量主要来源于新疆、陕西和甘肃。有意思的是，小麦在以上三省（区）中的产量排序与种植面积一致，2015 年产量分别为 642 万 t、417 万 t 和 272 万 t。而玉米产量和种植面积的排序却有所变化：新疆的玉米种植面积最小，而产量最大（641 万 t）；陕西的玉米种植面积最大，产量却最小（540 万 t）。由此可知新疆的玉米生产率明显高于陕西。第二，由于棉花在其他省（区）的种植面积几乎为零，因此，棉花的产量高度集中在新疆地区，其 2015 年产量为 368 万 t。放宽于全国范围比较，新疆依旧是中国棉花的第一主产区。第三，虽然油料产量在西北五省（区）主要集中在陕西、甘肃、新疆，2015年产量分别为62万t、72万t、59万t，但在全国范围内进行比较，其排位仅处于中间位置。第四，虽然新疆果品的种植面积大于陕西，但是陕西果品的产量（1554万t）却远远大于新疆（859万t）。造成这一结果的原因有两种可能：其一，陕西果品生产率远高于新疆；其二，陕西种植的主要果品品种为苹果、梨、猕猴桃，新疆的主要果品品种为瓜类和葡萄，由果品质量密度差异所致，前者在单位面积内生产得到的果品可能重于后者。第五，蔬菜在新疆的产量最高，2015年达到1815万t，陕西（1725万t）和甘肃（1705万t）次之。结合种植面积来看，新疆的蔬菜生产率相对最高。值得注意的是，以上横向比较的结论均局限于西北五省（区）以内，放大至全国范围，某些农产品的比较结果会有所变化。

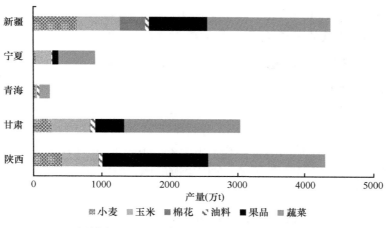

专题图5-2　2015年西北地区主要农产品产量
资料来源：2016年各省（区）统计年鉴

3. 西北各省（区）畜禽产品和水产品的布局分析

随着我国居民食物消费结构的转型和升级，畜禽产品和水产品在农产品中的地位得到显著提升，因此，我们应当充分了解我国畜禽产品和水产品的布局现状并总结出其生产特点。专题表5-11给出了西北各省（区）畜禽产品和水产品的产量分布，总结出其具有以下特点。

专题表5-11　2015年西北各省（区）肉、蛋、奶、水产品产量（万t）、占全国比例（%）及位次

省（区）	肉			蛋			奶			水产品		
	产量	比例	位次	产量	比例	位次	产量	比例	位次	产量	比例	位次
陕西	117	1.32	22	55	1.93	13	192	5.17	6	14	0.20	26
甘肃	96	1.07	23	16	0.50	26	40	1.07	17	1	0.02	29
青海	33	0.37	28	2	0.08	30	31	0.79	19	1	0.01	30
宁夏	29	0.32	29	8	0.26	27	136	2.85	9	16	0.23	23
新疆	149	1.63	21	31	0.98	19	156	3.81	7	14	0.21	25

资料来源：2016年各省（区）统计年鉴

（1）新疆是西北地区肉类产量大区，但西北五省（区）肉类产量处于全国较低水平

2015年新疆肉类总产量为149万t，是西北五省（区）中肉类生产的第一大区。陕西和甘肃肉类总产量相对较小，分别为 117 万 t 和 96 万 t。而青海和宁夏的肉类生产总量远落后于其他三省（区），2015 年产量仅为 33 万 t 和 29 万 t。然而，放眼于全国范围内，西北五省（区）的肉类总产量均处于较低水平。产量最高的新疆 2015 年肉类总产量仅占全国肉类总产量的 1.63%，在全国 31 个省（区、市）内仅排第 21 位，陕西和甘肃紧随其后，分列 22 位和 23 位。产量最低的宁夏 2015 年肉类总产量在全国占比仅为 0.32%，排名 29 位。

（2）西北地区的奶产量总体上处于较高水平，陕西奶产量超过新疆成为西北第一

2015 年陕西奶产量为 192 万 t，超过奶类消费大区新疆的产量（156 万 t），占全国总产量的 5.17%，产量排名位列全国第 6，新疆紧随其后排名第 7。宁夏奶产量也处于全国前列，2015 年奶产量为 136 万 t，占全国比例为 2.85%，位于全国第 9 位。甘肃和青海的奶产量稍逊于其他三省（区），但是在全国范围内处于中游水平。

（3）西北地区总体的蛋产量处于较低水平，水产品更甚

纵观西北地区的蛋和水产品生产情况，除了陕西蛋产量处于中间水平，位于全国第 13 位，其他各省（区）的产量情况均不容乐观。其中，2015 年青海和宁夏的蛋产量甚至不超过 10 万 t，仅有 2 万 t 和 8 万 t，分列全国第 30 位和 27 位。而西北各省（区）的水产品产量均保持非常低的水平，2015 年产量均不超过 20 万 t，甘肃和青海甚至仅有 1 万 t 的产量，五省（区）全部位列于全国下游区域。造成这一结果的很大一部分原因是西北地区属于内陆地区这一客观现实。

（4）肉类和奶类产量在西北各省（区）的畜禽产品中占据绝对地位

我们将专题表 5-11 中的产量数据画成专题图 5-3，可以更加直观地看出肉类和奶类产量在西北地区的生产地位。首先，肉类和奶类产量占据每个省（区）畜禽产品总产量的

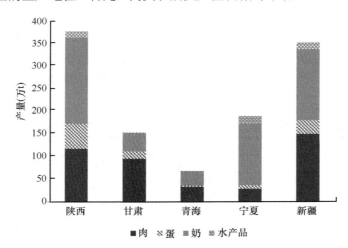

专题图 5-3　2015 年西北地区肉、蛋、奶、水产品产量

资料来源：2016 年各省（区）统计年鉴

绝大部分。其次，陕西和宁夏的奶产量甚至超过各自肉类总产量，青海的肉类和奶类产量基本持平，新疆亦如此，甘肃的肉类总产量超过奶类。

（5）西北地区牛羊肉生产结构具有多样性，不局限于猪肉独大的普遍情况

猪肉不论是在我国的畜肉生产还是消费上均普遍暂居绝对地位，然而，西北地区居民民族的多样性造成了该地区畜肉生产结构的不同。如专题图 5-4 所示，陕西和甘肃居民以汉族人为主，因此，其猪肉产量显著高于牛羊肉，尤其是陕西，猪肉的绝对地位更加显著。而由于回民等少数民族人群的比例增加，其他三省（区）的猪肉产量就不再位居高位。其中，青海的牛羊肉产量基本一样，宁夏的畜肉生产结构中已呈现出羊肉最多、猪肉最少的状况，该生产结构在新疆的畜肉生产中体现得更加明显。

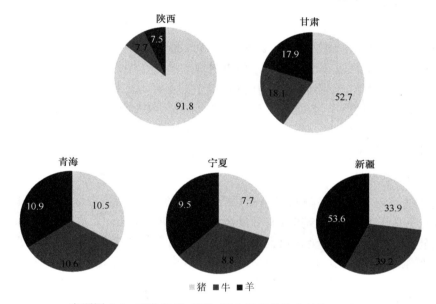

专题图 5-4　西北各省（区）猪牛羊肉的生产结构（万 t）
资料来源：2016 年各省（区）统计年鉴

（二）西北各省（区）主要农产品的区域比较优势

随着我国加入 WTO，国内一些学者对我国农产品比较优势的研究逐步深入，提出了区域农产品比较优势的概念、内涵和分析框架，并建议采用一系列指数对我国部分地区农产品的显性贸易优势指数、国内资源成本系数及显性竞争力指数等指标进行测度。

目前，用于测定农产品比较优势的方法主要有显示比较优势法、区位商法和国内资源成本系数法。为了和杨文杰（2007）的测算结果进行比较，本节采用农产品产值在全国的区位商作为比较优势的衡量指标。区位商仅从产值角度判断比较优势，然而，农产品生产所需的自然属性和地区的资源禀赋是否匹配也是影响农产品区域比较优势的一个方面。因此，除了测算区位商以便定量分析外，我们还从定性角度进行分析以此来弥补定量分析的不足。

1. 西北各省（区）农业在我国的比较优势分析——基于生产条件角度

（1）农业就业人口比例

2015 年西北五省（区）（陕西、甘肃、青海、宁夏、新疆）的就业人口分别为 2071 万人、1536 万人、321 万人、362 万人、1135 万人。其中，农业就业人口占比最大的是甘肃省，达到 57.1%，新疆和宁夏紧随其后，农业就业人口占比分别为 45.4% 和 44.2%，陕西的农业就业人口比例相对较小（38.1%）。与全国平均 28.3% 的农业就业人口占比相比，西北地区的农业发展有非常大的劳动力优势。大量的劳动力供给可以降低农业生产成本，尤其对于劳动密集型农业产业来说，更是一个利好条件。

（2）土地资源条件

西北五省（区）中，甘肃的耕地面积最大，2015 年末耕地面积为 537.5 万 hm^2，人均 0.21hm^2，远远高于全国平均水平。新疆的耕地面积略小（518.9 万 hm^2），但是，其人均耕地面积却高于甘肃。不仅如此，新疆耕地的质量在西北五省（区）中是最好的，乃至在全国范围内都位于前列。2015 年其耕地中的水浇地占比高达 73.5%。陕西的耕地面积在全国处于中间位置，然而，其人均耕地面积仅有 0.10hm^2，略高于全国平均水平。青海的耕地面积在西北地区是最紧张的，在全国范围内也处于下游水平，其人均耕地面积仅有 0.09hm^2，与全国平均水平持平。

（3）农田水利条件

有效灌溉面积和节水灌溉面积是衡量农田水利条件的重要指标。有效灌溉面积方面，新疆表现非常优异，2015 年其有效灌溉面积为 470.5 万 hm^2，占耕地面积的 90.7%，远远超过全国平均水平，在全国范围内名列前茅。而其他四个省（区）的表现非常不理想，其有效灌溉面积占比均低于全国平均水平。其中，甘肃有效灌溉面积占比最低，仅为 21.2%。除此之外，西北地区水资源有限，其成为限制农业发展的重要因素。因此，节水灌溉面积占比是衡量西北地区农业生产条件的关键指标。从数据显示来看，新疆的节水灌溉优势依然突出，其节水灌溉面积占耕地面积的比例高达 667%，远高于全国平均水平 21.5%。而其他省（区）仍旧表现平平，尤其是甘肃，其节水灌溉面积占比依然小于全国平均水平。令人欣慰的是，陕西、青海、宁夏三省（区）在节水灌溉方面的表现与全国平均水平基本持平。由此可见，新疆在农田水利条件方面在西北地区乃至全国都具有非常显著的优势。

2. 西北各省（区）主要农产品的区域比较优势分析——区位商法

区位商是一省或市、区某种农产品的产值在该省或市、区总产值的比例与全国该种农产品的产值在全国农业总产值中的比例的比值，具体计算公式如下：

$$Q_{ij}=（S_{ij}/S_i）/（S_j/S）\qquad\text{（专题 5-3）}$$

式中，Q_{ij} 表示 i 省 j 种农产品的区位商；S_{ij} 表示 i 省 j 种农产品的产值；S_i 表示 i 省农业总产值；S_j 表示全国 j 种农产品的产值；S 表示全国农业总产值。$Q_{ij}>1$，表明 i 省 j 种农产品与全国平均水平相比具有明显的比较优势；$Q_{ij}<1$，表明 i 省 j 种农产品与全国平均水平相比，具有明显劣势。区位商的值越大，比较优势越强。

（1）2015年西北各省（区）主要农作物比较优势

从专题表5-12中2015年的测算结果我们可以看出目前西北五省（区）主要农作物的比较优势。首先，新疆小麦的比较优势相对较强，宁夏小麦则处于明显劣势。其次，甘肃和宁夏的玉米具有比较优势，宁夏的比较优势更强，同时，青海的玉米极不具有比较优势。再次，新疆的棉花具有相当强的比较优势，与其他省（区）拉开相当大的优势差距。最后，除了青海的油料具有较强比较优势以外，其他各省（区）的油料均不具有比较优势。

专题表5-12　2015年和2004年西北各省（区）四种主要农作物的区位商

农产品	年份	陕西	甘肃	青海	宁夏	新疆
小麦	2015	1.0	1.0	1.1	0.6	1.4
	2004	2.0	1.6	2.1	2.2	1.4
玉米	2015	0.7	1.2	0.3	2.1	0.8
	2004	1.4	1.0	0.1	2.3	1.0
棉花	2015	0.1	0.3	0.0	0.0	10.5
	2004	0.5	1.0	0.0	0.0	8.8
油料	2015	0.5	0.9	3.2	0.9	0.4
	2004	0.7	0.9	4.4	1.1	0.4

注：由于S_{ij}的值在统计年鉴中不能直接查到，计算时用i省（区）j种农产品的产量和该产品的全国平均售价的乘积近似代替

资料来源：《中国农业年鉴2016》《全国农产品成本收益资料汇编2015》；表中2004年数据来自于杨文杰（2007）

综上所述，我们总结出各省（区）具有比较优势的农作物如下（专题表5-13）：陕西省具有比较优势的农作物只有小麦，并且这种比较优势非常微弱；甘肃省具有比较优势的农作物有玉米和小麦，但是比较优势均不显著，玉米比小麦略微更具有比较优势；青海省的小麦和油料具有比较优势，小麦的比较优势较为微弱，但是油料的比较优势比较强；宁夏只有玉米具有比较优势；新疆的小麦和棉花均具有较为显著的比较优势，尤其是棉花的优势非常明显。

专题表5-13　2004年和2015年西北各省（区）农作物比较优势的变化

省（区）	具有比较优势的农作物	比较优势提升的农作物	比较优势下降的农作物
陕西	小麦	—	小麦、玉米、棉花、油料
甘肃	玉米、小麦	玉米	小麦、棉花
青海	油料、小麦	玉米	油料、小麦
宁夏	玉米	—	小麦、玉米、油料
新疆	棉花、小麦	棉花	玉米

（2）2004年和2015年西北各省（区）主要农作物比较优势的变化

比较2004年和2015年各省（区）主要农作物比较优势的变化，其变化具有以下特点：第一，陕西四种主要农作物的比较优势均下降，其中，玉米从具有比较优势的农作物变为不具有比较优势的农作物，小麦的比较优势也变得非常微弱。第二，除了新疆以

外，其他四省（区）小麦的比较优势均下降。第三，甘肃和青海玉米的比较优势得以提升。第四，新疆棉花的比较优势进一步加强。

（3）2015年西北各省（区）主要牲畜饲养和奶产品的比较优势

我们通过统计数据计算出了2015年西北各省（区）牛羊猪饲养和奶产品生产的区位商（专题表5-14），从而判断其比较优势。陕西仅在生产奶产品方面具有比较优势，甘肃仅在羊饲养方面具有微小的比较优势。而除了猪饲养以外，青海和宁夏在牛、羊饲养与奶产品生产方面都具有非常明显的比较优势，其中，青海在这些方面比宁夏更具有显著优势。新疆在羊饲养方面具有非常明显的比较优势，奶产品生产的比较优势非常微弱，牛基本不具有比较优势，而猪饲养存在显著劣势。横向观察后我们还发现，饲养羊在西北地区的比较优势较为显著，而饲养猪则毫无比较优势。

专题表5-14　2015年西北各省（区）牲畜饲养和奶产品的区位商

项目	陕西	甘肃	青海	宁夏	新疆
牛	0.5	0.8	4.3	1.8	1.0
羊	0.9	1.2	9.6	2.3	3.5
猪	0.7	0.4	0.6	0.2	0.2
奶产品	1.8	0.6	6.3	5.2	1.1

（三）西北各省（区）主要农作物生产布局调整优化方案

合理的区域分工是自由贸易的基础，也是提高农产品竞争力的重要措施。上述关于西北五省（区）主要农作物比较优势的分析和比较，为西北地区农作物生产的合理分工提供了一个参考依据。

第一，小麦种植应当向新疆地区倾斜，其次是青海。目前，新疆小麦种植区位商在西北地区已经处于首位，因此应当继续保持甚至扩大小麦在该省的种植面积。与此同时，我们看到陕西和甘肃在小麦种植方面并不具有明显的比较优势，但是这两省小麦的播种面积和产量均紧随新疆之后，高于青海。由此似乎可以推论出，我们应当将小麦的生产从陕西和甘肃部分向青海转移，然而，现实情况是青海是西北五省（区）中耕地面积最紧张的省份，并且青海还有更具有显著比较优势的农作物。因此，折中的建议是：在耕地资源有限的情况下，可适度减少陕西和甘肃的小麦种植并转移至新疆，以此来最大程度地利用小麦在新疆的比较优势。

第二，玉米种植向宁夏转移，其次是甘肃。从之前的分析可知，西北地区玉米种植主要集中于陕西、甘肃和新疆。然而，陕西和新疆在玉米种植方面均不具有比较优势，反而最具有比较优势的宁夏并未广泛种植玉米。再加上宁夏在其他三种农作物种植上均没有比较优势，因此，陕西和新疆的玉米种植应当向宁夏转移，从而可以释放出陕西和新疆有限的土地投入其他更具有优势的农业生产上。

第三，新疆棉花的比较优势相当大，其优势的程度甚至可以让陕西和甘肃完全放弃种植棉花。除此之外，新疆棉花的比较优势在2004～2015年还有所增加，这更加说明新疆在棉花种植方面具有非常强的优势。因此，保持新疆现在把棉花作为最主要农作物的状态，并且可以扩大其在新疆的种植面积，把这一显著的比较优势发挥至最大。

第四，青海应当将农作物种植完全向油料倾斜。虽然目前油料已经是青海省最主要的农作物，但是其播种面积甚至小于陕西、甘肃和新疆。当然，青海耕种面积的有限是一个非常重要的原因。因此，我们更应当最大化合理利用青海省的可耕种土地，即利用有限的土地种植最具有比较优势的农作物。

五、西北地区农业产业布局调整优化的战略措施

（一）西北地区农业产业布局调整优化的原则

通过农业产业空间布局的调整和优化，在充分发挥自然资源禀赋优势的基础上，提高西北五省（区）农业综合生产能力；利用各区域的主要农产品比较优势，进一步提高农产品生产优势区域集中度，突出农产品生产的区域特色。农业产业布局调整优化不仅可以提高农业产出效率，还可以让农业资源配置得到优化和保护。西北五省（区）要形成定位清晰、各具特色、有序分工、优势互补的农业产业空间发展新格局，必须遵循以下几点基本原则。

1. 同质性原则

以西北五省（区）农业主导产业和农业资源开发利用潜力及优势为主要依据。以发展农业生产的自然、技术、经济条件和生产特征的相似性；农业发展方向、措施和途径的类似性；农业资源、农业产业开发潜力和建设目标的类同性为基本原则。

2. 农业科技进步原则

充分发挥农业科技对现代农业的支撑作用，引进新品种，推广新技术，示范新模式，放大示范、带动、辐射效应，推进农业科技成果的转化，支撑西北五省（区）现代农业产业做强、做大、做优。

3. 产业带动原则

根据不同区域的资源禀赋，因地制宜，选准、培育、壮大适宜发展的特色现代农业产业，大力发展产业化经营，明确重点区域，重点开发，先易后难，以点带面，形成产业，推进规模化、外向化和品牌化，促进西北五省（区）农业产业布局的合理化。

4. 集聚化与专业化相结合的原则

改变传统农业发展模式和产业空间分散布局的现状，提高生产的集约化和规模化程度。提高土地利用技术和经济投入水平，形成特色优势产业，实现土地资源配置的最优化，做大做强特色产业和主导产业。

5. 与城乡一体化发展格局相结合的原则

要充分考虑西北五省（区）未来城镇化建设、城镇体系结构和农业产业布局，充分发挥城镇增长极作用，把农业产业区域布局和城镇化进程有机结合起来，建立互补型区

域结构，从而确立各自合理的优势产业和产业结构。

6. 可持续发展原则

结合农业供给侧结构性改革，提质增效，在西北五省（区）推广各项资源节约型、环境保护型技术，发展节水农业，形成农业资源开发与生态环境保护相结合的农业产业布局。

（二）西北地区农业产业布局调整优化的战略措施

农业产业布局是一项综合系统性工程。不仅要对各个区域的自然、经济、社会因素情况进行全面的掌握和分析，还要综合考虑区域内与区域间农业产业的协同和带动因素，因地制宜，结合本地区的特点，进行产业选择，合理规划，通过合理的空间布局引领农业朝产业化、现代化、规范化、安全化方向发展。因此，针对西北五省（区）农业产业布局存在的问题，并结合土地资源禀赋和人口变动与城镇化、交通运输能力因素的变化来对西北五省（区）农业产业空间布局的调整优化提出保障措施。

1. 确保自然资源与农业产业合理布局相协调

西北五省（区）土壤质量品位较低，开发利用难度较大，水土流失、草原退化沙化、自然灾害频发，农业基础十分薄弱，农业长期处于原始分散、自给自足的发展状态。从目前日益尖锐的自然资源承载力与现代农业发展的矛盾出发，认清耕地资源安全的严峻形势，在稳定粮食播种面积的基础上，充分调动好农民务农种粮和主产区重农抓粮的积极性，加大相应配套政策扶持和投入力度，更好地为粮食规模经营主体提供支持服务。在稳产量的条件下，充分发挥土地资源特色优势，积极转化科研成果，提升粮食产量。积极开展农业能源节约行动，继续推进农业节水灌溉，有计划地开展中低产田改造，不断保持和提高耕地的生产能力。在全省（区）适宜粮食生产的平原、丘陵地带，应区域化、规模化发展粮、油产地，鼓励城市周边大力发展具有高附加值的蔬菜和苗木等生产，提高农业的综合效益。

正确处理经济发展和耕地资源保护的关系。尽快使农业发展从主要追求产量和依赖资源消耗的粗放经营转变到数量质量效益并重、注重提高竞争力、注重农业科技创新、注重可持续的集约发展上来。集中有限资源发展具备优势的农业产业。增强农业整体竞争力，增加农民收入，各省（区）应该集中优势资源，将资本、劳动力和政策投入到具有优势的农业产业中，发挥各省（区）农业产业的规模优势，引进和应用先进的农业生产技术，提升农作物品质，增强市场竞争力，从而获取更多的农业分工利益。对于发展潜力较小的劣势农业产业，各省（区）要适当舍弃，把有限的资源投入到优势产业的发展中去，为优势产业发展营造良好的市场环境。

2. 确保区域特色产业布局与农业产业空间布局相协调

新形势下调整农业结构，关键是引导农民瞄准市场需求。充分发挥区域比较优势，更好地适应个性化、多样化的消费需求，使有限的农业资源产出更多、更好、更安全的农产品。西北地区农业产业化要按照市场需求和本地资源禀赋确立具有特色的主导产业。西部地区蕴藏着丰富的特色农业资源，具有突出的特色农业发展优势。立足本地实际来确定主导产业，主要从产量的比较优势和质量的特色优势两方面来进行定位，发展新疆的棉花、羊肉、核桃和瓜果，陕西的瓜果和荞麦，甘肃的玉米制种、马铃薯和油菜，青海的马铃薯、油菜和青稞，以及宁夏的枸杞等农业产品极具区域特色的优势产业。合理规划布局，形成特色农产品产业带。

实现农业优势产品的差异化种植。在缺乏监督与协调的情形下，过于趋同的农业优势产业在各自发展中容易形成恶性竞争，损害各省（区）的利益。因此，各省（区）应该在协调优势产业种植的同时，注重产品的内在差异，在细分的目标市场上找到各自的定位，使得在西北5省（区）的农业产业优势得以发挥的同时，避免产生恶性竞争。

培育特色农业，在一些适于果品生产的丘陵和山区地带，可因地制宜地发展区域化特色化果品产业。随着城镇化的不断发展，综合开发农业新功能，如旅游休闲功能、社会功能以及生态功能等。探索出土地流转的新形势，鼓励农民发展特色旅游观光农业，政府也要进行前期规划和基础设施建设，使其长久发展。

3. 确保农产品流通网络与农业产业空间布局相协调

农业产业化发展，还要重视农产品流通方式的转型升级，以及农产品质量安全。农业产业空间布局优化，不仅要考虑产品的生产环节，更要着眼市场，考虑流通环节的便捷与低成本问题。因此，既要完善全国农产品流通骨干网络，又要重视交易制度、交易规则等软环境建设。因为产品具有季节性、易腐性的特征，所以建设农业生产基地与消费基地之间的运输通道，对广大农业企业、农业生产者来说可以降低成本，提高经济效益。对于西北五省（区）来说要加快建设区域内高速公路、铁路、航空运输等基础设施建设，以满足西北五省（区）农业产业布局对运输通道在农产品流量、流向上对大运量、长距离运输服务的基础设施建设能力需求和运输服务的组织需求。要大力发展专业化农产品运输装备，如冷冻车及散装粮食运输装备等，以便通过专业化、高技术装备的使用，使运输组织创新建立在生产工具与方式的基础上稳步前进。加强传统的产地产场、跨区域冷链物流体系建设，同时加快建设专业化的农产品流通组织与服务需要的物流中转站、配送中转站，特别是依托中小城市的运输枢纽，形成农产品流通的物流组织服务系统，为创新农产品流通和实现农产品流通现代化奠定坚实的基础。开展好公益性农产品批发市场建设试点，支持电商、物流、商贸、金融等企业共同参与涉农电子商务平台建设。

西北地区农业生产能力开发的技术策略研究

本专题利用西北地区多年统计资料,对该区域耕地生产力演变规律、时空差异及其在全国耕地粮食生产中的相对重要性进行了评价,认为西北地区耕地生产力呈现出小范围波动、连续上涨的发展趋势,虽然西北地区耕地粮食生产力持续提高,但其年均增长率不稳定,年际变化幅度较大;西北地区耕地生产力在全国的比例明显上升,但又始终低于全国平均水平,耕地生产力水平相对较低,但其耕地粮食生产力提升潜力还较大,粮食生产中心主要向粮食生产能力较高的新疆和陕西地区集中;西北地区耕地等别较全国总体水平偏低,中等地和低等地分布广泛,高等地分布范围小,无优等地分布,且高等地主要分布在陕西,中等地主要分布在新疆。通过分析西北各省(区)耕地质量的主要影响因素提出了不同区域土壤质量提升的技术对策。

同时利用统计资料和文献资料,采用数据分析的方法,以黄土高原为例对该区域主要粮食作物小麦、玉米、马铃薯的增产潜力及技术途径进行了分析,认为近年来黄土高原地区春玉米、冬小麦和马铃薯产量随年际变化整体呈增加趋势,且有较大增加潜力,其中,黄土高原中部春玉米产量增加潜力最高,东部次之,南部最低,而西北部冬小麦产量增加潜力均高于东南部;免耕和深松耕在黄土高原不同区域的适应性不同,在黄土高原中部和北部区域,采用免耕可使春玉米产量提高10%以上,而在黄土高原东南部和西北部区域,采用深松耕可显著提高冬小麦产量,且效果优于免耕,降雨量和温度显著影响了这两种措施的效果;不同覆盖措施对黄土高原地区春玉米、冬小麦和马铃薯产量的影响不同,采用秋季平地覆膜措施对提高黄土高原地区整体春玉米产量效果最好,播时垄沟覆膜和秋季垄沟覆膜措施效果次之,而采用全年平地覆膜措施对提高黄土高原整体冬小麦产量效果最好,播时平地覆膜和垄上覆膜措施效果次之。

由于新疆是典型的大陆性干旱气候,农业生产呈现相对独立的荒漠绿洲灌溉农业的特点,因此最后一节专门就新疆的农业开发技术问题进行了探讨,发现过去几年粮食总产量的提高主要得益于粮食播种面积的提高,而非单位面积粮食产量的提高。土壤盐渍化、水资源利用率低、土壤质量低下、地膜污染是造成这种现象的主要原因,因此,建立围绕水资源高效利用的灌溉分区制度、盐碱地治理及土地质量提升、地膜污染控制等是今后的重点任务。

一、西北地区耕地质量评价及其提升策略

(一) 1982~2012 年西北地区耕地生产力动态演变及能力评价

耕地资源是一种有着复杂构成要素和时空分异特性的农业资源,而影响耕地生产力

和粮食安全最基本的因素是耕地资源的数量与单产。单产上下浮动范围的大小，除了取决于耕地质量的优劣，还受到投入产出变化、承受能力和市场接入的影响，是典型的自然-社会-经济相复合的半人工生态过程。

西北地区包括陕西、甘肃、宁夏、青海、新疆5个省（区），地理坐标为北纬31°32′～49°10′、东经73°15′～111°15′，土地面积308.01×10^{4}km^2，占全国国土总面积的32.1%，其中耕地面积16.44万km^2，占整个西北地区土地面积的5.34%。西北地区主要的农业气候特点为光热资源丰富、干旱少雨、蒸发强烈、日照和太阳辐射充足、气温地区分布差异较大，寒潮和春季沙尘暴等农业气象灾害较为频繁。西北地区水资源时空分布极不均衡，且受季节影响较大，降雨量和径流量资源年内分配与农业需水要求极不协调。西北地区地形以高原盆地为主，包括黄土高原、秦巴山地、塔里木盆地、柴达木盆地、渭河平原等，使得该区农业生产极具多样化的特征，主要农作物有小麦、玉米、水稻、谷子、马铃薯等。

本节以《新中国六十年统计资料汇编》、《中国统计年鉴》和西北各省（区）统计年鉴、《国家粮食安全中长期规划纲要（2008—2020年）》粮食消费需求相关数据为基础，从耕地现实生产力、耕地粮食生产力相对指数及耕地压力指数等方面对西北地区耕地生产力演变规律、时空差异及其在全国耕地粮食生产中的相对重要性进行评价，以期为新时期下该区强化耕地粮食生产能力建设、土地资源合理利用及其应对全国粮食生产地域变化的响应提供重要依据。

1. 西北地区耕地生产力变化态势

（1）耕地生产力变化动态

1982～2012年，西北地区耕地生产力增加了近2倍，从1982年的2078.28kg/hm^{2}上升至2012年的5643.75kg/hm^2，以118.85/(hm^2·a)的增速增长，年均增长率为3.39%。纵观西北地区这30年耕地生产力的变化态势（专题图6-1），耕地生产力（y）变化与时间（x）变化符合线性方程：$y=101.3x-198\,648$（$R^2=0.9564$）。

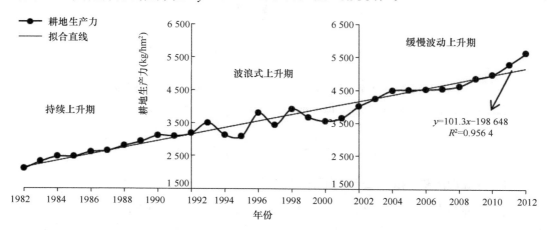

专题图6-1　西北地区1982～2012年耕地生产力变化态势

$P_g=Y_{gs}\times M$，P_g为耕地生产力；M为复种指数（由一年中各季节的实际总播种面积除以耕地面积求得），%；

Y_{gs}为粮食单产，kg/hm^2

西北地区这 30 年耕地生产力以小范围波动、连续上升的趋势发展（专题图 6-1），且可分为明显的三个时段：①持续上升期（1982～1992 年），该时间段内耕地生产力持续增加了 1086.48kg/hm²，增加幅度达 52%，年均增长 108.65kg/hm²，年均增长率为 4.28%；②波浪式上升期（1993～2002 年），该时段内的耕地生产力波动幅度较大，且增长较为缓慢，1993 年耕地生产力为 3501.87kg/hm²，到 2002 年增至 4009.24kg/hm²，只增加了 507.37kg/hm²，年均增长率仅为 1.51%；③缓慢波动上升期（2003～2012 年），2003 年耕地生产力为 4256.46kg/hm²，以年均 154.14kg/hm² 的速度增长，到 2012 年增至 5643.75kg/hm²，年均增长率为 3.18%。

（2）耕地生产力增长率变化趋势

虽然西北地区耕地粮食生产力持续提高，但其年均增长率不稳定，年际变化幅度较大（专题图 6-2）。1983～2012 年，有 1/5 年的增长率为负值，其中耕地生产力下降较为严重的年份有 1994 年，增长率为 -10.7%，1997 年为 -9.5%，1999 年为 -6.5%，而绝对值较小的负增长率并未影响到耕地粮食生产力的总体增长趋势。1983～1990 年和 2001～2012 年耕地生产力增长率虽然有起伏，但始终保持正值。1991～2000 年耕地生产力出现了增减交替的波动局面，且在 1996 年到达历史最高水平 23%。耕地生产力增长率的不稳定对预测西北地区耕地生产力、耕地安全和粮食安全的影响较大。因此，须加大西北地区耕地粮食生产力的科技投入、劳动投入和农业基础要素投入，使自然条件和人为因素对农业的限制降到最低。

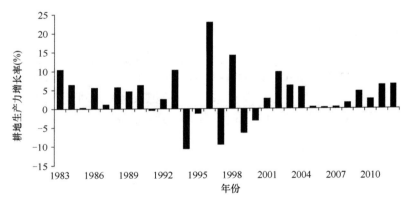

专题图 6-2 西北地区 1983～2012 年耕地生产力增长率变化动态

$P_i = \dfrac{P_{ni} - P_{(n-1)i}}{P_{(n-1)i}} \times 100\%$，$P_i$ 为耕地生产力年际变化率；P_{ni} 为第 n 年耕地年初生产力；$P_{(n-1)i}$ 为第 $n-1$ 年耕地年初生产力

2. 西北地区及其各省（区）耕地粮食生产力相对指数变化

（1）西北地区耕地粮食生产力相对指数的变化

对西北地区耕地粮食生产力相对指数（X_i）的研究发现，自 1982 年以来，X_i 呈明显波动上升趋势（专题图 6-3），且在 2003 年到达历史最高水平 0.842，比最初的 0.455 增加了近 1 倍，随后以 2008 年为转折点，先后经历了略微下降（2003～2008 年）和缓慢

上升的（2008～2012 年）两个阶段，至 2012 年西北地区粮食生产力相对指数为 0.794。表明西北地区粮食生产在全国的比例明显上升，但又始终低于全国的平均水平。因此，西北地区耕地生产力水平相对较低，粮食生产尚有较大的提升空间。

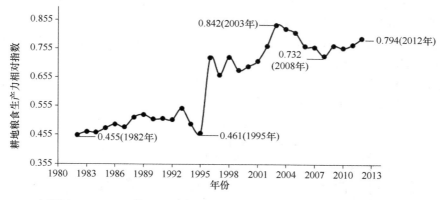

专题图 6-3　西北地区 1982～2012 年耕地粮食生产力相对指数变化动态

$X_i = \dfrac{Y_i \times M_i}{Y_q \times M_q}$，$X_i$ 为区域耕地粮食生产力相对指数；Y_i 为区域粮食单产，kg/hm²；M_i 为该区域复种指数，%；Y_q 为全国平均粮食单产，kg/hm²；M_q 为全国平均复种指数，%。X_i 值大于 1，说明该区域耕地粮食生产力高于全国平均水平，X_i 值越大，该区域单位面积耕地粮食生产力越高；X_i 值小于 1，说明该区域耕地粮食生产力低于全国平均水平，X_i 值越小，该区域单位面积耕地粮食生产力越低

（2）各省（区）耕地粮食生产力相对指数的时空差异

对比 1982 年和 2012 年西北五省（区）耕地粮食生产力相对指数（X_i）发现，这五个省（区）X_i 的变化有一定差异，但都呈增加趋势（专题表 6-1），其中，新疆粮食生产基础较低，但其提速最快，X_i 在 2012 年达到 1.094，成为西北地区唯一一个耕地粮食生产力高于全国平均水平的省（区）；宁夏、甘肃粮食生产基础不好，但其提速较快，X_i 上升幅度分别为 0.360 和 0.299，虽 X_i 始终低于全国平均水平，但其对西北地区粮食生产的影响在 2012 年和 1982 年已不可同日而语；陕西 X_i 由 1982 年的 0.626 上升至 2012 年的 0.818，虽然变化幅度不大，且略低于全国平均水平，但其始终保持着西北地区粮食主产区的地位；青海 X_i 变化最小，只有 0.095，是目前西北地区与全国平均水平差距最大的省份，这与当地较为恶劣的自然条件和落后的经济条件有关。

专题表 6-1　1982 年和 2012 年西北 5 省（区）耕地粮食生产力相对指数

年份	陕西	甘肃	宁夏	青海	新疆
1982	0.61～0.80	＜0.40	＜0.40	0.41～0.60	0.41～0.60
2012	0.81～1.00	0.61～0.80	0.61～0.80	0.41～0.60	1.01～1.10

综上可知，西北地区粮食生产中心主要向粮食生产能力较高的新疆和陕西地区集中，究其原因，新疆在改革开放以后加大了对农业的投入，在充分利用丰富耕地资源的基础上注重提高耕地质量，使得新疆大部分地区的粮食生产力迅速提高；陕西的地形、土壤、水热等自然条件优越，粮食的复种指数较高且科技投入较大，使得其粮食生产力维持在较高的水平。

3. 西北地区耕地压力指数的动态变化规律

（1）耕地压力指数的变化

耕地压力指数（K）起伏变化受多年来最小人均耕地面积（S_{min}）与实际人均耕地面积（S）动态变化的共同影响，其中最小人均耕地面积主要取决于因科技进步、单位面积农业要素投入而变化的粮食单产水平（赵永华等，2013），而实际人均耕地面积主要取决于耕地面积和人口数量。

如专题图 6-4 所示，在 1982～2012 年，西北地区耕地压力指数（K）在波动变化中呈现明显的阶段性，且大致可分为 4 个阶段。

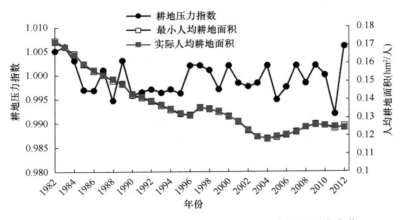

专题图 6-4　西北地区 1982～2012 年耕地压力指数动态变化

$K = S_{min}/S$，K 为耕地压力指数，S 为实际人均耕地面积，hm²/人，S_{min} 为最小人均耕地面积，hm²/人。$S_{min} = \beta \dfrac{G_r}{p \times q \times K}$

式中，β 为粮食自给率（一个国家或地区在一年内粮食总生产量占总需求量的百分数），%；G_r 为人均年粮食需求量，kg/人，依据国家食物与营养咨询委员会提出的各阶段粮食安全目标结合本节研究时段，拟定 G_r 为 391kg/人；p 为粮食单产，kg/hm²；q 为粮食作物播种总面积与农作物总播种面积之比，%；K 为复种指数，%

整体降低后保持平缓波动期（1982～1995 年）。在 K 整体下降的前 3 年里（1982～1984 年），S_{min} 都 $>S$，且 K 值均超过 1.0，该时段内耕地面积持续减少了 1.78%，人口持续增长了 2.33%，粮食单产持续增加了 16.54%，说明该时段 K 值持续下降的可能原因是这一时期建立的土地承包经营制度极大地提升了耕地粮食单产水平，导致粮食供给能力增强；保持平缓波动的 11 年（1985～1995 年），S_{min} 基本都 $<S$，K 值大多降到1.0 以下，且大体稳定维持在 0.995±0.002，该时段耕地面积稳中略有减少，减少了1.38%，而人口持续增长了 18.9%，粮食单产增长了 18.53%，表明该时段 K 值维持平稳的可能原因是这一时期农业科技进步与价格政策影响使得粮食供给能力的增加与人口增速相当。

陡升后保持平缓波动期（1996～2000 年）。该时段 S_{min} 基本都 $>S$，K 值大多跳到 1.0以上，且大体稳定维持在 1.001±0.001，耕地面积由 1996 年的 1142.401 万 hm² 剧增到 1997年的 1190.291 万 hm² 后维持平稳，而人口持续增长了 4.85%，粮食单产波浪式减少了6.12%，其可能原因是前一时段粮食供过于求，粮食价格急转直下，农民种粮积极性降低，致使粮食单产下滑，加之较快的人口增速，导致这一时段的 K 值维持在相对较高的水平。

陡降后保持平缓波动期（2001～2006 年）。该时段 S_{min} 基本都 $<S$，K 值大多降到 1.0 以下，且大体维持在 0.997±0.001，耕地面积呈 "V" 字形变化，即急剧减少后显著增加，总体减少了 2.14%，而人口持续增加了 3.79%，粮食单产持续稳中有升，增加了 14.56%，说明该时段科技进步与惠农新政实施使得生态退耕等造成的耕地面积锐减并未对粮食产生太大影响，这是这一时期 K 值维持在相对较低水平的可能原因。

波动期（2007～2012 年）。该时段除 2011 年和 2012 年的 K 值分别达到近 30 年最低值 0.992 和最高值 1.006，形成剧烈反差外，其他年份保持平稳波动，2011 年的复种指数陡增与粮食单产持续增加是 K 值达到最低值的可能原因，而 2012 年复种指数、粮食单产均很高，但人口过于密集，使得人均耕地面积偏小，导致 K 值过大。

（2）耕地压力指数等级分析

从西北地区耕地压力等级变化情况来看（专题表 6-2），1982～1984 年和 1996～2000 年耕地压力基本处在预警稍大区，表明这一时段耕地基本能够满足人口对粮食的需求，但有所恶化；1985～1995 年和 2001 年以后除个别年份外，耕地压力均处在预警稍小区，表明这一时段粮食安全状况总体较好，呈优化态势。这一变化一定程度上反映了随着时间的推移，西北地区耕地压力有所缓解，但其缓解幅度并不大，耕地压力级别始终处在 II 级预警值范围内，形势不容乐观，急需采取相应措施缓解这一问题。

专题表 6-2　1982～2012 年西北地区耕地压力指数和压力等级

年份	压力指数	压力等级	年份	压力指数	压力等级	年份	压力指数	压力等级
1982	1.005	II b	1993	0.996	II a	2004	1.002	II b
1983	1.006	II b	1994	0.997	II a	2005	0.995	II a
1984	1.003	II b	1995	0.996	II a	2006	0.998	II a
1985	0.997	II a	1996	1.002	II b	2007	1.002	II b
1986	0.997	II a	1997	1.002	II b	2008	0.998	II a
1987	1.001	II b	1998	1.001	II b	2009	1.002	II b
1988	0.995	II a	1999	0.997	II a	2010	1.000	II a
1989	1.003	II b	2000	1.002	II b	2011	0.992	II a
1990	0.996	II a	2001	0.998	II a	2012	1.006	II b
1991	0.997	II a	2002	0.998	II a			
1992	0.997	II a	2003	0.998	II a			

（二）西北地区耕地质量等别差异性比较

我国国土资源部（现自然资源部）汇总的全国耕地质量等级调查与评定成果，首次全面摸清了我国耕地质量等级分布状况，且已初步应用于土地利用总体规划、耕地占补平衡、基本农田建设等方面。本节基于西北地区 5 省（区）农用地分等国家级汇总成果，从耕地等别数量特点和耕地等别空间分异特征两个方面对西北地区耕地等别结构以及在全国耕地等别中的整体水平进行评估，以期为西北地区耕地质量保护与建设、区域规划决策等提供依据。

1. 西北地区耕地等别数量分布特征

西北地区耕地评定为 10 个等别，等别范围为 5~14 等（专题图 6-5），其中 5 等耕地质量最好，14 等耕地质量最差。西北地区耕地质量等别总体水平偏低，以 11~14 等耕地为主，面积加权平均等为 11.9 等，比全国平均等别 9.8 等（中华人民共和国国土资源部，2009）低 2.1 个等别。

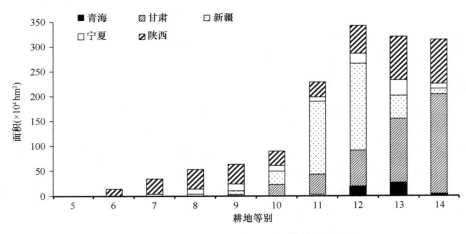

专题图 6-5　西北地区 5 省（区）耕地等别构成

$$Y = \frac{\sum_{i=i_{\min}}^{i_{\max}} i \times F_i}{F_{总}}$$，Y 为等别平均值；i 为等别；$i_{\min}$ 为等别最小值；$i_{\max}$ 为等别最大值；F_i 为 i 等耕地面积，hm^2；$F_{总}$ 为耕地总面积，hm^2

参照全国耕地等别划分档次（陈印军等，2011），我们将西北地区耕地按照 1~4 等、5~8 等、9~12 等、13~14 等划分为优等地、高等地、中等地和低等地（专题表 6-3），西北地区没有优等地分布，高等地 100.50 万 hm^2，占西北地区农用地评定总面积的 6.94%，中等地 717.59 万 hm^2，占 49.56%，低等地 629.85 万 hm^2，占 43.50%。

专题表 6-3　西北地区耕地等别构成

项目	优等地	高等地	中等地	低等地
耕地面积（×10⁴hm²）	0.00	100.50	717.59	629.85
面积比例（%）	0.00	6.94	49.56	43.50

将西北地区耕地按照生产能力折合成基于标准亩的西北地区耕地总量。据此，分别以国家 1 等地和国家平均等别 9.8 等地为基准核算西北地区标准耕地总量，西北地区参与分等的 1447.87 万 hm^2 农用地（专题表 6-4）进行核算后，仅相当于全国 1 等地 318.09 万 hm^2，相当于全国平均等别 9.8 等地 870.26 万 hm^2。

2. 西北各省（区）耕地质量等别分异特征

将耕地质量评价按自然因素指标和社会经济因素指标来进行评价，具体分为自然质量评价、利用评价和经济评价三类，耕地自然质量等别主要是在自然状态下评价耕地的质量，

专题表 6-4　西北 5 省（区）农用地标准亩核算结果

省（区）	农用地分等 面积（×10⁴hm²）	国家 1 等地 面积（×10⁴hm²）	国家平均等 面积（×10⁴hm²）
陕西	408.89	109.98	300.88
甘肃	463.26	70.29	192.30
青海	49.48	8.53	23.34
宁夏	109.99	28.82	78.86
新疆	416.25	100.47	274.88
总计	1447.87	318.09	870.26

反映耕地的土壤、地理条件、气候条件等自然条件的好坏；耕地自然质量等别经过土地利用系数修订后得出的耕地利用等别，反映了农用地潜在的（或理论的）区域自然质量、平均利用水平；耕地利用等别经过土地经济系数的修订后得出的农用地经济等别，反映了农用地潜在的（或理论的）区域自然质量、平均利用水平和平均投资效益水平。

（1）自然质量等别

根据西北 5 省（区）农用地国家级自然质量等别汇总成果，西北地区农用地评定为19 个自然质量等别，等别范围为 2～20 等，其中自然质量等别最高为 20 等，最低为 2 等。从各自然质量等别在西北地区省级尺度的分布情况来看，青海共划分为 8 个农用地自然质量等别，为 2～9 等，农用地等别分布总体上呈"中间大两头小"的态势，其中 5～7 等耕地面积比例大，约占全省耕地总面积的 77.31%；甘肃共划分为 16 个自然质量等别，为 3～18 等，等别面积最多的是 6 等，约占全省耕地总面积的 28.33%，其次是 5 等，约占 26.32%；新疆共划分为 18 个自然质量等别，为 3～20 等，等别分布态势与青海基本相似，总体上也呈"中间大两头小"的态势，等别集中在 8～11 等，约占全区耕地总面积的 76.73%；宁夏、陕西 2 省（区）都划分为 18 个自然质量等别，且等别范围为 2～19，等别分布均呈现波浪形，陕西等别集中在 3～8 等和 14～18 等，宁夏等别集中在 4～5 等和 7～9 等。

在西北整个区域范围内，若将 2～6 等视作低自然质量等，将 7～11 等视作中自然质量等，将 12～20 等视作高自然质量等，那么从各档次耕地在西北各省（区）的分布情况来看（专题图 6-6），青海作为西北地区耕地面积最小的省份，无高等地分布，只有中等地和低等地的分布，且二者分别占西北中、低等地总面积的 3.36% 和 5%；甘肃是低等地分布最多的省份，低等地面积占全省耕地总面积的 62.43%，占西北低等地总面积的 53.47%，其次为中等地，占全省耕地总面积的 36.02%，占西北中等地总面积的 25.03%；新疆是中等地分布最多的区，中等地面积占新疆耕地总面积的 81.86%，占西北中等地总面积的 50.99%；宁夏的中等地面积比例较大，占西北中等地总面积的 6.97%，其次为高等地和低等地，分别占 13.7% 和 5.67%；陕西的耕地以低等地和高等地为主，分别占西北低、高等地总面积的 31.76% 和 60.82%，是西北地区高等地分布最多的省份。

依据面积加权平均的方法计算得出各省（区）耕地自然质量平均等别（专题图 6-6），发现新疆、陕西和宁夏耕地平均等别相对较高，其值分别为 9.76 等、9.1 等和 9.05 等；青海和甘肃耕地平均等别较低，其值分别为 6.44 等和 6.6 等；平均等别最高的新疆比平均等别最低的青海高 3.32 个等别。

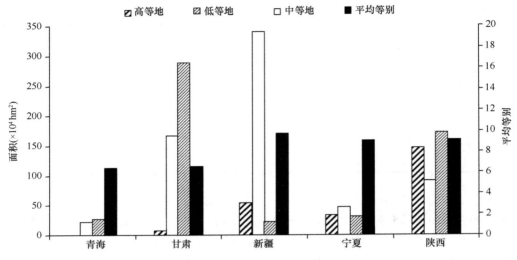

专题图 6-6　西北地区耕地自然质量等别分布

（2）空间分布分析

西北地区高自然质量等地面积是 240.22 万 hm², 占西北耕地总面积的 16.59%, 主要分布在陕西、新疆和宁夏（专题图 6-7）, 分别占西北耕地总面积的 10.09%、3.73% 和 2.27%；中自然质量等地面积是 666.72 万 hm², 占西北耕地总面积的 46.05, 主要分布在新疆和甘肃, 分别占西北耕地总面积的 23.48% 和 11.53%；低自然质量等地面积是 540.92 万 hm², 占西北地区耕地总面积的 37.36%, 主要分布在甘肃和陕西, 分别占西北耕地总面积的 19.98% 和 11.86%。

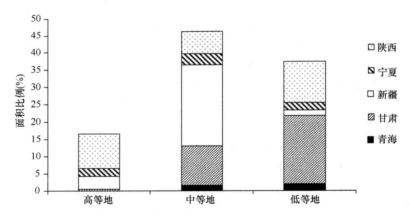

专题图 6-7　西北各省（区）各档次耕地占西北耕地总面积的份额

从西北各省（区）耕地自然质量等别面积构成来看, 省际耕地等别集中范围差异较大, 但除了陕西省等别集中范围较高外, 其他省（区）等别集中范围均偏低；从各档次耕地在西北地区的分布情况来看, 西北地区高自然质量等地分布范围小, 且主要分布在陕西省, 中、低自然质量等地分布广泛。因此, 与全国耕地质量水平相比, 西北地区多数耕地质量较差。

（3）利用等别

根据西北 5 省（区）农用地国家级利用等别汇总成果，西北地区农用地评定为 19 个利用等别，等别范围为 3～21 等，其中利用等别最高为 21 等，最低为 3 等。从各利用等别在西北地区省级尺度的分布情况来看，青海共划分为 7 个农用地利用等别，为 3～9 等，其中 5～7 等耕地面积比例大，约占全省耕地总面积的 76.54%，4 等以下和 8 等以上的耕地面积比例小，使得全省耕地利用等别分布总体上呈"中间大两头小"的态势；甘肃省共划分为 16 个利用等别，等别范围为 3～18 等，等别面积最多的是 4 等，约占全省耕地总面积的 32.43%，其次是 5 等，约占 17.59%；新疆共划分为 15 个利用等别，为 3～17 等，等别分布态势与青海省的基本相似，总体上也呈"中间大两头小"的态势，等别集中在 7～10 等，约占全区耕地总面积的 77.1%；宁夏共划分为 17 个利用等别，为 4～20 等，呈现波浪分布，即等别集中分布在 4～7 等和 13～15 等；陕西共划分为 19 个利用等别，为 3～21 等，其等别分布态势与宁夏相似，也呈波浪分布，且等别集中在 4～6 等和 14～17 等。

在西北整个区域范围内，若将 3～7 等视作低利用等，将 8～15 等视作中利用等，将 16～21 等视作高利用等，那么从各档次耕地在西北各省（区）的分布情况来看（专题图 6-8），青海无高等地分布，只有中等地和低等地的分布，且二者分别占西北中、低等地总面积的 1.43% 和 5.22%；甘肃是低等地分布最多的省份，低等地面积占全省耕地总面积的 79.56%，占西北低等地总面积的 46.87%；新疆是中等地分布最多的区，中等地面积占全区耕地总面积的 76.85%，占西北中等地总面积的 50.54%；宁夏的低、中等地的面积比例较大，高等地次之，分别占西北低、中、高等地总面积的 6.81%、8.3%、10.47%；陕西的耕地以低、中等地为主，分别占西北低、中等地总面积的 26.31% 和 23.77%，同时也是高等地分布最多的省份，占西北高等地总面积的 86.48%。

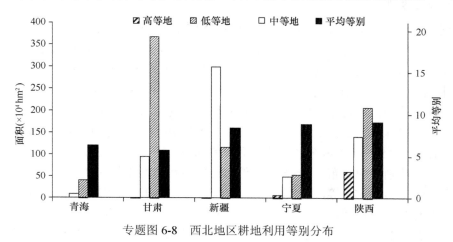

专题图 6-8　西北地区耕地利用等别分布

各省（区）耕地按面积加权，平均利用等别如专题图 6-8 所示，即陕西、宁夏和新疆耕地平均利用等别相对较高，其值分别为 9.1 等、8.9 等和 8.4 等；甘肃和青海耕地平均利用等别较低，其值分别为 5.7 等和 6.3 等；平均等别最高的陕西比平均等别最低的甘肃高 3.4 个等别。

西北地区高利用等地面积是 71.29 万 hm²，占西北耕地总面积的 4.92%，主要分布在陕西和宁夏（专题图 6-9），分别占西北耕地总面积的 4.26% 和 0.52%；中利用等地面积是 590.12 万 hm²，占西北耕地总面积的 40.76%，主要分布在新疆和陕西，分别占西北耕地总面积的 20.6% 和 9.69%；低利用等地面积是 786.46 万 hm²，占西北地区耕地面积的 54.32%，主要分布在甘肃和陕西，分别占西北耕地总面积的 25.46% 和 14.49%。

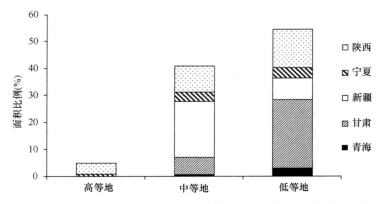

专题图 6-9　西北各省（区）各档次耕地占西北耕地总面积的份额

从西北各省（区）耕地利用等别范围及其集中分布情况来看，甘肃的土地利用率最低，其次是新疆，青海土地利用率相对较高，陕西、宁夏 2 省（区）土地利用率虽总体偏低，但高利用等别范围的耕地面积较其他省（区）的大；从各档次耕地在西北地区的分布情况来看，西北地区高利用等地分布范围很小，且主要分布在陕西，低利用等地分布广泛，中利用等地次之。由此可以看出，西北地区土地利用率整体偏低。

（4）经济等别

根据西北 5 省（区）农用地国家级经济等别汇总成果，西北地区农用地评定为 21 个经济等别，等别范围为 2～22 等，其中经济等别最高为 22 等，最低为 2 等。从各经济等别在西北地区省级尺度的分布情况来看，青海共划分为 7 个农用地经济等别，为 5～11 等，且等别集中分布在 5～7 等，约占全省耕地总面积的 84.59%；甘肃共划分为 17 个经济等别，等别范围为 2～18 等，等别面积最多的是 3 等，约占全省耕地总面积的 38.43%，其次是 4 等，约占 21.37%；新疆共划分为 19 个经济等别，为 2～20 等，等别集中分布在 11～15 等，约占全区耕地总面积的 58.59%；宁夏共划分为 16 个经济等别，为 6～21 等，等别集中分布在 6～8 等，约占全区耕地总面积的 53.03%；陕西共划分为 18 个经济等别，为 5～22 等，等别集中分布在 5～7 等，约占全省耕地总面积的 53.41%。

在西北整个区域范围内，若将 2～9 等视作低经济等，将 10～15 等视作中经济等，将 16～22 等视作高经济等，那么从各档次耕地在西北各省（区）的分布情况来看（专题图 6-10），青海的耕地以低等地为主，约占全省耕地总面积的 99.34%，占西北低等地总面积的 5.39%，中等地次之，无高等地分布；甘肃是低等地分布最多的省份，低等地面积占全省耕地总面积的 96.43%，占西北低等地总面积的 48.95%；新疆是中、高等地分布最多的区，分别占全区耕地总面积的 66.09% 和 17.02%，占西北中、高等地总面积的 60.86% 和 85.12%；宁夏的低、中等地的面积比例较大，高等地次之，分别占西北低、中、高等地总面积的 7.22%、8.6%、6.26%；陕西的耕地以低、中等地为主，高等地次之，分别占全省耕地总面积的68.61%、29.82%、1.57%，占西北低、中、高等地总面积的30.74%、26.98%、7.69%。

各省（区）耕地按面积加权，平均经济等别如专题图 6-10 所示，新疆耕地平均经济等别最高，为 12.5 等，宁夏、陕西次之，分别为 9.3 等和 8.3 等；甘肃和青海耕地平均经济等别相对较低，其值分别为 4.7 等和 6.4 等；平均等别最高的新疆比平均等别最低的甘肃高 7.8 个等别。

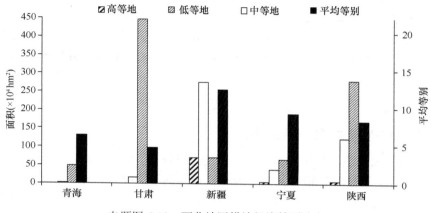

专题图 6-10 西北地区耕地经济等别分布

西北地区高经济等地面积是 83.22 万 hm²，占西北耕地总面积的 5.74%，主要分布在新疆（专题图 6-11），占西北耕地总面积的 4.89%；中经济等地面积是 451.97 万 hm²，占西北耕地总面积的 31.22%，主要分布在新疆和陕西，分别占西北耕地总面积的 19% 和 8.42%；低经济等地面积是 912.68 万 hm²，占西北地区耕地总面积的 63.04%，主要分布在甘肃和陕西，分别占西北耕地总面积的30.85%和19.38%。

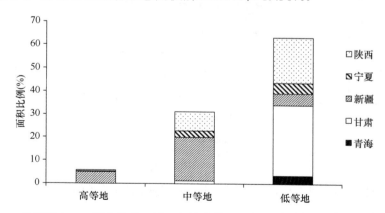

专题图 6-11 西北各省（区）各档次耕地占西北耕地总面积的份额

从西北各省（区）耕地经济等别面积构成情况来看，除新疆等别集中范围较高外，其他省（区）的等别集中范围均较低；从各档次耕地在西北地区的分布情况来看，西北地区高经济等地分布范围小，且主要分布在新疆，低经济等地分布最多，中经济等地次之。由此可以看出，西北地区土地投入产出水平明显偏低。

（三）西北地区耕地质量影响因素及其空间差异分析

耕地质量是耕地多层次因素的综合属性，耕地质量变异除受区域自然因素制约外，还与区域社会经济发展水平密切相关，具体表现为耕地生态功能的优劣和耕地生产功能的高低。因此，协调好耕地资源的可持续利用与其诸多相关影响因素之间的矛盾，认识和解析区域耕地质量提升的主要影响因素，对于保护区域耕地质量、提高粮食综合生产能力、制定未来农业发展规划与相关政策具有重要的现实意义。本节结合西北各省（区）各指标区农用地分等因素及其权重确定结果与其各指标区耕地质量的特点，对西北地区耕地质量主控因素及其空间差异分别进行探讨分析，以期为该区差异化的耕地质量提升与保护提供科学依据。

1. 西北各省（区）耕地质量主要影响因素分析

（1）宁夏耕地质量主要影响因素分析

根据宁夏国家二级指标区农用地分等因素及其权重确定结果与该区各指标区耕地质量的总体特征，通过对各指标区分等因素权重与其平均权重进行定量比较，揭示出各指标区耕地质量的主导性影响因素（专题图6-12）。其中，河套银川平原耕地质量主要受制于土壤盐渍化程度和排水条件，宁南陇中青东黄土丘陵区耕地质量首要影响因素是灌溉水源和土壤盐渍化程度。由此可见，在众多耕地质量分等因素中，土壤盐渍化程度、排水条件和灌溉水源是造成宁夏耕地质量差别的显著影响因素。

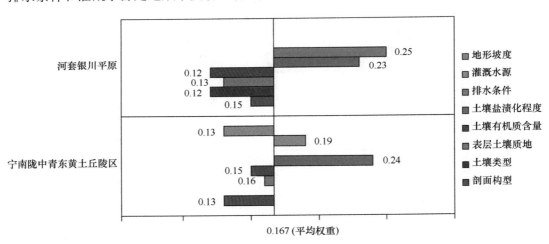

专题图6-12　宁夏各指标区耕地质量分等因素相对重要性比较（彩图请扫封底二维码）

（2）陕西耕地质量主要影响因素分析

根据陕西国家二级指标区农用地分等因素及其权重确定的结果与该省各指标区耕地质量的特点，通过以各指标区指定作物分等因素平均权重为基准，比较各因素相对重要性，判别出影响各指标区耕地质量的主控因素（专题图6-13）。发现盆周秦巴山区耕地质量主要受制于土壤有机质含量和有效土层厚度；汾渭谷地与渭北陇东黄土旱塬区耕地质量均主要受到灌溉保证率的影响；豫西山地丘陵区与晋陵丘陵沟壑区耕地质量的主控因素一致，即地形坡度、灌溉保证率和有效土层厚度；宁南陇中青东黄土丘陵区耕地质量的主要影响因素是灌溉保证率和有效土层厚度。综上得出，提高陕西耕地质量的重点是在稳步改善有效土层厚度、地形坡度、土壤有机质含量这3个因素的同时，着力提高灌溉保证率这一因子。

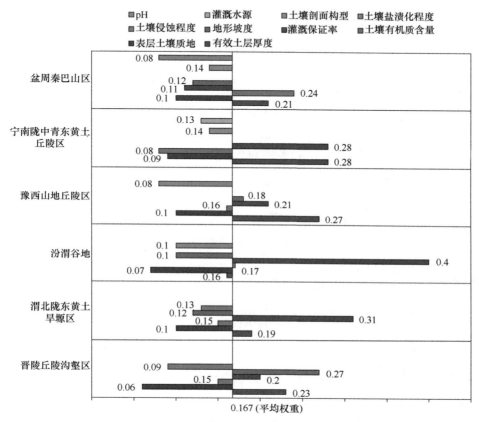

专题图 6-13　陕西各指标区耕地质量分等因素相对重要性比较（彩图请扫封底二维码）

（3）甘肃耕地质量主要影响因素分析

根据甘肃国家二级指标区农用地分等因素及其权重统计与该省各指标区耕地质量的实际情况，通过比较各指标区分等因素权重相对于其平均权重的大小，确定影响各指标区耕地质量的主控因素（专题图 6-14），发现河西走廊区耕地质量的主要影响因素是灌溉保证率；海北甘南高原区和盆周秦巴山区耕地质量主要受有效土层厚度、地形坡度等的影响；宁南陇东青东黄土丘陵区、渭北陇东黄土旱塬区和晋陵丘陵沟壑区耕地质量的主控因素基本一致，都包括有效土层厚度、地形坡度和灌溉保证率。综上可知，有效土层厚度、地形坡度和灌溉保证率的改善是提高甘肃耕地质量的重中之重。

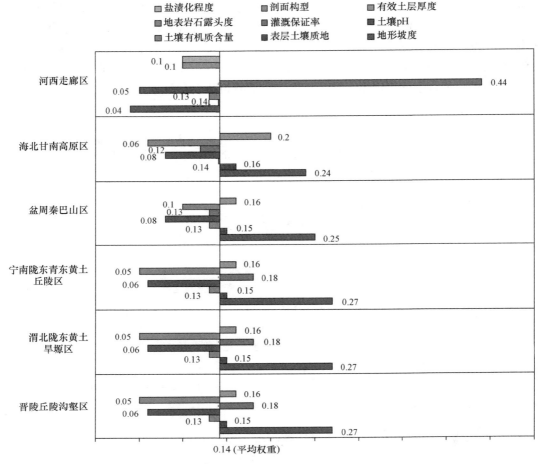

图例：
盐渍化程度　剖面构型　有效土层厚度
地表岩石露头度　灌溉保证率　土壤pH
土壤有机质含量　表层土壤质地　地形坡度

专题图 6-14　甘肃各指标区耕地质量分等因素相对重要性比较（彩图请扫封底二维码）

（4）新疆耕地质量主要影响因素分析

根据新疆国家二级指标区农用地分等因素及其权重统计与该区各指标区耕地的实际情况，以各指标区不同立地条件下分等因素平均权重为基准，分析各因子影响耕地质量的重要性得出：就新疆平原区耕地分等因素来看（专题图 6-15），塔里木盆地区与准噶尔盆地区耕地质量的主要影响因素一致，即灌溉保证率和林网化程度，而吐哈盆地区耕地质量的主要影响因素是灌溉保证率、林网化程度和有效土层厚度；就新疆山地丘陵区耕地分等因素来看（专题图 6-16），塔里木盆地区、吐哈盆地区和准噶尔盆地区 3 区的耕地质量主控因素一致，都包括林网化程度、有机质含量和有效土层厚度。据此可见，新疆平原地区耕地粮食生产能力对灌溉保证率、林网化程度等的依赖程度很大，而林网化程度、有机质含量和有效土层厚度是限制目前新疆山地丘陵区耕地质量的主要因素。

（5）青海耕地质量主要影响因素分析

根据青海国家二级指标区农用地分等因素及其权重值与该省各指标区耕地的实际，结合各指标区分等因素平均权重，对各因素相对重要性进行梳理，明确各指标区耕地质

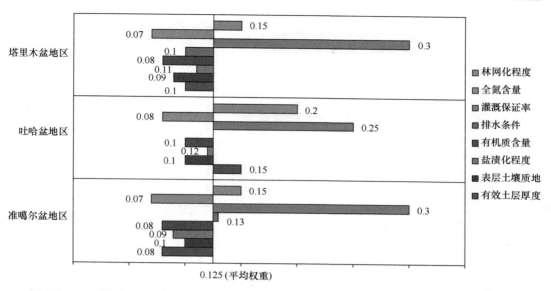

专题图 6-15　新疆平原区各指标区耕地质量分等因素相对重要性比较（彩图请扫封底二维码）

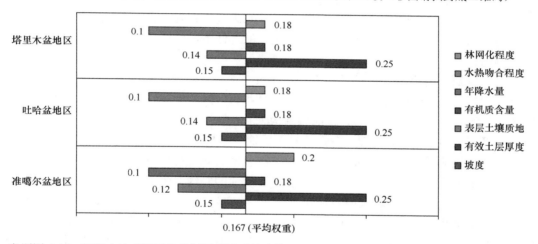

专题图 6-16　新疆山地丘陵区各指标区耕地质量分等因素相对重要性比较（彩图请扫封底二维码）

量的主要影响因子，见专题图 6-17，发现柴达木盆地区、黄土丘陵区和河湟区耕地质量的主控因素基本一致，均包括灌溉保证率、地形坡度、有效土层厚度。所以，提高灌溉保证率、减缓地形坡度、改良土壤是青海提高耕地质量的主要手段。

2. 西北地区耕地质量主要影响因素及其空间差异分析

根据各类影响因素在西北各省（区）域内的分布情况来看，西北地区耕地质量主要受到自然条件限制和农业投入滞后的影响，具体体现在地貌结构、土壤条件和农田基本建设等方面。其中作为控制地表热量和水分再分配的地貌结构，对于气候、水体分布与水系形成、土壤和生物发育及其分布状况等有着极为重要的作用，西北地区耕地质量受到地貌结构，特别是地形坡度的影响，且主要表现为山地、丘陵区的坡耕地引起的耕地水土流失、土壤瘠薄等；土壤条件，尤其是土壤肥力条件对耕地质量的影响较大，土壤

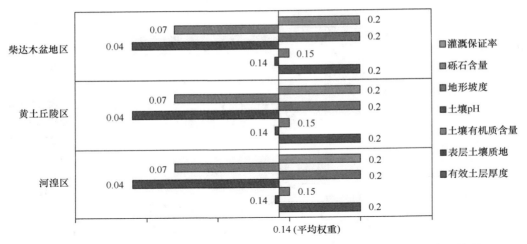

专题图 6-17 青海各指标区耕地质量分等因素相对重要性比较（彩图请扫封底二维码）

肥力的高低取决于土壤的理化性质和土壤微生物区系，而作为土壤肥力的重要指示特征，即土壤有机质含量、有效土层厚度及土壤盐渍化程度等是限制西北地区耕地质量的主要因素；农田基本建设因素对该区耕地质量的影响主要表现为因农田水利建设和投入不足引起的灌溉保证率、排水条件、林网化程度等低下，使得该区耕地粮食生产受到严重的制约。

耕地质量在西北地区省级尺度的空间分布差别，主要受制于各省（区）耕地质量主控因素的差异，且造成此种差异的主要原因是各省（区）地貌结构、土壤条件及农田基本建设等的差别（专题表 6-5）。就地貌结构来看，陕西、甘肃和青海 3 省（区）耕地质量主要受制于地形坡度，宁夏、新疆基本不受地貌结构的制约；就土壤条件来看，陕西、青海和新疆耕地质量的主控因素基本一致，都包括有效土层厚度、土壤有机质含量，甘肃耕地质量主要受到有效土层厚度、表层土壤质地的制约，而宁夏耕地质量的首要影响因素是土壤盐渍化程度；就农田基本建设来看，除宁夏受灌溉水源和排水条件的限制外，灌溉保证率是其他各省（区）耕地质量的主要影响因子，新疆还受林网化程度的影响。因此，土壤条件、地形地貌格局、农田基本建设水平基本控制了西北地区耕地质量的空间分布规律。

专题表 6-5 西北地区耕地质量主要影响因素

因素类型	因素名称	陕西	甘肃	青海	新疆	宁夏
地貌	地形坡度	√	√	√		
土壤	有效土层厚度	√	√	√	√	
	土壤有机质含量	√		√	√	
	土壤盐渍化程度					√
	表层土壤质地		√			
农田基本建设	灌溉保证率	√	√	√	√	
	灌溉水源					√
	林网化程度				√	√
	排水条件					

（四）西北地区耕地质量管理和提升策略

耕地作为粮食生产的物质基础，其数量和质量影响着一个国家或区域的粮食安全及农业的可持续发展。保证耕地资源的可持续利用，关键是实现耕地由以数量管理为主向数量、质量和生态管护并重的转变。相反，不以质量为基础的耕地数量平衡是难以保障粮食供需系统中耕地的供给水平的（姜广辉等，2010）。耕地质量的实质由耕地地力、田间基础设施、耕地环境质量等构成，主要表现在它能够满足农作物安全和持续生产。耕地质量提升和保护管理过程中应注重人类对耕地生态系统健康的责任，维护耕地生态系统的完整性与耕地生态系统循环过程及其周边环境的联系。本节基于西北地区耕地质量的主要影响因素，提出该区耕地质量管理与提升的一些策略建议，旨在通过克服区域关键限制因子，促进耕地集中连片的质量提升。

1. 建立耕地质量动态监测与管理体系，加大对中低产田改良和土壤质量提升的力度

西北地区中、低等地分布广泛，面积比例高达 93.04%。西北地区中、低等地依据其障碍因素的不同可分为旱作耕地、沙质耕地、盐碱地和连作障碍耕地，其中旱作耕地主要分布在陕西北部、宁夏平原、新疆南北疆、甘肃河西走廊及青海柴达木盆地，干旱缺水、水土流失导致其土壤质量、土地生产力低下。目前西北地区对旱作中低产田改良技术的探索与应用主要体现在节水技术（全膜覆盖、垄沟种植、秸秆覆盖等保护性耕作）和施肥技术（平衡施肥、绿肥倒茬、有机无机肥配合等养分管理技术）上。沙质耕地主要分布在陕西北部、宁夏平原、新疆南北疆、甘肃河西走廊及青海柴达木盆地，其障碍因素主要表现为土壤瘠薄，跑水、跑肥。对于沙化中低产田，西北地区的主要改良技术措施包括采用沙化土壤高效可持续利用种植模式、沙化土壤秸秆还田技术，施用沙化土壤专用化肥和改良剂等。盐碱地主要分布在宁夏平原、新疆南北疆和甘肃河西走廊，该区域对盐碱化中低产田在克服盐碱害、瘠薄，培育改良盐碱土，提高作物生产力方面主要进行了滴灌农田水土调控消除积盐与提高地力技术、重盐渍化农田水盐调控创建根区低盐环境技术和工农业副产品盐渍化土壤改良剂的研究及应用。连作障碍耕地遍及西北五省（区），因设施园艺及大田作物引起土壤生物退化、土壤肥力衰减、病原菌数量增加、根泌自毒物质积累，导致作物产量和品质降低，目前西北地区对生物退化土壤微生态实施了多功能放线菌剂土壤修复等措施。

西北地区在中低产田改良与综合利用共性关键技术方面进行了土壤有机碳、氮累积转化关键技术，土壤水、肥综合调控关键技术，以及土壤水、盐运移综合调控关键技术的研究与应用。然而，改良难度大仍然是目前西北地区中低产田改造所面临的主要挑战。因此，未来实现西北地区农业高效与可持续发展，改良中低产田与提升土壤质量强而有效的途径是以上述改良技术模式为主要着力点，因地制宜不断深化与创新，加大对中低产田土壤条件的改良力度，加快推广实施土壤质量提升的技术措施，建立耕地质量动态监测与管理体系，及时把握耕地质量的变化趋势，切实提升中低产田的土壤质量和综合生产能力。

2. 加大基本农田水利建设与节水农业技术推广投入，提高耕地抗旱抗盐碱水平

根据西北地区耕地质量主要影响因素分析，西北各省（区）耕地质量受农田基本建设因素的影响，主要表现在除宁夏耕地质量受灌溉水源与排水条件的影响外，其他4省（区）（陕西、甘肃、青海、新疆）均受到灌溉保证率的制约。究其原因，西北地区农业水资源匮乏，耕地以旱地为主，而旱地则因土层浅薄瘠瘠、缺乏灌溉条件，抵御自然灾害的能力较差，产量流动性明显。由于灌溉设施的修建，部分旱地得到良好的灌溉，转变成水浇地，水浇地面积占总耕地面积的比例增大，然而这并未改变西北地区耕地以旱地为主要构成的现状。因此，未来确保西北地区粮食安全，提升耕地质量的有效途径是增加农业投入，继续兴修农田水利工程，发展农业节水技术，逐步扩大灌溉面积，建立旱涝保收、高产稳产的基本农田。

据此，对于西北各省（区）农田水利基础设施资金投入不足的现状，应因地制宜建立投入稳定增长机制，多渠道筹集资金，发挥政府的主导作用，将农田水利建设作为各级公共财政投入的重点领域；综合运用财政和货币政策，推动金融机构增加农业信贷资金，支持农业银行积极开展节水农业中长期政策性贷款业务，调动投资积极性，实现农业水资源科学安全高效的可持续利用。

对于西北各省（区）灌排设施落后与不足导致的农业水资源过度浪费，完善和更新现有水利设施，修复因灾毁坏的农田水利工程，加固并新开灌溉排水渠道，加强管理，提高灌溉效率，有效排碱排盐；因地制宜在有水利建设条件的地区，续建配套灌排设施，改旱地为水浇地或水田，或水旱轮作，逐步扩大耕地有效灌溉面积；同时加强农田灌排工程建设，逐步实现灌排工程施工机械化和管理运用自动化。

对于西北各省（区）农业用水使用过程中的水资源总量不足，采取蓄水、引水、跨流域调水等措施调节水资源的时空分布；将土壤水分检测技术与多种先进节水灌溉技术相结合，实行按需灌溉；积极推广应用灌溉与施肥融为一体的农业节水灌溉新技术，实现农业的节水和高效用水，防治耕地盐碱化、水土流失等灾害，提高农业收益。

3. 以健康产能建设为核心，加大对退化和污染耕地的生态修复力度

耕地土壤环境质量作为耕地质量的一个重要组成部分，随着耕地退化、污染等土壤环境质量问题的日益突出和人们对农产品质量问题的日益重视，人们开始将耕地质量的关注重点转向耕地的土壤环境质量。目前，西北地区耕地土壤环境问题已经成为制约该区农业发展的主要因素，且主要表现在土壤污染和坡耕地退化等方面。

耕地污染具有隐蔽性和滞后性，其主要特点包括累积性、不可逆转和长期性、复杂性和难治理性。西北地区耕地土壤污染主要源于不合理的农业生产过程，主要表现在不合理使用地膜和肥料、农药造成土壤污染。其中，地膜在农业生产中使用数量和范围的不断增加与扩大，加剧了残留地膜对西北地区耕地的污染，尤其是新疆，已成为"白色污染的重灾区"。残留地膜对耕地污染最直接的影响是使农作物减产，其潜在影响难以估量。面对这一"白色灾难"，应推广普及测土配方施肥、高新节水等技术，尽量避免或减少地膜的使用；应加强地膜农资补贴与地膜回收投入，引导鼓励农民使用相对较厚、可降解或易回收的地膜，逐步建立起有利于地膜生产、使用、残膜回收及资源化利用的长效运转机制。

此外，化肥、农药作为重要的农业生产资料，在防治病虫害、保证农作物稳产和高产中起着十分重要的作用。因此，粮食生产者出于对农作物产量与品质的追求，对耕地化肥农药的施用量急剧增加。然而，农药与化肥的广泛应用，一方面给农业带来了重大利益，另一方面也加剧了耕地土壤环境的污染。西北地区耕地化肥、农药污染具体体现在伴生天然重金属物质化肥、有机肥料等过量使用造成耕地土壤重金属污染，化肥与有机肥比例失衡造成耕地土壤结构恶化、土壤酸碱度失衡及土壤微生物环境改变，农药大面积使用、不当滥用以及农药不可降解性引起耕地土壤毒性增加、土壤动物和微生物种类减少。因此，对西北地区因农药、化肥造成的耕地污染，必须贯彻"预防为主、防治结合"的主线，对于还未污染或轻微污染的耕地，应强化科学用肥技术的推广，做到化肥用量、化肥施用时机与频率适度，化肥与有机肥比例合理，严控高毒、高残留农药的使用，并强化农药使用知识的宣传，做到科学用药；对于已污染的耕地，注重排土、客土置换及施加抑制剂等物理化学改良与植物修复等生物改良并重，突出土壤微生物与植物共生体系的修复和治理。

作为耕地土壤外围环境状况的地形坡度，是西北地区耕地质量的另一个主要限制因素，主要表现在该区域山地、丘陵地面平整度差的坡耕地，其主要障碍因素是土壤侵蚀、地力减退、土地产出率低。目前，西北地区坡耕地的综合治理在控制水土流失、减少农业面源污染以及改善农业生产条件等方面取得了显著成效。然而，当前西北地区坡耕地治理的主要任务仍然是提高耕地生产力与防治水土流失，以促进粮食增产和生态环境改善。因此，对于未来西北地区山地、丘陵区的重要农业资源坡耕地的改造，应注重落实坡改梯、耕作方法、播种方式及作物种类的水土保持效应，以整治坡面水系、降低土面坡度、改良耕作制度为主，同时辅以生物措施，加大对坡耕地的治理力度。

4. 构建以经济激励为核心的耕地保护制度，全方位设计耕地保护的利益驱动机制

构建以经济激励为核心的耕地保护制度，就是把经济手段引入耕地保护之中。而作为耕地保护的重要执行者和责任主体——农民，就需要通过加快耕地产权制度改革来保护农民的耕地收益权利为构建以经济激励为核心的耕地保护制度扫清制度障碍，重塑农村土地承包经营权，使其成为农民手中实实在在的权利。例如，国家统计局河北调查总队调查资料显示，进入21世纪10年间，建筑领域的人工费逐年增加与农资价格逐年上涨和粮食低价位运行形成的反差，加之种粮面临的自然灾害、市场风险等不确定因素，使得农村优质劳动力、土地等粮食生产资料大量流失，农民承包土地种粮积极性下降（王立祥和廖允成，2016）。

耕地保护最直接的目的是确保粮食安全，然而粮食的社会性和公益性使得种粮比较效益低下，造成在耕地占用的机会成本追逐下的耕地流失现象。例如，陕西省洛川县的苹果种植面积从1990年的0.84万hm^2扩大到2008年的3.36万hm^2，其中2007年全县农民人均苹果纯收入（3810元）占农民人均纯收入的95%，显然，经济作物种植比较利益使得粮食作物种植面积锐减（王立祥和廖允成，2016）。面对这种不均衡状态，应该基于以经济激励为核心的耕地保护制度，对粮食生产者进行补贴，构建粮食补贴成本社会分摊机制，缩小粮食产品社会收益和个人收益之间的差距，激励粮区政府和农民种

粮，以确保粮食安全。

基本农田是耕地保护制度的重点保护对象，同时基本农田保护的受益者辐射整个社会。国家与地方政府对其保护义务承担的不公平性，降低了地方保护耕地的积极性，因此，以经济激励为核心的耕地保护制度体系应建立基本农田保护补偿制度，以政策性给付和经济激励形式对地方政府权利进行规制，提高农民保护基本农田的积极性。

二、西北地区主要粮食作物增产潜力及挖潜技术途径

（一）近年来黄土高原地区春玉米和冬小麦产量及水分利用效率变化情况及其增加潜力

1. 数据获取及分类

通过 Web of Science 和中国知网（CNKI）等数据库，分别输入"小麦"（wheat）、"玉米"（maize）、"水分利用效率"（water use efficiency）和"黄土高原"（loess plateau）等关键词，检索近年来发表的黄土高原地区不同耕作措施与作物产量及水分利用效率相关的文献，并对检索到的文献进行筛选。筛选标准如下：①试验地点为黄土高原地区；②试验方式为大田试验，且作物全生育期不灌溉；③试验处理至少包含耕作处理（种植方式、覆盖方式、土壤耕作方式、施肥处理）中的一项；④玉米、小麦产量和水分利用效率等指标以数字或图表形式报道；⑤对不同文献报道的同一试验数据采纳一次。经筛选，春玉米 1985～2014 年共有 187 篇文献符合要求，冬小麦 1954～2014 年（因历史原因，1963～1971 年未筛选到相关文献）共有 178 篇文献符合要求。对筛选得到的文献提取试验地点、作物种类、耕作处理、籽粒产量、水分利用效率等数据，并构建不同指标的数据库以进行整合分析。

为分析近年来黄土高原地区春玉米和冬小麦产量及水分利用效率年际变化情况，并探明黄土高原不同区域春玉米和冬小麦产量及水分利用效率增加潜力，本研究根据黄土高原地区气候的差异，将黄土高原划分为 5 个区域：东部、中部、西部、南部和北部，各区域气候特征如专题表 6-6 所示。考虑到春玉米和冬小麦试验点数量的限制及其种植

专题表 6-6　黄土高原区域划分及其气候特征

区域	区域范围	年均降雨量	≥0℃积温（℃）	年平均温度（℃）
东部	临汾市和长治市以北的山西省其他地区，主要包括吕梁市、太原市、晋中市、阳泉市、忻州市、朔州市和大同市	400～700	3000～4500	6.4～12.2
中部	渭河平原以北的陕西省其他地区，除中卫市和固原市以外的宁夏回族自治区其他地区，甘肃省陇东地区，以及内蒙古鄂托克旗以南地区	200～600	2900～4000	8.5～9.5
西部	主要包括甘肃省白银市、兰州市、临夏市、定西市、天水市，宁夏回族自治区中卫市、固原市，以及青海省西宁市	130～500	2000～4000	6.4～7.7
南部	主要为渭河平原、山西省南部，主要包括宝鸡市、咸阳市南部、西安市、渭南市、临汾市、长治市、运城市、晋城市，以及三门峡市和洛阳市北部	500～722	4500～5200	12.0～14.0
北部	内蒙古鄂托克前旗以北的黄土高原地区	130～400	2800～3400	6.8～8.0

区域的差异，将春玉米种植区划分为东部、中部、西部、南部和北部 5 个区域，冬小麦种植区划分为东南部和西北部 2 个区域。按照分区，春玉米和冬小麦产量及水分利用效率样本量在黄土高原各区域的分布情况如专题表 6-7 所示。

专题表 6-7　统计数据分类信息

作物种类	区域	产量样本量	水分利用效率样本量
春玉米	东部	554	536
	中部	646	634
	西部	288	285
	南部	303	298
	北部	40	40
冬小麦	东南部	1304	715
	西北部	1170	721

2. 近年来黄土高原地区春玉米和冬小麦产量及水分利用效率变化

1985～2014 年黄土高原地区春玉米整体产量和水分利用效率随年际变化整体呈增长趋势（专题图 6-18）。其中，1989～2003 年春玉米整体产量和水分利用效率增加幅度小，且因干旱年份影响其年际波动较大。1989～2003 年春玉米平均产量和水分利用效率分别为 6382.1kg/hm² 和 15.9kg/(hm²·mm)。2004～2014 年春玉米整体产量和水分利用效率增加迅速，2004～2011 年春玉米平均产量和水分利用效率分别为 8615.6kg/hm² 和 23.7kg/(hm²·mm)。

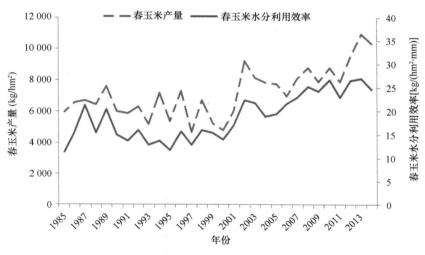

专题图 6-18　1985～2014 年黄土高原地区春玉米整体产量和水分利用效率变化

1954～2014 年黄土高原地区冬小麦产量和水分利用效率随年际变化整体呈增加趋势（专题图 6-19）。其中，1954～1962 年冬小麦整体产量增长较快，但其年际波动大，1954～1962 年冬小麦平均产量为 2218.3kg/hm²。1972～1991 年冬小麦整体产量增加幅度小，1972～1991 年冬小麦平均产量为 3846.7kg/hm²。1992～2014 年冬小麦整体产量持续增加且增加迅速，尤其在 2010～2014 年增加最快，冬小麦平均产量达到

4565.5kg/hm^2，但因干旱年份的影响，1992～2014 年冬小麦整体产量年际波动较大。与产量相比，冬小麦整体水分利用效率在 1981～2014 年增加缓慢，且年际波动较小。冬小麦整体水分利用效率在 1981～1991 年和 1992～2014 年分别为 9.3kg/(hm^2·mm)和11.3kg/(hm^2·mm)。

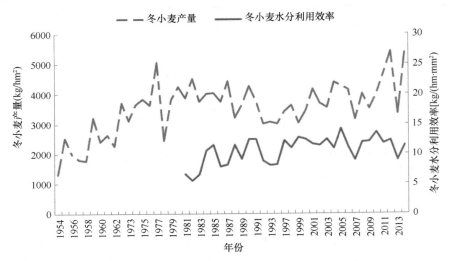

专题图 6-19　1954～2014 年黄土高原地区冬小麦整体产量和水分利用效率变化

3. 黄土高原不同区域春玉米冬小麦产量及水分利用效率增加潜力

在现有耕作条件下黄土高原不同区域春玉米产量仍存在较大增加潜力（专题图 6-20）。黄土高原整体春玉米产量差为 5757.6kg/hm^2，各区域中黄土高原中部春玉米产量差最大（5896kg/hm^2），南部最小（3473kg/hm^2），其余各区域产量差大小依次为：东部＞西部＞北部。相比平均产量，黄土高原整体春玉米产量增加率为 41.0%，各区域中北部增加率最高（44.3%），南部最低（28.5%），其余各区域产量增加率大小依次为：中部＞东部＞西部。

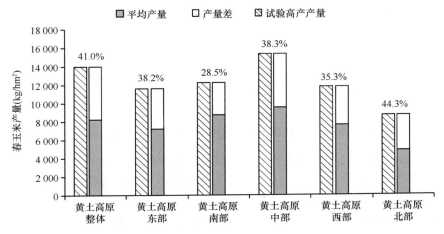

专题图 6-20　黄土高原整体和各区域春玉米产量差及增加潜力

黄土高原不同区域春玉米水分利用效率在现有耕作条件下仍存在较大增加潜力（专题图 6-21）。黄土高原整体春玉米水分利用效率差为 17.4kg/(hm²·mm)，各区域中黄土高原中部春玉米水分利用效率差最大[20.1kg/(hm²·mm)]，南部最小[8.7kg/(hm²·mm)]，其余各区域水分利用效率差大小依次为：东部＞西部＞北部。相比平均水分利用效率，黄土高原整体春玉米水分利用效率增加率为 43.6%，各区域中中部增加率最高（43.5%），南部最低（28.2%），其余各区域产量增加率大小依次为：东部＞西部＝北部。

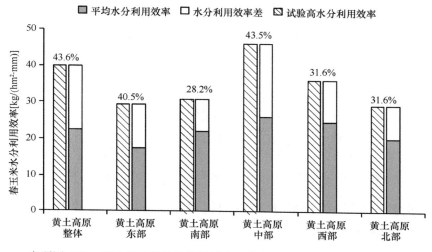

专题图 6-21　黄土高原整体和各区域春玉米水分利用效率差及增加潜力

在现有耕作条件下黄土高原不同区域冬小麦产量仍存在较大增加潜力（专题图 6-22）。黄土高原整体冬小麦产量差为 2683.4kg/hm²，各区域中黄土高原西北部冬小麦产量差（2865.6kg/hm²）大于东南部（2521.8kg/hm²）。相比平均产量，黄土高原整体冬小麦产量增加率为 41.7%，各区域中西北部增加率（45.4%）高于东南部（38.3%）。

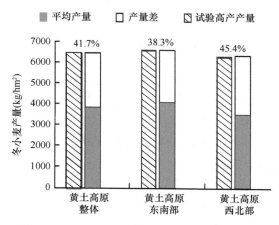

专题图 6-22　黄土高原整体和各区域冬小麦产量差及增加潜力

黄土高原不同区域冬小麦水分利用效率在现有耕作条件下仍存在较大增加潜力（专题图 6-23）。黄土高原整体冬小麦水分利用效率差为 7.5kg/(hm²·mm)，各区域中黄土高原西北部冬小麦水分利用效率差[7.9kg/(hm²·mm)]大于东南部[6.9kg/(hm²·mm)]。相比平均水分利用效率，黄土高原整体冬小麦水分利用效率增加率为38.1%，各区域中西北部增加率（41.3%）高于东南部（34.5%）。

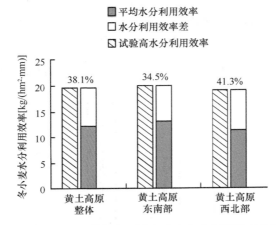

专题图 6-23　黄土高原整体和各区域冬小麦水分利用效率差及增加潜力

（二）免耕与深松耕对黄土高原地区春玉米和冬小麦产量及水分利用效率影响的整合分析

1. 数据获取及分类

通过 Web of Science 和中国知网（CNKI）等数据库，分别输入"小麦（wheat）/玉米（maize）"和"免耕（no-tillage）/深松耕（subsoiling）"、"小麦（wheat）/玉米（maize）"和"水分利用效率"（water use efficiency）关键词，检索近30年发表的黄土高原地区免耕、深松耕与作物产量及水分利用效率相关的文献，并对检索到的文献进行筛选。筛选标准如下：①试验地点为黄土高原地区；②试验方式为大田试验，且作物全生育期不灌溉；③试验处理至少包含免耕和深松耕处理中的一项，且每项处理均以常规耕作为对照；④玉米、小麦产量和水分利用效率等指标以数字或图表形式报道；⑤对不同文献报道的同一试验数据只采纳一次。经筛选，共有45篇文献（春玉米19篇，冬小麦26篇）符合要求。45篇文献在黄土高原各区域的数量分布为：春玉米，东部7篇，中部6篇，南部4篇，北部2篇，西部无研究资料；冬小麦，东南部19篇，西北部7篇。对筛选得到的文献提取试验地点、作物种类、耕作处理、籽粒产量、水分利用效率、作物耗水量等数据。为消除各试验点数据不同年份气象条件的差异，本研究根据引用文献对试验期降雨量和年型的说明，只将属于平水年（正常年份）的试验数据纳入分析。经筛选，共获得分布于黄土高原15个地区的209组配对试验和1190个试验观测值。

为分析免耕、深松耕在黄土高原不同区域、不同年降雨量和不同年均温度下对春玉米、冬小麦产量及水分利用效率的影响，根据耕作方式和作物种类对筛选后的数据进行分类。根据文献报道的耕作类型，将数据分为2类：免耕，即前茬作物收获后的休闲期不对土壤进行任何耕作处理，到适播期直接播种；深松耕，即前茬作物收获后的休闲期按照一定间距对土壤深松 30～40cm。免耕和深松耕处理均以常规耕作（前茬作物收获后的休闲期或者播种前对土壤进行旋耕或翻耕）作为对照。研究共涉及春玉米和冬小麦 2 种作物，春玉米耕作处理包含免耕和常规耕作（春玉米无深松耕研究资料），冬小麦耕作处理包含免耕、深松耕和常规耕作。

根据黄土高原地区气候的差异，本研究将黄土高原划分为 5 个区域：东部、中部、西部、南部、北部，各区域气候特征如专题表 6-6 所示。考虑到春玉米和冬小麦试验点数量的限制及其种植区域的差异，将春玉米种植区划分为东部、中部、南部和北部 4 个区域（西部区域无免耕春玉米资料），冬小麦种植区划分为东南部和西北部 2 个区域。一般年降雨量 350～500mm 为半干旱地区，大于 500mm 为湿润地区，因此，以年降雨量 500mm 为分界，将春玉米种植区年降雨量分为≤500mm 和＞500mm；将冬小麦种植区年降雨量分为≤500mm、500～600mm 和＞600mm。根据试验地点年均温度的差异，将春玉米、冬小麦种植区年均温度划分为≤10℃和＞10℃。

2. 不同区域免耕、深松耕对作物产量和水分利用效率的影响

在黄土高原不同区域，免耕和深松耕对作物产量的影响不同（专题图 6-24）。黄土高原地区免耕春玉米整体平均产量为 6583kg/hm²，各区域产量为 5119～8513kg/hm²。与常规耕作相比，免耕春玉米的产量整体平均增加 6.0%，各区域中除南部以外其余 3 个

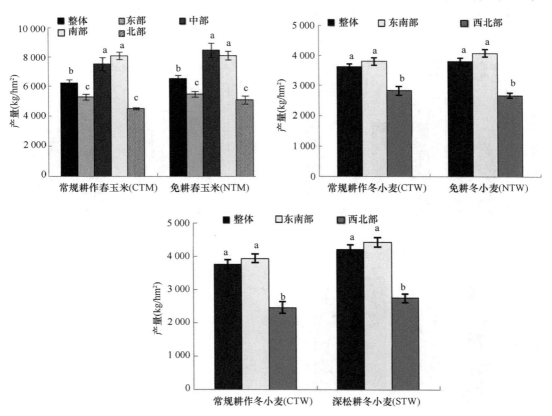

专题图 6-24　免耕、深松耕对黄土高原不同区域春玉米、冬小麦产量的影响
不同字母代表不同处理间差异显著（$P<0.05$），余同

区域的春玉米产量均显著增加，增加率依次为中部＞北部＞东部。黄土高原地区免耕和深松耕冬小麦整体平均产量分别为 3818kg/hm² 和 4225kg/hm²，各区域东南部产量均显著高于西北部。深松耕冬小麦的整体平均产量和各区域产量均高于免耕。与常规耕作相比，免耕冬小麦的产量整体平均增加 6.1%，东南部增加 8.2%，西北部减少 2.9%，变化不显著；深松耕冬小麦的整体平均产量和各区域产量均显著增加，增加率均高于免耕。

在黄土高原不同区域，免耕和深松耕对作物水分利用效率的影响不同（专题图 6-25）。免耕春玉米整体平均水分利用效率为 15.8kg/(hm²·mm)，各区域水分利用效率为 12.5～20.5kg/(hm²·mm)。与常规耕作相比，免耕春玉米的水分利用效率整体平均增加 7.6%，各区域中除南部以外其余 3 个区域的春玉米水分利用效率均显著增加，增加率依次为北部＞中部＞东部。免耕和深松耕冬小麦整体平均水分利用效率为 12.3kg/(hm²·mm) 和 13.3kg/(hm²·mm)，各区域东南部水分利用效率均显著高于西北部。深松耕冬小麦的整体平均水分利用效率和各区域水分利用效率均高于免耕。与常规耕作相比，深松耕冬小麦的水分利用效率整体平均增加 9.8%，东南部和西北部分别增加 9.6% 和 10.9%，增加率均高于免耕。免耕对春玉米生育期耗水量增加率整体影响不显著，各区域东部和北部耗水量出现降低，南部和中部增加不显著。免耕和深松耕条件下的冬小麦整体平均耗水量大于常规耕作，各区域中深松耕冬小麦耗水量增加率均高于免耕。可见，在黄土高原北部和中部采用免耕可显著提高春玉米产量和水分利用效率；在黄土高原东南部和西北部采用深松耕有利于提高冬小麦产量及水分利用效率，且效果优于免耕。

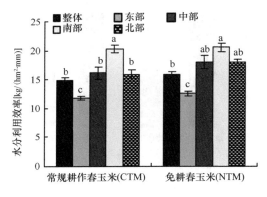

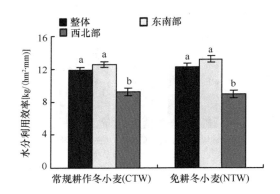

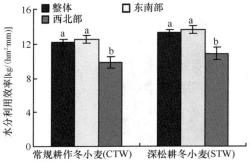

专题图 6-25 免耕、深松耕对黄土高原不同区域春玉米、冬小麦水分利用效率的影响

3. 不同年降雨量下免耕、深松耕对作物产量和水分利用效率的影响

不同年降雨量下免耕和深松耕对作物产量的影响不同（专题图 6-26）。年降雨量≤500mm 地区的免耕春玉米产量高于年降雨量＞500mm 地区，二者差异不显著。与常规耕作相比，免耕春玉米的产量在年降雨量≤500mm 地区增加 13.4%，增加率显著高于年降雨量＞500mm 地区。免耕和深松耕冬小麦产量随年降雨量的增加而显著增加。在 3 个不同年降雨量地区，深松耕冬小麦产量均高于免耕冬小麦。与常规耕作相比，免耕冬小麦的产量在年降雨量 500～600mm 和＞600mm 地区分别增加 5.4%和 8.4%，年降雨量≤500mm 地区增加不显著；深松耕冬小麦的产量在 3 个不同年降雨量地区均显著增加，三者增加率差异不显著，但均高于免耕。

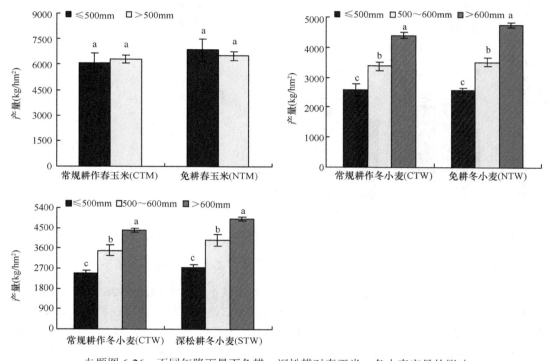

专题图 6-26　不同年降雨量下免耕、深松耕对春玉米、冬小麦产量的影响

不同年降雨量下免耕和深松耕对作物水分利用效率的影响不同（专题图 6-27）。年降雨量≤500mm 地区的免耕春玉米水分利用效率高于年降雨量＞500mm 地区，二者差异不显著。与常规耕作相比，免耕春玉米的水分利用效率在年降雨量≤500mm 地区增加 13.6%，增加率高于年降雨量＞500mm 地区。免耕和深松耕冬小麦水分利用效率随年降雨量的增加而增加。在 3 个不同年降雨量地区，深松耕冬小麦水分利用效率均高于免耕冬小麦。与常规耕作相比，在年降雨量≤500mm、500～600mm 和＞600mm 地区，深松耕冬小麦的水分利用效率分别增加 10.9%、12.2%和 7.7%，三者间差异不显著，但均高于免耕。另外，与常规耕作相比，免耕春玉米耗水量在不同年降雨量地区增加不显著。免耕和深松耕冬小麦的耗水量在年降雨量≤500mm 和＞600mm 地区显著增加，在年降雨量 500～600mm 地区增加不显著。可见，在黄土高原春玉米种植区采用免耕有利于提

高春玉米产量和水分利用效率，且在年降雨量≤500mm 地区的效果优于年降雨量＞500mm 地区。相比免耕，在黄土高原冬小麦种植区采用深松耕更有利于提高冬小麦产量和水分利用效率，其中在年降雨量 500～600mm 地区效果最好。

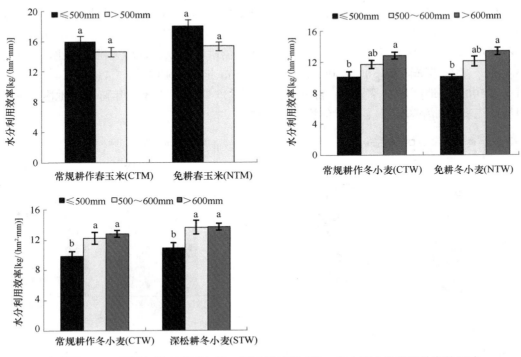

专题图 6-27 不同年降雨量下免耕、深松耕对春玉米、冬小麦水分利用效率的影响

4. 不同年均温度下免耕、深松耕对作物产量和水分利用效率的影响

不同年均温度下免耕和深松耕对作物产量的影响不同（专题图 6-28）。年均温度≤10℃地区的免耕春玉米产量显著低于年均温度＞10℃地区。与常规耕作相比，免耕春玉米的产量在年均温度≤10℃地区增加 7.6%，在年均温度＞10℃地区增加不显著。免耕和深松耕冬小麦的产量在年均温度≤10℃地区显著低于年均温度＞10℃地区。在不同年均温度地区，深松耕冬小麦的产量均高于免耕冬小麦。与常规耕作相比，免耕冬小麦的产量在年均温度＞10℃地区增加 8.2%，在年均温度≤10℃地区增加不显著。深松耕冬小麦的产量在不同年均温度地区均显著增加，增加率大于免耕。

不同年均温度下免耕和深松耕对作物水分利用效率的影响不同（专题图 6-29）。年均温度≤10℃地区的免耕春玉米水分利用效率显著低于年均温度＞10℃地区。与常规耕作相比，免耕春玉米的水分利用效率在年均温度≤10℃地区增加 9.3%，在年均温度＞10℃地区增加不显著。免耕和深松耕冬小麦的水分利用效率在年均温度＞10℃地区均显著高于年均温度≤10℃地区。在不同年均温度地区，深松耕冬小麦的水分利用效率均高于免耕冬小麦。与常规耕作相比，在年均温度≤10℃和＞10℃地区，深松耕冬小麦的水分利用效率分别增加 10.9%和 9.6%，二者差异不显著，但均高于免耕冬小麦。另外，与常规耕作相比，免耕春玉米的耗水量在年均温度≤10℃地区出现降低，在年均温度＞

10℃地区增加不显著。深松耕冬小麦的耗水量在年均温度≤10℃和>10℃地区均出现增加，增加率均高于免耕。可见，在年均温度≤10℃地区采用免耕，有利于提高春玉米产

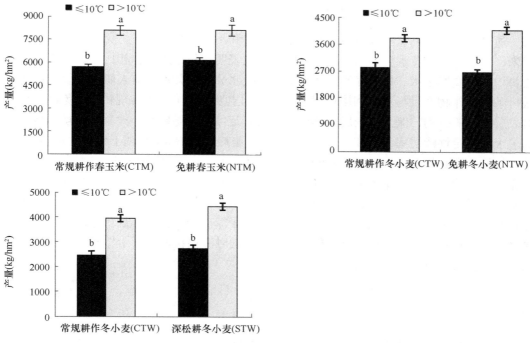

专题图 6-28 不同年均温度下免耕、深松耕对春玉米、冬小麦产量的影响

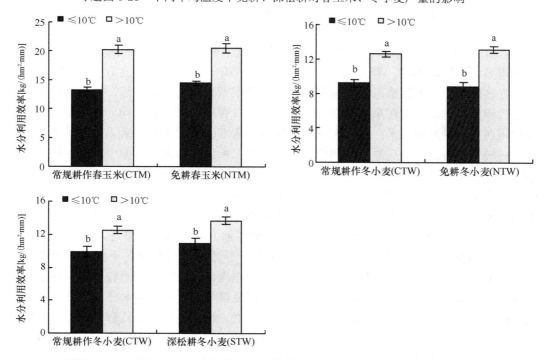

专题图 6-29 不同年均温度下免耕、深松耕对春玉米、冬小麦水分利用效率的影响

量和水分利用效率；在年均温度≤10℃和＞10℃地区采用深松耕，都有利于提高冬小麦产量和水分利用效率，且效果优于免耕。

5. 免耕、深松耕使作物产量和水分利用效率增加的原因

通过比较黄土高原不同区域、不同年降雨量和不同年均温度下，免耕和深松耕对春玉米、冬小麦产量及水分利用效率的影响，结果表明，与常规耕作相比，采用免耕和深松耕均能提高春玉米、冬小麦的整体平均产量及水分利用效率。前人研究发现免耕和深松耕条件下作物产量与水分利用效率增加的原因主要有：①相比常规耕作，免耕减少了对表层土壤的扰动，保护了表层土壤微孔隙及其连续的孔隙路径，改善了土壤结构，提高了土壤稳定性渗透率与饱和导水率，从而使土壤持水量增大，有利于作物生长和增产；②常规旋耕和翻耕作用土层为 0~30cm 表层土壤，由于旋耕刀和犁铧对土壤的挤压、打击作用，因此连续采用常规耕作会使 30cm 以下土壤层变紧、变硬，形成犁底层，土壤孔隙度和通透性降低，土壤储水能力下降，不利于作物根系生长和对水分的吸收，从而导致作物产量和水分利用效率下降。深松耕打破了犁底层，相比常规耕作能使土壤容重显著降低 6.6%，使土壤紧实度降低 25% 左右，同时深松耕增加了土壤孔隙度，提高了土壤持水能力，有利于作物的生长。

6. 免耕、深松耕对作物产量和水分利用效率影响的因素分析

（1）区域

免耕和深松耕在黄土高原各区域的适应性存在差异，受地域影响比较大。其主要原因有：黄土高原地区年降雨量为 150~722mm，平均为 434.4mm，各区域间年降雨量差异较大。免耕和深松耕具有改善土壤结构、提高土壤水分入渗能力、增加土壤储水量的作用，但因各区域年降雨量存在较大差异，导致免耕和深松耕对不同区域作物产量与水分利用效率的影响不同。春玉米生育期降雨量占全年降雨量80%以上，降雨相对较多。相比其他区域，黄土高原东部和南部区域春玉米生育期降雨相对充沛，水分对春玉米生长制约程度减弱，因而在东部和南部区域免耕所具有的改善土壤结构、增加土壤储水量的作用弱化，导致春玉米产量和水分利用效率在南部区域增长不显著，东部区域增加幅度相对较小。而在黄土高原北部和中部区域，春玉米生育期降雨量偏少，水分缺乏严重限制了春玉米生长，此时免耕所具有的保蓄水分作用得到凸显，因此北部和中部区域的春玉米产量与水分利用效率显著增加，导致中部区域免耕春玉米产量高于南部。相比春玉米，冬小麦生育期需水与黄土高原季节降雨严重错位，冬小麦生育期降雨极少，冬小麦生长受水分制约严重。冬小麦生育期内黄土高原西北部区域降雨匮乏，加之蒸发量大，免耕有限的保蓄水分能力在此条件下受到限制，导致该区域免耕冬小麦产量增加不显著，且水分利用效率显著降低。而冬小麦生育期东南部区域降雨相对较多，免耕措施保蓄水分的作用得到凸显，因此在黄土高原东南部免耕冬小麦产量和水分利用效率显著增加。深松耕打破了犁底层结构，增加了土壤孔隙度，相比免耕措施具有更好的土壤储水能力，所以在黄土高原东南部和西北部均有良好的适应性，因此深松耕冬小麦产量和水分利用效率在黄土高原东南部与西北部显著增加，且增加率均高于免耕冬小麦。

（2）年降雨量

因受水分制约程度不同，常规耕作条件下，年降雨量≤500mm 地区春玉米产量低于年降雨量＞500mm 地区。但由于在黄土高原年降雨量≤500mm 地区，太阳总辐射量和年日照时数均大于年降雨量＞500mm 地区，这有利于年降雨量≤500mm 地区春玉米产量的提高，因此在常规耕作条件下，年降雨量≤500mm 地区的春玉米产量小于降雨量＞500mm 地区，但二者差异不显著。另外，由于 2 个不同年降雨量地区在春玉米生育期间降雨量差异较大，因此在常规耕作条件下，年降雨量≤500mm 地区春玉米水分利用效率大于年降雨量＞500mm 地区，但二者差异不显著。与常规耕作相比，免耕和深松耕在黄土高原不同年降雨量地区对作物产量与水分利用效率影响不同。其主要原因是，免耕春玉米生育期降雨量占全年降雨量 80% 以上，且春玉米生长后期的 6~9 月，降雨类型多为暴雨，在降雨量＞500mm 地区容易造成土壤排水不畅和局部涝灾，从而影响免耕春玉米产量和水分利用效率的进一步增加。而在年降雨量≤500mm 地区，由于春玉米全生育期和生长后期降雨量相对较少，降雨被土壤吸收供植物生长，不易出现土壤排水不畅和局部涝灾，因此该地区免耕春玉米产量和水分利用效率增加率高于年降雨量＞500mm 地区。冬小麦生育期为 9 月至翌年 6 月，而黄土高原地区 50%~60% 的年降雨量集中在 6~9 月，生育期需水与季节降雨错位导致冬小麦生长严重受水分制约。虽然免耕有助于增加土壤水分，但是在黄土高原年降雨量≤500mm 地区，过低的降雨量并不能使免耕的保水能力得到发挥，从而导致该地区免耕冬小麦产量和水分利用效率增加不显著。而随着年降雨量逐渐增加，免耕保蓄土壤水分的作用得到凸显，从而使年降雨 500~600mm 和＞600mm 地区免耕冬小麦产量与水分利用效率增加率依次显著升高。相比免耕，深松耕改善了土壤 30~40cm 层的结构，增大了土壤孔隙度，使水分入渗能力和蓄水能力进一步增强，在降雨季增加了深层土壤储水量，从而使深松耕冬小麦产量和水分利用效率在不同年降雨量地区均显著增加，且高于免耕冬小麦。

（3）年均温度

免耕和深松耕在黄土高原不同年均温度地区适应性不同。其主要原因是，玉米是喜温作物，生育期要求较高的温度，在年均温度≤10℃ 地区日温差和季节温差较大，不利于春玉米种子萌发和生长。免耕具有保蓄水分、稳定土壤温度的作用，为春玉米种子萌发和生长提供了有利环境，从而促进了年均温度≤10℃ 地区春玉米产量和水分利用效率的增加。深松耕改善了深层土壤透气性，增强了土壤导热性，正常情况下可提高土壤温度 0.5~1℃，有利于作物种子萌发和生长。另外，在播种至拔节期，深松耕 0~30cm 土层温度波动小于免耕秸秆覆盖，有利于冬小麦生长。因此，在黄土高原不同年均温度区域，深松耕冬小麦产量和水分利用效率增加率显著高于免耕冬小麦。

（三）不同覆盖措施对黄土高原地区春玉米和冬小麦产量及水分利用效率影响的整合分析

1. 数据获取及分类

通过 Web of Science 和中国知网（CNKI）等数据库，分别输入"小麦"（wheat）、

"玉米"（maize）、"覆盖"（mulching）、"水分利用效率"（water use efficiency）等关键词，检索近 30 年发表的黄土高原地区不同覆盖措施与作物产量及水分利用效率相关的文献，并对检索到的文献进行筛选。筛选标准如下：①试验地点为黄土高原地区；②试验方式为大田试验，且作物全生育期不灌溉；③试验处理至少包含覆盖处理（薄膜覆盖、秸秆覆盖）中的一项，且每项处理均以常规耕作为对照；④玉米、小麦产量和水分利用效率等指标以数字或图表形式报道；⑤对不同文献报道的同一试验数据只采纳一次。经筛选，共有 191 篇文献（春玉米 104 篇，冬小麦 87 篇）符合要求。191 篇文献在黄土高原各区域的数量分布为：春玉米，东部 18 篇，中部 40 篇，南部 12 篇，西部 31 篇，北部 3 篇；冬小麦，东南部 48 篇，西北部 39 篇。对筛选得到的文献提取试验地点、作物种类、耕作处理、籽粒产量、水分利用效率、作物耗水量、生物量、收获指数等数据。为消除施肥量对分析结果的影响，本研究根据引用文献对作物种植期施肥量的说明，只将平衡施肥条件下的试验数据纳入分析。

为分析不同覆盖措施对黄土高原不同区域春玉米、冬小麦产量和水分利用效率的影响，按照作物种类和文献报道的覆盖类型对目前黄土高原地区主流的覆盖方式进行分类（专题表 6-8 和专题表 6-9），并对每一类耕作措施下的分析指标（产量、水分利用效率、耗水量、生物量、收获指数）样本量进行分类统计，具体统计分类如专题表 6-10 所示。

专题表 6-8　春玉米不同覆盖类型概况

覆盖类型	覆盖概况
平地不覆盖	上茬春玉米收获后对土地翻耕休耕，下一季春玉米种植时地表不起垄且无薄膜或秸秆覆盖
播时平地覆秸秆	春玉米播前地面不起垄，播时直接在平地地表播种，播种后用作物秸秆覆盖地表
播时垄上覆膜	播前在地面起垄，作物生育期用透明塑料薄膜覆盖垄面，沟里无覆盖
播时平地覆膜	播前地面不起垄，作物平地播种，生育期用透明塑料薄膜覆盖地表
秋季平地覆膜	上茬春玉米收获后用透明塑料薄膜覆盖地表直到下季春玉米收获，地面保持平整不起垄
播时垄沟覆膜	播前地面起垄，春玉米生育期用透明塑料薄膜覆盖垄面和沟面，春玉米收获后揭膜
秋季垄沟覆膜	上茬春玉米收获后至下一季春玉米收获期间，用透明塑料薄膜覆盖垄面和沟面

专题表 6-9　冬小麦不同覆盖类型概况

覆盖类型	覆盖概况
平地不覆盖	上茬冬小麦收获后对土地翻耕休耕，下一季冬小麦种植时地表不起垄且无薄膜或秸秆覆盖
播时平地覆秸秆	冬小麦播前地面不起垄，播时直接在平地表面播种，播种后用作物秸秆覆盖地表
全年平地覆秸秆	上茬冬小麦收获后在平地表面覆盖作物秸秆直到下季冬小麦收获
播时平地覆膜	播前地面不起垄，作物平地播种，冬小麦生育期用透明塑料薄膜覆盖地表
全年平地覆膜	上茬冬小麦收获后用透明塑料薄膜覆盖地表直到下季冬小麦收获，地面保持平整不起垄
垄上覆膜	地面起垄，垄面覆盖透明塑料薄膜，沟面无覆盖
垄上覆膜沟覆秸秆	地面起垄，垄面覆盖透明塑料薄膜，沟面覆盖作物秸秆

根据黄土高原地区气候的差异，本研究将黄土高原划分为 5 个区域：东部、中部、西部、南部、北部，各区域气候特征如专题表 6-6 所示。考虑到春玉米和冬小麦试验点数量的限制及其种植区域的差异，将春玉米种植区划分为东部、中部、南部、西部和北部 5 个区域，冬小麦种植区划分为东南部和西北部 2 个区域。

专题表 6-10   统计数据分类信息

作物种类	区域	产量样本量	水分利用效率样本量
春玉米	东部	158	157
	中部	276	250
	西部	167	167
	南部	65	62
	北部	27	23
冬小麦	东南部	189	158
	西北部	142	122

2. 不同覆盖措施对春玉米和冬小麦产量及水分利用效率的影响

不同覆盖措施对黄土高原地区春玉米产量和水分利用效率影响不同。与传统耕作相比，除播时平地覆秸秆外，播时垄上覆膜、播时平地覆膜、秋季平地覆膜、播时垄沟覆膜、秋季垄沟覆膜均能显著提高春玉米产量和水分利用效率（专题图 6-30）。就春玉米产量增加率而言，秋季平地覆膜效果最显著（74.4%），其次依次为：播时垄沟覆膜＞秋季垄沟覆膜＞播时平地覆膜＞播时垄上覆膜（专题图 6-31）。从春玉米水分利用效率增

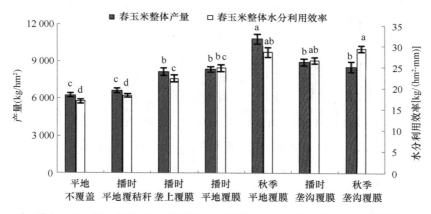

专题图 6-30 黄土高原地区不同覆盖条件下春玉米整体产量和水分利用效率

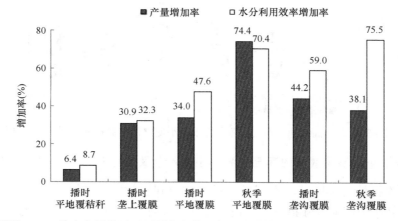

专题图 6-31 黄土高原地区不同覆盖条件下春玉米整体产量和水分利用效率增加率

加率角度来看,秋季垄沟覆膜效果最显著(75.5%),其次依次为:秋季平地覆膜＞播时垄沟覆膜＞播时平地覆膜＞播时垄上覆膜。综合而言,秋季平地覆膜措施对提高春玉米产量和水分利用效率效果最好,其次为播时垄沟覆膜和秋季垄沟覆膜措施。

不同覆盖措施对黄土高原地区冬小麦产量和水分利用效率影响不同。与传统耕作相比,除播时平地覆秸秆外,全年平地覆秸秆、播时平地覆膜、全年平地覆膜、垄上覆膜、垄上覆膜沟覆秸秆均能显著提高冬小麦产量。另外,除播时平地覆秸秆和全年平地覆秸秆外,其余 4 种耕作措施均能显著提高冬小麦水分利用效率(专题图 6-32)。其中,全年平地覆膜措施对提高冬小麦产量而言效果最好(增加率为 44.2%),其次依次为播时平地覆膜＞垄上覆膜＞全年平地覆秸秆＞垄上覆膜沟覆秸秆(专题图 6-33);另外,播时平地覆膜措施对提高冬小麦水分利用效率而言效果最好,其次依次为垄上覆膜＞全年平地覆膜＞垄上覆膜沟覆秸秆。综合而言,全年平地覆膜措施对提高冬小麦产量和水分利用效率效果最好,其次为播时平地覆膜和垄上覆膜。

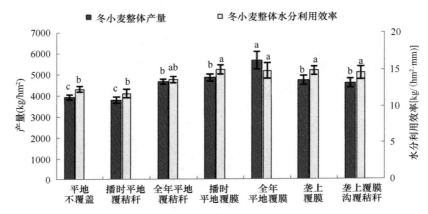

专题图 6-32　黄土高原地区不同覆盖条件下冬小麦整体产量和水分利用效率

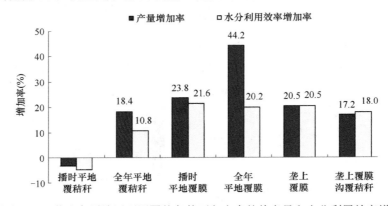

专题图 6-33　黄土高原地区不同覆盖条件下冬小麦整体产量和水分利用效率增加率

3. 覆盖措施对不同区域的春玉米和冬小麦产量及水分利用效率的影响

不同耕作措施对不同区域春玉米产量和水分利用效率影响不同。与平地不覆盖相比,在黄土高原中部地区除播时平地覆秸秆外,播时垄上覆膜和播时平地覆膜等另外 5 种覆盖措施均能显著提高春玉米产量与水分利用效率(专题图 6-34)。其中,秋季垄沟覆膜措施对提高春玉米产量及水分利用效率效果最好，其分别使春玉米产量和水分利用效率增加76.3%和53.4%，播时垄沟覆膜和秋季平地覆膜措施效果次之。

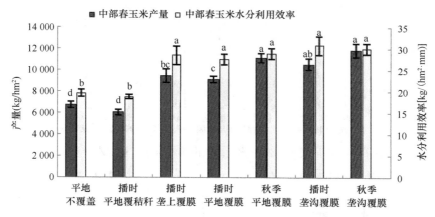

专题图 6-34　不同覆盖条件下黄土高原中部春玉米产量及水分利用效率

在黄土高原西部，播时平地覆秸秆、播时平地覆膜、秋季平地覆膜、播时垄沟覆膜和秋季垄沟覆膜均能显著增加春玉米产量（专题图 6-35）；除播时平地覆秸秆外，其余5种覆盖措施均能显著提高春玉米水分利用效率。综合而言，在西部地区，秋季垄沟覆膜措施对提高春玉米产量和水分利用效率效果最好，播时垄沟覆膜措施效果次之。

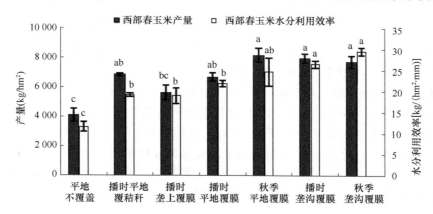

专题图 6-35　不同覆盖条件下黄土高原西部春玉米产量及水分利用效率

在黄土高原南部，秋季平地覆膜、播时垄沟覆膜和秋季垄沟覆膜措施均能大幅提高春玉米产量与水分利用效率（专题图 6-36）。其中，秋季平地覆膜措施对提高春玉米产量和水分利用效率效果最好，而秋季垄沟覆膜和播时垄沟覆膜措施效果次之。

与平地不覆盖相比，在黄土高原东部除播时平地覆秸秆外，播时垄上覆膜和播时平地覆膜措施均能显著提高春玉米产量与水分利用效率（专题图 6-37）。其中，播时平地覆膜措施对提高春玉米产量及水分利用效率效果最好，其分别使春玉米产量和水分利用效率增加39.4%和38.7%，播时垄上覆膜措施效果次之。

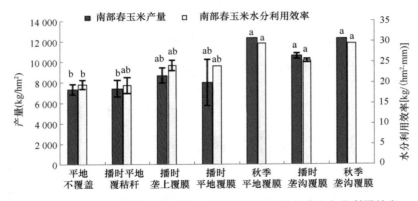

专题图 6-36　不同覆盖条件下黄土高原南部春玉米产量及水分利用效率

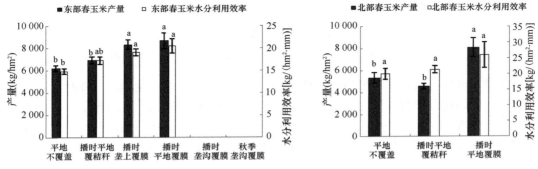

专题图 6-37　不同覆盖条件下黄土高原东部和北部春玉米产量及水分利用效率

与平地不覆盖相比，在黄土高原北部采用播时平地覆膜措施能显著提高春玉米产量 51.8%，提高水分利用效率 30.4%。而采用播时平地覆秸秆措施则不能显著提高春玉米水分利用效率，并且会降低春玉米产量（专题图 6-37）。

不同耕作措施对不同区域冬小麦产量和水分利用效率影响不同。与平地不覆盖相比，在黄土高原东南部采用全年平地覆膜和垄上覆膜措施能使冬小麦产量显著提高 37.41% 和 29.62%（专题表 6-11），采用垄上覆膜措施能使冬小麦水分利用效率显著提高 22.65%。综合而言，在黄土高原东南部地区垄上覆膜措施对提高冬小麦产量和水分利用效率效果最好，全年平地覆膜和播时平地覆膜效果次之（专题图 6-38）。

专题表 6-11　不同覆盖条件下黄土高原不同区域冬小麦产量和水分利用效率增加率

覆盖方式	产量增加率（%）		水分利用效率增加率（%）	
	东南部	西北部	东南部	西北部
播时平地覆秸秆	−0.81	−8.31	0.03	−10.59
全年平地覆秸秆	16.79	7.56	12.08	−7.85
播时平地覆膜	17.88	30.83	18.55	24.24
全年平地覆膜	37.41	53.91	18.14	22.83
垄上覆膜	29.62	15.42	22.65	18.72
垄上覆膜沟覆秸秆	15.32	20.28	9.25	24.03

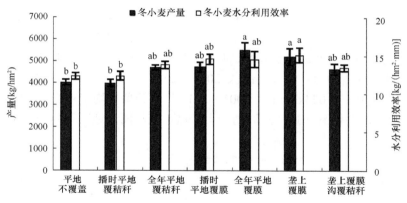

专题图 6-38 不同覆盖条件下黄土高原东南部冬小麦产量及水分利用效率

与平地不覆盖相比,在黄土高原西北部采用全年平地覆膜措施能使冬小麦产量显著提高 53.91%（专题表 6-11）。从提高冬小麦水分利用效率角度来看,播时平地覆膜效果最好,垄上覆膜沟覆秸秆效果次之。综合而言,在黄土高原西北部地区全年平地覆膜措施对提高冬小麦产量和水分利用效率效果最好,播时平地覆膜和垄上覆膜沟覆秸秆措施效果次之（专题图 6-39）。

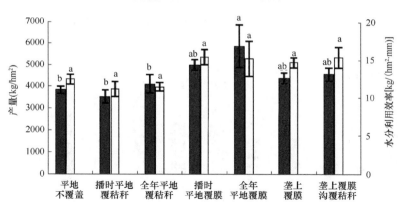

专题图 6-39 不同覆盖条件下黄土高原西北部冬小麦产量及水分利用效率

（四）近年来西北地区马铃薯产量变化

1. 数据获取

基于国家统计局数据,统计了西北地区宁夏、甘肃、陕西、青海、内蒙古、山西和新疆七个省（区）的马铃薯鲜薯单位面积产量。其中宁夏为 1983～2014 年产量数据;新疆 1995 年和 2008 年马铃薯产量数据缺失,用薯类产量代替;其余五省（区）为 1982～2014 年产量数据。

2. 近年来西北地区马铃薯整体产量变化情况

1982～2014 年西北地区马铃薯产量随年际变化整体呈增长趋势,这一变化趋势与全国马铃薯产量变化趋势相同（专题图 6-40）。1982～2014 年西北地区马铃薯平均产量为 13 459kg/hm²，全国平均产量为 13 595kg/hm²，二者大致相同（专题图 6-41）。其中，1982～2000 年西北地区马铃薯产量增长较快，从 8459kg/hm² 增加至 14 643kg/hm²，1982～2000 年马铃薯产量平均值为 11 885kg/hm²。2001～2014 年马铃薯产量增加幅度较小，从 14 682kg/hm² 增加至 17 044kg/hm²，2001～2014 年马铃薯平均产量为 15 595kg/hm²。相比全国，西北地区马铃薯产量年际波动较大，这可能与西北地区年际降水不均有关。

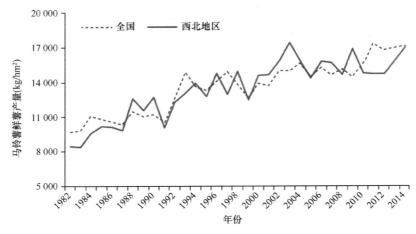

专题图 6-40　1982～2014 年西北地区与全国马铃薯产量变化

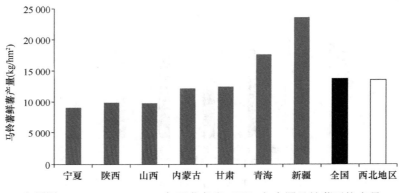

专题图 6-41　1982～2014 年西北各省（区）与全国马铃薯平均产量

3. 西北地区不同省（区）马铃薯产量变化

1982～2014 年西北地区不同省（区）马铃薯平均产量差异较大。其中，青海和新疆平均产量分别为 17 563kg/hm² 和 23 488kg/hm²，高于全国平均水平（专题图 6-42 和专题图 6-43）；内蒙古和甘肃平均产量分别为 12 115kg/hm² 和 12 382kg/hm²，略低于全国平均水平；宁夏、陕西和山西的平均产量分别为 9074kg/hm²、9856kg/hm² 和 9753kg/hm²，与全国平均水平相比有较大差距。

1982～2014 年，青海和新疆马铃薯产量随年际变化呈增加趋势，并且产量高于全国平均水平，与该地区采用地膜覆盖和滴灌等措施有关。

1982～2014 年，甘肃和内蒙古马铃薯产量随年际变化呈增加趋势。1982～2000 年

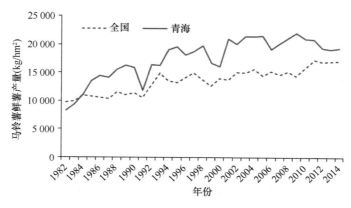

专题图 6-42　1982～2014 年青海马铃薯平均产量变化

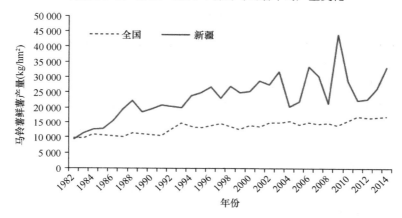

专题图 6-43　1982～2014 年新疆马铃薯平均产量变化

甘肃马铃薯产量低于全国平均产量，2001～2014 年甘肃马铃薯产量与全国平均产量大致持平（专题图 6-44 和专题图 6-45）。1982～2014 年内蒙古马铃薯产量年际波动较大，总体略低于全国平均产量。甘肃与内蒙古均是马铃薯主产区，甘肃采用垄沟种植、覆盖集雨等措施，内蒙古采用垄沟集雨、膜下滴灌等措施。

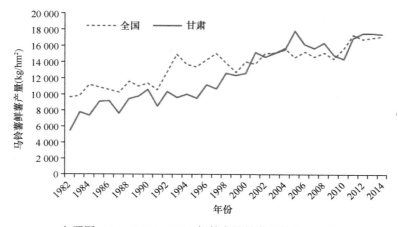

专题图 6-44　1982～2014 年甘肃马铃薯平均产量变化

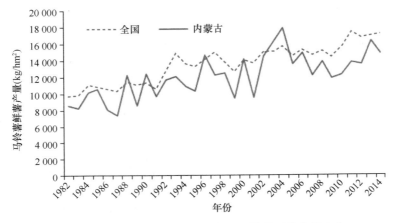

专题图 6-45 1982～2014 年内蒙古马铃薯平均产量变化

1982～2014 年，宁夏和陕西马铃薯产量随年际变化呈增加趋势，山西马铃薯产量随年际变化呈下降趋势（专题图 6-46～专题图 6-49）。宁夏、陕西和山西三个省（区）由于多为雨养农业区，缺乏灌溉条件，单产低于全国平均水平，且产量差较大，说明三个省（区）有较大的产量提升潜力，今后可采用垄沟种植、覆盖集雨等技术来提高单产。

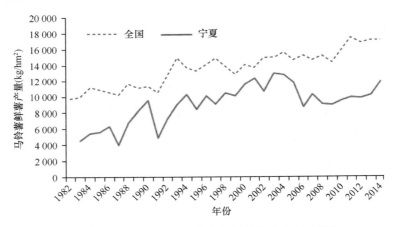

专题图 6-46 1982～2014 年宁夏马铃薯平均产量变化

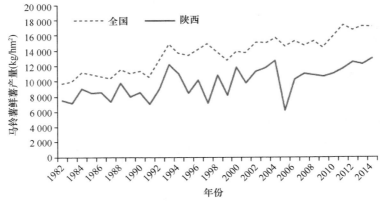

专题图 6-47 1982～2014 年陕西马铃薯平均产量变化

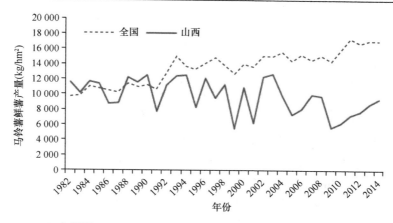

专题图 6-48　1982～2014 年山西马铃薯平均产量变化

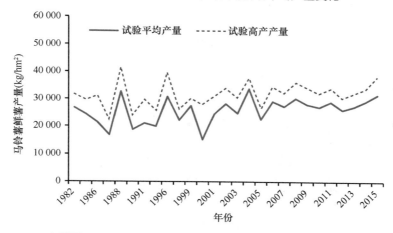

专题图 6-49　1982～2015 年西北地区马铃薯试验产量变化

（五）近年来西北地区马铃薯试验产量变化及增产潜力

1. 数据获取

通过 Web of Science 和中国知网（CNKI）等数据库，分别输入"马铃薯"（potato）、"覆盖"（mulch）和"产量"（yield）等关键词，检索近年来发表的不同耕作措施与马铃薯产量相关的文献，并对检索到的文献进行筛选。筛选标准如下：①试验地点为西北地区；②试验方式为大田试验；③马铃薯产量指标以数字或图表形式报道；④对不同文献报道的同一试验数据只采纳一次。经筛选，马铃薯 1982～2015 年共有 306 篇文献符合要求，其中甘肃 107 篇，宁夏 64 篇，内蒙古 44 篇，青海 32 篇，陕西 26 篇，山西 22 篇，新疆 11 篇。

2. 近年来西北地区马铃薯产量潜力

1982～2015 年西北地区马铃薯试验平均产量和试验高产产量随年际变化整体呈增长趋势（专题图 6-49）。其中，1982～2002 年马铃薯试验产量年际波动明显，试验平均产量与试验高产产量之间的产量差为 2825～12 900kg/hm^2；2003～2015 年，马铃薯试验产量缓慢提高，试验平均产量从 28 340kg/hm² 增至 31 672kg/hm²，试验高产产量从 34 140kg/hm² 增至 38 177kg/hm²，产量差为 3808~6505kg/hm²。总体来看，1982~2015 年西北地区试验平均产量为 27 032kg/hm²，试验高产产量为 32 353kg/hm²，产量差为 5321kg/hm²，增产潜力为 19.7%（专题图 6-50）。

3. 近年来西北地区不同省（区）马铃薯产量潜力

西北地区不同区域马铃薯增产潜力不同。以试验高产产量和试验平均产量（等于农户平均产量）间的产量差为例，甘肃、宁夏、内蒙古、青海、陕西、山西和新疆的马铃薯产量差分别为 5209kg/hm²、4621kg/hm²、4795kg/hm²、6864kg/hm²、3870kg/hm²、5432kg/hm² 和 6454kg/hm²，增产潜力分别为 18.5%、17.6%、16.8%、21.0%、18.2%、25.8%和20.6%（专题图 6-51~专题图 6-57）。由此可见，西北地区各省（区）马铃薯产量均有较大的提升潜力。

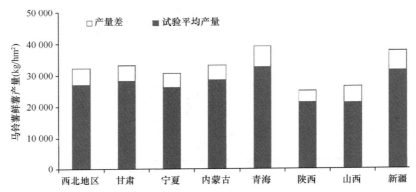

专题图 6-50　1982~2015 年西北地区整体及各省（区）马铃薯试验产量

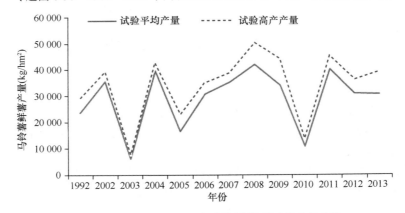

专题图 6-51　1992~2013 年青海马铃薯试验产量变化

1992~2013 年青海马铃薯试验产量变化说明该地区具有一定的增产潜力，其中 2009 年和 2013 年的增产潜力较大，分别为 9784kg/hm² 和 8568kg/hm²，获得高产所采用的技术为肥料合理配施和滴灌。

2002 年和 2003 年新疆马铃薯试验平均产量和试验高产产量的产量差较大，分别为 8580kg/hm² 和 12 656kg/hm²，为获得高产采用了优质品种和脱毒种薯。

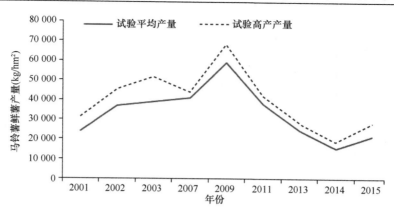

专题图 6-52　2001～2015 年新疆马铃薯试验产量变化

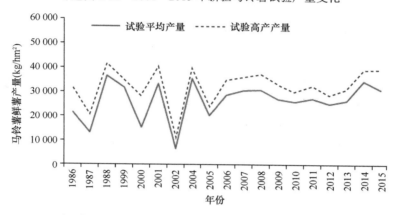

专题图 6-53　1986～2015 年甘肃马铃薯试验产量变化

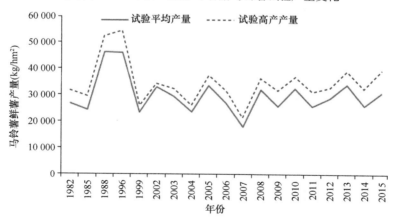

专题图 6-54　1982～2015 年内蒙古马铃薯试验产量变化

1986～2015 年甘肃马铃薯试验产量变化说明该地区具有一定的增产潜力，并且 2006～2015 年产量潜力较为稳定。其中 2000 年马铃薯增产潜力较大，为 12 900kg/hm^2，为获得高产采用垄沟覆膜集雨技术。

1996 年和 2015 年内蒙古马铃薯试验平均产量和试验高产产量的产量差较大，分别为 8592kg/hm^2 和 9018kg/hm^2，为获得高产采用了肥料合理配施和膜下滴灌。

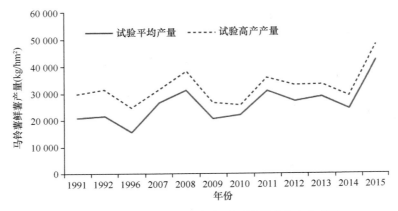

专题图 6-55　1991～2015 年宁夏马铃薯试验产量变化

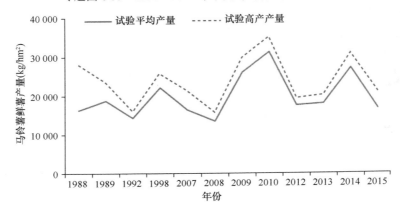

专题图 6-56　1988～2015 年陕西马铃薯试验产量变化

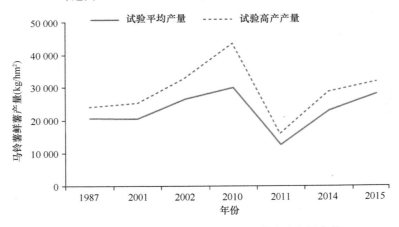

专题图 6-57　1987～2015 年山西马铃薯试验产量变化

1991～2015 年宁夏马铃薯试验平均产量和试验高产产量年际整体呈上升趋势，1991
年和 1992 年产量差较大，分别为 8592kg/hm² 和 9018kg/hm²，为获得高产采用了肥料合
理配施和膜下滴灌。

1988～2015 年陕西马铃薯试验产量年际波动较大，1988 年产量差较大，为
11 845kg/hm²，为获得高产采用了氮磷肥合理配施。

2010 年山西马铃薯试验平均产量和试验高产产量的产量差较大，为 13 539kg/hm^2，为获得高产采用了地膜覆盖。

（六）地膜覆盖对黄土高原马铃薯产量及水分利用效率影响的整合分析

1. 数据获取及分类

通过 Web of Science 和中国知网（CNKI）等数据库，分别输入"马铃薯"（potato）、"覆盖"（mulch）和"产量"（yield）等关键词，检索近年来发表的不同耕作措施与马铃薯产量相关的文献，并对检索到的文献进行筛选。筛选标准如下：①试验地点为西北地区；②试验方式为大田试验，且作物全生育期不灌溉；③马铃薯产量指标以数字或图表形式报道；④对不同文献报道的同一试验数据只采纳一次。经筛选，马铃薯 1987～2016 年共有 44 篇文献符合要求。对筛选得到的文献提取试验地点、覆盖处理、产量、水分利用效率、作物耗水量等数据。经筛选，共获得分布于黄土高原 17 个地区的 648 个试验观测值。

为分析不同覆膜措施对黄土高原马铃薯产量和水分利用效率的影响，按照文献报道的覆膜方式对目前黄土高原地区主流的马铃薯覆膜方式进行分类（专题表 6-12），并对每一类覆膜措施下的分析指标（产量、水分利用效率、耗水量、生物量、收获指数）样本量进行分类统计。

专题表 6-12 马铃薯不同覆膜类型概况

因素	覆盖管理	简要说明
覆膜方式	传统不覆盖（CT）	上茬马铃薯收获后土地翻耕休耕，下一季马铃薯种植时不覆盖
	平作覆盖（FM）	直接在平地地表播种，播种后用地膜覆盖地表
	垄沟覆盖（RFM）	在地面起垄，马铃薯生育期用塑料薄膜覆盖垄面或者垄沟全覆盖
覆盖面积	全膜覆盖（FAM）	马铃薯生育期对全部地面进行覆盖
	半膜覆盖（PAM）	马铃薯生育期对部分地面进行覆盖
地膜颜色	黑膜覆盖（BPM）	马铃薯生育期用黑色地膜覆盖地表
	白膜覆盖（WPM）	马铃薯生育期用白色透明地膜覆盖地表

2. 地膜覆盖对马铃薯产量、水分利用效率和耗水量的影响

相比对照，地膜覆盖显著提高了黄土高原马铃薯产量和水分利用效率（专题图 6-58）。地膜覆盖马铃薯产量为 27 614kg/hm^2，传统不覆盖产量为 21 375kg/hm^2，覆膜马铃薯的产量相比对照增加了 29.2%。地膜覆盖马铃薯水分利用效率为 84.5kg/(hm^2·mm)，传统不覆盖马铃薯水分利用效率为 64.2kg/(hm^2·mm)，覆膜马铃薯的水分利用效率相比对照增加了 31.6%。地膜覆盖马铃薯的耗水量为 361.3mm，传统不覆盖马铃薯的耗水量为 357.8mm，二者没有明显差异。

3. 不同覆膜条件下马铃薯产量

不同覆膜条件下，覆膜相比传统不覆膜显著提高了马铃薯产量（专题图 6-59）。相

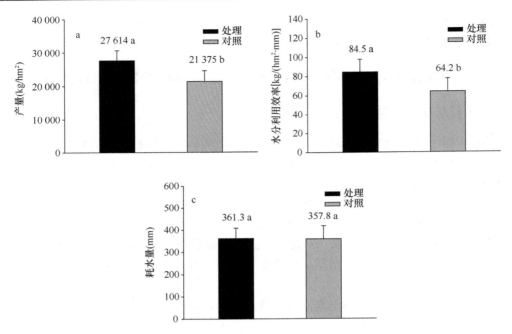

专题图 6-58　黄土高原地区地膜覆盖和传统不覆盖条件下马铃薯产量、水分利用效率及耗水量

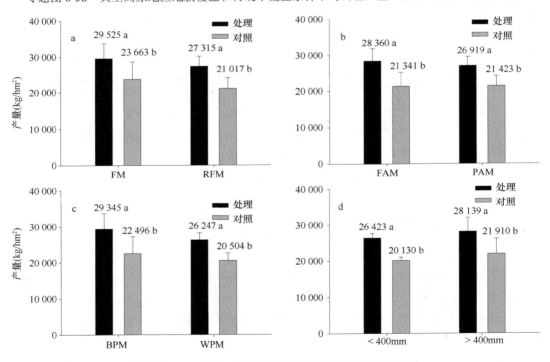

专题图 6-59　黄土高原地区不同覆盖条件下马铃薯产量

比对照：垄沟覆膜增产 30.0%，平作覆膜增产 24.8%；全膜覆盖增产 32.9%，半膜覆盖增产 25.7%；白色地膜增产 28.0%，黑色地膜增产 30.4%。不同年降水量条件下，年降水量<400mm 地区地膜覆盖增产率为 31.3%，年降水量>400mm 地区地膜覆盖增产率

为 28.4%。由此可知，采用垄沟覆膜、全膜覆盖和黑色地膜时，马铃薯增产潜力更高；在年降水量<400mm 地区覆膜马铃薯具有更高的增产潜力。

4. 不同覆膜条件下马铃薯水分利用效率

不同覆膜条件下，覆膜相比传统不覆膜显著提高了马铃薯水分利用效率（专题图6-60）。相比对照：垄沟覆膜马铃薯水分利用效率提高 32.5%，平作覆膜马铃薯水分利用效率提高 26.5%；全膜覆盖马铃薯水分利用效率提高 35.8%，半膜覆盖马铃薯水分利用效率提高 26.2%；白色地膜马铃薯水分利用效率提高 33.8%，黑色地膜马铃薯水分利用效率提高 30.3%。不同年降水量条件下，年降水量<400mm 地区地膜覆盖增产率为 47.6%，年降水量>400mm 地区地膜覆盖增产率为 23.6%。由此可知，采用垄沟覆膜、全膜覆盖和白色地膜时，马铃薯水分利用效率提升潜力更高；在年降水量<400mm 地区覆膜马铃薯具有更高的水分利用效率提升潜力。

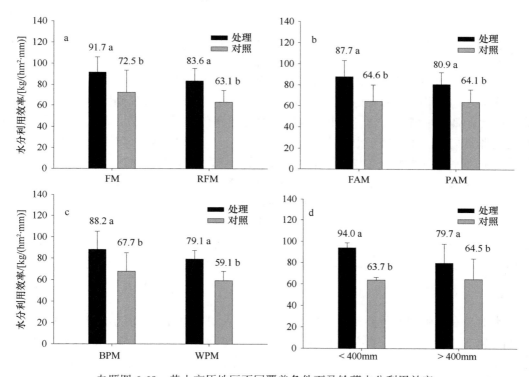

专题图 6-60　黄土高原地区不同覆盖条件下马铃薯水分利用效率

三、新疆地区农业生产能力开发的技术策略

新疆地处欧亚大陆腹地，位于我国的西北部，其东南部与青海、甘肃和西藏相连；东北部与蒙古国接壤；北、西北、西部依次与哈萨克斯坦、吉尔吉斯斯坦、塔吉克斯坦等国接壤；西南部与阿富汗、巴基斯坦、印度等国接壤。新疆地域辽阔，总面积 166 万 km^2，占全国总面积的 1/6 左右。新疆远离海洋，周围又多高山，受海洋性气候影响较小，因此年降雨量稀少而年蒸发量极大，是典型的大陆性干旱气候。新疆北有阿尔泰

山，中有天山，南有昆仑山。天山以北为准噶尔盆地，天山以南为塔里木盆地。"三山夹两盆"的地形地貌特点，形成了特殊的水资源分布特点，表现出干旱半干旱荒漠生态特征，农业生产呈现相对独立的荒漠绿洲灌溉农业的特点。

新疆具有丰富的水、土、光、热等自然资源，适宜大面积的粮食种植。新疆的水利设施具有一定的基础，其农业节水技术也走在全国的前列。新疆地广人稀，适宜规模化、集约化、机械化发展粮食生产。新疆有丰富的后备耕地资源，为新疆耕地面积的扩大提供了保障。总之，这些有利自然条件使得把新疆建设为全国的粮食战略接替区成为可能。本节主要以《中国统计年鉴》为基础，结合相关文献资料对新疆地区粮食生产基本情况、水资源状况以及粮食生产中存在的问题等展开讨论，并为以后农业生产能力的提升提供技术策略。

（一）区域粮食生产条件

1. 气象资源

气候是农业生产的天然要素。一般来说地理条件、太阳辐射和大气环流是影响气候的主要因子。新疆地处亚欧大陆中部，位于温带大陆性气候带。新疆地形是"三山夹两盆"，这样的地理位置和地形条件使得新疆的气候独具特色，新疆气候的变化受纬度、地形影响较为显著。太阳辐射是气候形成的基本因素之一，由于新疆距海遥远，空气干燥，因此新疆热量资源丰富，南北疆气候和冬季夏季气候显著不同。大气环流对气候的影响也非常显著，新疆处于中纬度西风带，温带天气系统、寒带天气系统以及副热带天气系统对新疆均有影响，这些天气系统主要自西向东移动，故而进入新疆的大气大多从西北或者西部开始，向东南或者向东移动。新疆冬季主要由蒙古高压控制，气候寒冷，夏季受热低压控制，春季高低气压交相控制，风沙天气较多，秋季冷高压增长迅速，一般晴朗温和。气候资源优势明显。光热资源十分丰富，气温日较差大，新疆全年日照时数超过 3000h。新疆气象灾害包括干旱、大风、寒潮、低温冻害、暴风雪、霜冻、冰雹、暴雨山洪、沙尘暴、浓雾等，这些灾害给新疆的农牧业生产和人民生活带来很多危害。

2. 土地要素

土地是农业生产的首要要素。2010 年新疆的农用地有 6308.48 万 hm^2，其中耕地面积 412.46 万 hm^2，占农用地总面积的 6.5%；牧草地面积 5111.38 万 hm^2，占农用地总面积的 81.0%；园地面积 36.42 万 hm^2，占农用地总面积的 0.6%；林地面积 676.48 万 hm^2，占农用地总面积的 10.7%。

新疆绿洲面积（7 万～8 万 km^2）虽然只占新疆土地面积（166 万 km^2）的近 5%，却集中了全疆 90% 以上的人口和社会财富，其他面积都是不宜人居的高山、雪山、冰川和干旱荒漠，绿洲农田耕层土壤次生盐渍化严重。

3. 水资源的利用现状

水资源是一种可再生的资源，但是水资源的替代性极小，水资源的供给缺乏弹性，而需求呈现刚性，珍惜和合理利用水资源是新疆农业发展面临的主要课题之一。新疆的农业用水量占总用水量的 95% 以上，三大产业中，农业对水资源消耗最多，农业耗水超标、水资源时空分布及供需不平衡、用水效益低是新疆农业用水的主要问题。我国的灌溉系统根据水源可以分为地表水灌溉系统和地下水灌溉系统。新疆水资源总量754.29亿 m^3，其中地表水资源量713.64亿 m^3，地下水资源量470.47亿 m^3，重复计算量429.82亿 m^3。2000年新疆人均水资源量 $5255m^3$，2009年新疆人均水资源量只有 $3517m^3$。水资源量逐年减少不利于新疆经济社会的全面发展，更不利于新疆农业的发展。新疆水资源的稀缺对新疆农业的发展提出了用水的技术要求，提高水资源的利用率是新疆农业发展的必要条件。

（二）区域粮食生产现状及原因分析

新疆粮食作物以小麦、玉米、水稻为主，全疆大多数地区均可种植，播种面积占粮食作物总面积的90%以上。伊犁谷地气候温和，雨水较多，土地肥沃，更适宜谷麦生长，素有"新疆粮仓"之称。新疆的水稻在20世纪50年代以后有很大发展，阿克苏、米泉等地为优质大米产区。在新疆的粮食作物中，还有高粱、大麦、谷子、黄豆、豌豆、蚕豆等。薯类以马铃薯为主。

1. 区域粮食生产基本情况

近几年新疆的粮食总产量稳步提高，由2010年的1170.70万t提高到2015年的1521.26万t，增幅达29.94%，年平均增长率5.38%（专题表6-13）。2010～2015年小麦、薯类和稻谷产量维持相对稳定略有提升的状态，玉米总产量不断提高，2015年达到705.05万t，增幅达67.23%，而豆类产量呈现明显的下降趋势。因此可以看出，新疆粮食总产量的提高主要源自于玉米产量的提高。而小麦、稻谷和薯类变化幅度相对不明显。

专题表6-13　新疆地区粮食总产量及主要粮食作物产量（2010～2015年）

指标	2010年	2011年	2012年	2013年	2014年	2015年
小麦产量（万t）	623.49	576.64	576.54	602.08	642.27	698.25
玉米产量（万t）	421.61	517.67	592.11	669.02	641.09	705.05
稻谷产量（万t）	58.98	60.64	59.36	59.82	76.17	65.08
豆类产量（万t）	28.32	29.10	25.02	21.12	21.67	20.83
薯类产量（万t）	20.50	23.95	13.17	16.17	23.66	19.96
粮食产量（万t）	1170.70	1224.70	1273.00	1377.00	1414.47	1521.26

资料来源：国家统计局

2. 粮食增产驱动因素分析

（1）播种面积及单产

2010～2015年，新疆作物总播种面积由 $4758.63×10^3hm^2$ 提高至 $5757.25×10^3hm^2$，粮食总播种面积由 $2028.60×10^3hm^2$ 提高至 $2395.02×10^3hm^2$，增幅分别为 20.99%和18.06%。同产量趋势类似，豆类播种面积不断减少；而玉米播种面积增幅达到47.12%（专题表6-14）。纵观2010～2015年各粮食作物单位面积产量，可以发现各作物并没有在单产上表现出良好的增加趋势。

通过主要粮食（小麦、玉米）总产量与播种面积及单产的相关性分析发现（专题图6-61），过去几年粮食总产量的提高主要得益于粮食播种面积的提高（小麦相关系数0.95，玉米

0.98），而非单位面积粮食产量的提高。

专题表 6-14　2010～2015 年新疆主要粮食作物播种面积及单产

指标	2010 年	2011 年	2012 年	2013 年	2014 年	2015 年
作物总播种面积（×10³hm²）	4 758.63	4 983.47	5 123.90	5 212.26	5 517.63	5 757.25
粮食总播种面积（×10³hm²）	2 028.60	2 047.48	2 131.17	2 234.80	2 255.85	2 395.02
小麦播种面积（×10³hm²）	1 120.01	1 077.98	1 081.04	1 120.98	1 142.35	1 239.33
玉米播种面积（×10³hm²）	653.82	728.00	855.72	920.80	910.80	961.87
稻谷播种面积（×10³hm²）	66.93	70.59	69.23	67.29	75.06	66.17
豆类播种面积（×10³hm²）	112.25	84.26	68.75	73.94	72.36	71.66
薯类播种面积（×10³hm²）	36.99	47.12	27.97	30.58	35.65	29.47
小麦单位面积产量（kg/hm²）	5 435.20	5 566.83	5 349.26	5 333.20	5 371.00	5 622.40
玉米单位面积产量（kg/hm²）	6 741.37	6 448.41	7 110.85	6 919.44	7 265.60	7 038.80
稻谷单位面积产量（kg/hm²）	8 767.65	8 590.45	8 574.32	8 889.90	10 147.90	—
豆类单位面积产量（kg/hm²）	3 199.01	2 522.94	3 453.60	3 639.27	2 856.40	2 994.70
薯类单位面积产量（kg/hm²）	8 818.34	5 542.04	5 082.77	4 708.62	5 287.80	6 636.70

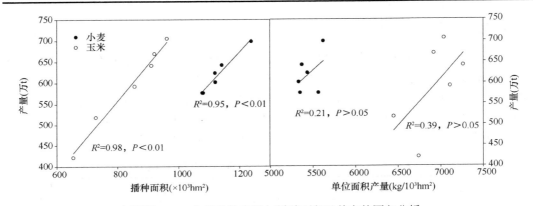

专题图 6-61　主要作物产量与播种面积及单产的回归分析

（2）主要农资使用情况

2010～2015 年，随着水库建设数量即总库容的不断提高，新疆地区耕地的总有效灌溉面积显著提高（专题表 6-15），水土流失得到了良好的治理，受涝面积整体减少。然而，在粮食增长的同时我们必须看到，化肥（包括氮磷钾肥料）施用量不断提高，塑料薄膜用量呈现线性增长的趋势。

（三）区域粮食生产主要问题

1. 灌区盐渍化问题严重

土壤的盐渍化是影响新疆农业生产最主要的因素之一。所谓土壤盐渍化是指易溶解于水的盐在土壤中不断积累从而使土壤性质发生变化，农作物不能生长或生长受到抑制。新疆水资源相对贫乏，多数河流主要靠冰山融雪补给，但河流远离平原灌区，使农作物生长受到严重制约。1949 年以后，为了改变西北地区水资源时空分布不均匀性，充

专题表 6-15　主要涉农物资使用情况

指标	2010 年	2011 年	2012 年	2013 年	2014 年	2015 年
有效灌溉面积（×10^3hm²）	3721.60	3884.57	4029.07	4769.89	4831.89	4944.92
化肥施用量（万 t）	167.56	183.68	192.70	203.22	236.98	248.09
氮肥施用量（万 t）	78.66	85.54	88.89	92.35	105.70	109.80
磷肥施用量（万 t）	42.26	46.28	48.92	51.00	61.31	66.20
钾肥施用量（万 t）	10.26	11.73	13.15	14.10	19.77	20.57
塑料薄膜用量（万 t）	17.07	18.30	18.78	20.67	26.29	—
水库数（座）	575	576	582	646	652	671
水库总库容量（亿 m³）	135.7	144.4	144.8	183.0	182.9	195.0
受涝面积（×10^3hm²）	43.60	43.61	43.92	21.33	21.33	21.73
水土流失治理面积（×10^3hm²）	420.40	458.73	541.90	992.85	1054.59	1128.88

注：表中数据为全部农业生产使用材料（包括棉花等）

分利用水资源，扩大灌溉面积，大力发展农业生产，修建了大量的平原水库。以新疆为例，70 多年来共修建了 500 多座水库，总库容达到 70 多亿 m³，其中 90%以上都是平原水库。但因平原水库蓄水水深较浅，面积大，蒸发量、渗漏量大，抬高了下游地下水位。加上灌区灌溉技术的落后，多采用大水漫灌，在灌区尤其是靠近平原水库的管区土壤盐渍化十分严重。例如，新疆的柳沟水库、奎屯水库、车排子水库周围的柳沟灌区，地下水位上升，盐分积聚地表，使土壤的盐碱化速度加快，导致灌区有近万公顷的土地被荒弃。已利用耕地中，土壤的盐分含量平均在 0.39%左右，也存在不同程度的土壤盐渍化，导致农作物缺苗、断垄、产量不高。据统计，从 20 世纪 70 年代到 21 世纪初，新疆灌区的盐渍化问题一直较突出，严重制约着农业生产的发展。

2. 节水工程及水利设施不完善，水资源利用系数低

农田水利基础设施落后，渠道不配套，渗漏严重，渠道输水损失量年均达 180 亿 m³，水资源有效利用存在严重的问题。东疆地区耕地有效灌溉面积比例低于 50%，南疆地区大都低于 60%。

3. 耕地总体质量不高

受区域干旱气候及水文地质条件影响，土壤母质普遍含盐。绿洲区现有耕地大多由河岸乔灌林、荒漠草地、沙地、盐碱地转化而来，土壤类型以棕漠土、灰棕漠土、灰漠土为主，自然肥力低，土地生产性能差，而肥力相对较好的沼泽土和林灌草甸土、草甸土面积十分有限。

4. 地膜污染

20 世纪 80 年代，新疆就开始在棉花作物上推广地膜覆盖种植。实践证明，地膜覆盖可以保墒、节水、减少杂草生长、促进植物提早成熟，大力发展地膜覆盖种植技术，不仅可以有效地解决春旱问题，还可以增加积温，扩大作物的适种区，提高复种指数，增加农产品品质，在发展农业生产和促进农民增收方面发挥了巨大的作用。但随着地膜

用量逐年增大，废旧地膜回收利用却严重滞后，农田出现"白色污染"。

据新疆维吾尔自治区农业资源与环境保护站 2006 年对全疆 $9.8×10^4hm^2$ 农田地膜残留情况的抽样调查，全疆废旧地膜平均残留量为 $70.20kg/hm^2$。其中，棉花地废旧地膜平均残留量为 $85.95kg/hm^2$，玉米地废旧地膜平均残留量为 $50.85kg/hm^2$，瓜地废旧地膜平均残留量为 $37.65kg/hm^2$，蔬菜地废旧地膜平均残留量为 $35.25kg/hm^2$，小麦地废旧地膜平均残留量为 $29.85kg/hm^2$。废旧地膜残留量最高的一个样点为棉花地，废旧地膜残留量为 $399.75kg/hm^2$。

为消除覆膜年限对残膜量的影响，筛选覆膜年限 5 年（2010～2014 年）的调查结果，取平均值代表各省（区、市）的残膜量水平，绘制华中、华北、西北、西南、东北地区各省（区、市）残膜量和各地区残膜量均值的变化趋势。结果显示：华中、华北、西南和东北地区的残膜量较西北地区分别降低了 59.84%、40.23%、73.12%和44.87%，西北地区残膜量远高于华中、华北、西南和东北地区。在西北内陆地区，残膜量从高到低的省（区）分别为新疆、甘肃、陕西、青海和宁夏，新疆的残膜量高达 $128.12kg/hm^2$，是现有调查资料中我国残膜量最高的区（专题图 6-62）。由此可见，新疆土地地膜残留问题已经十分严重。

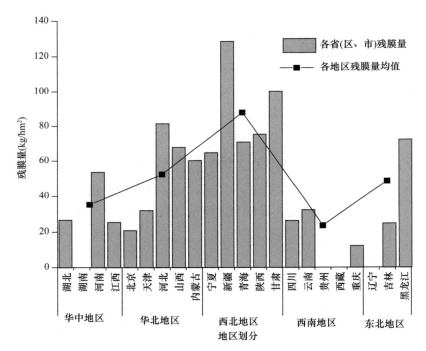

专题图 6-62　我国农田残膜的区域分布规律
图中无柱状条表示暂时数据缺省，各地区残膜量均值为所在区域省（区、市）的残膜量算术平均值

5. 粮食单产增加迟缓

近几年以来，虽然新疆粮食总产量持续增长，但是我们也应看到该区粮食产量增加的主要动力来自于耕作面积的增加及化学肥料使用增加，而非依靠耕作改良、新品种选育改良达到的单位面积粮食产量的增加。

6. 农民粮食生产的持续发展动力不足

新疆农民的生产动力不足，主要表现为以下几个方面：其一，前些年新疆也出现了阶段性、结构性的粮食过剩，粮食价格、种粮效益持续走低，农民增收困难；其二，粮食安全保障缺乏比较完善的长效机制。粮价低导致农民收入减少，进而导致农民对土地投入不足，粮食主产区走入了"粮食大县、财政穷县"怪圈，粮食主产区政府和农民的种粮积极性严重受挫；其三，新疆的粮食加工企业科技含量不高，优质粮的深加工、精加工不足，农产品附加值有待于进一步提高。

（四）区域粮食安全提升策略

1. 建立围绕水资源高效利用的灌溉分区制度

（1）吐哈盆地干旱缺水引、井、蓄灌区

位于天山南麓东部，北靠天山，南临戈壁沙漠，地势东高西低，东为哈密盆地，西为吐鲁番盆地，包括吐鲁番地区和哈密地区所辖的四县一市一区。土地总面积 207 338km^2，耕地面积 91.44×10^{3}hm^2，总人口 101.475 万人，其中农业人口 65.6 万人。主要农作物有小麦、玉米、油料等，宜发展棉花、葡萄、瓜果等经济作物。本区地处炎热和温热干旱地区，年平均降水量小于 60mm，年平均蒸发量大于 2700mm，属典型的干旱绿洲灌溉农业，水资源严重缺乏，灌区土壤次生盐渍化严重，水的利用系数较低，今后该区节水灌溉工程技术的发展模式是：开源节流，做好渠系防渗及配套工作，提高渠系水的利用系数，改进灌溉方法，降低灌水定额，可因地制宜地推广先进的高标准节水灌溉技术。本区应全面推广先进的改进地面灌技术，井灌区可采用低压管道输水配合田间标准沟畦灌和膜上灌技术；园艺作物（葡萄、果树）加大发展微灌技术的力度。此区不适宜发展喷灌技术。

（2）昆仑山北麓干旱缺水引、蓄灌区

位于塔里木盆地南缘，昆仑山北麓，地势南高北低。包括和田地区的七县一市和巴音郭楞蒙古自治州（简称巴州）所辖的且末县、若羌县。总人口 174.84 万人，农业人口 14 291 万人，耕地面积 185.39×10^{3}hm^2，主要农作物为小麦、玉米、棉花、瓜果、蔬菜、蚕桑、水稻等，该区经济发展水平相对较低。本区属暖温带干燥荒漠气候，春季风多，浮尘日数多，有沙暴，夏季炎热，秋季降温快。年平均蒸发量大于 1500mm，年平均降水量小于 70mm。土地资源丰富，水资源时空分布不均，春季极缺，秋旱频繁，土地沙化严重。今后该区节水灌溉工程技术的发展模式是：加强农田水利基本建设，确保防风治沙用水比例，加强防风治沙工程，重点搞好渠系配套和防渗工程，根据经济发展水平可适当发展微灌和管道灌溉技术。大力推广改进地面灌技术，根据经济实力，在果树种植上适当发展微灌技术。该区不适宜发展喷灌技术。

（3）天山南麓干旱微缺水引、井、蓄灌区

位于天山南麓，塔里木盆地西北部，西为帕米尔高原，平原地区地势西高东低，包

括巴州（除且末、若羌）、阿克苏地区、克孜勒苏柯尔克孜自治州、喀什地区，共辖28个县、4个市。土地面积468 036km²，农业人口498.18万人，耕地面积917.61×10³hm²。气候温暖，年平均降水量小于100mm，年平均蒸发量大于2000mm。主要农作物为小麦、玉米、夏杂粮、棉花、油菜，适宜种植瓜果、蔬菜等特色园艺作物。本区农田水利灌溉方式主要为引水灌溉，其次为蓄水灌溉和机电井及提水灌溉。灌区存在的主要问题是：灌溉用水量大，造成土壤次生盐渍化的面积较大；病险库多，调蓄能力差，春旱、夏洪、秋缺水现象严重；灌区内部灌溉管理粗放，渠系工程不配套，大水漫灌现象严重。今后该区节水灌溉工程技术的发展模式是：加强各流域整体规划和综合治理，合理开发利用水资源，加快灌区节水改造力度，将引水工程与排水工程相结合，继续加强渠道防渗工作，改进灌溉方法，积极推行先进的节水灌溉技术。主要大田农作物可全面推行先进的改进地面灌技术；根据各地区经济实力，在特色园艺作物上可推广微灌技术；喷灌技术可在天山南麓前山地带（具有自压条件最好）发展，即作物水分供求差小于500mm的地区，其他地区不适宜发展喷灌；对于井灌区应以发展低压管道输水灌溉技术为主，渠道防渗为辅。

（4）天山北麓干旱缺水引、井、蓄灌区

位于天山北麓，准噶尔盆地南缘，包括乌鲁木齐、昌吉回族自治州（简称昌吉州）、石河子市、奎屯市、克拉玛依市和塔城地区的乌苏、沙湾，是我区重要的经济开发带。土地总面积11.51万km²，总人口450.79万人，农业人口177.68万人，耕地面积440.17×10³hm²。属温暖带气候，年平均降水量小于300mm，年平均蒸发量大于1500mm。该区地表水的利用率较高，地下水超采非常严重，农业用水与城市工业及生活用水矛盾尖锐，因此，必须在现有水资源条件下，加快节水灌溉技术的推广普及。该区渠道防渗发展较快，基本达到斗渠以上全防渗。今后节水灌溉工程技术的发展模式是：由以渠道防渗为主的初级阶段向以喷灌、微灌和低压管道灌为主的高级阶段过渡，应大力发展先进的高标准节水灌溉技术。对大田作物普及先进的改进地面灌技术；在园艺作物上推广微灌技术；在山前冲积扇地带推广喷灌技术；在井灌区推广低压管道灌溉技术。克拉玛依市和冲积扇平原下游，即准噶尔盆地边缘地区不适宜发展喷灌技术。

（5）河谷平原干旱微缺水引、蓄灌区

位于新疆准噶尔盆地西北部，属塔额盆地和博乐河谷平原。包括塔城地区和博尔塔拉蒙古自治州所辖的六县三市，不包括塔城地区的乌苏、沙湾。气候暖和，年平均降水量大于200mm，年平均蒸发量小于1800mm，农田灌溉方式以引水灌溉和蓄水灌溉为主，有少数井灌区。该区水资源的利用程度较高，水资源可多次重复利用，同时水资源年际变化平稳，而年内分配不均，各河春季水量占全年总水量的10%～20%，春季缺水非常严重。灌区内部农田基本建设较差，水土流失严重，灌溉技术落后。本区主要农作物是小麦、玉米、油菜、棉花、甜菜及果树等。因此，该区节水灌溉工程技术的发展模式是：应加快灌区节水改造，加强渠系防渗与配套，尽快推广先进的节水灌溉方式。大田作物区在平整土地的基础上，大力推广先进的改进地面灌技术；园艺作物适宜发展微灌；井灌区适宜发展喷灌和低压管道灌溉技术。

（6）河谷平原干旱丰水引、蓄灌区

位于准噶尔盆地东部、西部，属额尔齐斯河谷平原，包括阿勒泰地区和伊犁地区所辖的十四县四市。本区是新疆降水量最多的地区，气候凉爽，蒸发量小。属湿润的大陆性温带气候，多年平均降水量大于 250mm，多年平均蒸发量小于 1600mm。土地资源丰富，土质好，是全面发展农、牧、林业的地区。该区水资源丰富，单位面积占有水量远远高于全疆和全国水平，水资源年际变化小，年内分配较均匀，地表水质良好，水资源开发条件优越，适应发展各种节水灌溉技术。近期重点推广的节水灌溉工程技术应以渠道防渗和改进地面灌水技术为主，加强灌区渠系配套，防止土壤次生盐渍化，在高效经济作物和园艺作物上可进行喷灌与微灌技术的试验示范。

2. 盐碱地治理及土地质量提升

新疆现有耕地中，中低产田面积比例达 80% 以上，以盐碱地、瘠薄地、坡耕地及沙化地为主。改造中低产田，提高土地生产力，在一定程度上等同于扩大耕地面积。目前，改造利用中低产田的核心措施是加强配套基础设施建设，增强土壤肥力。针对瘠薄地、坡耕地及沙化地，可通过土壤培肥来改善土壤物理结构，通过增加土壤肥力来提高耕地生产力。对于由土壤次生盐渍化所产生的盐碱地，应首先结合水利工程措施为其改造创造良好的灌排条件，再结合土壤地力建设进行土壤改造。

（1）兴修水利工程

充分研究与调控土壤中的水盐运行规律，是农业生化技术综合治理盐渍化最重要的中心环节。通过兴修水利工程措施，如用灌溉淡水把盐分淋洗到底土层或以水渗带盐分排出，淡化土层和地下水等。

（2）耕作治理

耕作治理改良主要是对盐渍化土壤的不良物理性质进行改良，改善土壤结构和孔隙度等不良性状，削弱或切断上下层土壤的联系，阻止地下水和土壤水直接上升到地表。①铲刮表土和换土改良：将具有明显盐碱或含盐量 3% 以上的盐碱地铲起表土运走，盐碱越严重铲土层越深，然后填入好土。在冬、春返盐强烈的干旱季节，采用刮、挖、扫的方法，除去地表的盐霜、盐结皮、盐结壳，以降低表土的含盐量。在换土过程中，地表最好铺设一层作物秸秆，可优化盐渍治理效果。②深翻地块：在盐碱处进行深翻，深度以破出黏土层为宜，在黏土层比较厚的土壤里混入细沙，灌水后增加其脱盐率。③平整土地，致使渗透条件一致：土壤盐渍化常与地表不平整有关，相同水文地质条件下，不平整的地面上，排灌就不通畅，导致田里留有尾水，高地先干，造成返盐，形成盐斑。平整地可使表土水蒸发一致，均匀下渗，便于防控盐渍化。④表层覆盖："盐随水来、盐随水去"是水盐运动的特点，只要控制土壤水分蒸发就可减轻盐分在地表的积聚，达到改良土壤目的。研究表明：在盐渍化地表覆盖作物秸秆后，可明显减少土壤水分蒸发，抑制盐分在地表积聚；还可阻止水分与大气间直接交流，对土壤水分上行起阻隔作用，同时还可增加光的反射率和热量传递，降低土壤表面温度，从而降低蒸发耗水。

（3）农业和生物治理

研究资料表明：当土壤含盐量达到干土重的 0.2%时，植物生长受阻；而当土壤含盐量达到 2.0%以上时，大多数植物死亡。但是，不同的植物（作物及品种）的耐盐性有很大差异。据初步调查，我国现有盐生植物 423 种，分属 66 科 199 属。耐盐植物的改良治理功能是：增加地表覆盖，减缓地表径流，调节小气候，减少水分蒸发，抑制盐分上升，防止表土返盐、积盐。

3. 地膜污染控制

（1）推广可降解农膜

可降解农膜的推广应用是解决农膜残留长期污染的根本方法，也是目前国内外农膜研究的前沿。可降解农膜主要有生物降解农膜、光降解农膜和光-生物降解农膜 3 大类。从目前的研究结果和应用效果来看，可降解农膜是一种理想的替代合成塑料的材料，它不仅具有与普通塑料相似的透光、保湿、保温性能，还具有良好的生物/光降解性能，能在较短的时间内降解成微粒或二氧化碳和水，而不会像普通塑料一样形成"白色污染"。目前可降解塑料的生产工艺尚未成熟，成本较高，价格昂贵，大大限制了它的推广和应用。

（2）推广侧膜栽培技术

将农用薄膜覆盖在作物行间，将作物栽培在农膜两侧，这样既保持了土壤水分，又提高了土壤温度，促进了作物生长，又不易被作物扎破地膜。等作物生长到一定阶段，即可把地膜收回，防止了地膜对土壤的污染。

（3）地膜回收

主要是把握时机，确定合理的揭膜时期和方法，如将作物收获后揭膜改变为收获前揭膜，并根据区域实际和作物生长特点，筛选作物的最佳揭膜期。选择雨后初晴或早晨土壤湿润时揭膜，提高地膜的回收率。新疆棉区，在第 1 次灌水前揭膜可以有效地减少地膜残留，90%以上的地膜能够得到有效回收，同时对棉田土壤温、湿度和棉花生产也没有不利影响。机械回收旧残膜既节省了人工拣膜的劳力成本，降低了劳动强度，又解决了靠光热的风化作用和土壤微生物的分解作用难以彻底降解残膜的难题，保持了土壤微生物的平衡。

（4）政策调控

政府可以通过制定一系列的相关政策法规刺激农民的生产行为，从而提高新型地膜的使用率和旧地膜的回收率。例如：配套专项资金鼓励农民选用新型可降解地膜（对可降解地膜实行补贴政策）；建立更加严格的监管措施、更加明确的奖惩体系，促进废旧地膜回收；制定地膜回收的标准，并按照标准对农民回收效果进行评估，可以按照评估结果以经济形式对农民进行反馈，同时提高地膜回收过程中对农民的补贴力度；加强宣传教育，切实提高农民对地膜回收重要性和紧迫性的认识。

4. 加强优质品种选育栽培管理，提高作物单产

（1）新品种培育

作物新品种对促进作物生产的作用显著。主要表现在提高产量、增强抗性、改善品质、提高生产效率等方面。从国家、自治区层面应该加强对涉疆种质研究方面的支持力度，加快新疆作物优质抗逆新品种的选育工作，培育更多的新品种。

（2）同一适宜生态区主要农作物品种引种

向全国发达省（区）引种，可按照自治区《关于做好同一适宜生态区主要农作物品种（新疆维吾尔自治区）引种备案公告》进行。举例如下。

春播玉米：内蒙古（巴彦淖尔市大部分地区、鄂尔多斯市大部分地区），陕西省（榆林、延安），宁夏（引黄灌区），甘肃（陇南市、天水市、庆阳市、平凉市、白银市、定西市、临夏州海拔 1800m 以下地区及武威市、张掖市、酒泉市大部分地区），所审定的春播玉米，生育期在 115～130 天（≥10℃活动积温 2400～2800℃）。可以引入新疆昌吉州阜康市以西至博乐市以东地区、北疆沿天山地区、伊犁州西部平原地区的春播玉米区种植。

鲜食甜玉米、鲜食糯玉米：黑龙江（第五积温带至第一积温带）、吉林、辽宁、内蒙古、河北、山西、北京、天津、宁夏、甘肃、陕西等省（区、市）所审的品种，生育期在 100～130 天。可引入新疆年≥10℃活动积温 1900℃以上的玉米春播种植区种植。

爆裂玉米：黑龙江、辽宁、吉林、内蒙古、河北、山西、陕西、宁夏、甘肃、河南、山东等省（区）所审的品种，生育期在 110～130 天。可引入新疆年≥10℃积温 2700℃以上的玉米种植区种植。

（3）栽培管理

通过田间栽培管理措施提高作物产量是一种在短期内提高单产的方式。根据之前的研究，按照作物生产潜力的气候学计算方法，针对新疆地区，在光合生产潜力的基础上，计算得出了新疆各主要地区玉米的光温生产潜力值，吐鲁番玉米光温生产潜力最高，为 21 776.6kg/hm^2，库尔勒为 15 571.55kg/hm^2。而实际产量最好的为博乐（13 104kg/hm^2），其次是石河子（10 883kg/hm^2）。因此通过栽培措施提高粮食产量是可实现的。

西北地区保障食物安全的社会经济发展策略研究

一、西北地区食物安全的社会经济发展历史、现状和经验借鉴

（一）西北地区食物安全的社会经济发展历史

1. 食物安全概念的发展

食物是人类赖以生存和发展的基本物质条件，食物安全问题事关国家安全和社会稳定，关系着每个国民的切身利益和幸福，是我国政府和学界一直关注的重点问题。历史上，我国传统农业主要是种植谷物，以猪为主要家畜，生产结构单一，这导致食物结构过于简单，以致把粮食等同于食物，使得我国传统上对于食物的概念十分狭窄。然而食物不能简单等同于粮食。"食物"和"粮食"的营养构成有很大差异，"食物"包含了人类所需的所有营养物质，碳水化合物、脂肪、蛋白质和各种微量元素，而"粮食"则以碳水化合物为主。"食物"和"粮食"的来源不同，"食物"的来源广泛，可源于陆生、水生的植物、动物和微生物，而"粮食"局限于谷物、薯类和豆类作物，其生产主要依赖于耕地。

由于农业生产结构单一，因此形成了我国独特的重视粮食生产和粮食储备的食物安全观念，这也是我国传统上食物安全的最基本内涵。然而我国以粮食为基础的传统食物安全理念与国际理念有很大的差别。纵观食物安全概念的产生与变化，可以看出食物安全概念的内涵是不断发展的。随着经济和社会的发展，人们不仅重视有无足够的满足生存需求的食物，而且逐步关注现有食物对人体的健康程度，以及食物的可持续发展问题。1974 年联合国召开了世界粮食大会，这次大会首次提出了食物安全的概念，将其定义为"保证任何人在任何时候都能得到了为了生存和健康所需要的足够食品"。1983 年联合国粮农组织总干事爱德华·萨乌马提出了食物安全概念扩展为"食物安全的最终目标是，确保所有的人在任何时候既能买得到又能买得起他们所需要的基本食物"。这个概念包含了三个方面的内容，必须有充足的食物来生产基本食品（有效供给）；所有需要食物的人都必须有能力获得食物（有效需求）；最大限度地维护食物分配的公平。这一概念强调了不但能买得到，还要能买得起，要尤其保障贫困人群的食物安全问题，把争取食物安全的活动，延伸到了消除贫困的领域，从而形成了"家庭食物安全"的新概念。1986 年世界银行在《贫困与饥饿》报告中则提出，食物安全是"在任何时间所有的人获得满足积极、健康生活的足够食物"。1996 年 11 月召开的世界粮食首脑会议上，通过了《世界食物安全罗马宣言》和《世界粮食首脑会议行动计划》，对食物安全概念作了更加全

面的表述："食物安全是指这样一种状态，在个人、家庭、地区、国家、全球层次上，在任何时间，所有的人都有物质上和经济上的能力获得充足的、安全的和富有营养的食物，以满足为保持健康富有朝气的生活产生的对饮食的需要和对食物的偏好"。这就把食物安全和营养问题紧密联系起来，使营养安全成为食物安全的一个重要组成部分。营养安全就是"在人类的日常生活中，要有足够的、平衡的，并且含有人体发育必需的营养元素供给，以达到完善的食物安全"。这一概念的补充和完善，体现了人们不仅要求食物在数量上要足够维持人类基本生存的需要，而且对食物的质量和饮食构成提出了更高的标准与要求。"食物安全"是一个包括"国家食物安全"、"地区食物安全"、"家庭食物安全"和"食物营养安全"四个层次的完整概念，这四个层次之间的食物安全既呈递次发展，又是紧密联系的。其中"家庭食物安全"是食物安全的基本目标；"食物营养安全"是食物安全的较高层次，是食物安全的最高追求目标；而作为宏观层次的"国家食物安全"则是最基础、最重要的概念，是家庭食物安全、个人营养安全的保证，是"地区食物安全"统筹兼顾、优势互补、良性协调发展的结果。

20 世纪 90 年代以来，我国学者借鉴国际相关研究的最新成果，通过系统分析中国食物安全状况的变化，对食物安全的概念和内涵进行长时间的持续研究，对我国传统的食物安全观念不断更新。食物安全的含义应包括食物数量安全、食物质量安全、食物持续性安全等三个方面，即从数量的角度，要求人们既能买得到，又能买得起需要的基本食品；从质量的角度，要求食物的营养全面、结构合理、卫生健康；从发展的角度，要求食物的获取注重生态环境的保护和资源利用的可持续性。一些学者指出，食物安全可持续性指一个国家或地区的食物供给系统能够持续不断满足人们在食物数量、质量、结构等方面的需求变化，可概括为食物稳定供给与有效需求之间在时空维度上保持平衡，即在时间维度上，随着人口数量的增长、人们消费需求的变化，食物生产与供给在总量、结构、品质等方面能够得到保障；在空间维度上，必须消除食物生产与供应在地区之间的不平衡现象，特别要关注和满足贫困地区人们的食物消费需求。

综上，食物安全的概念是随着社会经济不断发展变化的。在不同的发展时期，不同的地区，由于自然条件、历史沿革、经济发展水平的不同，食物安全的目标也不尽相同。随着我国经济的不断发展，人民生活水平的逐步提高，现阶段国际化绿色化背景下，我国的食物安全内涵和目标应从"以粮为纲"的数量安全逐步过渡到以"优化饮食结构"的质量安全上来，并兼顾生态安全和可持续发展的目标，这对生态环境相对脆弱的西北地区来说尤为重要。

2. 西北地区食物安全的历史

我国是世界上人口最多的国家，保证食物安全，满足全国人民最基本的需要是我国社会经济发展的重要保障。西北七省（区）地域辽阔，农业生产在国民经济中占据着主导地位。但该地区受自然环境和气候条件的限制与约束，经济增速相对缓慢，人民生活水平比较贫困。在历史上该地区粮食产量长期在低水平徘徊，难以满足本地区人民的生活需要，食物安全问题尤为突出和严重，经常出现逃荒和乞讨现象。历史上曾经发生的毁林开荒、毁草种粮等掠夺性开发资源的事件导致草原沙化、植被破坏、水土流失、环境污染等问题，对西北七省（区）农业的后续发展构成了极大的威胁，无地少地的农民与区域通常都会存在粮食生产不安全的问题。针对西北地区生态环境脆弱，如何兼顾农业发展与生态保护的难题，早在 1935 年我国的农业教育家、农业科学家邓植仪教授在《发展我国西北农业之管见》一文中就西北干旱地区的畜牧、肥料、栽培、牧草、植被等方面提出了独到见解。他指出"西北缺乏肥料，输入又难，对维持地力而垂农业之永久，可从畜产之粪肥与绿肥设法，黄土高地，生长牧草，徐徐增高其土地之有机质及保蓄水量，然后进行造林，比较有把握。且牧草利于畜牧，其利当年可见"。遗憾的是受传统耕作方法的影响，加之过去片面强调 "以粮为纲"的食物安全理念，使得我国西北地区的农业经营单一、效益低下，食物不安全问题一直是威胁该地区经济社会发展的重要制约因素。

新中国成立后尤其改革开放之后，由于社会生产关系的改善、社会生产力的提高以及农业科学技术的发展，西北地区农业生产取得了巨大成就。在以粮为本的观念主导下，各级政府投入大量生产要素用于以粮食为代表的食物生产，并且把实现粮食安全列为地区经济发展的核心政策目标之一。西北地区粮食产量有了大幅度提高，总产量由 1950 年的1276.21 万 t 增加到1999 年的4565.11 万 t，增加了约3300 万 t，年均增长率为 2.64%，但人均粮食产量仍低于同期全国平均水平，并且区域内各省（区）粮食供求状况仍不平衡，例如，历年来山西粮食总需求一直高于粮食总供给，而青海、宁夏、新疆和内蒙古则呈现相反的态势，粮食总供给高于粮食总需求。肉类产量在新中国成立初期仅有部分省（区）有统计数据，1950 年陕西和新疆的肉类产量仅为 6.13 万 t，1999 年西北七省（区）肉类总产量增加到397.21 万 t。虽然七省（区）肉类生产保持持续增长，但人均水平仍低于全国同期，1999 年人均肉类产量为 29.63kg，仅为全国同期人均水平 47.97kg 的61.77%。奶产品产量在新中国成立初期并无详细统计资料，在有完整统计资料的 1980～1999 年，七省（区）奶产量从 39.02 万 t 增加到247.59 万 t，增幅高达 208.57 万 t，相对于基础年份增加了 534.52%，人均奶产品远高于全国 1999 年 6.4kg 的平均水平，是其 3 倍左右。禽蛋产量在新中国成立初期统计资料并不完整，只有个别省份个别年份有统计数据，禽蛋产量从有完整统计资料的 1982 年的 20.31 万 t，增加到1999 年的 121.83 万 t；人均禽蛋产量 1999 年为 8.90kg，仅为全国同期的 52.38%。蔬菜产量从有完整统计资料的 1990 年的 1376.78 万 t 到1999 年的 2541.29 万 t，10 年中增加了 84.58%。

从上述数据来看，新中国成立以来，西北七省（区）食物安全虽然在纵向时间维度上取得巨大进步，但是在横向空间维度上与全国平均水平相比，仅奶制品的总产量和人均产量有优势，其他方面差距较大，劣势仍然比较明显。

（二）西北地区食物安全的社会经济发展现状

1. 西北地区自然资源基本状况

西北七省（区）（不包括内蒙古东四盟）地域辽阔，地貌类型多样，自然条件复杂，资源丰富。东起毛乌素沙漠，西至帕米尔高原，北至国境线，跨越整个黄土高原，南接关中平原、秦陇山地和青海高原，境内沙地、沙漠、戈壁广布，又有高山峡谷、森林、草原、荒漠、湖盆、平原交错，地形十分复杂；境内气候类型多样，日照长、降水少、干旱风大为其基本特征，农林牧业发展步履艰难。西北地区是我国平均海拔最高的区域之一，地貌条件相对复杂，总体上可概括为三大片，农区、牧区、山区；七大块，塔克拉玛干大沙漠、库木塔克沙漠、古尔班通古特沙漠、巴丹吉林沙漠、腾格里沙漠、乌兰布和沙漠、毛乌素沙漠；五大长龙，黄河、阿尔泰山、天山、昆仑山、祁连山。

　　西北七省（区）在地形地貌上有如下主要特点：第一，地势高，落差大。我国的主要高山和高原都集中在西北地区，主要山脉有昆仑山、天山、祁连山、阿尔泰山等；主要高原有青藏高原、黄土高原等；夹在高原和山地之间的盆地主要有柴达木盆地、塔里木盆地和准噶尔盆地。第二，总体西高东低、南高北低。西北总体上与全国一样，存在着西高东低的状况，主要高大山脉都集中在青海与新疆，地形十分复杂。

　　就气候条件而言，西北地区从南到北，自东向西既有亚热带湿润半湿润气候、暖温带半湿润气候、暖温带干旱半干旱气候类型，又有高原气候、干旱及半干旱荒漠气候类型，除青藏高原外，其整体气候特征为干旱、寒冷、风大、光照资源丰富。西北地区东部的山西的气候主要为温带大陆性季风气候，四季分明，干旱少雨，雨热同步，冬夏气温差异悬殊，昼夜温差较大。山西境内，各地年平均气温之差在8℃左右，区间为4.2～14.2℃。各地年降水量的区间为328～621mm。降水季节差异明显，分布不均，夏季降水相对集中，约占全年降水量的60%，且省内降水分布受地形影响较大。陕西处于我国东南湿润区向西北干旱区的过渡地带，属大陆性季风气候，从南到北形成陕南北亚热带湿润半湿润气候、关中暖温带半湿润气候和陕北暖温带干旱半干旱气候三种不同的气候类型。汉中盆地年平均气温一般为14～15.7℃，关中12～13.6℃，陕北8.5～12℃；陕北黄土高原年平均降水量300～450mm，关中盆地500～600mm，秦巴山地800～1000mm，降水量的时空分布极不均匀，多集中在7～9月，占全年降水量的50%～65%；区内多年平均蒸发量800～1600mm。甘肃深居内陆，海拔较高，境内地貌变化复杂，气候干旱寒冷，降水较少且分布极不平衡，日照时间较长。由于甘肃深处内陆，其降水量由东南向西北递减，且降水量的季节分配变化很大，夏秋两季降水量占全年降水量的75%以上。就总降水量而言，分布极不均匀，位于甘肃东南部的康县南部，年平均降水量可以达900mm左右，而在甘肃中部的景泰县一带，降水量却只有186mm；季风难以到达的河西走廊最西端的安西、敦煌一带，年平均降水量仅有40mm左右。位于陕西、甘肃北部的宁夏地处内陆，远距海洋，由于东南季风受地形阻隔，而北方的干冷空气经蒙古高原可以长驱直入，故属典型的大陆性气候，区内南北气候差异悬殊。总体而言，南部湿润北部干旱，冬季寒冷且漫长，夏季酷热且干燥少雨、日照充足、蒸发强烈，风大沙多，无霜期短。宁夏是我国气温日较差最大的地区之一，平均日较差为11.5～14℃，有利于有机物质的积累。宁夏降水的分布特点为：自南而北降水量逐渐减少，如南部山区降水400～800mm，中部同心地区300～400mm，六盘山、贺兰山、罗山由于地形影响，雨量较多。宁夏降水集中在夏季和初秋（6～9月），占全年降水量的50%～73%。青海气候寒冷，干旱多风，为典型的大陆性气候。东部的湟水、黄河谷地是全省的暖区，年平均气温-3～8.6℃，年降水量264～592mm；黄河、长江源头属高原冷湿亚区，年平均气温-14.9～2.7℃，年降水量264.8～537mm；柴达木盆地属温带荒漠性气候，年平均气温1.1～4.2℃，年降水量17.6～179.1mm。该地由于地形、气候条件复杂，自然灾害严重。新疆地处欧亚大陆腹部，气候受温带天气系统和北冰洋系统以及副热带天气系统的影响，远距海洋，形成大陆性气候。光热资源丰富，但热量不稳定。中部的天山阻挡了西北方向的冷湿气流，形成北疆中温干旱荒漠、半荒漠和南疆暖湿干旱荒漠气候。新疆光热资源极为丰富，太阳年总辐射 130～156kcal/(cm²·a)。北疆山地年降水量为 400～800mm，集中分布在中山森林带至亚高山带，盆地边缘 150～200mm，盆地中心为 100mm 左右；南疆山地为 250～500mm，年降水量达到 400mm 的地区面积小又很分散；南疆盆地降水量极为稀少。无论平原还是山地，其蒸发量都远远大于降水量，这是形成新疆干旱气候的重要因素之一。

西北地区水资源匮乏，水资源总量只有 2729.7 亿 m³，仅占全国水资源总量的 10% 左右。区域内部水资源分布也极不均匀。其中，山西水资源总量为 111 亿 m³，人均水资源为 305.1m³。内蒙古水资源总量为 537.8 亿 m³，人均水资源为 2149.9m³。陕西全省水资源总量为 351.6 亿 m³，人均水资源 932.8m³，地下水资源 124.1 亿 m³；全省多年平均河川径流量为 420 亿 m³，但分布极为不均，南多北少，长江、黄河流域分别为 312 亿 m³ 和 108 亿 m³；地下水因受气候、地形地貌、地质等因素影响而分布不均，关中水量丰富，陕北水量匮乏，陕南除汉中、安康等小盆地地下水丰富外，广大山区较为匮乏。甘肃全省水资源总量为 198.4 亿 m³，人均水资源 767m³，地下水资源 12.6 亿 m³。宁夏全区水资源总量为 10.1 亿 m³，人均水资源 153m³，地下水资源 21.3 亿 m³。总体而言，宁夏水资源不足，尤其是南部干旱和半干旱区，常有旱灾发生，是限制农业发展的因素。青海全省水资源总量为 793.9 亿 m³，人均水资源 13 675.5m³，地下水资源 349.4 亿 m³，是西北七省（区）水资源最为丰富的省份。新疆全区水资源总量为 754.29 亿 m³，人均水资源 3186.9m³，地下水资源 470.47 亿 m³。

西北七省（区）地域辽阔。山西省土地面积约为 1567 万 hm²，耕地面积 406.2 万 hm²，占土地面积的 25.90%。耕地以旱地为主，而旱地中又以坡耕地为主。2012 年，山西省旱地面积达 386.1 万 hm²，占全省总耕地面积的近 95.13%。山西省坡耕地面积达 166.6 万 hm²，占到全省旱地总面积的 43.66%。林地面积 765.55 万 hm²；牧草地 84.31 万 hm²，占土地总面积的 5.4%；园地 15.81 万 hm²，占土地总面积的 1.0%。内蒙古自治区土地总面积 11 830 万 hm²（不包括东四盟）。其中耕地面积 923.8 万 hm²；园地面积 5.67 万 hm²；牧草地面积 4954.75 万 hm²。陕西省土地总面积 2056 万 hm²，其中耕地面积 398.55 万 hm²，占总土地面积的 19.38%；林业用地 1121.08 万 hm²，占总土地面积的 54.53%；园地 83.88 万 hm²，占总土地面积的 4.08%；牧草地 287.82 万 hm²，占总土地面积的 14.0%；非农用地 165.47 万 hm²；水面面积 58 万 hm²，占总土地面积的 2.82%。甘肃省土地总面积 4258 万 hm²，其中耕地面积 537.4 万 hm²，占土地总面积的 12.62%；林地面积 1042.65 万 hm²，占土地总面积的 24.49%；牧草地面积 592.1 万 hm²，占土地总面积的 13.91%；园地面积 25.71 万 hm²，占土地总面积的 0.6%。宁夏回族自治区土地总面积 664 万 hm²，其中耕地面积 129.01 万 hm²，占土地总面积的 19.43%；林地面积 180.10 万 hm²，占土地总面积的 27.12%；园地面积 5.04 万 hm²，占土地总面积的 0.76%；牧草地面积 149.4 万 hm²，占土地总面积的 22.5%。青海省土地总面积 7223 万 hm²，其中耕地面积 58.84 万 hm²，占总土地面积的 0.81%；林业用地 354.15 万 hm²，占总土地面积的 4.9%；牧草地 4081.21 万 hm²，占总土地面积的 56.5%，其中 95% 以上为天然草地，可利用面积 3866.67 万 hm²，分为 9 个草地类；园地面积 0.61 万 hm²；建设用地面积 33.99 万 hm²，占全省土地面积的 0.47%；未利用地面积 2421.99 万 hm²，占全省土地面积的 33.53%。新疆维吾尔自治区土地总面积 16600 万 hm²。其中耕地面积 518.89 万 hm²，占总面积的 3.12%；林业用地 1099.7 万 hm²，占总面积的 6.61%；园地 62.29 万 hm²，占总面积的 0.37%；牧草地 3573.26 万 hm²，占总面积的 21.46%。从西北地区的耕地组成来看，坡耕地面积比例大，尤其是陕西、甘肃、青海、宁夏四省（区）。

2. 西北地区经济与社会发展现状

（1）西北地区人口状况

山西省下辖 11 个地级市，23 个市辖区、11 个县级市、85 个县（合计 119 个县级行政区划单位）。截至 2014 年底，全省总人口 3522.18 万人，其中农业人口 2329.46 万人，占总人口的 66.14%，城镇人口比例 53.79%。当年人口出生率 10.92‰，死亡率 5.93‰，自然增长率 4.99‰。全省平均每平方千米 225 人，平均每平方千米农业人口 149 人。

内蒙古自治区下辖 9 个地级市、3 个盟（合计 12 个地级行政区划单位），23 个市辖区、11 个县级市、17 个县、49 个旗、3 个自治旗（合计 103 个县级行政区划单位）。截至 2014 年底，全区总人口 2458.33 万人，其中农业人口 1441.68 万人，占总人口的 58.64%，牧业人口 169.1 万，城镇人口比例 60.30%。当年人口出生率 9.31‰，死亡率 5.75‰，自然增长率 3.56‰。全区平均每平方千米 21 人，平均每平方千米农业人口 12 人。

陕西省下辖 10 个地级市和杨凌农业高新技术产业示范区，共计 107 个县（市、区）。截至 2014 年底，全省总人口 3940.59 万人，其中农业人口 2421.08 万人，占总人口的 61.44%，城镇人口比例 53.92%。当年人口出生率 10.13‰，死亡率 6.26‰，自然增长率 3.87‰。全省平均每平方千米 192 人，平均每平方千米农业人口 118 人。人口密度在地域上分布不均，南北低，中间高。

甘肃省下辖 12 个地级市，临夏州、甘南州 2 个自治州，合计 86 个县（市、区）。2014 年底，全省总人口 2734.33 万人，其中农业人口 1792.85 万人，占总人口的 65.57%。全省平均每平方千米 64 人，平均每平方千米农业人口 46 人，农业人口人均土地 40 亩。当年人口出生率 12.21‰，死亡率 6.11‰，自然增长率 6.1‰。黄河、长江流域人口密度高，内陆河流域低。

青海省下辖 2 个地级市、6 个自治州（合计 8 个地级行政单位），6 个市辖区、3 个县级市、27 个县、7 个自治县（合计 43 个县级行政单位）。2014 年，全省总人口 580.16 万人，农业人口 301.9 万人，占全省总人口的 52.04%，牧业人口 152.1 万，城镇人口占 49.78%。当年人口出生率 14.67‰，死亡率 6.18‰，自然增长率 8.49‰。全省平均每平方千米 8.04 人。

宁夏回族自治区下辖 5 个地级市，9 个市辖区、2 个县级市、11 个县（合计 22 个县级行政区划单位）。2014 年，全区总人口 671.56 万人，其中农业人口 402.67 万，占总人口的 59.96%，牧业人口 70.3 万，占总人口的 10.47%。全区平均每平方千米 102 人，平均每平方千米农业人口 61 人。当年人口出生率 13.1‰，死亡率 4.53‰，自然增长率 8.57‰。

新疆维吾尔自治区下辖 4 个地级市、5 个地区、5 个自治州（合计 14 个地级行政单位），13 个市辖区、26 个县级市、61 个县、6 个自治县（合计 106 个县级行政单位）。

2014 年，全区总人口 2322.55 万人，其中农业人口 1342.84 万，占总人口的 57.82%，牧业人口 34.3 万人，城镇人口比例 46.07%。全区每平方千米 13.95 人，平均每平方千米农业人口 8.06 人。当年人口出生率 16.44‰，死亡率 4.97‰，自然增长率 11.47‰。

除山西、陕西和内蒙古外，西北其余四省（区）人口自然增长率均高于全国平均水平 5.21%，过高的人口增长率，使得区域内人口压力不断升高，该地区近年来经济活动的规模和强度处于发展时期，人口素质及质量又处于较低水平。在今后一个时期，上述因素决定了西北地区人类活动强度将不断增大，这将给本身就已经很脆弱的生态系统的恢复带来很多负面连锁效应。人口压力对该地区的食物也提出了较高需求，能否在不对生态环境造成较大压力的前提下，满足新增人口的食物需求是今后该地区食物安全战略应着重考虑的问题。控制该区人口，减轻人口压力，提高人口素质将成为今后一个时期西北发展中的一项重要任务。

（2）西北地区农牧业产业结构状况

西北地区地处农、林、牧交错带和过渡带，长期以来，不适当的毁林、毁草开荒发展种植业，形成了以粮为主的单一生产结构，重视农业而忽视林牧业，在农业内部又以种植粮食为主，高价值、高附加值经济作物及畜牧业比例偏小，导致整体农业产业效率差，如黄土高原粮食作物占农作物播种面积的 80% 以上，经济作物比例仅为 10%，是全国粮食作物比例最高而经济作物比例最低的地区之一；由于生产条件和经营水平差异，即使在种植业结构基本相似的情况下，经济效益相差悬殊，形成了明显的同构异效现象，并且差距逐渐拉大。1997 年种植业收入东部为 16 711.49 元/hm^2，西北为 5741.24 元/hm^2；而 2010 年则分别为 41 504.83 元/hm^2、10 431.2 元/hm^2，二者差距拉大了 1.8 倍左右，与 2010 年全国平均水平相比西部种植业收入仅为全国平均值的 50.62%。2010 年农村经济总收入占比中，出售农产品收入东部地区占 64.22%，而西部仅为 43.89%；乡镇办企业收入东部为 28.06%，而西部七省（区）仅为 10.66%。

西北地区市场经济发展缓慢。西北地区由于地形、土地生产力和干旱等因素的限制，人均粮食产量一直较低，直到 2012 年人均粮食产量才达到联合国关于粮食安全的标准（400kg），为 425kg，低于全国平均水平。历史上该地区粮食长期短缺导致大面积陡坡垦殖，陷入"越贫越垦、越垦越贫、地瘠民贫"的"怪圈"。除少数平原、绿洲和盆地外，很大一部分地区生产水平低下。并且，滥伐森林，草地超载，不合理使用生物能源，从而导致水土流失、土地荒漠化等一系列生态灾难，所有这些均与不合理的农业生产结构尤其是不适宜的种植制度密切相关。

3. 西北地区食物安全的主要影响因素

气候条件和水资源的限制。西北地区作为全球气候变化敏感区和生态环境脆弱区，农业受气候的影响更加显著，食品的安全性更加脆弱。气候因素不仅威胁西北地区粮食生产安全，也关系到其食品安全。受地理条件限制，西北七省（区）大部分处于我国干旱和半干旱地区，而主要影响我国降水量的温带季风气候和亚热带季风气候对地处内陆的西北地区影响有限，导致西北七省（区）大部分地区干旱少雨，气候干燥。这样的气候条件使得可种植的农作物品种受限，并制约着粮食生产周期和食物储备计划。总体来看，水资源在西北地区分布不均，青海、甘肃、宁夏、陕西、山西、新疆和内蒙古地表水资源较少，分布也不均匀。即使是大部分处于黄河流域的陕西和山西也属于缺水区，黄土高原北部既缺地表水又缺地下水，人畜饮水困难，是严重缺水地区。该地区降水量少，且地域和时空分布极不均，因此几乎年年都有旱情和涝灾发生。这对粮食生产的稳定发展极为不利，水资源分布不均匀甚至匮乏成为危及西北地区粮食安全的关键因素。

土地资源的限制。土地资源作为粮食生产最关键的要素之一，是关系食物生产安全的关键所在，该地区的土地资源结构对粮食生产安全构成了较大的威胁。从西北地区的耕地组成来看，坡耕地面积比例大，尤其是陕西、甘肃、青海、宁夏四省（区），如陕西省大于25°坡耕地占全省耕地面积的28.1%；青海省25°以上的耕地面积占总耕地面积的3.96%，15°～25°坡耕地占7.65%。第二次全国土地调查数据显示，西部地区25°以上的坡耕地面积约449.4万 hm^2，占全国的比例达到79.9%。陡坡地耕种是导致水土流失、生态环境恶化、影响粮食作物产量的主要原因。另外，西北地区的耕地组成中，一、二等地所占比例远低于全国平均水平，中低产田构成耕地的主体，土地肥力和土地生产力低下。复杂的地形地貌不利于大型农业机械的推广。

劳动力资源的限制。由于历史原因和地理条件的限制，西北地区分布着较多的少数民族人口，农村人口增长较快且文化程度普遍偏低。2012年西北七省（区）平均人口自然增长率为6.64‰，比全国人口增长率高约1.7个百分点。从农村劳动力人口受教育程度来看，大部分农村劳动力人口集中于初中文化水平，约占48.12%，而高中及以上文化水平的人口则只占8.84%，均低于全国平均水平。并且西北七省（区）内部人口增长速度和受教育程度也有较大结构性差异。其中内蒙古、陕西和山西人口自然增长率低于全国水平，分别为3.65‰、3.88‰和4.87‰，而甘肃、青海、宁夏和新疆人口增速较快，分别为6.06‰、8.24‰、8.93‰和10.84‰。该地区有限的耕地资源和相对脆弱的生态环境难以承载过快的人口增长。农村人口数量增长过快且人口素质相对较低，已成为区域农业可持续发展的重要障碍。农村劳动力素质不高、缺乏市场化运作及规范化管理使得出现劳动力盲目自发流动、大量青壮年劳动力外流等问题，使粮食生产的关键人力要素受到影响。西部人力资源供给和需求难以均衡的主要原因是缺少人力资源高效配置的制度约束。表现为激励机制的不完善，使人力资源的贡献率与收入水平的比例分配相脱离。由于农业生产收入长期处于较低水平，因此大量青壮年劳动力不愿进入农牧业，选择去东南沿海经济发达地区打工，造成西部人力资源"孔雀东南飞"的外逸现象。西部人力资源供给的外逸现象表明西部人力资源的供给与需求是失衡的。所造成的结果一方面就是人力资源的外逸，尤其是高技能、高才智人才的外逸；另一方面却是经济发展与增长所需要的人力资本的严重不足，成为西部经济发展与经济增长的长期主要的制约因素。

农业科技与农机的限制。科学技术是实现农业可持续发展和食物安全目标的关键因素。美国著名的经济学家、诺贝尔经济学奖获得者舒尔茨曾指出，改造传统农业的根本出路，在于引进技术、人力资本等新的生产要素，给沉寂的传统农业注入活水，让它顺畅地流动起来。科学技术的进步是现代农业发展的不竭动力，利用不断出现的技术革新成果，将高技术、新知识推广应用到农业生产实践中，促进农业结构调整，提高农业生产率，完成从传统农业到现代农业的转变。要想尽早实现农业现代化，就必须走以科技带动农业发展的道路，利用现有的科研资源，加大投入、完善政策。然而与东部地区相比，西北七省（区）在农业科技方面的限制因素仍然比较明显。2010 年西北七省（区）农业综合开发新增农机总动力达到 59 456.6kW，但只占全国当年农业综合开发新增总动力的 13.79%。农业机械的使用相较以往有了较快增长，但是与全国相比仍处于较低水平。与全国相比较，单位面积的投入水平仍较低。农业机械作业水平低，良种更新换代慢，农业高新技术推广应用较为缓慢，许多地区仍未摆脱靠农作物收成（靠天）吃饭的状况。与东部相比，由于历史和地理条件限制，该地区经济相对落后，农业生产仍以粗放式生产为主，生产力低下，生产方式落后。

传统思想观念和资金的限制。受历史原因等多种因素影响，西北地区的传统农耕思想根深蒂固，在经营理念上存在许多束缚农业生产力发展的思想观念，制约着农业产业结构的有效调整。从政府层面讲，虽然各级政府都确定了粮食生产和发展特色产业的目标任务，但在具体管理过程中，一些主管部门和基层干部仍然不能摆脱以粮为主，尤其是以口粮为主的僵化思想。自西部大开发政策实施以来，国家为西北七省（区）投入了大量扶贫资金，省各级财政也投入了大量农业发展资金，但是与投入城市的资金相比、与农业生产和农村基础设施建设的实际需求相比差距仍然很大。

（三）西北地区食物安全的社会经济发展经验借鉴

1. 以色列

（1）以色列农业发展的自然资源条件和社会经济条件

以色列位于亚洲大陆的西部，它西临地中海，南通亚喀巴港，东南通红海。从土地资源来看，以色列北部为黎巴嫩，东北与叙利亚接壤，东邻约旦，西南与埃及交界，地形狭长，北起戈兰高地，南至红海之滨的埃拉特港，全长 470km。以色列的国土面积为 2.22 万 km²，与北京市和天津市相当。以色列 60% 以上的土地为沙漠和山地，平原和峡谷只占 25% 左右。耕地面积约占国土面积的 23.2%，约为 51.4 万 hm²，人均耕地面积仅为 0.86 亩，约为我国人均耕地面积的一半。大部分耕地为风积、冲积性沙质土。占国土面积 50% 以上的内盖夫地区虽然面积广大，但为半沙漠地区，尚未形成农业土壤。从气候条件看，以色列属干旱半干旱气候类型，严苛的气候条件导致该国降水量稀少且在时间和空间上分布严重不均。从时间上看，以色列大部分地区是典型的地中海气候，降水量集中在 12 月至来年 2 月这三个月，雨热不同期，不能与丰富的温、光资源有机结合成为气候资源优势。从空间上看，以色列的降雨量从北到南递减，北部地区年降雨量为 700～800mm，中部为 400～600mm，南部内盖夫沙漠地区年均降雨量仅为 25～40mm。以色列的地表水资源大部分来自约旦河、加利利海和一些小溪流，多年平均径流量为 20.45 亿 m³，人均年径流量 403m³，仅为我国的 18%。而地下水水量十分有限并埋藏过深，一些地方在千米之下，且大部分为难以直接利用的微咸水。

以色列人口密度大但农业劳动力不足。目前，以色列的人口约为 742 万，人口密度高达每平方米近 267 人，并且随着人口的不断增加，这一数字还有增大的趋势。但以色列的农业人口近年来却在不断减少，约为 60 万人，只占到全社会劳动力总数的 8.18%。目前，以色列已从泰国等国引进劳动力从事常规农业生产，并在农业生产的几乎各个环节都使用了农业机械。区域局势动荡不安，给农业和社会经济带来的危机随时有可能爆发。中东是世界上最为动荡的地区之一，特殊的政治和地域环境使以色列成为一个在战火中诞生，并在建国后也长期与邻国处在战争状态的国家。这给以色列社会发展造成极大损失，严重威胁着以色列的农业生产和食物安全保障。

（2）以色列食物安全现状

以色列耕地面积约为 51.4 万 hm²，约占国土总面积的 23.2%。人口约 742 万，农业人口 60.7 万人，农业劳动力约 5.5 万人。主要农作物有小麦、玉米、棉花、柑橘、葡萄、蔬菜和花卉等。以色列近年来产量较高的作物是马铃薯和小麦，产量分别为 6 211 016t 和 122 024t；畜产品中产量较高的包括牛奶、鸡产品和羊奶，产量分别为 135.58 万 t、185 000 万只和 16 540t。以色列很多农产品单产已居世界前列：番茄产量 300t/hm²，甜椒产量 110t/hm²，籽棉产量 5.6t/hm²，每头奶牛年产 10 200L 牛奶。以色列农作物不仅可以自给还能出口创汇，以色列农产品的出口额在过去的 50 年中翻了 12 倍之多，其中大部分销往欧洲，其中果品出口量占农产品出口总量的 10.7%。

以色列周边局势动荡、国土狭小、人口密度大，自然条件恶劣、水资源缺乏，土地沙化、盐碱化，但经过 50 多年的发展拥有高度发达的农业，尤其在水资源的管理和利用方面取得了令人瞩目的成就。自从 1948 年建国后，以色列政府一是扩大耕地面积，利用新移民优势开垦荒地、改造沼泽，改良了盐碱地，把不毛之地变为绿洲，使全国耕地面积由 16.5 万 hm² 增加到 51.4 万 hm²；二是兴修全国水利运输系统，经过 15 年的不懈努力终于建立起了一个巨大的水利运输系统，使分布不均的水资源得到了更好的分配，这一系统的建成为以后以色列农业的发展做出了巨大贡献；三是大力发展废水再利用和节水农业，利用喷灌、滴灌和科学的灌溉管理系统提高水资源的利用效率。以色列建国后仅用 30 多年的时间，在保持水资源供应不变的基础上使本国农业总产出增长了 16 倍，与发达国家同期实现了农业现代化，一个农民生产的产品可以养活 134.9 人，实现了食物安全的目标。

（3）以色列农业发展的经验

政府政策引导。以色列在发展农业的自然资源限制中最大的劣势就是水资源匮乏，这极不利于农业发展。要解决这一重大问题单靠个人力量难以完成，所以以色列政府在解决这一问题上给予了极大的政策扶持。首先通过立法《以色列水法》将水资源国有化，为以后水利工程的建设奠定了法律基础。以色列政府在水资源国有化的基础上对全国水资源进行了统一调配，通过水利运输系统实现"北水南调"。综合设立"水费调节费"，在全国范围内兴修水利设施就有了资金支持。同时还能调节北部和中部、南部的水费差别，使全国农业均衡发展。除了解决水资源问题外，以色列在国家宏观政策上对本国的农业进行了支持和倾斜。以色列在建国初期就十分重视农业的发展，由于地理环境恶劣，粮食供给严重不足，因此在这一阶段国家把"大力兴农，实现自给自足"作为一项基本国策。国家的农业部每年对全国的农业做出总体部署，对国家的农业进行宏观指导。在市场预测、农业政策、农业规划和对全国农业的区域部署方面都做了很大的努力。最终不仅实现了粮食自给自足，还形成了以花卉、果品、蔬菜等园艺产品为主的出口创汇型农业结构。

依托先进的农业科技。农业资源的有限，迫使以色列早早就将本国农业定位在了一条以高科技为核心推动力的发展道路上，希望能够以此为手段缓解恶劣的自然环境对农业发展的不良影响。为了实现高科技农业发展道路的目标，以色列政府始终不遗余力地在财政上对农业科技创新予以大力支持，每年国内生产总值的 4%都被用于农业研发方面。以色列国内几乎所有的重点大学都有农业方面的研发项目，为高科技农业的发展创造了良好的技术支持氛围。目前，以色列技术进步对农业增长的贡献率已排在世界第一位，高达 96%。为了解决发展农业水资源不足这一问题，以色列发明了滴水灌溉技术。以色列在节水灌溉技术再生水与微咸水利用、海水淡化技术、人工雨水集蓄利用技术、农业抗旱品种选育等多个方面处于世界领先地位，并通过兴建全国灌溉输水配水网、污水和废水再利用、推广先进的节水灌溉技术，突破了自然资源限制，推动了农业现代化发展。所研制出的喷灌、滴灌等节水灌溉技术与设备，不仅可以有效利用每一滴水，并且易于与病虫害的防治结合起来，更有利于提高农业生产的自动化水平。

重视农业教育，培养高素质的农业人口。以色列的现代化农业与它一流的农业教育是密不可分的。以色列始终将人才和科技创新作为国家发展的关键，所以在人才的教育和培养上投入力度较大。以色列的农业教育分为多个层次，包括大学农业教育、农民的农业教育、农业职业教育以及普及全国的农业刊物教育。

2. 澳大利亚

（1）澳大利亚农业发展的自然资源条件和社会经济条件

澳大利亚位于南纬 10°41′～43°39′，东经 113°9′～153°39′，太平洋西南部与印度洋之间，四面临海。全国总面积 769 万 km²，是世界第六大领土大国。澳大利亚全年气候较温暖，除个别地区，大部分无严寒的冬季，北部常年平均为 27℃，南部常年平均为 14℃。全国年平均降雨量仅为 470mm，占国土面积 35%的是沙漠和半沙漠地区。澳大利亚地广人稀，农业用地近 400 万 km²，占国土面积的一半以上。其中天然草场面积达 3.4 亿 hm²，占比 85%；用于农作物生产的仅占 8%，约为 3200 万 hm²。位于澳大利亚东部、南北走向的大分水岭阻挡了东部暖湿气流西移，将全国大致分为 3 个区域：东部农业区，降水比较充沛，适于发展种植业和奶牛业；中部平原旱作农业区，年降水量 400～600mm，是湿润气候到半干旱气候的过渡带，以旱作农业为主，大多经营小麦和畜牧业；西部高原沙漠和半沙漠区，气候干燥、植被稀少，年降水量 200～400mm，中部沙漠地区甚至在 200mm 以下，以畜牧业为主。

澳大利亚人口相对较少，截至 2014 年 6 月，据澳大利亚统计局估计数据，全国人口为 2377 万人，农业人口 245.4 万人，农业劳动力 46 万人，农业人口占总人口的 10.32%。人均农牧业用地为 25hm²，人均林地占有量为 7.8hm²，人均耕地占有量为 2.4hm²，前两者分别约是中国的 4 倍和 23 倍。但澳大利亚绝大部分农地土层瘠薄、养分稀少、存水困难、盐碱化和酸化比较严重。农业是澳大利亚劳动力就业和出口创汇的关键行业。澳大利亚农业、林业和渔业的生产总值占 GDP 的 3.0%，如果加上食品、纤维加工和农业服务产业，广义农业在 GDP 总量中所占比例达到 12%，对 GDP 贡献的绝对数持续上升。农业对澳大利亚全国总就业的贡献可达 14%左右。

（2）澳大利亚食物安全现状

澳大利亚的农业主体是种植业和畜牧业，经济作物主要有棉花、甘蔗、亚热带果品，粮食作物主要是小麦、大麦，畜养品种主要是牛、羊。畜牧业是澳大利亚的优势产业，牛、羊产业规模很大，该国被称为"骑在羊背上的国家"，绵羊存栏量位居世界首位。近60年来，澳大利亚农业结构逐步由原来的以畜牧业占绝对比例演变为农牧业大致平衡的状态，种植业和畜牧业产值之比由20世纪中期的30∶70，变为90年代的50∶50，自1993年起种植业产值首次超过畜牧业，到2013/2014年度进一步演变为55∶45。

由于澳大利亚地广人稀，农民人均经营土地规模巨大，加上注重利用先进技术和推进农业机械化，澳大利亚农业劳动生产率很高。2013/2014年度澳大利亚平均每个农民生产粮食207t，肉类6.5t，饲养牛150头、羊380只，创造的农业产值高达26.8万澳元，农业劳动生产率处于世界领先水平。近20年来，澳大利亚农业劳动生产率一直处于快速增长状态，农业劳动生产率年均增长4%，比国民经济全行业劳动生产率年均增速2%高1倍。2013年，澳大利亚产量较高的作物包括马铃薯、西红柿，产量分别为112.8万t、30 171.9t；产量最高的畜产品包括牛奶、鸡产品和牛肉，产量分别为910.1万t、342 055.7万只和212.83万t。澳大利亚谷物产量约占全世界总产量的1.54%；猪、牛、羊肉产量约占世界的1.81%。澳大利亚农业内部结构主要包括作物种植和畜牧业两大部分。主要农产品小麦产量的80%用于出口，15%作为粮食直接消费，5%作为饲料。近四年小麦平均单产为每公顷1.89t，玉米每公顷6.05t，大豆每公顷2.03t。澳大利亚是粮食出口国，农产品除了能满足本国需求之外，大多用来出口。2011/2012年度，农产品出口总值为393亿美元，小麦、牛肉、棉花和羊毛是位列前四位的农产品出口商品。食品净出口约达190亿美元，其中谷物和油籽（约合110亿美元）、肉类（约合72亿美元）和乳制品（约合23亿美元）位列食品出口的前三位。

（3）澳大利亚农业发展的经验

较完善的农业风险管理机制。澳大利亚农业所面临的风险主要来自于三个方面。一是农业气候条件，影响澳大利亚农业的关键自然因素是农作物生长季节的降雨量。每年降雨量的不同，导致集水区和地下灌溉用水的供应是有限的，并且充满变数。二是市场风险，澳大利亚多数的农产品出口到国际市场，出口价格的风险主要来自国际价格和汇率。三是农场类型风险，小型农场更难以抵抗气候变动和国际市场价格变动造成的影响。澳大利亚的风险管理系统基于农民自力更生和政府在特殊情况下提供支持的风险管理的原则。大多数的政府项目是通过培训和税收优惠帮助农民应对气候变化，以保持其现金储备以及科研和开发。另外，特殊情况项目是在农场遭受特殊情况下给予农民一定的支持。近年来，这个项目资格标准已被放宽，所以支出有所增加。根据农业风险造成的损失大小不同，澳大利亚有三种主要的风险管理策略。一是农户的风险自留策略，政府采取税收政策帮助农民抵御风险，澳大利亚政府提供税收优惠政策，旨在保留一定的现金储备。农场管理储蓄计划（farm management deposits scheme，FMDS），为农民12个月以上的存款提供免税政策，存款至多不能超过40万澳元。而且对那些被宣布为异常情况区域的符合条件的农场主提供12个月的免税优惠。二是农户采用金融工具进行风险转移，农民可以使用一些风险市场工具来规避他们所面临的风险，如作物保险、牲畜保险、资产和第三者责任险等。三是巨灾风险管理政策。大多数澳大利亚政府所实施的风险管理措施都集中于管理巨灾风险：自然灾害和动植物病害。此外，澳大利亚政府还有两个主要与天气有关的风险管理的政策框架：国家救灾和恢复安排（natural disaster relief and recovery arrangement，NDRRA）与国家干旱政策（national drought policy，NDP）。

农业区域化、规模化和机械化程度较高。澳大利亚农业生产呈现明显的区域化布局特点。澳大利亚根据降水、气温、地形地貌和土壤情况，鼓励农业生产向优势区域集中，农业生产呈现明显的区域化布局特点，规模化、大农场化。与大中型农场相比，小型农场不仅承受风险的能力较低，而且生产成本较高，进而经济效益低下，不能获得规模效益。因此，澳大利亚政府为了提高农业生产效率、实现规模经济，采取财政补贴、减免税收及贷款优惠等措施，鼓励经济效益低、前景不佳的小农场主放弃土地。澳大利亚农场经营单位数量在逐渐减少，农场呈现大农场化集中趋势。从农场数量来看，1958/1960年度农场数量约为21.1万个，2012/2013年度约为12.9万个，农场数量减少38.9%。从平均农场规模来看，1979/1980年度农场平均占地面积为2768hm²，1989/1990年度为2848hm²，2009/2010年度为3053hm²，2012/2013年度约为3076hm²。农业机械化和信息化程度高。在20世纪60年代，澳大利亚就已经实现了农业机械化，计算机自动控制技术在农业机械化和乳业生产等方面得到广泛应用，农用航空技术和保护性耕作技术也已得到普及。早在1970年澳大利亚的水稻、燕麦、小麦、大麦等作物就实现了全程机械化生产。在畜牧业生产中，草场翻耕、牧草播种、施肥撒药、收割打捆、挤奶剪毛等各个环节全程实现了机械化。

农业生产信息化程度高。澳大利亚是世界上计算机和互联网普及率最高的国家之一，大部分农业从业者普遍通过计算机和互联网获取农业信息，进行农产品交易。根据澳大利亚联邦科学与工业研究组织（Commonwealth Scientific and Industrial Research Organisation，CSIRO）2013年6月发布的报告，目前，手机网络在澳大利亚农场的地区覆盖率也达到85%，人口覆盖率则高达99%。大型农业企业（农场）的互联网普及率较高，达到90%以上；小型农业企业（农场）的互联网普及率虽然偏低，但也达到了70%。据2013年澳大利亚肉类和牲畜报告，信息技术的应用使澳大利亚土壤肥力改进13%～26%，生产监测能力改进了4%～19%。澳大利亚通过国家宽带网络等基础设施建设，促进信息技术在农业领域的广泛应用，极大提升了农业生产力，促进农业资源的高效使用和可持续利用。

二、西北地区食物安全可持续发展环境分析

我国西北地区地域辽阔，农业生产在国民经济中占据着主导地位。由于该地区自然环境条件较差，资源禀赋背景对农业生产的约束性很强，自然灾害对农业生产的不利影响也非常突出，粮食产量长期在低水平徘徊，难以满足本地区人民的生活需要，在历史上经常出现逃荒和乞讨现象。新中国成立尤其改革开放之后，由于社会生产关系的改善和农业技术的发展，西北地区农业生产取得了巨大成就。近30多年来西北地区实现了粮食产量由长期短缺到总量供给基本平衡的重大转变，初步实现了区域范围内的粮食平衡自给（上官周平，1998）。

西北地区作为生态环境脆弱区和气候变化敏感区，粮食和食品的安全性相对其他地区也更为脆弱。在目前人均耕地面积和水资源量等农业生产要素的刚性约束越加明显，以及生产力发展空间十分有限的背景下，西北地区农业生产的风险和不利影响将会更加突出，粮食持续稳定增长的难度将逐步加大，粮食产量和品质下滑及食品安全程度降低的可能性正在增大，粮食和食品行业的脆弱性正在增加，对粮食和食品安全提出了严峻挑战。

（一）西北地区食物保障分析

1. 粮食生产能力测算

2000～2015 年，我国粮食生产实现连续增产（专题表 7-1）。全国粮食总产量由 2000 年的 46 217.5 万 t，增加到 2015 年的 62 143.9 万 t，增幅为 34.5%。稻谷、小麦和玉米三大主粮在粮食生产中的地位进一步巩固，对粮食增产贡献较多。三大主粮占我国粮食产量比例持续上升，由 2000 年的 85.2% 上升至 2015 年的 90.6%。

西北七省（区）的粮食生产与全国形势一致，但占全国粮食总产量比例不大。西北七省（区）的粮食总产量由 2000 年的 5017 万 t，增加到 2015 年的 8481.1 万 t，增幅高达 69%。2000～2015 年，西北七省（区）的粮食总产量占全国粮食产量的 10%～13%，其中玉米产量占全国 20% 左右，小麦占全国 15% 左右。西北七省（区）三大主粮占粮食产量的比例也相应由 2000 年的 76.9% 上升至 2015 年的 87.3%。

专题表 7-1　西北地区粮食生产能力及预测

年份	指标	粮食	稻谷	玉米	小麦	三大主粮合计	三大主粮占比（%）
2000	全国产量（万 t）	46 217.5	18 790.8	10 600.2	9 963.7	39 354.7	85.2
	西北产量（万 t）	5 017.0	299.2	1 959.9	1 599.6	3 858.7	76.9
	西北产量占全国产量比例（%）	10.9	1.6	18.5	16.1		9.8
	（西北三大主粮）占西北粮食比例（%）	—	6.0	39.1	31.9		
2005	全国产量（万 t）	48 402	18 059	13 937	9 745	41 741	86.2
	西北产量（万 t）	5 790	271	2 890	1 526	4 687	80.9
	西北产量占全国产量比例（%）	12.0	1.5	20.7	15.7		11.2
	（西北三大主粮）占西北粮食比例（%）	—	4.7	49.9	26.4		
	（西北）比 2000 年新增产量（万 t）	773.05	−28.18	930.15	−73.55		
	（西北三大主粮）主粮贡献率（%）		−3.65	120.32	−9.51		
2010	全国产量（万 t）	54 647.7	19 576.1	17 724.5	11 518.1	48 818.7	89.3
	西北产量（万 t）	6 995.7	289.4	3 752.4	1 783.2	5 825	83.3
	西北产量占全国产量比例（%）	12.8	1.5	21.2	15.5		11.9
	（西北三大主粮）占西北粮食比例（%）	—	4.1	53.6	25.5		
	（西北）比 2000 年新增产量（万 t）	1 978.75	−9.78	930.15	183.65		
	（西北三大主粮）主粮贡献率（%）	—	−0.49	47.01	9.28		
2015	全国产量（万 t）	62 143.9	20 822.5	22 463.2	13 018.5	56 304.2	90.6

续表

年份	指标	粮食	稻谷	玉米	小麦	三大主粮合计	三大主粮占比（%）
	西北产量（万 t）	8 481.1	274.6	5 184.4	1 940.8	7 399.8	87.3
	西北产量占全国产量比例（%）	13.6	1.3	23.1	14.9		13.1
2015	（西北三大主粮）占西北粮食比例（%）	—	3.2	61.1	22.9		
	（西北）比 2000 年新增产量（万 t）	3 464.15	-24.58	930.15	341.25		
	（西北三大主粮）主粮贡献率（%）	—	-0.7	26.9	9.9		
	全国产量（万 t）	71 761.5	21 976.4	29 963.0	14 889.5	66 828.9	93.1
2025	西北产量（万 t）	10 630.3	264.2	7 134.3	2 160.7	9 559.2	89.9
	西北产量占全国产量比例（%）	14.8	1.2	23.8	14.5		
	全国产量（万 t）	78 191.9	23 172.0	34 128.5	16 363.3	73 663.8	94.2
2030	西北产量（万 t）	11 920.1	263.8	8 253.4	2 344.3	10 861.5	91.1
	西北产量占全国产量比例（%）	15.2	1.1	24.2	14.3		
	全国产量（万 t）	83 153.8	23 747.0	37 968.5	17 294.2	79 009.8	95.0
2035	西北产量（万 t）	13 024.2	256.0	9 278.9	2 448.6	11 983.6	92.0
	西北产量占全国产量比例（%）	15.7	1.1	24.4	14.2		

资料来源：《中国农业年鉴》和《中国农村统计年鉴》，西北数据经汇总整理得到。预测数据为线性趋势预测

特别需要指出的是，玉米增产对粮食增产的贡献最多，玉米产量通过连续增加，占据粮食产量中的首位。全国玉米产量由 2000 年的 10 600.2 万 t 增加到 2010 年的 17 724.5 万 t，而且 2015 年继续保持快速增长，达到 22 463.2 万 t，超过当年稻谷产量（20 822.5 万 t），成为三大主粮中的产量之冠。西北地区玉米产量更是翻了一番多，由 2000 年的 1959.9 万 t 增加到 2015 年的 5184.4 万 t。西北省（区）主粮增幅中，2005 年玉米贡献率达到 112.3%，2010 年贡献率也达到了 91.2%。

玉米增产贡献多，主要有两方面原因：一方面，玉米需求增加较快，与中国食物消费结构变化和粮食消费结构变化相一致，玉米种植效益比较好，农民愿意扩大玉米种植；另一方面，中国玉米增产潜力不断发挥，玉米优良品种和耕作方式的推广以及农业生产条件的改善，使玉米单产水平不断提高。未来西北地区粮食生产结构可能还会进一步调整，科技进步还会使粮食单产水平不断提高，粮食增产仍然会有潜力。虽然西北地区粮食播种面积继续扩大的潜力不大，但是，由于农业技术进步、高产创建示范区范围的扩大、高标准农田建设的推进，粮食单产水平具有提高的潜力。随着农村土地流转规模的扩大，新型粮食生产经营主体会越来越多，规模化和专业化种粮农户不断增加，粮食单产水平会得到明显改善。

从省（区）粮食生产比较来看（专题图 7-1），西北 7 个省（区）粮食生产差异呈现扩大趋势。内蒙古粮食产量在西北 7 个省（区）中排名前两位，2005 年粮食产量为 1662 万 t，2015 年增加到 2827 万 t，增幅为 7 个省（区）中最大的。陕西、山西、新疆和甘肃四省（区）2015 年粮食产量在 1000 万～1550 万 t，与 2005 年相比，新疆粮食增幅相对较大。此外，宁夏和青海是西北七省（区）中粮食产量较低的省（区），粮食产量增幅很小，粮食生产潜力不大。其中，2015 年宁夏和青海的粮食产量分别为 373 万 t 和 103 万 t。

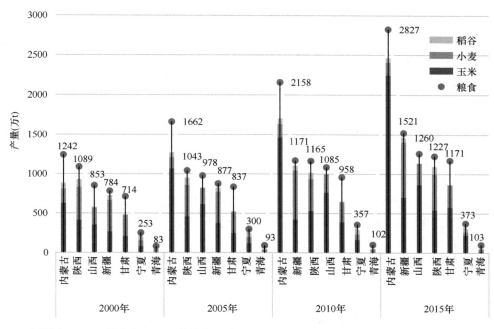

专题图 7-1　西北七省（区）粮食产量变化（2000～2015 年）（彩图请扫封底二维码）

　　西北地区在耕地和水资源有限的情况下，实现粮食增产的主要来源是粮食单产水平的提高（专题表 7-2）。比较播种面积扩大和单产水平提高两个粮食增产来源，不难发现粮食单产水平提高对粮食增产的重要贡献相对较多。除玉米外，稻谷和小麦单产增幅约比播种面积增幅大。

专题表 7-2　西北地区三大主粮种植面积和单产变化

区域	年份	播种面积（×10³hm²）			单产（kg/hm²）		
		稻谷	小麦	玉米	稻谷	小麦	玉米
全国	2000	29 961.9	26 653.3	23 056.3	6 272.0	3 738.0	4 598.0
	2005	28 847.4	22 792.4	26 358.1	6 260.0	4 275.0	5 287.0
	2010	29 873.4	24 256.5	32 500.1	6 553.0	4 748.0	5 454.0
	2015	30 215.7	24 141.4	38 119.3	6 891.3	5 392.6	5 892.9
	增幅	0.8%	−9.4%	65.3%	9.9%	44.3%	28.2%
西北	2000	429.7	5 536.7	4 128.8	7 393.3	2 895.7	5 250.6
	2005	380.0	4 503.9	5 276.9	6 854.8	3 456.1	6 082.3
	2010	370.7	4 755.7	6 941.9	7 239.0	3 580.0	6 084.0
	2015	347.4	4 569.6	8 541.2	7 652.9	3 903.0	6 254.3
	增幅	−19.2%	−17.5%	106.9%	3.5%	34.8%	19.1%

资料来源：《中国农村统计年鉴》，西北数据经汇总整理得到

　　从种植面积变化来看，2015 年全国稻谷和小麦种植面积与 2000 年相比增幅分别为 0.8% 和 −9.4%，而西北七省（区）小麦种植面积下降 17.5%，稻谷种植面积甚至下降了 19.2%。

　　从单产变化来看，西北三大主粮都表现为单产的稳定提升。其中，小麦单产提升最

多。2015 年全国小麦单产达到 5392.6kg/hm²，单产增幅高达 44.3%。西北七省（区）小麦平均单产远低于全国水平，2015 年西北小麦单产为 3903kg/hm²，但单产增幅也达到 34.8%。就全国而言，2015 年稻谷和玉米单产分别为 6891.3kg/hm² 和 5892.9kg/hm²，分别比 2000 年的单产增加 9.9% 和 28.2%。就西北省（区）而言，玉米单产远高于全国平均水平，2015 年玉米单产达到 6254.3kg/hm²，比 2000 年单产增长 19.1%。

综上所述，假定西北地区耕地保护到位，农民种粮积极性得到维护和激励，粮食播种面积不会下降，同时考虑到粮食消费结构变化和玉米等品种单产潜力变动。利用趋势线性预测（专题表 7-1），2035 年我国粮食生产能力能够达到大约 83 153.8 万 t 的水平，西北地区的粮食生产能力能够达到大约 13 024.2 万 t 的水平，西北地区粮食产量占全国粮食产量比例有可能提高至 15.7%。考虑到对"镰刀弯"地区玉米产量调减的生产规划，2035 年全国玉米产量最高可维持在 37 968.5 万 t 左右，而西北地区玉米预测最高产量约为 9278.9 万 t，占全国玉米产量比例约 24.4%。2035 年预测全国小麦产量大约为 17 294.2 万 t，西北地区小麦产量大约为 2448.6 万 t，占全国小麦产量的 14.2%。

2. 肉禽蛋奶生产能力测算

西北地区地域辽阔，草地面积占全国总量的一半以上，拥有得天独厚的气候特点及种类众多的优良地方牲畜品种，畜牧业资源禀赋优势突出，发展基础优良。本节简单选取牛肉、羊肉、奶类的产量作为衡量畜牧业发展的指标。专题表 7-3、专题图 7-2 显示

专题表 7-3　西北地区肉类、禽蛋和奶类生产能力及预测

年份	指标	奶类	禽蛋	肉类	猪肉	牛肉	羊肉	三大肉类合计	三大肉类占比（%）
2000	全国产量（万 t）	919.1	2 243.3	6 125.4	4 031.4	532.8	274	4 838.2	79.0
	西北产量（万 t）	319.6	145.8	472.1	246.5	76.8	99.5	422.8	89.6
	西北产量占全国产量比例（%）	34.8	6.5	7.7	6.1	14.4	36.3		8.7
	（西北）三大肉类占西北肉类比例（%）				52.2	16.3	21.1		
2005	全国产量（万 t）	2 864.8	2 879.5	7 743.1	5 010.6	711.5	435.5	6 157.6	79.5
	西北产量（万 t）	1 186.8	200.5	677.9	299.9	112	177.1	589	86.9
	西北产量占全国产量比例（%）	41.4	7.0	8.8	6.0	15.7	40.7		9.6
	（西北）三大肉类占西北肉类比例（%）				44.2	16.5	26.1		
	（西北）比 2000 年新增产量（万 t）	867.2	54.7	205.8	53.4	35.2	77.6		
	（西北）三大肉类贡献率（%）				32.1	21.2	46.7		
2010	全国产量（万 t）	3 748	2 762.7	7 925.8	5 071.2	653.1	398.9	6 123.2	77.3
	西北产量（万 t）	1 478.1	214.6	673.8	291.1	129.5	181.8	602.4	89.4
	西北产量占全国产量比例（%）	39.4	7.8	8.5	5.7	19.8	45.6		9.8
	（西北）三大肉类占西北肉类比例（%）				43.2	19.2	27.0		
	（西北）比 2000 年新增产量（万 t）	1 158.5	68.8	201.7	44.6	52.7	82.3		
	（西北）三大肉类贡献率（%）				24.8	29.3	45.8		

续表

年份	指标	奶类	禽蛋	肉类	猪肉	牛肉	羊肉	三大肉类合计	三大肉类占比（%）
2015	全国产量（万 t）	3 870.3	2 999.2	8 625	5 486.5	700.1	440.8	6 627.4	76.8
	西北产量（万 t）	1 467.7	260.7	760.9	322.8	147.1	204	673.9	88.6
	西北产量占全国产量比例（%）	37.9	8.7	8.8	5.9	21.0	46.3		10.2
	（西北）三大肉类占西北肉类比例（%）				42.4	19.3	26.8		
	（西北）比 2000 年新增产量（万 t）	1 148.1	114.9	288.8	76.3	70.3	104.5		
	（西北）三大肉类贡献率（%）				30.4	28.0	41.6		
2025	全国产量（万 t）	6 258.4	3 474.0	10 293.4	6 449.0	804.6	549.6	7 803.2	75.8
	西北产量（万 t）	2 420.5	331.0	948.0	367.1	196.3	277.0	840.4	88.6
	西北产量占全国产量比例（%）	38.7	9.5	9.2	5.7	24.4	50.4		10.8
2030	全国产量（万 t）	7 232.1	3 689.1	11 061.5	6 891.6	849.0	596.0	8 336.6	75.4
	西北产量（万 t）	2 794.1	366.9	1 034.2	389.1	219.1	308.8	917.0	88.7
	西北产量占全国产量比例（%）	38.6	9.9	9.3	5.6	25.8	51.8		11
2035	全国产量（万 t）	8 205.8	3 904.2	11 829.7	7 334.2	893.3	642.4	8 869.9	75.0
	西北产量（万 t）	3 167.6	402.7	1 120.4	411.1	242	340.6	993.7	88.7
	西北产量占全国产量比例（%）	38.6	10.3	9.5	5.6	27.1	53.0		11.2

资料来源：《中国农业统计年鉴》和《中国农村统计年鉴》，西北数据经汇总整理得到。预测数据为线性趋势预测

了 2000～2015 年西北七省（区）的牛肉、羊肉、奶类产量，数据表明，西北七省（区）畜牧业总体发展不均，各省（区）在总量上呈现一种上升趋势。但是，对比全国指标和产业贡献值，西北七省（区）牛肉、羊肉、奶类产量等相应指标的比例很低。数据显示，2000 年西北七省（区）畜禽产品（奶类、禽蛋、肉类）产量占全国比例依次为 34.8%、6.5%、7.7%，而 2015 年西北地区的产量占全国比例相应依次为 37.9%、8.7%、8.8%，呈现略微增长趋势，说明在西北地区畜牧业整体发展基础较好的情况下，畜牧业未得到充分发展，畜牧业和其他产业发展的同步性差距较大。可以研判，畜牧业在产量和产值上的潜在上升趋势没被充分挖掘，产业发展水平和产值贡献有待于进一步提高。从品牌化程度来看，西北地区牛羊肉、奶制品没有形成一定的品牌影响力。例如，国内知名奶制品企业只把甘肃和新疆两省（区）列为自己的全国生产基地，陕西、宁夏、新疆等省（区）则缺乏自身优良品质奶乳产品的品牌效应。总体来看，西北地区乳产品的品质品牌尚未突出，既有品牌效应很小，影响力覆盖面窄。

3. 居民口粮消费测算

关于西北地区食物安全，除了需要考察食物生产能力和进出口规模，也需要考察城乡居民粮食消费。按照最终用途分，中国粮食消费主要有：城乡居民直接的口粮消费、间接的饲料粮消费、工业用粮消费和种子用粮消费。而与食物安全状况最直接相关的主

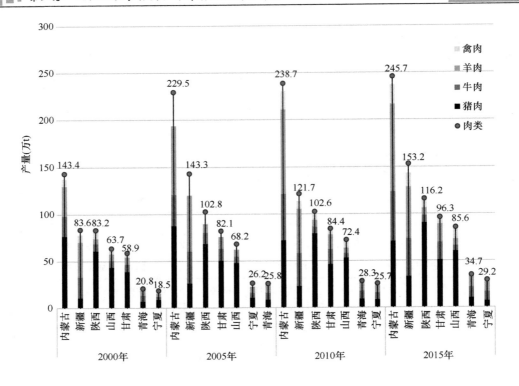

专题图 7-2 西北七省（区）肉类产量（2000～2015 年）（彩图请扫封底二维码）
资料来源：《中国农业年鉴》和《中国农村统计年鉴》，西北数据经汇总整理得到。其中 2005 年禽肉数据缺失

要是居民口粮和饲料粮消费。根据城乡居民粮食消费变化趋势和食物消费结构，可以对年城乡居民口粮消费量和生产肉蛋奶水产品等动物源性食物所需要的饲料粮数量进行估计。

进入 21 世纪以来，城乡居民家庭人均粮食消费结构保持一定稳定性，随着家庭经济收入增加，居民口粮消费量总体呈现减少趋势，而且农村居民口粮消费减少相对更加明显（专题表 7-4）。伴随居民生活水平的提高，人均口粮消费量会减少；而且在城镇化快速推进的背景下农村人口数量会不断减少。就全国而言，城镇居民家庭人均消费口粮（按原粮计）由 2005 年的 124.2kg/人，减少到 2015 年的 112.6kg/人；农村居民人均消费原粮也由 208.8kg/人，减少到 2015 年的 159.5kg/人。就西北而言，由于经济发展相对滞后，农村居民人均消费原粮要高于全国平均水平，2005 年为 227.2kg/人，2015 年则为 163.7kg/人。

根据相关人口统计数据，我国人口自然增长相对进入稳定期，同时城镇化持续快速推进，城乡人口构成变化相对较大。2005～2015 年，我国人口自然增长率下降到 0.5% 左右，西北地区人口自然增长率也下降到 0.64%。2015 年我国年末总人口约为 13.7 亿人，其中城镇人口约为 7.7 亿人，农村人口约为 6 亿人；2015 年西部七省（区）年末总人口约为 1.6 亿人，其中城镇人口约为 0.8 亿人，农村人口约为 0.8 亿人。2015 年，西北地区年末总人口数为全国总人口数的 12%，人口自然增长率约为全国平均水平的 1.29 倍。

专题表 7-4 西北地区城乡居民口粮消费量测算

区域	年份	年末人口数(万人)			人口自然增长率(‰)	人均消费量(kg/人)		消费量测算(万t)				消费总量(合计)
		总人口	城镇人口	农村人口		城镇居民	农村居民	城镇居民(在家)	城镇居民(在外)	城镇居民(小计)	农村居民(小计)	
全国	2000	126 583	45 844	80 739	8.77	132.7	249.5	6 085.4	1 217.1	7 302.5	20 143.6	27 446.1
	2005	130 628	56 157	74 471	5.89	124.2	208.8	6 974.3	1 394.9	8 369.2	15 549.5	23 918.7
	2010	134 091	68 748	65 343	4.79	131.5	181.4	9 037.1	1 807.4	10 844.5	11 853.1	22 697.6
	2015	137 462	77 116	60 346	4.96	112.6	159.5	8 683.3	1 736.7	10 420.0	9 625.2	20 045.2
	2025	144 826	99 209	45 617	1.72	106.6	95.7	10 579.5	2 115.9	12 695.4	4 366.4	17 061.8
	2030	148 436	109 850	38 586	0.46	101.3	66.0	11 130.1	2 226.0	13 356.1	2 546.0	15 902.1
	2035	152 046	120 490	31 556	0.35	96.0	36.2	11 567.6	2 313.5	13 881.1	1 143.7	15 024.8
西北	2000	14 845	4 956	9 889	10.1	—	248.0	657.9	131.6	789.5	2 452.2	3 241.7
	2005	15 194	5 911	9 283	7.5	—	227.2	734.1	146.8	880.9	2 108.9	2 989.8
	2010	15 722	7 214	8 508	6.7	—	193.3	948.3	189.7	1 138.0	1 644.3	2 782.3
	2015	16 184	8 478	7 706	6.4	123.0	163.7	954.6	190.9	1 145.5	1 261.7	2 407.2
	2025	17 077	10 794	6 283	3.5	—	107.7	1 151.0	230.2	1 381.2	676.7	2 057.9
	2030	17 531.5	11 981	5 551	2.3	—	79.0	1 213.9	242.8	1 456.7	438.7	1 895.4
	2035	17 986	13 168	4 818	1.1	—	50.4	1 264.2	252.8	1 517.0	242.7	1 759.7

资料来源:《中国农业统计年鉴》和《中国农村统计年鉴》,西北数据经汇总整理得到。城镇居民在外就餐粮食消费按20%折算,预测数据为线性趋势预测

城镇居民口粮消费除了家庭购买外,还包括在外用餐的部分。根据相关统计数据,城镇居民在外用餐支出占食品消费支出的比例平均为 20%左右。随着城镇居民收入平的提高和生活方式的改变以及时间价值的上升,其在外用餐机会总体上趋于增加,在外用餐直接消费口粮也趋于增加。城镇居民在外用餐消费口粮的数量不能被忽略。

按照家庭人均消费口粮(按原粮)和人口统计数据,测算居民粮食消费情况(专题表 7-4)。根据测算结果,2015 年我国居民粮食消费总量约为 2 亿 t,其中城镇居民粮食消费约 1.04 亿 t(包含外出就餐粮食消费折算约 0.17 亿 t),农村居民粮食消费约 0.96亿 t。2015 年,西北七省(区)居民粮食消费总量约为 0.24 亿 t,其中城镇居民粮食消费约 0.11 亿 t(包含外出就餐粮食消费折算量),农村居民粮食消费约 0.13 亿 t。

此外,计划生育政策调整(主要是二孩政策)、城乡人口结构变化、青壮年人口比例下降以及人口老龄化对粮食消费的影响也不容忽视。在城乡居民食物消费结构变化中,非粮消费对粮食消费的替代对口粮消费产生了影响,例如,动物源性食物消费对口粮消费的替代、蔬菜果品消费对粮食消费的替代、加工食物消费对原粮直接消费的替代,以及在外用餐对居家消费的替代等,都可能使城乡居民人均口粮消费量减少。另外,中国粮食浪费控制与粮食节约如果能够取得一定实效,也会使城乡居民人均口粮消费量减少。从长期来看,因为人均口粮消费量将显著地缺乏价格弹性,当粮食价格波动可控,经济发展和居民收入水平达到一定程度时,城乡居民人均口粮消费量将不再受粮食价格波动的明显影响。因此,粮食价格对粮食消费的影响基本上可以不予考虑。

综合上述分析，假定我国经济整体平稳发展，西北地区城乡人口结构和居民消费结构稳定变动，同时考虑到计划生育政策、人口老龄化、粮食价格波动等因素。利用趋势线性预测（专题表7-4），2035年我国居民粮食消费量将进一步减少到约1.49亿t，西北地区居民粮食消费量将减少到约0.18亿t。

4. 饲料用粮消耗测算

随着城乡居民生活水平的不断提高，虽然直接消费的口粮数量可能呈现下降的态势，但是，肉蛋奶水产品等消费所需要的饲料粮消耗量理应不断增加。与对城乡居民口粮消费量的估计不同，饲料粮消耗量难以通过国家统计局相关年鉴公布的数据直接来估计。为了简化起见，可根据畜产品和水产品生产的饲料粮消耗量估算出主产品饲料粮消耗系数，并结合全国畜产品和水产品产量数据，对饲料粮消耗量进行估计（专题表7-5）。

专题表 7-5　西北地区饲料用粮消耗测算

项目		年份	猪肉	牛肉	羊肉	禽蛋	奶类	合计
畜禽产品产量（万 t）	全国	2000	4 031.4	532.8	274.0	2 243.3	919.1	—
		2005	5 010.6	711.5	435.5	2 879.5	2 864.8	—
		2010	5 071.2	653.1	398.9	2 762.7	3 748.0	—
		2015	5 486.5	700.1	440.8	2 999.2	3 870.3	—
		2025	6 449.0	804.6	549.6	3 474.0	6 258.4	—
		2030	6 891.6	849.0	596.0	3 689.1	7 232.1	—
		2035	7 334.2	893.3	642.4	3 904.2	8 205.8	—
	西北	2000	246.5	76.8	99.5	145.8	319.6	
		2005	299.9	112.0	177.1	200.5	1 186.8	
		2010	291.1	129.5	181.8	214.6	1 478.1	
		2015	322.8	147.1	204.0	260.7	1 467.7	
		2025	367.1	196.3	277.0	331.0	2 420.5	
		2030	389.1	219.1	308.8	366.9	2 794.1	
		2035	411.1	242.0	340.6	402.7	3 167.6	
消耗系数			2.2	1.8	1.6	1.7	0.4	
粮食折算量（万 t）	全国	2000	8 869.1	959.0	438.4	3 813.6	367.6	14 447.7
		2005	11 023.3	1 280.7	696.8	4 895.2	1 145.9	19 041.9
		2010	11 156.6	1 175.6	638.2	4 696.6	1 499.2	19 166.2
		2015	12 070.0	1 260.2	705.3	5 098.6	1 548.1	20 682.5
		2025	14 187.8	1 448.3	879.4	5 905.8	2 503.4	24 924.7
		2030	15 161.5	1 528.1	953.6	6 271.4	2 892.8	26 807.4
		2035	16 135.2	1 607.9	1 027.8	6 637.1	3 282.3	28 690.3
	西北	2000	542.3	138.2	159.2	247.9	127.8	1 215.4
		2005	659.8	201.6	283.4	340.9	474.7	1 960.4
		2010	640.4	233.1	290.9	364.8	591.2	2 120.4
		2015	710.2	264.8	326.4	443.2	587.1	2 331.7
		2025	807.6	353.3	443.2	562.7	968.2	3 135.0
		2030	856.1	394.4	494.1	623.7	1 117.6	3 485.9
		2035	904.5	435.5	545.0	684.7	1 267.1	3 836.8

资料来源：《中国农业统计年鉴》和《中国统计年鉴》，西北数据经汇总整理得到。预测数据为线性趋势预测

自 2000 年以来，中国猪肉产量波动较大。2000～2015 年，猪肉产量年增长相对较快，猪肉产能相对过剩，城乡居民猪肉消费仍然保持增长的态势。2015 年全国猪肉产量为 5486.5 万 t，旱区七省（区）猪肉产量为 322.8 万 t。估计 2035 年全国和西北地区猪肉产量分别将达到 7334.2 万 t 和 411.1 万 t。按照猪饲料对粮食的消耗系数为 2.2 测算，2035 年全国和西北所需要的饲料粮分别为 16 135.2 万 t 和 904.5 万 t。

2015 年，中国牛肉产量为 700.1 万 t，西北七省（区）牛肉产量为 147.1 万 t，按照饲料粮消耗系数 1.8 测算，全国和西北地区肉牛养殖消耗饲料粮分别为 1260.2 万 t 和 264.8 万 t。自 2000 年以来，西北七省（区）牛肉产量保持稳定增长的态势。考虑到牛肉产能相对不足，牛肉价格偏高和养牛效益相对较高，估计 2035 年全国和西北地区牛肉产量分别将达到 893.3 万 t 和 242.0 万 t。据此按照 1.8 的饲料粮消耗系数估算，全国和西北所需要的饲料粮将分别为 1607.9 万 t 和 435.5 万 t。

2015 年，中国羊肉产量为 440.8 万 t，西北七省（区）羊肉产量为 204 万 t，按照饲料粮消耗系数 1.6 测算，全国和西北地区羊肉消耗饲料粮分别为 705.3 万 t 和 326.4 万 t。自 2000 年以来，中国羊肉产量增长相对缓慢，西北七省（区）羊肉产量保持稳定增长的态势。考虑到羊肉产能相对不足，羊肉价格偏高和养羊效益相对较高，估计 2035 年全国和西北地区羊肉产量分别将达到 642.4 万 t 和 340.6 万 t。据此按照 1.6 的饲料粮消耗系数估算，2035 年全国和西北所需要的饲料粮将分别为 1027.8 万 t 和 545.0 万 t。

2015 年，中国禽蛋产量为 2999.2 万 t，西北七省（区）禽蛋产量为 260.7 万 t，按照饲料粮消耗系数 1.7 测算，全国和西北地区禽蛋生产消耗饲料粮分别为 5098.6 万 t 和 443.2 万 t。自 2000 年以来，中国禽蛋产量在多数年份保持增长态势，西北地区禽蛋生产相对稳定。估计 2035 年全国和西北地区禽蛋产量分别将达到 3904.2 万 t 和 402.7 万 t。据此按照 1.7 的饲料粮消耗系数估算，2035 年全国和西北所需要的饲料粮将分别为 6637.1 万 t 和 684.7 万 t。

2015 年，中国奶类产品产量为 3870.3 万 t，西北七省（区）奶类产品产量为 1467.7 万 t，按照饲料粮消耗系数 0.4 测算，全国和西北地区奶类产品消耗饲料粮分别为 1548.1 万 t 和 587.1 万 t。自 2000 年以来，中国禽蛋产量在多数年份保持增长态势，西北地区禽蛋生产相对稳定。估计 2035 年全国和西北地区奶类产量分别将达到 8205.8 万 t 和 3167.6 万 t。据此按照 0.4 的饲料粮消耗系数估算，2035 年全国和西北所需要的饲料粮将分别为 3282.3 万 t 和 1267.1 万 t。

（二）西北地区资源环境分析

1. 农业土地利用

西北地区土地开发总体较慢，但土地开发活跃度不断增强，土地利用的动态平衡关系逐步向中东部地区看齐。西北地区非农建设用地进入快速增长阶段，特别是城镇化进程快速推进。西北地区农村建设用地也呈上升趋势，占用耕地的规模大增。因为相关基础设施建设的快速发展，西北地区能源、交通、水利和工矿建设用地出现较大增幅。西部大开发战略实施后，西北地区增加了对基础设施的投资，拉动了经济发展，但同时也加大了对土地的占用，尤其是人地矛盾严重的城市周边地区，对优质土地的占用状况更加突出。西北地区的退耕还林还草工程，使部分坡耕地替变为牧草地或林地，这种生态退耕对于环境保护和可持续发展富有积极意义，但一定程度上也会减少耕地数量（专题表 7-6）。

专题表 7-6 西北地区农业用地情况变化

年份	区域	牧草地面积（万 hm²）	农用地面积（万 hm²）	耕地面积（万 hm²）	耕地面积占全国比例（%）[a]	人均耕地面积（亩/人）[b]	耕地构成（水浇地）（%）	耕地构成（旱地）（%）
2005	全国	26 214.4	65 704.7	13 003.9	100.0	—	—	—
	西北	17 591.4	25 858.6	2 889.7	22.2	—	—	—
	比率	0.7	0.4	0.2	0.2	—	—	—
2010	全国	26 183.5	65 687.6	12 171.6	100.0	1.4	19.0	55.1
	西北	17 566.9	25 871.3	2 568.7	21.1	17.6	36.0	62.2
	比率	0.7	0.4	0.2	0.2	12.8	1.9	1.1
	全国	21 942.1	64 545.7	13 499.9	100.0	1.5	20.7	54.6
	西北	13 571.6	23 069.0	2 973.4	22.0	19.7	37.1	59.9
	比率	0.6	0.4	0.2	0.2	13.3	1.8	1.1
2015	内蒙古	4 954.8	8 289.7	923.8	6.8	5.5	30.8	68.3
	甘肃	592.1	1 855.0	537.5	4.0	3.1	24.7	75.2
	新疆	3 573.3	5 169.0	518.9	3.8	3.4	94.8	4.1
	山西	3.4	1 003.0	405.9	3.0	1.7	26.3	73.7
	陕西	217.9	1 861.3	399.5	3.0	1.6	26.4	69.6
	宁夏	149.4	381.0	129.0	1.0	2.9	25.0	60.4
	青海	4 080.9	4 510.2	58.8	0.4	1.5	31.7	68.3
2025	全国	18 371.5	63 574.1	13 635.7	100	1.7	24.1	53.6
	西北	10 213.6	20 748.6	2 936.2	21.5	24.0	39.3	55.3
	比率	0.6	0.3	0.2	0.2	14.1	1.6	1.0
2030	全国	16 235.3	62 994.6	13 883.7	100	1.8	25.8	53.1
	西北	8 203.7	19 353.9	2 978.0	21.4	26.1	40.4	53.0
	比率	0.5	0.3	0.2	0.2	14.4	1.6	1.0
2035	全国	14 099.1	62 415.1	14 131.7	100.0	1.9	27.5	52.6
	西北	6 193.8	17 959.1	3 019.9	21.4	28.3	41.5	50.7
	比率	0.4	0.3	0.2	0.2	14.7	1.5	1.0

注：a. 2015 年耕地面积比例为 2014 年数据；b. 2015 年人均耕地面积数据为 2014 年，2010 年人均耕地面积数据实际为 2008 年

资料来源：《中国农村统计年鉴》

2. 农业气候灾害

西北地区主要的农业气候特点为光热资源丰富、干旱少雨、蒸发强烈、日照和太

阳辐射充足、气温地区分布差异较大，寒潮和春季沙尘暴等农业气象灾害较为频繁。西北地区农业生产主要面临干旱缺水的问题，还受到冰雹、暴洪和干热风等灾害的影响，农业生产的灾害损失往往比较明显。我国西北地区耕地面积较大，耕地类型多，农业灾害尤其是旱灾影响覆盖面广（专题表 7-7）。2015 年，全国农作物旱灾受灾面积为 1061 万 hm^2，其中西北地区的旱灾受灾面积就达到 481.3 万 hm^2，占全国旱灾受灾面积的 45%，而西北地区旱灾成灾面积更是占到全国的 46%。2015 年全国平均农作物受灾发生率和旱灾发生率分别为 16.1% 和 7.8%，西北七省（区）平均农作物受灾发生率和旱灾发生率则分别达到 23.6% 和 16.2%，是全国的 1.47 倍和 2.08 倍。

专题表 7-7　西北地区农作物灾害发生情况　（单位：×10^3hm^2）

年份	区域	耕地面积	受灾面积	旱灾面积	成灾面积	成灾面积（旱灾）	受灾发生率[b]	旱灾发生率[b]
2000	全国	—	54 688	40 541	34 374	26 784	42.1%	31.2%
	西北	28 897.3	11 689	10 212	7 588	6 811	40.5%	35.3%
	比率	0.22	0.21	0.25	0.22	0.25	0.96	1.13
2005	全国	130 039.2	38 818	16 028	19 966	8 479	29.9%	12.3%
	西北	28 897.3	7 767	6 049	4 561	3 547	26.9%	20.9%
	比率	0.22	0.20	0.38	0.23	0.42	0.90	1.70
2010	全国	121 715.9	37 426	13 259	18 538	8 987	30.7%	10.9%
	西北	25 686.5	7 418.0	3 660.0	4 143.0	2 540	28.9%	14.2%
	比率	0.21	0.20	0.28	0.22	0.28	0.94	1.30
2015	全国	135 163[a]	21 770	10 610	12 380	5 863	16.1%	7.8%
	西北	29 661[a]	6 999	4 813	4 257	2 716	23.6%	16.2%
	比率	0.22	0.32	0.45	0.34	0.46	1.47	2.08
	内蒙古	9 199	2 701	2 172	1 740	1 347	29.4%	23.6%
	甘肃	5 378.8	1 011	533	584	253	18.8%	9.9%
	新疆	5 160.2	960	224	589	85	18.6%	4.3%
	山西	4 062	1 143	1 023	548	478	28.1%	25.2%
	陕西	3 992	744	562	465	335	18.6%	14.1%
	宁夏	1 281.1	219	172	167	139	17.1%	13.4%
	青海	588.2	221	127	164	79	37.6%	21.6%
2025	全国	128 617	30 622	12 389	15 960	7 542	23.8%	9.6%
	西北	27 810	7 271	4 438	4 240	2 730	26.1%	16.0%
	比率	0.22	0.24	0.36	0.27	0.36	1.10	1.66
2030	全国	130 918	28 355	12 099	15 100	7 060	21.7%	9.2%
	西北	28 518	7 221	4 697	4 272	2 793	25.3%	16.5%
	比率	0.22	0.25	0.39	0.28	0.40	1.17	1.78
2035	全国	129 503	30 549	12 596	16 007	7 460	23.6%	9.7%
	西北	28 136	7 296	4 659	4 278	2 819	25.9%	16.6%
	比率	0.22	0.24	0.37	0.27	0.38	1.10	1.70

注：a. 2015 年耕地面积为 2014 年数据；b. 受灾发生率和旱灾发生率根据耕地面积进行计算。西北数据经汇总整理得到。预测数据为三期移动平均趋势预测

资料来源：《中国农业统计年鉴》和《中国农村统计年鉴》

　　随着气候变暖趋势加剧，极端天气气候事件及农业气象灾害和作物病虫害日益严重，西北地区正在遭受着农业气候灾害和作物病虫害的严重困扰。严重的旱灾可造成严

重的粮食（尤其是西北地区的玉米和小麦等粮食作物）减产并引发粮价飙升。气候变暖还会直接影响作物种植、农业生态稳定性和病原菌传播及痕量元素的吸收等多个方面。气候变化对西北农业生产的不利影响将会日益凸显，给食物安全带来的约束和威胁将会进一步加大。

3. 水资源条件

西北地区水资源时空分布极不均衡，且受季节影响较大，降雨量和径流量年内分配与农业需水要求极不协调。西北地区地形以高原盆地为主，包括黄土高原、秦巴山地、塔里木盆地、柴达木盆地、渭河平原、内蒙古大草原等，使得该区农业生产极具多样化的特征。

我国西北地区降水少，水资源总量低且分布不均（专题表 7-8）。2014 年，西北水资源总量为 2729.7 亿 m³，约为全国水资源总量的 1/10。其中，西北地区水资源主要以地表水形式存在，地下水资源总量相对较少。从空间分布来看，水资源在西北地区各省（区）间的分布差异极其巨大。西北各省（区）水资源总量巨大，但主要是地表水径流形态，难以直接利用。青海、新疆、内蒙古等省（区）水资源总量充裕，但耕地质量往往较差，水资源的农业利用效率不高。在干旱少雨环境下，地表水往往难以有效利用，西北地区农业节水灌溉成为提升农地有效灌溉面积的主要途径。2005～2014 年我国西北地区耕地有效灌溉面积稳步增加，到 2014 年为 1245.7 万 hm²。其中，节水灌溉面积呈现增加趋势，是提高有效灌溉面积的主要途径。

4. 退耕还林还草

西北地区深居内陆，地形地貌复杂多变，生态环境脆弱，自然灾害频繁。目前，西北地区已成为我国水土流失、草场退化与荒漠化最为严重的地区，水旱、风沙、滑坡、泥石流等自然灾害已成为抑制西北地区农业发展的重要障碍因素。而且，由于西北地区处于长江、黄河的上中游地带重要生态区位，是冬季风向南和向东南方向侵袭的必经之地，对我国其他地区，尤其是经济发达的东部地区的生态环境产生着重大影响。西北地区退耕还林还草工程，能有效抑制和扭转西北地区生态恶化趋势，对西北和我国粮食生产及食物安全具有重要意义。

1999 年，作为水土流失大省的陕西省编制了《陕西省山川秀美工程规划纲要》，2000～2010 年，完成全省 111.6 万 hm² 大于 25°坡耕地的退耕还林还草。甘肃省制定的退耕还林计划指出，全省在 10 年内大约有 200×10⁴hm² 坡耕地要退耕，平凉、庆阳、天水、定西等黄土高原区在 10 年内退耕还林 133.3 万 hm² 以上。新疆从 2000 年起，连续 3 年每年安排 6.67 万 hm² 以上的面积退耕还林，退耕的主要区域是南疆环塔里木边缘深受风沙危害的植棉区，所退耕地主要用于发展经济林、防护林与草被。宁夏也制定了南部山区退耕还林还草规划，从 2000 年起利用 10 年的时间退耕还林还草 33.3 万 hm²。2005～2015 年，西北地区林业利用和退耕还林情况见专题表 7-9。

5. 农业污染治理

西北地区干旱少雨，天然地加剧了土壤的水分蒸发，如果再加上长期过量使用化肥，

专题表 7-8　西北地区水资源和水利条件变化与测算

年份	区域	降水量 (亿m³)	水资源总量 (亿m³)	地表水资源量 (亿m³)	地下水资源量 (亿m³)	水库数 (个)	水库库容量 (亿m³)	耕地面积 (×10³hm²)	有效灌溉面积 (×10³hm²)	节水灌溉面积 (×10³hm²)	水土流失治理面积 (×10³hm²)	有效灌溉率 (%)	节水灌溉率 (%)
2005	全国	61 009.6	28 053.1	26 982.4	8 091.1	85 108	5 623.8	130 039.2	55 029.3	21 338.2	94 654.5	42.3	16.4
	西北	11 561.3	3 147.9	2 892.8	1 533.6	3 340	696.7	28 897.3	9 924.3	6 162.61	33 688.5	34.3	21.3
2010	全国	65 849.6	30 906.4	29 797.6	8 417	87 873	7 162.4	121 715.9	60 347.7	27 313.9	106 799.9	49.6	22.4
	西北	12 744.7	3 066.2	2 769.4	1 559.3	3 522	910.1	25 686.5	11 302.9	8 228.3	36 427.1	44.0	32.0
2014	全国	—	27 266.9	26 263.9	7 745	97 735	8 395.6	135 163.4	64 539.5	29 018.8	111 609.3	47.7	21.5
	西北	—	2 729.7	2 449.9	1 384.9	3 830	890.3	29 661.3	12 457	8 678.3	36 362.7	42.0	29.3
	内蒙古	—	537.8	397.6	236.3	589	103	9 199	3 011.9	2 279.4	12 210.8	32.7	24.8
	甘肃	—	198.4	190.5	112.6	382	105	5 378.8	1 297.1	837	7 567.1	24.1	15.6
	新疆	—	726.9	686.6	443.9	652	182.9	5 160.2	4 831.9	3 461.6	1 054.6	93.6	67.1
	山西	—	111	65.2	97.3	604	68.8	4 062	1 408.2	857.5	5 668	34.7	21.1
	陕西	—	351.6	325.8	124.1	1 092	87.6	3 992	1 226.5	850.6	7 039.1	30.7	21.3
	宁夏	—	10.1	8.2	21.3	311	27	1 281.1	498.9	275.9	1 959.8	38.9	21.5
	青海	—	793.90	776.00	349.4	200	316	588.2	182.5	116.3	863.3	31.0	19.8
2025	全国	80 370	27 563	26 604	7 565	109 179	11 218	136 659	74 237	37 411	129 787	54.3	27.4
	西北	16 295	2 354	2 040	1 270	4 299	1 123	29 228	15 027	11 463	39 504	51.4	39.2
2030	全国	85 210	27 170	26 244	7 392	115 493	12 604	139 221	78 993	41 252	138 264	56.7	29.6
	西北	17 478	2 145	1 818	1 195	4 544	1 220	29 610	16 293	12 721	40 841	55.0	43.0
2035	全国	90 050	26 777	25 885	7 219	121 806	13 990	141 783	83 748	45 092	146 742	59.1	31.8
	西北	18 662	1 936	1 597	1 121	4 789	1 316	29 992	17 560	13 979	42 178	58.5	46.6

注: 有效灌溉率和节水灌溉率根据耕地面积进行计算。西北7省(区)按耕地面积排序。西北数据经汇总整理得到。预测数据为线性趋势预测

资料来源:《中国环境统计年鉴》和《中国农村统计年鉴》

专题表 7-9 西北地区林业利用和退耕还林情况

年份	区域	林业用地面积（万 hm²）	森林面积（万 hm²）	森林覆盖率（%）[a]	退耕还林面积（万 hm²）	全部林业投资完成额（亿元）
2005	全国	28 492.6	17 490.9	18.2	189.8	268.1
	西北	8 192.0	4 070.5	11.9	61.6	89.8
	比率	0.29	0.23	0.65	0.32	0.33
2010	全国	30 590.4	19 545.2	20.4	98.3	322.0
	西北	9 190.4	4 866.2	14.3	30.1	117.0
	比率	0.30	0.25	0.70	0.31	0.36
2015	全国	28 492.6	17 490.9	18.2	63.6	275.3
	西北	8 192.0	4 070.5	11.9	22.2	98.1
	比率	0.29	0.23	0.65	0.35	0.36
	陕西	1 071.8	670.4	32.6	5.9	23.5
	内蒙古	4 403.6	2 050.7	17.7	1.9	20.2
	山西	690.9	208.2	13.3	5.8	10.1
	甘肃	745.6	299.6	6.7	4.3	27.1
	宁夏	115.3	40.4	6.1	—	—
	青海	556.3	317.2	4.4	—	6.7
	新疆	608.5	484.1	2.9	4.3	10.6
2025	全国	29 424.9	18 403.9	19.2	93.0	295.3
	西北	8 635.7	4 424.1	13.0	30.1	105.6
	比率	0.29	0.24	0.68	0.32	0.36
2030	全国	29 036.4	18 023.5	18.8	91.3	286.3
	西北	8 450.8	4 276.8	12.6	30.1	101.7
	比率	0.29	0.24	0.67	0.33	0.36
2035	全国	29 217.7	18 201.0	19.0	100.5	290.0
	西北	8 537.1	4 345.5	12.8	32.7	103.0
	比率	0.29	0.24	0.67	0.33	0.36

资料来源：《中国林业统计年鉴》

注：a. 2015 年森林覆盖率为 2014 年数据。西北七省（区）按森林覆盖率排序。西北数据经汇总整理得到。预测数据为三期移动平均趋势预测。"—"表示暂缺数据

则会加剧土壤盐渍化。农药和农用薄膜使用带来的各种残留物往往难以快速降解，使土壤污染不断加剧，从而逐步引起土壤物理、化学和生物反应的一系列变化，造成土壤地力下降。农业生产过程中化肥、农药和农用薄膜的投入，与农作物痕量元素和重金属元素吸收能力具有某种联系。作物痕量元素和重金属元素含量如果失调，或者农作物受到营养元素缺乏胁迫或毒性元素过量胁迫，则会减少光合产物在农作物的茎和其他产品中的分配比例，从而导致西北地区食品营养水平降低（专题表 7-10）。

（三）西北地区社会环境分析

改革开放以来，我国西北旱区持续推进经济社会发展，保障民生能力不断增强。由于历史、社会、自然、经济、文化等诸多因素，我国旱区省（区）在城乡、民族、宗教等方面社会文化差异巨大。我国西部地区大部分省（区）自我发展能力和内生动力不足，经济竞争能力和可持续发展能力等方面相对处于全国平均水平之下。特别是在经济转型

专题表 7-10　西北地区农业要素投入与污染治理情况

年份	区域	农业机械总动力（万 kW）	化肥施用量（万 t）	农药使用量（万 t）	塑料薄膜使用量（万 t）	地膜使用量（万 t）	环境污染治理投资	
							投资总额（亿元）	占 GDP 比例（%）
2000	全国	52 573.6	4 146.3	128.0	133.5	72.2	—	—
	西北	6 639.4	467.3	6.5	24.5	20.0	—	—
	比率	0.13	0.11	0.05	0.18	0.28	—	—
2005	全国	68 398	4 766.2	146.0	176.2	95.9	2 388.0	1.3
	西北	9 023	580.3	8.6	29.9	22.6	224.3	1.3
	比率	0.13	0.12	0.06	0.17	0.24	0.09	1.00
2010	全国	92 781	5 561.7	175.8	217.3	118.4	6 654.2	1.7
	西北	12 615	784	13.0	44.8	32.3	818.8	1.8
	比率	0.14	0.14	0.07	0.21	0.27	0.12	1.06
2014	全国	108 057	5 995.9	180.7	258.0	144.1	9 575.5	1.5
	西北	15 612	956.5	18.7	64.1	47.4	1 785.4	2.5
	比率	0.14	0.16	0.10	0.25	0.33	0.19	1.67
	内蒙古	3 633	222.7	3.1	8.9	6.5	562.3	3.2
	山西	3 286	119.6	3.1	4.8	3.4	293.2	2.3
	陕西	2 552	230.2	1.3	4.1	2.1	285.4	1.6
	甘肃	2 546	97.6	7.8	17.6	10.8	143.5	2.1
	新疆	2 342	237.0	3.0	26.3	23.0	392.4	4.2
	宁夏	813	39.7	0.3	1.5	1.1	78.6	2.9
	青海	441	9.7	0.2	0.7	0.6	30.0	1.3
2025	全国	149 233.2	7 285.8	219.5	339.9	191.8	16 987.2	1.8
	西北	22 301.0	1 337.9	28.7	97.5	71.2	3 284.5	3.7
2030	全国	169 062.6	7 900.7	236.9	380.8	215.9	20 580.9	1.9
	西北	25 595.9	1 526.0	33.7	114.6	83.6	4 065.0	4.3
2035	全国	188 892.0	8 515.5	254.2	421.7	240.0	24 174.7	2.0
	西北	28 890.7	1 714.1	38.8	131.7	95.9	4 845.6	4.9

注：西北七省（区）按农业机械总动力排序。西北数据经汇总整理得到。预测数据为线性趋势预测

资料来源：《中国农村统计年鉴》和《中国环境统计年鉴》

阶段，西部省（区）的社会结构同样处于快速变化时期，流动人口大量增加，社会分化加剧，地区贫困、社会发展落后的局面还没有得到根本扭转。

近年来，我国西部地区居民收入水平显著提高，人民生活条件进一步改善（专题表 7-11）。我国人均 GDP 从 2000 年的 8520 元，大幅增加到 2015 年的 53 084 元。其中，西部地区人均 GDP 的增幅相对更加明显，由 2000 年的 5601 元增加到 2015 年的 43 558 元。鉴于经济发展向西部转移和延伸，我国西部地区的人均 GDP 还将有较大的提升空间。总体而言，长期以来，西部各省（区）城乡居民收入水平较低，在全国城乡人均收入水平排名中，均处于比较靠后位置。尤其值得注意的是，2015 年我国西部地区农村居民人均可支配收入达到 8905 元，而城镇居民人均可支配收入也提高到 26 087 元。

尽管如此，我国西部地区还存在城乡居民收入差距较大、农村人口较多、城镇失业

率相对较高等突出问题（专题表 7-11 和专题表 7-12）。我国城乡居民可支配收入水平的对比系数由 2005 年的 3.0 下降到 2015 年的 2.3，其中西北地区城乡居民收入水平对比系数也相应由 2005 年的 3.6 下降到 2015 年的 2.5。但是城乡收入差距仍旧巨大，西北地区在减少城乡收入差距上效果还是不太明显，尤其体现在甘肃、青海、陕西等。此外，2015 年西北七省（区）的人口合计数为 16 184 万，其中农村人口占比 52.2%，城镇人口失业率为 3.3%。同时，西部地区文化教育和医疗卫生服务等发展相对滞后，2015 年西部七省（区）低受教育程度人口比例为 6.6%，远高于全国平均水平 4.9%。西部地区在推进新型城镇化、促进劳动力区域流动和劳动就业等方面还需要做出更多努力。

专题表 7-11 西北地区经济发展、收入和消费水平

年份	区域	GDP（亿元）	人均GDP（元）	人均可支配收入			居民人均消费		
				城镇居民（元）	农村居民（元）	城乡对比	农村居民（元）	城镇居民（元）	城乡对比
2000	全国	89 468	8 520	6 280	2 253	2.8	2 115	6 036	2.9
	西北	7 583	5 601	5 089	1 664	3.1	1 379	4 511	3.3
	比率	0.1	0.7	0.8	0.7	1.1	0.7	0.7	1.0
2005	全国	199 206	16 413	10 493	3 255	3.2	2 990	9 086	3.0
	西北	17 763	11 513	8 364	2 436	3.4	2 071	7 372	3.6
	比率	0.1	0.7	0.8	0.7	1.1	0.7	0.8	1.1
2010	全国	408 903	33 360	19 109	5 919	3.2	5 279	15 844	3.0
	西北	43 595	27 555	15 010	4 425	3.4	3 830	13 424	3.5
	比率	0.1	0.8	0.8	0.7	1.1	0.7	0.8	1.1
2015	全国	722 768	53 084	31 195	11 422	2.7	11 115	25 035	2.3
	西北	70 064	43 558	26 087	8 905	2.9	8 668	21 862	2.5
	比率	0.1	0.8	0.8	0.8	1.0	0.8	0.9	1.1
	陕西	18 022	47 626	26 420	8 689	3.0	7 944	21 877	2.8
	内蒙古	17 832	71 101	30 594	10 776	2.8	11 814	26 872	2.3
	山西	12 766	34 919	25 828	9 454	2.7	8 809	19 018	2.2
	新疆	9 325	40 036	26 275	9 425	2.8	7 694	20 532	2.7
	甘肃	6 790	26 165	23 767	6 936	3.4	6 255	19 480	3.1
	宁夏	2 912	43 805	25 186	9 119	2.8	9 050	24 041	2.7
	青海	2 417	41 252	24 542	7 933	3.1	9 109	21 217	2.3
2025	全国	1 228 968	89 292	51 318	19 115	2.7	15 059	44 170	2.9
	西北	122 258	75 609	43 072	14 958	2.9	11 765	38 942	3.3
2030	全国	1 490 749	107 627	61 669	23 199	2.7	16 074	55 192	3.4
	西北	148 408	91 631	51 933	18 192	2.9	12 413	48 837	3.9
2035	全国	1 752 529	125 962	72 020	27 282	2.6	17 089	66 215	3.9
	西北	174 559	107 654	60 795	21 426	2.8	13 061	58 733	4.5

注：西北七省（区）按 GDP 排序。西北数据经汇总整理得到。预测数据为线性趋势预测

资料来源：《中国统计年鉴》和《中国农村统计年鉴》

专题表 7-12　西北地区人口、就业、教育和医疗情况

年份	区域	人口数（万）	人口比重（%）城镇	人口比重（%）乡村	出生率（‰）	自然增长率（‰）	城镇失业率（%）	低受教育程度人口占15岁及以上人口的比重（%）[a]	医疗卫生机构数（个）[a]	每千人卫生人员数（人）[a]
2000	全国	125 909	36.2	63.8	15.2	8.8	3.2	9.1	324 771	4.5
	西北	14 554	33.6	66.4	16.4	10.1	3.1	13.7	7 061	5.3
	比率	0.1	0.9	1.0	1.1	1.1	1.0	1.5	0.02	1.2
2005	全国	130 756	43.0	57.0	12.4	5.9	4.0	11.0	298 997.0	3.5
	西北	15 142	39.3	60.7	13.3	7.5	3.9	14.2	7 376.7	4.1
	比率	0.1	0.9	1.1	1.1	1.3	1.0	1.3	0.02	1.2
2010	全国	134 091	50.3	49.7	11.9	4.8	3.7	4.9	936 927	4.4
	西北	15 722	45.8	54.2	12.4	6.7	3.7	6.6	21 706	4.9
	比率	0.1	0.9	1.1	1.0	1.4	1.0	1.3	0.02	1.1
2015	全国	137 462	56.1	43.9	12.1	5.0	3.3	4.9	981 432	5.6
	西北	16 184	52.2	47.8	11.9	6.4	3.3	6.6	22 676	6.0
	比率	0.1	0.9	1.1	1.0	1.3	1.0	1.3	0.02	1.1
	陕西	3 793	53.9	46.1	10.1	3.8	3.4	5.7	37 247	6.7
	山西	3 664	55.0	45.0	10.0	4.4	3.5	2.9	40 777	5.7
	甘肃	2 600	43.2	56.8	12.4	6.2	2.1	8.7	27 916	4.9
	内蒙古	2 511	60.3	39.7	7.7	2.4	3.7	4.7	23 426	6.2
	新疆	2 360	47.2	52.8	15.6	11.1	2.9	3.3	18 873	6.7
	宁夏	668	55.2	44.8	12.6	8.0	4.0	8.1	4 255	6.0
	青海	588	50.3	49.7	14.7	8.6	3.2	13.1	6 241	5.8
2025	全国	144 162	69.5	30.5	11.6	3.8	2.7	1.2	1 762 771	7.6
	西北	17 246	65.0	35.0	10.4	5.1	2.7	2.2	40 203	7.9
2030	全国	147 515	76.0	24.0	11.5	3.4	2.4	1.1	2 103 989	8.6
	西北	17 767	71.5	28.5	9.7	4.6	2.4	1.9	47 852	8.9
2035	全国	150 868	82.6	17.4	11.3	2.9	2.1	0.5	2 445 206	9.6
	西北	18 288	77.9	22.1	9.1	4.0	2.1	0.7	55 502	9.8

注：a. 2015 年低受教育程度人口占 15 岁以上人口比重、医疗卫生机构数、每千人卫生人员数为 2014 年数据。西北 7 省（区）按人口数排序。西北数据经汇总整理得到。预测数据以线性趋势预测。

资料来源：《中国劳动统计年鉴》、《中国人口和就业统计年鉴》和《中国统计年鉴》

三、西北地区食物安全与社会经济公共政策效果状态评估

（一）退耕还林还草政策

1. 退耕还林还草政策发展阶段

（1）起始阶段（1949～1977 年）

第一阶段是新中国成立初期至改革开放以前的起始阶段，基本认识到退耕还林还草对水土保持和维持区域生态安全的意义。早在 1949 年 4 月，晋西北行政公署发布的《保护与发展林木林业暂行条例（草案）》规定：已开垦而又荒芜了的林地应该还林，森林附近已开垦的耕地，如易于造林，应停止耕种而造林。1952 年 12 月 26 日由周恩来总理签发的《政务院关于发动群众继续开展防旱、抗旱运动并大力推行水土保持工作的指示》规定：有计划地封山、造林、种草和禁开陡坡，以涵蓄水流和巩固表土。1957 年 5 月 24 日国务院全体会议第四十九次会议通过的《中华人民共和国水土保持暂行纲要》中明确规定：原有陡坡耕地在规定坡度以上的，若是人多地少地区，应该按照坡度大小、坡面长短，规定期限，修成梯田，或者实施保水保土的田间工程和耕作技术措施；若是人少地多地区，应该在解决好农民吃粮问题的基础上，逐年停耕，进行造林种草。这一阶段退耕还林工程单纯从发展林业的角度考虑，呈现以下几个特点：一是以县、乡为主，指挥调动农民上山，搞"大兵团"式造林；二是退耕还林区基本为人烟稀少的高山区，退耕还林基本上不影响群众生活；三是以营造用材林为主，多是"清一色"的单一树种人工林。

（2）初步发展阶段（1978～1998 年）

第二阶段是改革开放以后至 1998 年我国特大洪灾发生前的发展阶段。这个时期，保护和改善生态环境的认识进一步提高，党中央、国务院在有关政策中正式提出了有计划、有步骤地退耕还林还牧。国务院于 1982 年 6 月 30 日颁布的《水土保持工作条例》、1991 年 6 月 29 日颁布的《中华人民共和国水土保持法》都明确规定：25°以上陡坡耕地禁止开荒种植农作物，开垦禁垦坡度以下、5°以上的荒坡地必须采取水土保持措施，对擅自开垦禁垦坡度以下、5°以上的荒坡地必须采取补救措施。这一阶段国家加大了对贫困地区的投入，把扶贫开发与生态环境建设结合起来，坚持以植树种草治理水土流失为基础，推行米粮下川上源、林果下沟上岔、草灌上坡下地的退耕还林还草道路，农民的积极性很高。

（3）试点示范阶段（1998～2001 年）

第三阶段是 1998 年特大洪灾发生后至 2001 年的试点示范阶段。1998 年我国长江、松花江、嫩江特大洪灾后，党中央、国务院将"封山植树，退耕还林"作为灾后重建、整治江湖的重要措施。为了摸索经验，完善政策，从 1999 年开始选择若干具有代表性的地方进行了退耕还林试点，西北地区的陕西和甘肃是首批开展退耕还林工程的试点省

份。2000 年 3 月国家林业局等发出《关于开展 2000 年长江上游、黄河上中游地区退耕还林（草）试点示范工作的通知》，在中西部 13 个省（自治区、直辖市）的 174 个县（团、场）正式开展退耕还林还草试点建设。2000 年 9 月国务院发出《关于进一步做好退耕还林还草工作的若干意见》。此外，在此期间，中共中央领导人和国务院多次会议一再重审退耕还林的重要性。《中华人民共和国森林法实施条例》《中华人民共和国防沙治沙法》也做出相应的规定，国务院有关部门下发了粮食供应暂行办法、粮食补助资金财政财务管理暂行办法、试点地区农业税政策、种苗管理办法、工程建设检查验收办法等。

（4）退耕还林还草工程建设阶段（2002～2013 年）

第四阶段是 2002～2013 年大规模推动工程建设阶段。2002 年 4 月《国务院关于进一步完善退耕还林政策措施的若干意见》下发；2002 年 12 月国务院颁布《退耕还林条例》。此外，国务院有关部门下发关于工程管理实绩检查、林权登记发证、作业设计技术规定、工程档案管理办法、现金补助资金管理办法、进一步做好退耕还林的粮食供应工作等的通知。工程建设范围包括北京、天津、河北、山西、内蒙古、辽宁、吉林、黑龙江、安徽、江西、河南、湖北、湖南、广西、海南、重庆、四川、贵州、云南、西藏、陕西、甘肃、青海、宁夏、新疆等 25 个省（自治区、直辖市）和新疆生产建设兵团，共 1897 个县（含市、区、旗）。西北七省（区）全部属于工程建设范围。

（5）成果巩固阶段和新一轮退耕工程（2014 年至今）

2014 年至今，我国开始了新一轮退耕还林还草工程。经国务院批准，2014 年 8 月 7 日，国家发展改革委、财政部、国家林业局、农业部、国土资源部下发了《关于印发新一轮退耕还林还草总体方案的通知》（发改西部〔2014〕1772 号），文件指出到 2020 年将全国具备条件的坡耕地和严重沙化耕地约 282.67 万 hm^2 退耕还林还草。其中包括：25°以上坡耕地 144.87 万 hm^2、严重沙化耕地 113.33 万 hm^2、丹江口库区和三峡库区 15°～25°坡耕地 24.67 万 hm^2。2014 年、2015 年分别安排退耕还林还草任务 33.33 万 hm^2 和 66.67 万 hm^2。截至 2015 年 6 月底，全国平均完成进度为 62.47%。与第一轮退耕还林相比，新一轮退耕还林还草工程在实施原则、补助政策、退耕范围确定以及组织实施等方面有较大变化。

2. 西北地区退耕还林还草工程完成情况

西北地区是我国整体自然生态环境的有效调节地和天然屏障。由于自然原因和人类活动，该地区的自然生态环境逐步发生变化，生态系统变得十分脆弱，严重地影响到本地区的经济发展和食物安全状况。西北地区退耕还林还草是建立在其与众不同的自然条件基础之上的。

（1）陕西省退耕还林还草政策执行情况

陕西是全国最早开展退耕还林试点工作的三个省份之一。1999 年全省完成退耕地还林 21.74 万 hm^2，荒山荒地造林 6.65 万 hm^2；2000 年全省 34 个县（市、区）列入试点范围，完成退耕地还林 5.33 万 hm^2，荒山荒地造林 2.07 万 hm^2；2001 年试点范围扩大到 43 个县（市、区），其中延安市 13 个县（区）全部列入试点范围，成为全国唯一的试点市，全年完成退耕地还林 4.67 万 hm²，荒山荒地造林 5.33 万 hm²；2002 年全省 10 个市 103 个县（市、区）被列入实施范围，当年完成退耕地还林 25.33 万 hm²，荒山荒地造林 28.67 万 hm²；2003 年国家下达陕西退耕地还林面积和造林面积 56 万 hm² 的计划，当年计划完成 100.4%。截至 2015 年底，陕西累计完成退耕还林 260.2 万 hm²。经过十多年的建设，陕西森林覆盖率已由 2003 年的 28.74% 提高到 2015 年的 43.06%，生态环境有了较大改善（专题表 7-13）。在工程实施期间，陕西耕地面积由 2000 年的 311.40 万 hm² 减少到 2014 年的 286.60 万 hm²，减少了近 25 万 hm²，而粮食产量不仅没有减少，反而从 2000 年的 1089.10 万 t 增加到 2013 年的 1197.8 万 t。农民年人均纯收入由 2000 年底的 1443.86 元增长为 2014 年底的 7932 元。

专题表 7-13　陕西省退耕还林还草工程完成情况　　　　　　（单位：hm²）

年份	人工造林面积						种草面积	
	总计	退耕地造林面积			荒山荒地造林面积	无林地和疏林地新封	总计	退耕地种草面积
		合计	其中的生态林面积	25°以上坡耕地退耕面积				
2003	562 405	279 641	—	—	282 764	—	2 130	1 372
2004	421 506	197 236	167 828	121 470	224 270	—	53	53
2005	62 454	546	303	516	61 908			
2006	78 377	14 682	9 420	8 165	63 695			
2007	90 050	—	—	—	90 050			
2008	74 131	—	—	—	47 469	26 662		
2009	39 328	—	—	—	26 330	12 998		
2010	60 737	—	—	—	42 543	18 194	106 739	
2011	59 356	—	—	—	48 689	10 667		
2012	47 764	—	—	—	32 829	14 935		
2013	45 385	—	—	—	30 051	15 334		
2014	3 928	—	—	—	3 262	666		
2015	58 686	57 621	—	56 741	1 065			

资料来源：经国家林业局数据库数据、《中国统计年鉴》、《中国林业统计年鉴》和各省及自治区统计年鉴数据整理得到

（2）山西省退耕还林还草政策执行情况

山西退耕还林工程自 2000 年开始，当年完成退耕地还林 2 万 hm²，荒山荒地造林 6.67 万 hm²；2001 年全年完成退耕地还林 1.67 万 hm²，荒山荒地造林 5 万 hm²；2002 年完成退耕地还林 19 万 hm²，荒山荒地造林 10.52 万 hm²。截至 2013 年底，自工程实施以来累计粮食补助达 90.45 亿元，累计生活费补助达 18.32 亿元。退耕还林区生态得到改善，水土流失和土地沙化得到缓解。在退耕还林还草工程实施的十多年中，全省森林覆盖率由 11.72% 增加到 23%，耕地面积从 2000 年的 434.20 万 hm² 减少到 2015 年的 406.20 万 hm²，减少了 28 万 hm²，而粮食产量不仅没有减少，反而从 2000 年的 853.40 万 t 增加到 2015 年的 1330.78 万 t，增幅达到 55.9%（专题表 7-14）。农民年人均纯收入也由 2000 年的 1905.61 元增长为 2014 年的 8809.4 元。

专题表 7-14　山西省退耕还林还草工程完成情况 （单位：hm²）

年份	人工造林面积						种草面积	
	总计	退耕地造林面积			荒山荒地造林面积	无林地和疏林地新封	总计	退耕地种草面积
		合计	其中的生态林面积	25°以上坡耕地退耕面积				
2003	340 055	151 436	—	—	188 619		3 078	1 851
2004	170 666	32 001	30 440	12 774	138 665	—	—	—
2005	76 411	33 999	26 799	11 312	42 412	—	—	—
2006	59 998	20 002	18 258	5 603	39 996	—	—	—
2007	80 234	—	—	—	80 234	—	—	—
2008	60 428	—	—	—	40 433	19 995	—	—
2009	35 667	—	—	—	18 996	16 671	—	—
2010	64 335	—	—	—	48 335	16 000	102 928	—
2011	45 291	—	—	—	36 621	8 670	—	—
2012	54 485	—	—	—	47 154	7 331	—	—
2013	51 394	—	—	—	44 727	6 667	—	—
2014	42 156	—	—	—	42 156	—	—	—
2015	57 968	6 667	—	6 667	51 301	—	—	—

资料来源：经国家林业局数据库数据、《中国统计年鉴》、《中国林业统计年鉴》和各省及自治区统计年鉴数据整理得到

（3）内蒙古自治区退耕还林还草政策执行情况

内蒙古退耕还林还草工程自 2000 年开始，当年完成退耕地还林 5.33 万 hm²，荒山荒地造林 8.47 万 hm²；2001 年全年完成退耕地还林 3.33 万 hm²，荒山荒地造林 6.00 万 hm²；2002 年完成退耕地还林 30.47 万 hm²，荒山荒地造林 35.80 万 hm²。截至 2013 年底，自工程实施以来累计粮食补助达 187.68 亿元，累计生活费补助达 36.71 亿元（专题表 7-15）。退耕还林区生态得到改善，土地沙化和草场退化得到缓解。在退耕还林还草工程实施的十多年中，全区森林覆盖率由 12.73%增加到 21.03%，农民年人均纯收入也由 2000 年的 2038.21 元增长为 2014 年的 8698.72 元。

专题表 7-15　内蒙古自治区退耕还林还草工程完成情况 （单位：hm²）

年份	人工造林面积						种草面积	
	总计	退耕地造林面积			荒山荒地造林面积	无林地和疏林地新封	总计	退耕地种草面积
		合计	其中的生态林面积	25°以上坡耕地退耕面积				
2003	654 897	299 317	—	—	355 580		—	—
2004	442 469	106 668	93 620	—	335 801		700	700
2005	265 565	144 003	119 196	11 007	121 562		667	—
2006	54 752	15 589	14 988	3 246	39 163		—	—
2007	73 044	19 733	16 505	1 887	47 890	5 421	1 000	1 000
2008	154 978	—	—	—	102 981	51 997	6 667	6 667
2009	52 478	—	—	—	21 143	31 335	2 333	2 333
2010	55 003	—	—	—	34 333	20 670	257 010	2 867
2011	41 563	—	—	—	26 228	15 335	—	—
2012	39 972	—	—	—	30 305	9 667	—	—
2013	42 159	—	—	—	31 158	11 001	—	—
2014	16 399	—	—	—	14 399	2 000	—	—
2015	19 616	3 334	—	—	15 282	—	—	—

资料来源：经国家林业局数据库数据、《中国统计年鉴》、《中国林业统计年鉴》和各省及自治区统计年鉴数据整理得到

（4）甘肃省退耕还林还草政策执行情况

甘肃是全国最早开展退耕还林试点工作的三个省份之一。1999 年全省完成退耕地还林 4.38 万 hm²；2000 年完成退耕地还林 5.33 万 hm²，荒山荒地造林 2.67 万 hm²；2001 年全年完成退耕地还林 2.67 万 hm²，荒山荒地造林 3.33 万 hm²；2002 年完成退耕地还林 11.33 万 hm²，荒山荒地造林 13.33 万 hm²。在三年试点时期经济还林草的面积分别为 2.83 万 hm²、2.71 万 hm²、0.87 万 hm²，占当年退耕还林面积的 39.6%、31.8% 和 13.4%，呈逐年下降趋势。坡度在 25° 以上的面积为 12.19 万 hm²，占 54.9%。涉及农户 62.93 户，约 275.34 万人。面积核实率、面积合格率、面积保存率均达到国家规定标准。1999 年退耕还林成果保存率达到 99.65%；2000 年退耕还林成果保存的面积核实率与造林合格率分别达到 103.12% 和 99.96%。2000 年退耕还林成果面积保存率达到 97.03%。经过十多年的建设，与退耕还林还草前相比甘肃森林覆盖率翻了一番，已由 2003 年的 4.83% 提高到 2013 年的 11.28%，生态环境有了较大改善（专题表 7-16）。农民年人均纯收入也由 2000 年的 1024.68 元增长为 2014 年的 6276.6 元。

专题表 7-16 甘肃省退耕还林还草工程完成情况 （单位：hm²）

| 年份 | 人工造林面积 | | | | | | 种草面积 | |
| | 总计 | 退耕地造林面积 | | | 荒山荒地造林面积 | 无林地和疏林地新封 | 总计 | 退耕地种草面积 |
		合计	其中的生态林面积	25°以上坡耕地退耕面积				
2003	526 106	261 397	—	—	264 709	—	100	100
2004	316 138	33 301	32 323	4 523	282 837	—	1 677	1 677
2005	207 640	121 929	112 298	71 793	85 711	—	—	—
2006	66 250	12 863	12 055	8 349	53 387	—	—	—
2007	75 337	449	353	67	74 888	—	—	—
2008	60 069	—	—	—	33 402	26 667	—	—
2009	42 797	—	—	—	23 206	19 591	—	—
2010	44 027	—	—	—	23 028	20 999	116 277	5 438
2011	22 164	—	—	—	13 365	8 799	—	—
2012	20 937	—	—	—	10 071	10 866	—	—
2013	19 634	—	—	—	9 571	100 063	—	—
2014	6 835	—	—	—	4 637	2 198	—	—
2015	43 470	43 336	—	43 336	134	—	—	—

资料来源：经国家林业局数据库数据、《中国统计年鉴》、《中国林业统计年鉴》和各省及自治区统计年鉴数据整理得到

（5）宁夏回族自治区退耕还林还草政策执行情况

宁夏退耕还林工程自 2000 年开始，涉及全区 18 个县（市、区）的 34.2 万农户、158 万多农民。2000 年完成退耕地还林 1.33 万 hm²，荒山荒地造林 1.73 万 hm²；2001 年全年完成退耕地还林 1.73 万 hm²，荒山荒地造林 2.13 万 hm²；2002 年完成退耕地还林 5.33 万 hm²，荒山荒地造林 6.67 万 hm²。截至 2013 年底，退耕还林还草重点区固原 5 县（区）森林覆盖率已达 17.6%。全区森林覆盖率由 2003 年的 2.2% 提高到 2013 年的 11.89%。截至 2013 年底，自工程实施以来累计粮食补助达 52.35 亿元，累计生活费补助达到 16.75

亿元。退耕还林区生态得到改善，水土流失和土地沙化得到缓解，林业生态和产业建设逐步趋于合理，全区生态进入了"整体遏制、局部好转"的新阶段。退耕还林还草工程在宁夏实施的十多年中，耕地面积减少近 15 万 hm²，而粮食产量不仅没有减少，反而从 2000 年的 253 万 t 增加到 2014 年的 377.9 万 t，增幅达到 49.4%（专题表 7-17）。农民人均纯收入由 2000 年底的 1724.3 元增长到 2014 年底的 8410 元。

专题表 7-17 宁夏回族自治区退耕还林还草工程完成情况   （单位：hm²）

年份	人工造林面积						种草面积	
	总计	退耕地造林面积			荒山荒地造林面积	无林地和疏林地新封	总计	退耕地种草面积
		合计	其中的生态林面积	25°以上坡耕地退耕面积				
2003	270 759	138 887	—	—	131 872	—	813	813
2004	144 895	65 155	10 809	54 346	79 740	—	167	167
2005	82 380	14 680	—	—	67 700	—	—	—
2006	37 165	9 380	—	—	27 785	—	—	—
2007	24 690	—	—	—	24 690	—	—	—
2008	35 844	—	—	—	35 844	—	—	—
2009	33 042	—	—	—	26 375	6 667	8 000	8 000
2010	20 238	—	—	—	17 572	2 666	14 667	—
2011	5 999	—	—	—	5 999	—	—	—
2012	8 333	—	—	—	7 667	666	—	—
2013	8 000	—	—	—	6 000	2 000	—	—
2014	—	—	—	—	—	—	—	—
2015	—	—	—	—	—	—	—	—

资料来源：经国家林业局数据库数据、《中国统计年鉴》、《中国林业统计年鉴》和各省及自治区统计年鉴数据整理得到

（6）青海省退耕还林还草政策执行情况

青海省退耕还林还草工程于 2000 年开始实施，2000 年完成退耕地还林 1.67 万 hm²，荒山荒地造林 3.87 万 hm²；2001 年全年完成退耕地还林 1.67 万 hm²，荒山荒地造林 3.6 万 hm²；2002 年完成退耕地还林 6 万 hm²，荒山荒地造林 6 万 hm²。截至 2013 年底，全省完成退耕地造林种草面积占全省坡耕地面积的 45.4%。实施退耕还林还草工程地区，生态环境初步改善，风沙危害减轻，地表径流增加。在退耕还林还草工程的全面建设阶段（2000～2005 年），环青海湖地区沙化面积减少 1.53 万 hm²，戈壁减少 1690hm²，湖水水平面由萎缩转为上升，输入黄河的泥沙量逐年减少。截至 2014 年底，全省森林覆盖率 6.1%，与 2003 年相比上升了 5.5 个百分点。耕地面积从 2000 年的 66.91 万 hm² 减少到 2014 年的 58.82 万 hm²，粮食产量由 83 万 t 增加到 104.81 万 t，农民年人均收入从 1490.49 元增长到 7282.7 元（专题表 7-18）。退耕还林还草工程的实施，使土地利用效率得到了提高，促进了"西繁东育""自繁自育"工程的深入实施，农林牧业结构得到了优化。

专题表 7-18　青海省退耕还林还草工程完成情况　　　　（单位：hm²）

| 年份 | 人工造林面积 | | | | | | 种草面积 | |
| | 总计 | 退耕地造林面积 | | | 荒山荒地造林面积 | 无林地和疏林地新封 | 总计 | 退耕地种草面积 |
		合计	其中的生态林面积	25°以上坡耕地退耕面积				
2003	88 160	60 572	—	—	27 588	—	39 808	7 276
2004	43 707	13 636	13 039	2 792	30 071	—	24 303	114
2005	38 177	8 747	7 870	546	29 430	—	12 165	200
2006								
2007	21 923	3 110	2 700	1 697	18 813	—	13 074	
2008	15 509	—	—	—	15 509	—	20 815	
2009	28 102				8 105	19 997		
2010	20 855				7 521	13 334	76 700	
2011	22 516				8 516	14 000		
2012	16 200				5 533	10 667		
2013	16 000				8 666	7 334		
2014	18 667				4 667	14 000		
2015	—				—	—		

资料来源：经国家林业局数据库数据、《中国统计年鉴》、《中国林业统计年鉴》和各省及自治区统计年鉴数据整理得到

（7）新疆维吾尔自治区退耕还林还草政策执行情况

2000 年国家将新疆的皮山县、叶城县、乌什县、库尔勒市、奇台县、博乐市、伊宁市等 7 个县、市列入了国家退耕还林工程试点示范县、市。2000 年完成退耕地还林 0.70 万 hm²，荒山荒地造林 0.09 万 hm²，分别完成计划任务的 109.9% 和 102.1%。2001 年国家又将和田、策勒和于田三县增列为国家退耕还林试点工程示范县，全年完成退耕地还林 0.47 万 hm²，荒山荒地造林 0.3 万 hm²。2002 年完成退耕地还林 2.67 万 hm²，荒山荒地造林 2.67 万 hm²。截至 2013 年底，全区累计完成退耕还林 25.62 万 hm²，荒山荒地造林 47.96 hm²，无林地和疏林地新封 10.055 万 hm²，累计新增林草面积 12.99 万 hm²（专题表 7-19）。复查结果表明，新疆的退耕还林工程合格率较高，建设质量较好，其中 2001 年造林面积的核实率达 91%，尼勒克、策勒、博乐、叶城的造林面积核实率达到 99% 以上。2000 年首批试点的 7 个县、市的造林保存率在 81% 以上，有 3 个县的造林保存率达到 98% 以上。森林覆盖率从 2003 年的 1.08% 增加到 2014 年的 4.24%。农民年人均纯收入从 2003 年的 1618.08 元增长到 2014 年的 8723.8 元。

专题表 7-19　新疆维吾尔自治区退耕还林还草工程完成情况　　（单位：hm²）

| 年份 | 人工造林面积 | | | | | | 种草面积 | |
| | 总计 | 退耕地造林面积 | | | 荒山荒地造林面积 | 无林地和疏林地新封 | 总计 | 退耕地种草面积 |
		合计	其中的生态林面积	25°以上坡耕地退耕面积				
2003	249 456	134 179	—	—	115 277		505	185
2004	97 242	34 701	31 142	443	62 541	—	—	—
2005	73 116	35 347	30 608	1 932	37 769	—	—	—
2006	39 732	10 011	8 856	257	29 721			

续表

年份	人工造林面积				荒山荒地造林面积	无林地和疏林地新封	种草面积	
	总计	退耕地造林面积					总计	退耕地种草面积
		合计	其中的生态林面积	25°以上坡耕地退耕面积				
2007	41 907	3 596	3 389	237	31 648	6 663	—	—
2008	62 308	—	—	—	51 909	10 399	—	—
2009	50 120	—	—	—	30 792	19 328	1 800	1 800
2010	39 033	—	—	—	28 635	10 398	127 634	
2011	33 066	—	—	—	23 135	9 931		
2012	47 269	—	—	—	18 802	28 467		
2013	34 094	—	—	—	18 730	15 364		
2014	15 588	—	—	—	11 590	3 998		
2015	53 318	50 531	—	—	2 787	—		

资料来源：经国家林业局数据库数据、《中国统计年鉴》、《中国林业统计年鉴》和各省及自治区统计年鉴数据整理得到（含建设兵团数据）

（8）西北七省（区）总体情况

自 1999 年陕西和甘肃作为最早的退耕还林试点省份开始退耕还林还草以来，西北七省（区）逐步开展了大规模的退耕还林生态环境建设（专题表 7-20）。截至 2013 年底，全区累计粮食补助资金 771.39 亿元，累计生活费补助 149.15 亿元。

专题表 7-20 西北七省（区）退耕还林还草完成情况

年份	人工造林面积			其中的退耕地造林面积			种草面积		
	全国（hm²）	西北七省（区）（hm²）	占比（%）	全国（hm²）	西北七省（区）（hm²）	占比（%）	全国（hm²）	西北七省（区）（hm²）	占比（%）
1999	448 000	110 300	24.62	381 500	261 200	68.47	—	—	—
2000	872 100	181 300	20.79	404 600	218 900	54.10	—	—	—
2001	983 300	195 300	19.86	420 000	162 100	38.60	—	—	—
2002	5 728 700	773 400	13.50	2 646 700	1 001 300	37.83	—	—	—
2003	6 840 890	2 691 838	39.35	3 418 116	1 325 429	38.78	196 853	46 434	23.59
2004	3 568 185	1 636 623	45.87	1 016 557	482 698	47.48	123 330	26 982	21.88
2005	2 192 908	805 743	36.74	861 187	359 251	41.72	47 582	12 832	26.97
2006	1 048 469	336 274	32.07	268 853	82 527	30.70	59 538	—	—
2007	1 124 735	407 185	36.20	85 294	26 888	31.52	40 742	14 074	34.54
2008	1 306 693	463 267	35.45	12 030	—	—	62 757	27 482	43.79
2009	898 640	281 534	31.33	739	—	—	29 277	12 133	41.44
2010	996 528	304 228	30.53	333	—	—	2 020 017	801 955	39.70
2011	741 251	229 955	31.02	59	—	—	11 400	—	—
2012	674 511	234 950	34.83	—	—	—	20	—	0
2013	653 348	216 666	33.16	—	—	—	—	—	—
2014	378 575	103 573	27.36	56	—	0	—	—	—
2015	635 690	235 058	36.98	446 280	118 153	26.48	—	—	—
合计	29 092 523	9 154 076	31.47	9 962 304	4 081 747	40.97	2 591 516	941 892	36.35

资料来源：经国家林业局数据库数据、《中国统计年鉴》、《中国林业统计年鉴》和各省及自治区统计年鉴数据整理得到

3. 退耕还林还草政策评析

在新中国成立后初期创始阶段，虽然进行了较大规模的退耕还林，绿化了荒山，但存在着一些问题：其一，退耕还林还草区域基本为高山地区，大面积水土流失严重的中低山区基本未退耕，退耕还林对抑制水土流失效果并不明显，生态效益也不显著；其二，还林方式多从木材的经济效益出发，基本上是营造以用材林为主的人工纯林，在生物保护性方面不理想；其三，受经济利益的驱动，有的退耕还林地块被划为"自留山""管理山"后，成片采伐林木的现象比较严重，使其重新变成荒山荒坡，或是被开垦以种植农作物和烤烟等经济作物，退后又返耕。

在第二阶段国家加大了对贫困地区的投入，把扶贫开发与生态环境建设结合起来，坚持以植树种草治理水土流失为基础，推行米粮下川上源、林果下沟上岔、草灌上坡下地的退耕还林还草道路，农民的积极性很高。这一时期的退耕还林有以下几个特点：一是受市场导向影响大，由前期营造用材林转向营造经济林草；二是由政府决策、组织实施转变为政府引导、林业部门技术咨询、群众自我决策组织实施；三是地块由前期的交通不便、人烟稀少的高山，转向交通相对便利的中低山；四是由过去的"大兵团"营造转向以农户家庭营造为主的方式；五是投资主体由过去以集体为主转为国家扶持贷款，国家、集体、个人相结合并以个人为主的多元投资主体。然而，在市场经济导向和利益驱动下，这一阶段的退耕还林主要由农民个人决策，以提高林业自身经济产出为出发点，大力扶持经济林发展，营造经济型防护林体系，林种单一，水土保持防护功能低下，而且退耕不稳。

1999年开始的试点阶段与前两个阶段相比有新的特点：一是退耕还林还草作为一项生态环境保护工程，被列入国家开发建设项目，具有行政行为的性质；二是明确退耕还林实施的对象是25°以上的陡坡耕地，实施的目标是恢复森林植被，改善生态环境，减少水土流失，这些区域的农村发展和农民减负，主要靠国家以粮代赈、救济扶持。在这一阶段中央政府对退耕还林还草作用和地位的认识上升到空前高度，出台的政策保证了试点工作的顺利推进，这标志着我国退耕还林进入了一个新的历史时期。这些政策表现出政府推动、计划控制、经济激励、生态优先等特点。但从政策设计来看，还存在一些不足，如因为试点阶段需要边探索边总结，一些政策规定留有一定的解释空间，不够明确；经济补偿政策缺乏灵活性，对农民补偿明显不足，缺乏工作经费、基础设施、技术服务体系等配套措施；退耕还林后续补偿机制未提及；科研及规划严重滞后；计划管理与造林生产脱节；经济林比例过大等问题。

在第四阶段，也是退耕还林还草最为关键的工程建设阶段，根据试点政策执行情况及存在问题，对退耕还林还草政策的目标、原则、范围、组织管理、规划计划、造林管护、检查验收、钱粮补助等进行明确、补充和完善，并以立法形式加以确定，其中一些政策只是进行了微调，如经济补偿政策。在这一阶段，改善生态环境作为经济发展和提高人民生活质量的重要内容第一次被列入中国的"十五"计划纲要中。退耕还林工程全面启动，退耕还林逐步走上了法制化的轨道，并且成为一项政府高度重视、社会各界广泛关注、农民群众积极支持的工程。这一阶段吸取了历史经验和教训，真正从生态系统和经济系统的复合系统角度出发，更注重人与自然的和谐统一，考虑解决"三农问题"

和维持退耕还林的长期稳定、持续发展问题，以实现生态效益与经济效益"双赢"为目标。从当地自然条件和社会经济情况实际出发，进行科学分类、因地制宜确定植被恢复途径、优化配置模式和有效的造林技术措施，以确保退耕还林工程建设更加科学化、规范化。其目的是恢复植被，减少水土流失，防沙治沙，改善日益恶化的生态环境，调整农村产业结构，增加农民收入，即"农民得利，国家得绿"。在这一阶段，政府推动、计划控制的运作特点没有改变，仍存在一些与试点相类似的问题，如经济补偿政策缺乏弹性，配套政策措施不足，退耕后续经济补偿机制缺乏，计划退耕的弊端，政府操作的低效等。

自 2014 年开展新一轮退耕还林还草建设工程，在新形势下这一阶段的政策有如下新特点：第一，"自下而上、上下结合"真正尊重农民意愿。新一轮退耕的总体思路是充分调动地方政府和农民群众积极性，使退耕还林还草成为广大群众保护生态环境、改善生产生活条件的自觉行动。第二，不限定经济林和生态林比例，要求坚持尊重规律，因地制宜。根据不同地理、气候和立地条件，宜乔则乔、宜灌则灌、宜草则草，有条件的可实行林草结合，重在增加植被盖度，合理安排退耕还林还草的规模和进度。第三，设定新退耕补助标准，缩短补助期限，提高投资效率。新的退耕还林补助标准为 2.25 万元/hm²，其中，财政部通过专项资金安排现金补助 1.8 万元/hm²，国家发展改革委通过中央预算内投资安排种苗造林费 0.45 万元/hm²；退耕还草 1.2 万元/hm²，其中，财政部通过专项资金安排现金补助 1.02 万元/hm²，国家发展改革委通过中央预算内投资安排种苗种草费 0.18 万元/hm²。第四，加强部门合作，提高政策执行力度。要求新一轮退耕范围落实到土地利用现状图上，增强林业与国土、农业部门的联系。

退耕还林工程政策经过十多年的实践，工程进展总体顺利，成效显著，在生态和社会效益方面发挥了重要作用，已经取得了很好的社会经济效果。总体上退耕还林还草工程对改善西北七省（区）生态环境、减少水土流失、缓解土地荒漠化现象起到了积极作用。第一，提高植被覆盖度，有利于减少坡地水土流失和防治风沙区的风蚀沙化，有利于减灾防灾，保障经济和社会的可持续发展。实施退耕还林，可改善生态环境，促进西部地区林业、牧业生产力及社会生产力的快速发展，为该地区社会经济的可持续发展奠定坚实的基础。第二，改善该地区生态环境。实施退耕还林，可扩大林草植被，提高水源涵养能力，改善西北地区的生态环境，有效地增强这一地区的抗旱、防涝能力，提高现有土地的生产力。第三，改变农民传统耕种习惯，调整农村产业结构和农业经济结构，促进西北经济发展和群众脱贫致富。长期以来，人们在经济落后、农业生产力低下的情况下，盲目开荒种田、以林换粮，一直是难以遏制的现象，导致水土流失严重，沙进人退，致使生态环境恶化，灾害频发，形成生态环境恶化与贫困的恶性循环。实施退耕还林工程，可改变农民传统的广种薄收的耕种习惯，使地得其用，宜林则林，宜农则农，扩大森林面积，调整农、林、牧的比例，不仅可以从根本上保持水土、改善生态环境，提高现有土地的生产力，而且可以集中财力、物力加强基本农田建设，实行集约化经营，提高粮食单产，实现增产增收。随着退耕还林工程的实施，国家将投入大量资金和物资，有利于优化配置生产要素，大力发展种植业、养殖业及农副产品加工业，加快产业化进程，调整农村产业结构，发展特色经济。第四，增加农民收入，促进乡村经济发展。实施退耕还林工程，可以调整农村产业和农业经济结构，发展特色种植业，增加农民的收入，促进乡村经济的发展。近十多年的实践证明，实施退耕还林工程，是贫困地区脱贫的有效途径。凡是实行退耕还林地方的农民，不仅有了可靠的粮食供给，还有余力从事多种经营和副业生产，收入得到了较大幅度增加。西北地区环境退化与贫困形成的恶性循环体现得尤其突出。改善生态环境有赖于贫困的缓解和经济的发展；摆脱贫困有赖于生态环境的改善。退耕还林工程是为改善生态环境而提出的，同时又为经济发展提供了良好的机遇。

（二）水土保持与恢复政策

1. 宏观层面水土保持与恢复政策

我国是世界上水土流失最严重的国家之一，现有水土流失面积 294.91 万 km^2，占国土总面积的 30.72%。严重的水土流失已成为我国头号环境问题。水土资源是一切生物繁衍生息的根基，水土保持是生态建设的主体，是经济社会发展的生命线，是保障食物安全的基础。保持水土，维护生态安全，意义重大，刻不容缓。水土保持通过因地制宜，合理调整人与自然的关系，科学布设各项措施，严格进行预防、修复、治理、保护，防止盲目无序地开发利用水土资源。

（1）《中华人民共和国水土保持法》

为了预防和治理水土流失，保护和合理利用水土资源，减轻水、旱、风沙灾害，改善生态环境，保障经济社会可持续发展，1991 年 6 月 29 日第七届全国人民代表大会常务委员会第二十次会议通过《中华人民共和国水土保持法》。该法自实施以来，对于预防和治理水土流失，改善农业生产条件和生态环境，促进我国经济社会可持续发展发挥了重要作用。但是随着近二十年中国社会经济的迅速发展，原法已经不能适应新经济形势和人民对生态环境的要求，水利部于 2005 年正式启动了《中华人民共和国水土保持法》的修订工作。经过 3 年的调研和准备，在广泛征求各方意见和全面总结原法实施以来的经验并借鉴国内外水土保持立法经验的基础上，形成了《中华人民共和国水土保持法（修订草案送审稿）》。2010 年 12 月 25 日，第十一届全国人民代表大会常务委员会第十八次会议审议通过修订后的《中华人民共和国水土保持法》，于 2011 年开始实施。新《中华人民共和国水土保持法》在原法基础上，经过修改、补充和完善，增加了 1 章 18条，内容大大丰富，产生了质的飞跃。新法认真贯彻落实科学发展观，注重以新的理念为指导，充分体现人与自然和谐的思想，将近年来党和国家关于生态建设的方针、政策以及各地的成功做法和实践以法律形式确定下来。新法强调：①政府水土保持的责任。实行水土保持目标责任制，将水土保持纳入各级人民政府考核奖惩体系。②水土保持规划的法律地位。新法增加了"规划"章节，对水土保持规划的编制依据与主体、规划类别与内容，以及相关规划衔接、协调等作了具体的规定。③水土保持的投入机制。明确国家加强对水土流失重点预防区和重点治理区的水土保持重点工程建设，加大生态修复力度；明确多渠道筹集资金，将水土保持生态效益补偿纳入国家建立的生态效益补偿制度；加强激励机制，引导和鼓励国内外单位与个人以投资、捐资等方式参与水土保持建设。④水土保持的监督管理。强化了违法行为的法律责任，在处罚手段上增加了滞纳金制度，在处罚强度上提高了罚款标准，由原来的最高 1 万元提高到最高 50 万元，加重了违法成本。

（2）《全国国土规划纲要（2016～2030 年）》

2017 年 2 月，国务院印发《全国国土规划纲要（2016～2030 年）》，这是我国首个国土空间开发与保护的战略性、综合性、基础性规划，对涉及国土空间开发、保护、整治的各类活动具有指导和管控作用。该《纲要》提出了加快构建"安全、和谐、开放、协调、富有竞争力和可持续发展的美丽国土"的总体目标，到 2030 年新增治理水土流失面积 94 万 km^2 以上。该《纲要》强调，各地区、各部门要尽快组织开展省级国土规划编制工作，调整完善资源环境、产业、投资、财税等相关规划和政策法规，建立部门协调和监督检查机制，全面推进各项工作。

（3）《全国水土保持科技发展规划纲要（2008～2020 年）》

在我国诸多生态环境问题中，水土流失涉及范围广、影响大、危害重，是生态恶化的集中反映，已成为制约经济社会可持续发展与构建和谐社会的重大环境问题之一。因此，水土保持是促进人与自然和谐、保障国家生态安全与可持续发展的一项长期的战略任务。水土保持工作的开展离不开相关科技发展的支持。水利部于 2008 年印发了《全国水土保持科技发展规划纲要（2008～2020 年）》。该《纲要》强调水土保持科技发展的指导思想：面向实际，理论研究与生产实践相结合；重点突破，长远目标和近期目标相结合；兼容并蓄，集成创新与引进吸收相结合；注重成效，实用技术开发与高新技术应用并举。

（4）《全国水土保持规划（2015～2030 年）》

2015 年水利部等七部门联合印发了《全国水土保持规划（2015～2030 年）》，这是我国水土流失防治进程中的一个重要里程碑。这部规划是我国首部获得批复的国家级水土保持规划，是今后一个时期我国水土保持工作的发展蓝图和重要依据，也是贯彻落实国家生态文明建设总体要求的行动指南。规划确定的主要任务：一是预防保护。贯彻"预防为主，保护优先"的方针，以维护和增强水土保持功能为原则，在我国所有陆地实施全面预防保护，对江河源头区、重要水源地、水蚀风蚀交错区实施重点预防，从源头上严控人为水土流失和生态破坏。二是综合治理。坚持"综合治理、因地制宜"。在水土流失地区开展以小流域为单元的综合治理，在重要水源地积极推进清洁小流域建设，在坡耕地相对集中区域及侵蚀沟相对密集区域开展专项综合治理。加强综合治理示范区建设。充分发挥综合治理"保生存、保水源、保安全、保生态"的作用，改善山丘区生产生活条件，促进产业结构调整，实现粮食增产、农业增效、农民增收。三是综合监管。建立健全水土保持法律法规体系，强化监督管理、动态监测和能力建设，提升政府公共服务及社会管理能力。

（5）水土保持科技示范园区评定办法

自 2006 年 4 月水利部办公厅印发《水利部水土保持科技示范园区评定办法（试行）》（办水保[2006]63 号）起，10 年时间里，全国各地按照评定办法积极开展工作，水利部共命名 116 个国家水土保持科技示范园区（其中完全建成 113 个），这些示范园区充分发挥了理念引领、典型示范、科学普及、宣传教育等作用，提升了社会公众水土保持生态文明理念和意识，推进了水土保持生态建设。2016 年 12 月，水利部组织重新修订了

《国家水土保持科技示范园区评定办法》，要求各地结合实际，深入推进国家水土保持科技示范园区的创建和管理工作，促进水土保持生态建设新发展。截至 2017 年 3 月，西北地区共有 28 个示范园区。其中，山西省 4 个，内蒙古自治区 1 个，陕西省 10 个，甘肃省 8 个，青海省 2 个，宁夏回族自治区 3 个（专题表 7-21）。水土保持科技示范园区所在区域的水土流失具有典型性，代表了区域内水土流失的主要类型、程度、危害及生态环境、地质地理等基本特征，起到水土保持的社会宣传、示范推广作用，有利于实施水土流失综合防治的各项措施，便于开展科学研究、科研试验和示范推广。

专题表 7-21　西北七省（区）水土保持科技示范园区

省（区）	示范园区	所属县（市、旗）
山西	山西省晋西北防风固沙水土保持科技示范园区	山西省阳高县
	山西省柳林县昌盛农场水土保持科技示范园区	山西省柳林县
	山西省阳曲县阳坡水土保持科技示范园区	山西省阳曲县
	山西省宁武县暖泉沟水土保持科技示范园区	山西省宁武县
内蒙古	水利部牧区水科所草地水土保持生态技术试验基地科技示范园区	内蒙古自治区达尔罕茂明安联合旗
陕西	陕西省西安市汉城湖水土保持科技示范园区	陕西省西安市
	陕西省咸阳市泾阳麦秸沟水土保持科技示范园区	陕西省泾阳县
	陕西省咸阳市三原县东沟水土保持科技示范园区	陕西省三原县
	陕西省商洛市丹凤县桃花谷水土保持科技示范园区	陕西省丹凤县
	陕西省汉中市西乡县樱桃沟水土保持科技示范园区	陕西省西乡县
	陕西省延川县梁家河水土保持科技示范园区	陕西省延川县
	陕西省米脂县高西沟水土保持科技示范园区	陕西省米脂县
	中国科学院长武黄土高原农业生态试验站	陕西省长武县
	中国科学院安塞水土保持综合试验站	陕西省安塞县
	中国科学院水利部水土保持研究所神木侵蚀与环境试验站	陕西省神木县
甘肃	甘肃省泾川县田家沟水土保持科技示范园区	甘肃省泾川县
	甘肃省安定区大坪村水土保持科技示范园区	甘肃省安定区
	甘肃省庆阳市南小河沟水土保持科技示范园区	甘肃省庆阳市
	甘肃省临夏州永靖县芦子沟水土保持科技示范园区	甘肃省永靖县
	甘肃省平凉市庄浪县榆林沟水土保持科技示范园区	甘肃省庄浪县
	甘肃省兰州市小青山水土保持科技示范园区	甘肃省兰州市
	甘肃省张掖市甘州区有年金龙石岗墩滩水土保持科技示范园区	甘肃省张掖市
	中国科学院甘肃临泽荒漠绿洲风沙区水土保持科技示范园区	甘肃省临泽县
宁夏	宁夏回族自治区彭阳县王洼水土保持科技示范园区	宁夏回族自治区彭阳县
	北京林业大学盐池荒漠生态系统定位研究站	宁夏回族自治区盐池县
	中国科学院宁夏回族自治区固原生态试验站	宁夏回族自治区固原市
青海	青海省长岭沟水土保持科技示范园区	青海省西宁市
	青海省互助县下沙沟水土保持科技示范园区	青海省互助县

2. 各省（区）水土保持与恢复政策

西北七省（区），尤其是黄土高原地区是我国水土流失最严重的地区。2001 年全国第二次土壤侵蚀遥感调查显示，我国水蚀面积主要分布在长江上游的云南、贵州、四川、重庆、湖北和黄河中游地区的山西、陕西、甘肃、内蒙古、宁夏等省（自治区、直辖市），风蚀最严重的地区为西北地区，仅新疆、内蒙古、青海、西藏、甘肃等5省（自治区）的风蚀面积就达到183.62万 km²，占全国风蚀总面积的95.30%。与1990年全国第一次土壤侵蚀遥感调查成果相比较，西部水蚀面积增加，西部12省（自治区、直辖市）增加了2.66%，风蚀面积基本持平。西北地区水土保持工作的成效关系着全国生态工程建设的成败，因此西北地区各级人民政府都十分重视水土保持工作，出台多项政策推进水土保持工作的顺利进行（专题表7-22）。在西北地区各级党委与人民政府高度重视和大力支持，以及全社会的普遍关注和共同参与下，水土保持事业得到了长足发展，取得了明显的成效。坚持因地制宜，以小流域为单元，打坝淤地、植树种草、实施综合治理，水土流失治理速度明显加快。认真贯彻"预防为主，保护为先"的工作方针，加强了水源区水土保持，依靠大自然的力量促进生态修复。省（区）、市、县、乡、村5级水土保持监督执法网络基本形成，水土保持方案编制、水土保持工程施工、监测监理等技术服务支撑体系日益完善，水土保持监督执法不断加强，全社会水土保持意识显著提高，水土保持事业取得了较大进步。2001~2014年，西北七省（区）累计水土流失治理面积分别为，山西7738.34万 hm²，占全国累计治理面积的5.2%；内蒙古14 598.70万 hm²，占全国累计治理面积的9.9%；陕西13 004.11万 hm²，占全国累计治理面积的8.8%；甘肃11 341.49万 hm²，占全国累计治理面积的7.7%；宁夏2523.09万 hm²，占全国累计治理面积的1.7%；青海1149.43万 hm²，占全国累计治理面积的0.78%；新疆547.74万 hm²，占全国累计治理面积的0.37%。

专题表7-22　西北七省（区）水土保持政策、法规和相关文件

省（区）	政策、法规和相关文件	公示/文号	年份
山西	《山西省汾河流域生态修复与保护条例》	山西省人民代表大会常务委员会公告（第四十二号）	2017
	《关于印发汾河流域生态修复项目投融资和管理工作指导意见的通知》	晋政办发〔2017〕98号	2017
	《山西省实施〈中华人民共和国水土保持法〉办法（2015修订）》	山西省第十二届人民代表大会常务委员会第二十一次会议通过	2015
	《山西省环境保护"十二五"规划》	晋政发〔2012〕24号	2012
	《山西省水资源管理条例》	山西省第十届人民代表大会常务委员会第三十四次会议通过	2007
	《山西省封山禁牧办法》	山西省人民政府令2007年第210号	2007
内蒙古	《内蒙古自治区水土保持补偿费征收使用实施办法》	内财非税规〔2015〕18号	2016
	《呼和浩特市水土保持条例（修订）》	内蒙古自治区第十二届人民代表大会常务委员会第七次会议	2014
	《内蒙古自治区公益林管理办法》	内蒙古自治区人民政府令2007年第152号	2007
	《内蒙古自治区水土保持生态建设项目管理办法（试行）》	内政办发〔2001〕26号	2001
陕西	《陕西省水土保持条例》	陕西省人民代表大会常务委员会公告〔十二届〕第三号	2013
	《陕西省水土保持补偿费征收使用管理实施办法》	陕财办综〔2015〕38号	2015
	《陕西省渭河流域管理条例》	陕西省人民代表大会常务委员会公告〔十一届〕第六十四号	2012

续表

省（区）	政策、法规和相关文件	公示/文号	年份
陕西	《陕西省煤炭石油天然气资源开采水土流失补偿费征收使用管理办法》	陕政发〔2008〕54 号	2008
宁夏	《生产建设项目水土保持监督管理办法》	办水保〔2019〕172 号	2019
	宁夏回族自治区实施《中华人民共和国水土保持法》办法（2015 修订）	宁夏回族自治区人民代表大会常务委员会公告〔十一届〕第二十四号	2015
甘肃	《甘肃省"十三五"环境保护规划》	甘政办发〔2016〕70 号	2016
	《甘肃省"十三五"循环经济发展规划》	甘政办发〔2016〕128 号	2016
	《甘肃省石羊河流域地下水资源管理办法》	甘肃省人民政府令 2014 年第 109 号	2014
	《甘肃省建设国家生态安全屏障综合试验区 2014 年实施方案》	甘政办发〔2014〕81 号	2014
	《甘肃省水土保持行政处罚自由裁量权参照执行标准》	甘水水保发〔2014〕290 号	2014
	《甘肃省水土保持条例》	甘肃省人民代表大会常务委员会公告 2012 年第 64 号	2012
青海	《青海省水土保持目标责任专项考核办法（试行）》	青政办〔2019〕50 号	2019
	《青海省水污染防治工作方案》	青政〔2015〕100 号	2015
	《青海省水土保持补偿费使用管理实施办法》	青财综字〔2014〕1899 号	2014
	《进一步加大祁连山省级自然保护区保护与治理工作方案》	青政办〔2014〕142 号	2014
新疆	《新疆维吾尔自治区水土保持目标责任考核暂行办法》	新政办发〔2018〕5 号	2018
	《新疆维吾尔自治区水污染防治工作方案》	新政发〔2016〕21 号	2015
	《新疆维吾尔自治区实施〈中华人民共和国水土保持法〉办法》	新政办发〔2015〕46 号	2015
	《新疆维吾尔自治区生产建设项目水土保持方案管理办法》	新水厅〔2014〕50 号	2014
	《新疆维吾尔自治区取水许可管理办法》	新疆维吾尔自治区人民政府令 2014 年第 189 号	2014

在多年水土保持实践中，西北七省（区）执行国家各项相关法律、法规，适时出台一系列政策和制度，建立了省级水土保持与恢复的政策体系（专题表 7-22）。西北七省（区）在探索水土流失综合治理和优化方面积累了较多经验，对推进水土流失治理和改善地区乃至全国生态环境产生了重大积极影响。把水土保持生态建设引入以大流域为规划单元、小流域为治理设计单元，以调整土地利用和产业结构为核心，以节约保护、合理开发、优化配置水土资源为主线，坚持人与自然和谐相处理念，发挥生态自我修复能力，进一步推进水土资源的可持续利用和生态环境的可持续维护。作为水土保持政策的先行试点区域，西北地区在水土保持政策实施过程中采取综合防治的措施，包括试验园区推广、改变小地形、推广高效利用水土资源的各项耕作手段，以拦蓄泥沙为重点的各项水土保持工程措施等，取得了显著的生态效应。同时，水土保持政策的实施为缓解区域贫困、促进经济增长做出一定贡献，取得了显著的经济效应，为全国其他地区提供了示范效应。但是在水土保持政策实施过程中仍存在如缺乏部门协调联动机制、各项投入管理不够规范、各项相关法律法规执法和监督不到位、行政手段较多而有效的经济手段仍不足等亟待解决的问题。水土保持是一项以恢复和改善

生态环境为主，结合资源开发和产业建设的系统工程，水土保持综合治理需要管理机制、投资机制、激励机制等各方面协同合作，以达到有效防治水土流失，促进水土资源合理利用的目的。在今后的实践中应加强各部门协作，构建合理有效的水土保持政策组合，深化市场机制在水土保持中的作用，提高水土保持投资效果，结合退耕还林还草工程，为治理沙尘雾霾等打下坚实基础。

（三）农田水利灌溉工程政策

1. 农田水利工程政策概览

（1）《农田水利条例》

2016 年 5 月国务院公布《农田水利条例》，明确发展农田水利，要坚持政府主导、科学规划、因地制宜、节水高效、建管并重的原则。专家认为，该《条例》的出台，将进一步规范农田水利规划、建设、运行、管理，有助于建立健全农田水利基本制度和长效机制，为农业稳定发展和国家粮食安全提供坚实的法治保障。

在经济新常态大背景下，农田水利工作的根本指针是节水高效。我国水资源严重短缺，农业用水矛盾日益突出。农业是用水大户，近年来农业用水量约占社会总用水量的 62%，部分地区高达 90%以上，农业用水效率不高，节水潜力很大。农业节水需要加强农业水利工程建设，鼓励推广应用喷灌、微灌、管道输水灌溉、渠道防渗输水灌溉等节水灌溉技术，以及先进的农机、农艺和生物技术等，提高灌溉用水效率。该《条例》一方面规定了农田灌溉用水实行总量控制和定额管理相结合的制度，并鼓励推广节水灌溉技术；另一方面，强调农田水利工程建设与管护要充分考虑当地水资源条件，明确指出水资源短缺地区要限制发展高耗水作物，地下水超采区要禁止农田灌溉新增取用地下水。

西北七省（区）大部分位于干旱、半干旱地区，水资源供需矛盾是制约该地区可持续发展和食物安全的主要瓶颈。因此，该地区要严格按照水资源配置总量，控制灌溉发展规模，以提高水资源效率为前提，加强农田水利建设。重点发展渠道防渗，在适宜地区大力推广膜下滴管技术、喷灌技术。在水资源条件允许地区，适度发展大、中型机械化行走式喷灌；在具有水自流条件的地区优先发展自压喷灌、微灌和管道输水，减少水蒸发。在内陆河区优先发展高效节水农业，维护生态安全。

（2）各部委农田水利灌溉工程相关政策

加强农业基础建设，是确保粮食等主要农产品基本供给的重要保障。2008 年 12 月，国家发展改革委联合农业部共同印发的《全国旱作节水农业发展建设规划（2008～2015年）》强调：改善农田抗旱节水的基础条件，发展抗旱节水的新设备，构建抗旱节水技术支撑体系，稳步推进节水型旱作制度。2011 年 7 月，科技部印发的《国家"十二五"科学和技术发展规划》中提出要通过精准化、信息化节水灌溉设备提高农业用水效率，尤其是西北干旱和半干旱地区的用水效率，建立节水农业综合技术体系。2012 年 5 月，科技部印发的《节水农业科技发展"十二五"重点专项规划》中提出我国"十二五"期间节水农业科技主要开展五个方面的工作：作物用水过程调控基础研究、作物高效用水精良控制技术、节水灌溉装备新材料与工程控制技术、灌溉区农业节水关键技术集成与示范和旱作区农田水分高效利用技术集成与示范。

（3）西北七省（区）农田水利灌溉工程相关政策

西北地区是水资源严重匮乏区，水资源一直是该地区社会经济可持续发展的瓶颈因素，同样也威胁着区域食物安全目标的实现。由于农业用水总量不可能无限制大幅度增加，因此想要扩大灌溉面积、提高灌溉保证率，均只能依靠提高灌溉水的利用率和水分生产率。此外，高效现代农业对灌溉保证率、灌水方法与技术的要求更高，对灌溉的依赖性更强，农田水利基本建设必须与区域现代农业发展要求相适应。加快现有灌区的持续配套和更新改造，是稳定粮食生产能力的战略举措。西北七省（区）各级党委、政府都十分重视农田水利建设（专题表 7-23）。

专题表 7-23　西北七省（区）农田水利相关政策、法规和文件

省（区）	政策法规	公示/文号	年份
山西	《汾河流域生态修复项目投融资和管理工作指导意见》	晋政办发〔2017〕98 号	2017
	《关于推进农业水价综合改革的实施意见》	晋政办发〔2016〕147 号	2016
	《山西省农业灌溉机井水价补贴实施意见》	晋水农水〔2010〕588 号	2010
	《山西省大中型泵站灌溉电价水价补贴管理办法》	晋政办发〔2009〕138 号	2009
	《山西省农业灌溉工程建设管理办法（试行）》	晋水农水〔2008〕113 号	2008
内蒙古	《内蒙古自治区关于加强地下水生态保护和治理的指导意见》	内政发〔2018〕52 号	2018
	《内蒙古自治区土壤污染防治三年攻坚计划》	内政发〔2018〕97 号	2018
	《内蒙古自治区农业水价综合改革实施方案》	内政办发〔2016〕158 号	2016
	《内蒙古自治区从土地出让收益中计提农田水利建设资金使用管理办法》	内财农〔2014〕1489 号	2014
	《内蒙古自治区生态脆弱地区移民扶贫规划》	内政办发〔2013〕29 号	2013
	《内蒙古自治区新增"四个千万亩"节水灌溉工程实施办法》	内政办发〔2012〕140 号	2012
	《内蒙古自治区 2011 年农村牧区综合改革工作要点》	内政办发〔2011〕45 号	2011
	《内蒙古自治区草原生态保护补助奖励机制实施方案》	内政办发〔2011〕54 号	2011
	《内蒙古自治区重大水利工程建设基金征收使用管理暂行办法》	内财非税〔2010〕843 号	2010
陕西	《陕西省农田建设项目管理实施办法（试行）》	陕农发〔2019〕117 号	2019
	《陕西省水利发展"十三五"规划》	陕西省"十三五"规划系列	2017
	《陕西省地下水条例》	陕西省人民政府公报 2016 年第 6 期	2016
	《关于健全完善基层水利服务体系的实施意见》	陕水发〔2012〕92 号	2012
	《陕西省财政小型农田水利重点县建设管理实施细则》	陕财办农〔2010〕2 号	2010
	《陕西省基本农田及小型水利设施建设规划方案》	陕政办发〔2005〕25 号	2005
	《陕西省节水型社会发展纲要》	陕政〔2003〕47 号	2003
宁夏	《宁夏回族自治区农田建设补助资金管理实施细则》	宁财规发〔2019〕23 号	2019
	《宁夏灌溉渠系工程安全评价技术标准》	宁水资发〔2018〕17 号	2018
	《宁夏回族自治区农业水价综合改革实施方案》	宁政办发〔2017〕94 号	2017

续表

省（区）	政策法规	公示/文号	年份
宁夏	《宁夏回族自治区小型水利工程管理办法》	宁政办发〔2016〕80 号	2016
	《宁夏回族自治区高标准农田水利建设导则》	宁夏水利厅 2012 年 11 月公告	2012
	《宁夏回族自治区小型农田水利重点县建设管理实施细则（暂行）》	宁财农发〔2010〕227 号	2010
	《宁夏回族自治区小型农田水利重点县建设资金绩效考评办法（暂行）》	宁财农发〔2010〕226 号	2010
	《宁夏回族自治区小型农田水利设施建设补助专项资金管理实施细则（暂行）》	宁财农发〔2010〕225 号	2010
甘肃	《甘肃省推进农业水价综合改革实施方案》	甘政办发〔2016〕118 号	2016
	《甘肃省土壤污染防治工作方案》	甘政发〔2016〕112 号	2016
	《甘肃省农村饮用水供水管理条例》	甘肃省第十二届人民代表大会常务委员会第十九次会议通过	2015
	《甘肃省灌区农田高效节水技术推广规划（2015—2017 年）》	甘政办发〔2014〕166 号	2014
	《甘肃省土地整治规划（2011—2015 年）》	甘政发〔2013〕20 号	2013
	《甘肃省加快水利改革试点方案》	甘政办发〔2012〕185 号	2012
青海	《青海省农田水利建设"十三五"规划》	青海省发展改革委公布，"十三五"规划系列之专项规划	2017
	《关于加强和规范设施农业用地管理的办法》	青自然资规〔2020〕2 号	2020
	《青海省推进农业水价综合改革实施方案》	青政发〔2017〕21 号	2017
	《青海省永久基本农田划定工作方案》	青政办〔2015〕182 号	2015
	《青海省实行最严格水资源管理制度考核办法》	青政办〔2014〕51 号	2014
	《青海省地方水利建设基金筹集使用和管理实施办法》	青政办〔2012〕226 号	2012
新疆	《新疆维吾尔自治区农业水价综合改革实施方案》	新政发〔2017〕29 号	2017
	《新疆水权改革和水市场建设指导意见》	新政发〔2017〕30 号	2017
	《新疆维吾尔自治区农业高效节水工程建设补助资金管理办法》	新财农〔2015〕11 号	2015
	《新疆维吾尔自治区节水灌溉示范项目建设管理办法》	新发改农经〔2014〕1516 号	2014
	《关于推进自治区水价综合改革的实施意见》	新政办发〔2012〕129 号	2012
	《新疆维吾尔自治区水利工程管理和保护办法》	新疆维吾尔自治区人民政府令 2011 年第 168 号	2011
	《新疆维吾尔自治区农业高效节水灌溉工程标准化、规范化建设及运行管理办法（试行）》	新水农水〔2011〕13 号	2011
	《关于加快水利改革发展的意见》	新党发〔2011〕21 号	2011
	《新疆维吾尔自治区农牧业现代化建设规划纲要(2011—2020 年)》	新党发〔2010〕15 号	2010
	《关于加强我区农业末级渠系监督管理工作的意见》	新发改农价〔2007〕783 号	2007
	《新疆维吾尔自治区灌区基层管理体制改革实施意见》	新政发〔2005〕78 号	2005

2. 西北七省（区）农田水利灌溉工程成果和评析

截至 2013 年底，西北七省（区）建成灌区 1676 个，其中 30 万亩以上大型灌区 93 个，有效灌溉面积达到 1233.38 万 hm²。与 2001 年相比，从总量上看，灌区总数增加了 412 个，有效灌溉总面积增加了 475.28 万 hm²；从结构上看，30 万～50 万亩灌区减少了 10 个，50 万亩以上大型灌区数量虽然增加了 2 个，但是有效灌溉面积减少了 124.95 万 hm²，说明增加的灌区和灌溉面积以中小型灌区为主。农业用水量自 2009 年的高峰之后较为稳定，维持在 910 亿～920 亿 m³。截至 2015 年底，西北七省（区）节水灌溉面积达到 928.67 万 hm²，占当年全国节水灌溉面积的 29.90%。与 2004 年相比，节水灌溉面积共增加 348.87 万 hm²，而在全国的占比比 2004 年的 10.64% 提高了近 20 个百分点，其中新疆和内蒙古新增节水灌溉面积较多，分别为 178.21 万 hm² 和 112.11 万 hm²。节水灌溉面积占灌溉面积的 72.90%、占耕地面积的 31.23%，分别比 2004 年提高 12 个百分点和 6 个百分点左右。截至 2015 年底，已建成投入使用的乡办水电站 2156 个，其中山西 149 个、内蒙古 40 个、陕西 680 个、甘肃 673 个、宁夏 245 个、新疆 366 个，装机总容量 8289.7 万 kW，发电量 2584.29 亿 kW·h，能提供约 25% 的当年农村用电量。

在节水灌溉面积中，微灌、滴灌等灌溉面积不断增加。这说明各级政府面对水资源匮乏、气候干燥、蒸发量大等现实瓶颈因素，因地制宜依靠科技大力发展节水农业和中小型农田水利的政策初显成效。农田水利建设改善了农业生产条件，加快了农业产业结构调整步伐，培育和壮大了果业、蔬菜、药材、经济作物等区域产业，为促进农村增收和农村经济社会持续发展奠定了坚实基础，也为食物安全提供了强有力的保障。但是与全国相比，西北地区农业用水效率仍然较低，平均农田灌溉水有效利用系数仅为 0.53。随着现代农业的不断发展，为了全面贯彻党中央和国务院大力发展节水农业的政策方针，突破区域自然资源和气候条件的限制，在不破坏生态环境的条件下实现粮食稳定供给，确保区域食物安全，需要进一步提高农业用水效率，这就对农田水利设施建设提出了更高更新的要求。目前农田水利建设和使用中存在的问题主要表现在：水利设施配套程度低、建设年代久远、自然损毁程度高、管理体制不顺导致管理不善和建成后使用效率不高。造成这些问题的主要原因在于，一是资金投入严重不足；二是项目设计规划缺乏科学性；三是管理较为混乱，导致资金和设施利用效率不高；四是缺乏事后监管和评定机制。针对这些问题，首先要重视农田水利建设，加大投入，尽快形成稳定增长的小型农田水利建设投入长效机制；其次要规范管理，全面总结农田水利设施项目资金使用管理经验，不断完善管理制度，强化监管措施；再次要搞好前期调研、规划，立足本地水情多方论证，以确保项目建设的科学性；最后要加强事后监管，提高使用效率。

（四）财政支农政策

农业为人类的生存和发展提供了必要的生活资料，在整个国民经济发展中具有不可替代的特殊地位，是确保区域食物安全的基础产业。财政支农是政府通过财政杠杆实施的，以支持和保护农业发展、提高农民收入为直接目的的各种直接和间接的资金投放方式。农民增收，是确保低收入群体和贫困人口食物安全的重要保障；农业增效，是进一步开展退耕还林工程、重建和修复西北地区脆弱生态环境的前提下保障地区食物安全的基础；深化农村改革，是理顺生产关系、进一步解放农业生产力的动力所在。财政农业支持存在其客观必然性。首先，农民收入水平的高低直接决定农业的自身积累和发展能力，是确保低收入群体食物安全的关键。农民收入问题不仅关系到农村的改革、发展和稳定，也关系到国民经济和社会发展的全局。其次，提高农业综合生产能力，实现农产品的安全供给需要财政支持。农业综合生产能力是指一定地区、一定时期和一定社会经济技术条件下，由全部农业要素投入所形成、可以相对稳定地达到一定水平的农业综合产出的能力，是衡量一个地区农业生产总体水平和农村经济实力的重要标志。目前，西北地区农业综合生产能力已有很大提高，基本上解决了粮食等主要农产品的长期供给不足问题。但是食物供给的构成和营养结构仍与全国水平有较大差距，因此农业综合生产能力的提高和农产品的安全供给仍是新阶段西北地区农业发展的重要目标。现阶段我国农业正处在由传统农业向现代化农业转变的关键时期。要提高农业综合生产能力，必然要求政府增加对农业生产的科技投入。而农业生产条件的公共产品属性和农业科技投入的外部性都决定了财政农业支持的必然性。西北地区农业综合生产能力赖以依存的物质基础相当脆弱，面临着可利用耕地有限、水资源紧缺和生态环境脆弱的严重制约，农业的可持续发展和综合生产能力的提高都将受到这些不利因素的影响。而这些不利因素都严重地制约着西北七省（区）食物的安全、稳定供给。最后，保持农村稳定、增强农村基础设施建设需要财政支持。立足长远、注重稳定，就必然要求政府充分运用财政政策、资金、服务等手段在政策上倾斜，资金上投入，服务上尽力、大力支持农村各项事业的发展。加大财政支持力度、加强农村基础设施建设，这是同农民的生产生活直接相关的，能让广大农民普遍持续受益。而农村的稳定则是保障区域食物安全供给的重要社会环境基础。综上，财政政策是以"农业、农民和农村"为中介变量，通过对农业的支持实现区域食物安全的间接目标。

1. 西北七省（区）财政支农现状分析

衡量政府财政对农业投资的规模有两种常用方法，一种是衡量政府财政对农业投资的绝对规模，另一种是衡量政府财政对农业投资的相对规模。绝对规模是用财政对农业投资的绝对额表示，相对规模通常是用政府财政对农业投资的绝对额与当年财政支出总量或农业的比值来表示。

从全国范围来看，自 1997 年以来在绝对规模上我国政府财政对农业的投资是增长的，见专题图 7-3。2012 年财政支出资金为 125 712.3 亿元，是 1997 年的 13 倍，年均增长率约为 18.65%。与之对应的财政对农业的投资从 1997 年的 766.4 亿元增长到 2012 年的 12 387.6 亿元，年均增长率约为 20.38%，略高于财政支出增速。

从相对量来看，1997～2012 年财政支农支出占财政支出的比例相对比较稳定，除了 1998 年比较特殊之外，其他年份都保持在 7%～10%。这样的支出规模与农业的国民经济基础地位是不相符的，与我国人口 2/3 是农村人口的国情更是不相符的。

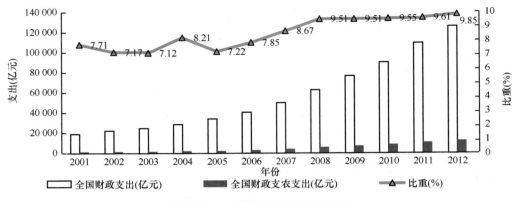

专题图 7-3　全国财政支农支出占比
资料来源：根据国家统计局资料计算

　　从西北七省（区）的情况看，1997 年以来财政支农支出持续增长，2012 年财政支农支出 2078.78 亿元是 1997 年的 28 倍左右，年均增长率约为 24.88%，高于全国水平，同时也高于西北七省（区）财政支出 21.58% 的年均增长率（专题图 7-4 和专题图 7-5）。1997～2012 年，财政支农支出占财政支出的比例为 6%～12%，波动性略大于全国平均水平。从增长速度来看，2007 年为一个分水岭，从 2007 年开始西部财政支农支出的增长速度明显大于全国水平，表现出这一时期国家政策向西部地区的倾斜（专题表 7-24）。总体来看，西部地区财政农业支持力度近几年虽然有所好转，但仍然存在政府农业支出不足，与农业在国民经济中的地位明显不符的现象。

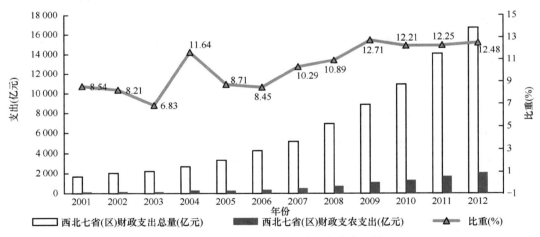

专题图 7-4　西北七省（区）财政支农支出情况
资料来源：根据国家统计局资料计算

　　从西北各省（区）来看，在财政支农支出绝对规模上，内蒙古和陕西处于领先地位，1997～2012 年，两省（区）累计财政支农支出分为达到 2037.68 亿元和 1843.50 亿元。从相对规模来看，甘肃、宁夏和新疆三省（区）财政支农支出占财政总支出的比例较其他省（区）高，2012 年宁夏财政支农比例更是达到 16.17%。与全国其他地区相比，西北地区财政支农支出总额仍然较低，除内蒙古和陕西之外，其他省（区）排名基本都在 20 名之后。

专题表 7-24 西北各省（区）财政支农支出

年份	陕西省			山西省			内蒙古自治区			甘肃省			青海省			宁夏回族自治区			新疆维吾尔自治区		
	财政支农支出（亿元）	占财政支出比例（%）	全国位次	财政支农支出（亿元）	占财政支出比例（%）	全国位次	财政支农支出（亿元）	占财政支出比例（%）	全国位次	财政支农支出（亿元）	占财政支出比例（%）	全国位次	财政支农支出（亿元）	占财政支出比例（%）	全国位次	财政支农支出（亿元）	占财政支出比例（%）	全国位次	财政支农支出（亿元）	占财政支出比例（%）	全国位次
2001	34.55	9.87	9	20.08	6.94	19	34.86	10.40	8	19.65	8.33	21	7.41	7.31	28	7.48	7.99	27	18.52	7.03	23
2002	40.30	9.94	9	24.66	7.38	21	36.49	8.83	11	26.53	9.66	18	8.45	7.12	28	9.24	8.06	27	20.36	5.64	25
2003	29.08	6.92	15	26.19	6.30	18	35.55	7.55	11	20.65	6.82	25	7.49	6.08	29	8.64	8.17	27	23.20	6.30	23
2004	74.83	14.50	6	46.04	8.87	19	75.64	12.60	4	47.00	13.17	17	15.92	11.59	28	18.36	14.92	27	33.81	8.03	22
2005	62.00	9.70	12	46.17	6.90	18	72.02	9.80	7	42.46	9.89	22	14.93	8.78	28	17.57	10.96	27	34.14	6.58	24
2006	81.73	9.92	9	54.17	5.92	20	87.67	9.58	6	52.78	9.98	22	16.91	7.87	28	21.29	11.02	27	46.45	6.85	23
2007	100.09	9.50	17	84.54	8.05	22	108.52	10.00	12	84.74	12.55	21	29.27	10.37	28	27.92	11.54	29	98.43	12.40	18
2008	146.29	10.20	15	109.69	8.34	21	160.72	11.00	10	107.34	11.08	22	42.44	11.66	30	45.20	13.92	29	143.16	13.50	16
2009	220.72	12.00	14	198.47	12.71	19	222.36	11.50	13	158.95	12.75	22	57.85	11.88	31	68.68	15.88	29	196.78	14.60	20
2010	267.16	12.00	15	201.71	10.44	21	281.00	12.30	14	196.27	13.36	22	69.50	9.35	30	94.23	16.90	27	220.50	13.00	20
2011	333.79	11.40	14	241.45	10.21	21	391.68	13.10	8	237.66	13.27	22	104.74	10.83	30	112.19	15.89	28	297.59	13.00	17
2012	376.45	11.30	16	309.63	11.35	20	450.83	11.90	7	302.37	14.65	21	134.31	11.59	29	139.80	16.17	28	365.39	13.40	18

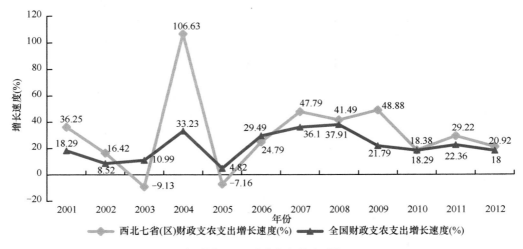

专题图 7-5 财政支农增速对比
资料来源：根据国家统计局资料计算

2. 西北七省（区）财政支农结构分析

现行我国统计资料将政府财政对农业的投资分为农业基本建设支出、支援农业生产支出、农林水利气象部门事业费、农业科技三项费、农村救济费和其他支出五个项目。而对于西部地区来说，以上的支出项目中，支援农业生产支出、农林水利气象部门事业费和农业科技三项费是主要的支出项目，它们合计的比例一般超过政府财政对农业投资支出比例的 70%。

支援农业生产支出是指国家财政支援农村集体户各项生产的支出。包括对农村的小型农田水利和打井、喷灌等的补助费，对农村水土保持措施的补助费，对农村小水电站的补助费，特大抗旱的补助费，农村开荒补助费，扶持乡镇企业资金，支援农村合作生产组织资金，农村农技推广和植保补助费，农村草场和畜禽保护补助费，农村造林和林木保护补助费，农村水产补助费，发展粮食生产专项资金。农林水利气象部门事业费是国家财政用于农垦、农场、畜牧、农机、森工、水利、水产、气象、乡镇企业的技术推广、良种推广示范、动植物畜禽、森林保护、水质监测、勘探设计、资源调查、干部训练等的费用，园艺特产补助费，中等专业学校经费，飞播牧草试验补助费，营林机构、气象机构经费，渔政费，以及农业管理事业费等。农业科技三项费是指中央财政和地方财政用于农业综合开发项目的投资及配套资金支出。

农林水利气象部门事业费主要是用于农业部门各事业单位的人员经费，包括工资和公用费用，占据了这三部分财政支农资金中一半以上的比例，尤其是到了 1999 年以后，这一比例从 51% 逐步上升。造成该项支出膨胀的主要原因一是随着农业事业的迅速发展，农业的社会化服务体系日益健全；二是改革开放之后我国行政事业等公务员工资福利开支增大，国家财政负担较重。而其他的两项，支援农业生产支出和农业科技三项费，是真正用于生产领域的建设资金，具有极高的社会公共性，对农业增长能够产生巨大的推动力，是农业持续发展的基础。这两个指标的投入总量基本稳定。这与近年来中央和财政部提出的财政向西部农业倾斜的政策及财政支农力度不断加大的趋势是不相符的。

3. 财政支农管理方式分析

财政农业支出涉及政府多个部门，实行分散化管理，并且政府部门之间多数存在业务上的垂直指导关系。在我国的政府组成部门中，除了农业农村部是作为专门主管农业与农村经济发展的国务院组成部门外，有关农业与农村社会经济发展的诸多事项分散在国务院其他部委当中，有些部委还有专门的或与农业和农村经济发展相关的司局。

除了财政农业支出实行分块管理，部门分割严重，有限的资金不能形成合力这个原因之外，造成政府财政支农资金使用效果不理想的原因还有以下方面。第一，政府财政支农资金使用监督机制落后。政府投资的农业项目实行按投资额度确定权限，审批手续繁杂、程序较多。项目审批制度化、公开化、科学化不够，存在一定的盲目性和随意性。财政支农工作的主要内容往往是分资金、下指标，重资金分配、轻资金管理。农业项目的管理存在诸多漏洞，使得很多项目的实施效果较差。第二，农村财政支出职责与其财力不匹配，加剧了县乡基础财政困难。在这种情况下，将农业和农村社会经济发展事业的财政投入职责界定为地方特别是县乡财政的支出范围，若没有比较规范的财政转移支付来给予财力上的支持，会使得县乡财政支持农业和农村社会经济事业显得力不从心。综上，现有的财政支农投入无论在支出总量上、支出结构上，还是资金管理上都存在着一定问题，支持效率较低。

（五）城乡居民增收与贫富差距水平评估

城乡居民增收，尤其是农民增收，是确保低收入群体食物安全的重要保障。国务院办公厅于 2014 年 1 月发布《中国食物与营养发展纲要（2014～2020 年）》。该《纲要》按照分类指导、突出重点、梯次推进的思路，提出了三个重点发展的区域，即贫困地区、农村地区和流动人群集中及新型城镇化地区。截至 2015 年底，我国农村人口约 6.03 亿，占全国总人口的 43.90%，农村贫困人口约 5575 万人，占全国总人口的 4.06%。西北地区是我国经济欠发达地区，农业占国民经济比例较大，农业人口多，人均收入水平较低，大部分地区为老少边穷地区，因此这部分人口的食物安全保障是今后一段时间工作的重点。增加农民收入、缩小城乡收入差距和东西部收入差距，是确保农村贫困人口食物安全的基础。由于农村非农产业的衰退，农村劳动力的就业环境并不宽松，农民负担并未得到有效控制等，农民收入增长乏力问题日益突出，严重挫伤了农民的生产积极性。针对这一问题，政府将增加农民收入政策放在了每年工作的显著位置上，并制定了具体措施。包括：支持粮食主产区粮食产业发展，促进农业结构调整，发展农村第二、三产业，改善农民工就业环境，发挥市场机制作用，搞活农产品流通，加强农村基础设施建设，深化农村改革等。

首先，从农民人均纯收入来看，2000～2013 年我国农民人均纯收入连年上涨，从2253.42 元增长到 8892 元，年均增长率为 11.14%。2013 年，西北七省（区）中内蒙古农民人均纯收入最高，到达 8595.73 元，但仍低于全国平均水平；除了山西和甘肃，其余 5省（区）年均增速均超过全国平均水平，其中新疆年均增速最快，达到 12.28%，见专题图 7-6。

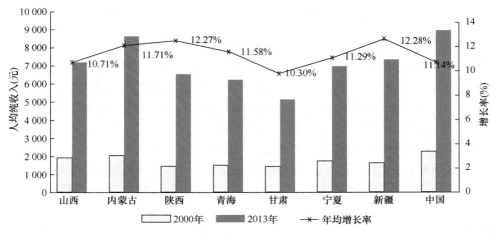

专题图 7-6　农民人均纯收入增长情况
资料来源：根据国家统计局资料计算

　　其次，与同期城镇居民收入相对比，农民收入增速较低，收入差距在拉大。全国城镇居民收入年均增速高出农民人均收入增速 1.3 个百分点，西北省（区）中，只有新疆农民收入增速高于城镇居民收入增速。农村居民和城镇居民收入差距在扩大，见专题图 7-7 和专题表 7-25。除新疆外，其他六省（区）农民收入占比都呈现不同程度的下降趋势，其中山西省下降最为严重，超过 10 个百分点。西部七省（区）2013 年农民人均收入平均为 6826 元，仅相当于全国平均水平的 76%，是上海当年农民人均收入 19 595 元的 34.84%。2013 年七省（区）农民的人均纯收入只相当于当年七省（区）城镇居民人均平均收入的 29.21%。应该说，这种区域内城乡居民的收入差距大于区域之间农村居民收入差距的现象，在西部地区是普遍存在的。不仅如此，由于非农产业不发达，收入的稳定性较差，西部地区农民收入的结构也比较单一。

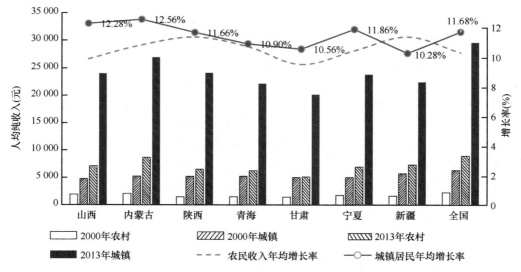

专题图 7-7　农村居民收入与城镇居民收入对比
资料来源：根据国家统计局资料计算

专题表 7-25 农村居民和城镇居民人均收入比（农村/城镇） （%）

年份	山西	内蒙古	陕西	青海	甘肃	宁夏	新疆	全国
2000	40.16	39.57	28.04	28.68	28.90	34.85	28.45	35.79
2005	30.30	31.25	23.06	24.54	22.66	28.69	28.55	28.75
2010	28.04	29.08	24.05	24.95	23.94	26.66	30.10	28.14
2013	29.79	31.86	26.97	28.00	25.35	29.16	32.59	30.11

资料来源：经《中国统计年鉴》数据整理得到

从收入结构看，2010 年西部地区农民人均纯收入的 73.75%来源于家庭经营收入，比全国平均水平高出近 25 个百分点，1999 年时差距仅为 9 个百分点。2010 年农民外出劳务收入年人均只有 1198.62 元，占纯收入的比例只有 9.64%。而东部地区这项收入则达 20.64%。另外，由于西部地区农民家庭经营以农业为主，受自然条件的影响较大，因此收入的稳定性比较差，一遇到较大的自然灾害，收入就滑坡，返贫率也高，食物安全也就得不到持续保障。

四、西北地区食物安全的社会经济发展战略与政策建议

（一）西北地区食物安全的社会经济发展思考

1. 紧抓国家级战略支持政策实现农业产业结构升级

我国西北地区经济发展落后，要发展现代农业，确保区域食物安全，单靠地方政府的努力是远远不够的。中央政府要加大对西部地区发展现代农业的宏观政策支持。把农业的可持续发展和实现农业现代化作为农业发展的方向和目标。加大对农业资源保护的规范和立法，使农业发展实现永续化。国家还应该加大对农业基础设施的投入，为西北部地区实现农业现代化创造良好的环境。而西北地区应抓住如"西部大开发"战略、"一带一路"倡议等国家宏观政策倾斜的机会，加快农业结构调整，提高产业化水平，促进农业、农村经济发展和农民增收。农业产业结构升级，是农业综合开发和农村经济实现跨越式发展的突破口，它将在更大范围和更高层次实现农业资源的优化配置与生产要素的重新组合。加快农业结构调整，提高产业化水平，明确了农业和农村工作的主要任务，切合农村发展的现实。只有提高农业产业化经营水平，大力引进和发展农副产品加工业，健全农产品市场体系，才能在量上满足人民的需求，在质上不断满足人民多元化的食物需求。提高农业产业化水平，必须积极扶持龙头企业，要用工业的理念办农业。真正的农业产业化应该是农业为工业发展提供原料，通过工业的延伸，拉长农业的产业链条。其中最主要的就是抓住龙头企业，为"消化"农产品提供实实在在的载体，开展农产品深加工，通过需求引导农民自觉地调整种植结构，带动农业产业化的发展。

2. 增加财政对"三农"的投入与提高财政资金利用效率并重

财政用于"三农"的投入数量不断增加，但年际不均衡，财政支农支出占财政总支

出和总收入的比例一直在一个比较低的水平徘徊，直接导致了财政支农的低效率。为了保证财政支农投入不断增加，中央出台了一系列措施，如《中华人民共和国农业法》规定财政用于农业的总投入增长幅度要高于财政经常性收入的增长幅度，新增教育、卫生、文化支出主要用于农村开辟新的支农资金渠道，国有土地出让金用于农业土地开发的比例不得少于15%，运用各种手段调动和鼓励其他社会各方面资金投入农业、农村等，但实际没有得到很好的执行。特别是西部地区，财政底子薄弱、基础差，虽然财政支农投入连年增加，但总量仍然不足。由于西部地区国民经济对农业的依存度较高、农村非农业部门支持能力低、农业生产结构单一、生产条件落后、农民收入水平低、结构单一且不稳定等特点，因此财政资源对于"三农"目标实现的促进作用没有彻底发挥。近年来西部地区财政支持农业的整体效率仍在一个较低的水平徘徊，财政支持的有效性还有待进一步发挥。

首先应当通过国民收入再分配，逐步增加国家对农业的投入，增强农业和农村经济的发展后劲，为农民增收创造条件，提高农民的收入水平。严格涉农收费管理，禁止向农民乱收费、乱摊派，切实减轻农民负担。继续实行对农民的直接补贴政策，加大补贴力度，完善补贴方式。同时应促进农产品价格保持在合理的水平，以及稳定农业生产资料的价格。这样一来，不仅可以增加农民收入，巩固农民收入的稳定性，最终达到促进农业增产、农民增收，确保食物安全的目的。其次应该提高财政投入资金的利用效率，优化财政支农支出效率。整合涉农政府机构设置，综合现有的农、林、水部门以及农业综合开发和扶贫相关机构。将优化财政支出结构、突出资金投放的重点作为改革和完善财政支农投入的重点内容，体现支农投入的结构性增长。对于西北来说，要由过去注重支持生产环节向支持生产和流通环节并重转变；由过去的支持种植业向支持畜牧业转变；由过去支持农畜产品数量增长向支持数量和质量并重转变；由过去注重速度向速度与效益并重转变；由过去单纯的资金支持向资金、政策并重与提供必要的技术信息和服务载体转变；由以满足广大人民群众的温饱等基本需要为主向适应多层次、多元化的食物消费需求转变。

3. 重视科技进步和工程设施建设对食物安全保障的作用

农业发展需要新的科技革命和技术创新。目前我国的农业科技水平与国际先进水平总体相差较远，而在国内，东西部之间也存在明显的差距。在西部，农业与农村经济仍未摆脱粗放的增长方式，农业资源的利用率很低。通过培育抗旱高产新品种、节水灌溉、采用较先进的耕作措施，再加上农田水利设施的修建和完善以及坡耕地的改造，西北地区的粮食生产必将迈上一个新台阶。

重视生物技术。目前，我国已在细胞工程育种、抗病虫转基因植物研究，以及农业微生物在种植业上的应用研究等诸多方面取得了长足进步。优良品种的推广应用，在农业生产发展中的贡献率已占到30%以上。因此，大力发展生物技术将成为西北地区粮食增产的最为有效的途径之一。

重视旱作农业技术。我国西北地区年降水量一般在 400mm 以下，大部分地区则不足 200mm。如何充分利用有限的降水，是西北地区农业发展的关键。近几年来，在深化研究推广新的旱作农业技术——地膜穴播小麦、集流自然降水实现资源化利用等方面，已取得了显著的增产成效。

努力改造中低产田。受地形、土壤等因素影响，西北地区中低产田所占比例极大，约占到 75%。因此，提高西北地区粮食产量除增加科技投入外，还应加大中低产田的改造力度。中低产田改造的一项主要内容便是坡耕地的改造，而坡改梯平均可增产 35%～40%。

4. 重视农业教育、提高农民素质

教育是人的劳动能力形成和发展的重要条件，可以使受教育者在体力、脑力和掌握知识技能等劳动能力方面得到全面发展。舒尔茨的人力资本理论认为，人口质量重于人口数量，教育投资是人力资本的主要成分，人力投资的作用大于物质投资的作用，应确立二者的最佳比例，资本积累的重点应从物质资本转移到人力资本。

教育和培训是改善人口质量，丰富其知识的有效途径。西北地区较低的劳动力素质已经成为限制西北农业发展的制约因素。而以色列、澳大利亚等国家的经验表明，提高农业从业人员的受教育水平，对提高农业劳动生产率，实现农业现代化有着重要意义。此外，教育和培训是提高农村人口质量，增加农村人力资本积累的有力举措，是增加农民未来收入的有效途径。

重视和发展西部地区农村教育，可以推进农业产业化的发展。农业生产是人们利用生物的生活机能和它赖以生存的自然环境条件，通过人类的劳动去协调生物与环境之间的关系，强化或控制生物的生命过程，以取得符合社会需要的物质产品。可见，农业是一个需要高度科学技术知识的产业，提高农村经济增长的质量和效益，是建立在现代高科技基础上的。而农业生产的主体是农民，重视和发展农村教育，增加科技的投入，延长农村居民受教育年限，提高农业劳动生产率，推进农业科技进步，将有利于进一步促进西部农村地区农业产业化、现代化发展。在政策扶持上应重视和发展西部地区农村教育，这是我国西部地区农村经济发展、增加农民收入的关键，是增强农民消费需求和确保农村及低收入人群食物安全的重要措施。

（二）西北地区食物安全的社会经济发展战略设计

1. 战略目标

通过实施西北地区现代农业创新驱动发展战略，促进国家层面对西北地区食物安全、生态屏障、农业产业、区域统筹发展进行顶层设计和制度安排；全面推行促进产业升级发展的核心关键技术，动态优化农业产业结构，切实转变生产经营方式，稳步提升农业综合生产能力，确保西北地区口粮的安全供给，实现区域食物供给平衡有余；明显改善农业基础设施，显著增强科技支撑能力，显著改善水土资源的利用效率，持续提高农业和农民收入；基本形成产业优势显著、技术装备先进、组织方式优化、产业体系完善、供给保障有力、综合效益明显的新格局；主要农产品优势区基本实现农业现代化，使区域现代农业发展更具全局性、科学性和可持续性，到 2030 年，使西北地区食品安全治理能力、食品安全水平、食品产业发展水平和人民群众满意度明显提升。具体发展目标应包括以下几方面。

1）通过实施优势农业产业发展战略，大力推进西北地区优势特色产业向优势区域集中，实现区域适度规模经营，建立起稳定的优质特色农产品生产基地；以农产品加工延伸为引领，拓宽产业范围和功能，大力调整产业结构和转变增长方式，形成从特色农产品种养、初加工、精深加工、副产物的综合利用到第三产业融合发展的全产业链；构建政策扶持、科技创新、人才支撑、公共服务和组织管理体系，带动资源、要素、技术、市场需求的优化、整合和集成，把西北地区建设成为我国具有地方特色的国内一流的优势农业产业发展示范区域。

2）通过实施农业节水利用发展战略，使西北地区农田基础设施得到改善，农业节水技术得到较大面积的推广应用，形成不同区域稳产、高效的现代农业节水利用发展模式，自然降水利用率和利用效率明显提高，农业用水紧缺态势得到基本缓解，农业综合生产能力稳步提升，农民收入水平持续增加，生态环境不断改善。

3）在西北地区加快推进新一轮退耕还林还草并适当扩大规模，要从生态屏障建设的要求、生态文明建设的要求、资源与产业匹配三个方面，对目前16%的坡耕地进行退耕还林还草，这将极大地推进区域生态环境改善，对于调整农业产业结构、促进农业经济发展转型和农民收入增加都具有极其深远的意义。

4）虽然西北地区畜牧业发展迅速，但2015年西北地区畜牧业产值占当年农业总产值的25.3%，相较2000年反而下降了0.4%，而草地畜牧业产值甚至不超过农业总产值的5%。西北地区可通过加强对于农牧地区的基础设施投入，充分利用农作物秸秆等资源，扩大饲草种植面积，加快畜禽良种推广，改良天然草场，加强草原保护建设，加强人工草地建设，推进牧草产业化发展，转变饲养模式，适当进行补饲以及半舍饲，推动草地畜产品销售，继续推行各项补贴政策等，明显提升西北地区畜牧业的发展水平。

5）通过实施现代农业区域示范与创新模式发展战略，以"创新驱动、园区建设、发展模式、区域示范、项目投资、政策扶持"为重点，以"现代农业、农产品加工业、现代服务业"协同推进和农业增效、农民增收为目标，努力提升区域现代农业发展水平，实现农业现代化与新型工业化、城镇化、信息化同步推进；使农产品极大丰富，劳动替代型机械显著突破，农业劳动生产率达到全国平均水平。

6）充分利用经济全球化和贸易自由化的机遇，推动食品行业的出口贸易，引导产业结构调整，延伸农业生产链条，拓展就业渠道与机会，增加农民收入，吸引投资带动相关行业发展，从而促进区域发展，实现发展的良性互动。强化自己的贸易地位，通过提高检测标准、增加检验检疫项目、制定各种法规等措施，实施贸易技术壁垒。发挥西北地区的资源优势，充分利用现代科学技术，提高技术创新能力，建设具有区域特色的、创新性的可持续发展道路。

7）结合西北地区的生态承载能力，合理适度开发西北地区的耕地资源，既能充分发挥西北地区耕地资源丰富、光热资源充足的自然优势，缓解我国耕地资源压力，又能兼顾改善西北地区水土流失严重、生态环境恶劣的现状。

8）大幅改善西北地区农业管理水平，提高西北地区农业水资源利用效率，实现农业内部节水。借助"一带一路"的机遇，充分利用国际农业贸易市场，通过农产品贸易、虚拟水流动来缓解西北地区农业用水压力。

2. 战略路径

1）完善现代农业产业体系。以提升西北地区现代农业发展水平和加强农业综合生产能力为核心，加强主要农产品优势产区基地建设，启动实施农产品加工提升工程，推广产后贮藏、保鲜等初加工技术与装备；培育加工和流通企业，大力发展精深加工，提高生产流通组织化程度；强化流通基础设施建设和产销信息引导，升级改造农产品批发市场，支持优势产区现代化鲜活农产品批发市场建设；发展新型流通业态，大力发展冷链体系，降低农产品流通成本，提升农产品竞争力。

2）优化产业结构与区域布局。以市场为主导，按照比较优势原则，加快发展甘肃制种玉米和马铃薯，陕西苹果、杂粮，青海牦牛和藏羊，宁夏枸杞和滩羊等地方特色、优势特色产品生产基地，做大做强优势特色产业；大力发展农产品加工业，着力延伸农业产业链条，加快推进三产融合，不断提升农业附加值；加快农业信息化物联网建设，推进"互联网+现代农业"发展，拓宽农产品交易平台；加快实施无公害农产品、绿色食品、有机农产品和地理标志农产品认证；通过中低产田改造、粮草轮作、退耕还草、压减低产棉田等方式，挖掘饲草料生产潜力，加强饲草料生产基地建设，促进草食畜牧业提质增效发展。

3）强化农业科技和人才支撑。以旱区农作物育种创新技术和农业节水利用技术为核心，完善农业科技创新体系和现代农业产业技术体系，启动实施农业科技创新能力建设工程，着力解决一批影响西北地区现代农业发展全局的重大科技问题，强化科技成果集成配套，增强农业科技自主创新能力和农业新品种、新技术转化应用能力；大力推广地膜覆盖、机械化深松整地、膜下滴灌、水肥一体化、测土配方施肥、耕地改良培肥、农作物病虫害专业化统防统治、秸秆综合利用、快速诊断检测等稳产增产和抗灾减灾关键技术的集成应用；以实施现代农业人才支撑计划为抓手，大力培养农业科研领军人才、农业技术推广骨干人才、农村实用人才带头人和农村生产型、经营型、技能服务型人才，壮大农业农村人才队伍。

4）改善农业基础设施和装备条件。以推进农业节水利用战略为契机，加大西北地区农田水利基础设施建设力度，加快灌区续建配套与节水改造步伐，增加农田有效灌溉面积，大力推进渠道输水向管道输水转变，地面灌溉向滴灌、喷灌转变，大力推广膜下滴灌、垄膜沟灌水肥一体化技术，引导用水主体改变大水漫灌等粗放灌溉方式。开展农田整治，完善机耕道、农田防护林等设施，加快农业机械化，确保农田综合生产能力长期持续稳定提升。加快构建监测预警、应变防灾、灾后恢复等防灾减灾体系。围绕加强农业防灾减灾能力提升，建设一批规模合理、标准适度的防洪抗旱应急水源工程，提高防汛抗旱减灾能力；推广相应的生产技术和防灾减灾措施，提高应对自然灾害和重大突发事件能力。

5）提高农业产业化经营水平。以构建西北地区新型农业经营体系为主要任务，推进农业产业化经营跨越式发展。重点扶持经营水平高、经济效益好、辐射带动能力强的龙头企业选建农业产业化示范基地、跨区域经营，并鼓励其与农户建立紧密型利益联结关系。强化农民专业合作社组织带动能力，广泛开展示范社建设行动，加强规范化管理，开展标准化生产，实施品牌化经营。引导土地承包经营权向生产和经营能手集中，大力培育和发展种养大户、家庭农（牧）场，支持农民专业合作社及农业产业化龙头企业建立规模化生产基地，发展多种形式的适度规模经营。

6）加强现代农业发展创新与区域示范。围绕西北地区现代农业发展创新，加强现代农业示范基地建设。以构建新型多元产业示范体系为核心，以区域优势农产品及地区特色农产品生产为重点，加大示范项目建设投入力度，着力培育主导产业，创新经营体制机制，强化物质装备，培养新型农民，推广良种良法，加快农机农艺融合，大力促进农业生产经营专业化、标准化、规模化和集约化，努力打造西北地区现代农业发展的典型和样板。通过产业拉动、技术辐射和人员培训等，带动周边地区现代农业加快发展。引导各地借鉴示范区发展现代农业的好做法和好经验，推动创建不同层次、特色鲜明的现代农业示范基地，扩大示范带动范围，形成各级各类示范区互为借鉴、互相补充、竞相发展的良好格局。

7）推进"一带一路"农业合作与国际农产品市场互补。以新疆为枢纽搭建国际化农产品贸易平台，形成与国际农产品市场互补且具有地域特色的区域农业发展产业链，结合农产品的国际化贸易以进口虚拟水补偿区域实体水的流失，缓解区域水压力。借助"一带一路"背景下建成的交通网，结合国际农产品贸易市场，大力挖掘自身优势，优化农业产业结构，在本地引进对初级农产品进行深加工的龙头企业，让本地农业生产逐步产业化，形成与国际市场优劣互补的产业格局，规避生产水足迹较高的常规作物在本地的生产，而大力推广生产低耗水常规作物和具有地域特色农产品的生产，通过贸易手段从水资源利用效率较高的国家进口相应作物，以借助虚拟水的流入降低区域实体水的消耗，缓解区域水压力。

（三）西北地区食物安全的社会经济发展政策建议

1. 直面资源限制，大力发展节水农业

威胁西北地区农业生产和食物安全的主要资源限制因素就是水资源匮乏。多年来，在政府和人民的努力之下，西北在农业灌溉方面比以前有了不少的进步。新中国成立以来，开展了以推广节水灌溉技术为基础的水源工程、渠系工程、田间工程的改造配套、自流井改造、滴灌喷灌技术推广等，同时完善灌区用水管路及产业结构调整，开发出了一系列不同形式的节水试点。在看到成绩的同时我们也应注意到，西北七省（区）是经济欠发达地区，尽管在节水灌溉方面做了大量工作，但离达到发达国家的节水灌溉标准还有很大差距，甚至与东部地区相比也有较大差距。2015年我国农田灌溉水有效利用系数为0.53，西北七省（区）只有陕西和甘肃略高于全国平均水平，其他省（区）均低于全国平均水平。

西北几个主要省（区）都位于干旱半干旱地区，水资源从总量上来说就是十分稀少的，水资源仅占全国的10%左右。水资源的"节流"是西北地区农业发展的重中之重。我国的西北地区是国内很多河流的发源地，可以在不同地区分别建立堤坝蓄水，在雨季留住大部分的水源，在枯水期时进行农业生产和灌溉。同时，西北地区还应大力引进和推广以色列喷灌、滴灌技术。提高水资源的利用率，减少在运送和生产途中对水资源的

浪费。这样不仅可以节省水资源，也可以提高农业生产率。为适应西北地区自然环境状况和农业发展需要，改变观念，发展节水农业刻不容缓。就目前西北地区农业发展情况和农民接受能力来看，喷灌和滴灌等先进节水灌溉技术都可采用。喷灌的适用范围十分广泛，几乎适用于灌溉所有的旱作物。喷灌对地形几乎没有什么要求，既适用于平原也适用于地形起伏的山丘地区。喷灌技术的这些特点十分符合西北地形复杂、土质多样化的特点。各地可因地制宜地选择适合本地情况的节水灌溉方式。

水资源节流与开源并重。要实现水资源的"开源"，一方面就是要增大整个西北地区的降雨量，要实现这一点，是离不开人工降雨技术的。要努力留住经过西北地区上空的水汽，大力实施人工降雨，使大量的水汽转化成可为农业发展所用的水资源。同时，还可以实行"南水西调"工程，修筑大型的引水工程，把水资源丰富的长江等河流的水资源引入西北地区，在水资源供给这一环节上提供更多的水源，这可以在很大程度上解决一部分农业用水问题。

另一方面要加大水资源的循环使用力度，提高水资源的利用率。污水处理和再利用是节水、增加水源的有效措施。随着经济发展和人民生活水平的不断提高，我国工业废水和生活污水排放量连年增长，《中国环境年鉴 2015》数据显示，2014 年全国废水排放总量达到 716.18 亿 t，西北地区排放总量达到 63.17 亿 t。其中工业废水约有 75%没有经过处理直接排入环境，生活污水约有 90%直接排入环境，不仅污染了环境，还加剧了可利用水资源的不足，给环境造成了沉重压力，并直接阻碍了经济和农业的发展。采用污水灌溉的方法一方面可以减轻环境污染，另一方面，由于污水富含植物生长所需要的大量营养元素，还可节约化肥。在加大污水处理设施建设的同时还要谦虚学习以色列等国的先进经验，在管理和技术方面更上一层楼。同时加大力度支持发展生产节水设施、设备产品的企业，力争培养出行业先进龙头企业，为西北地区先进设备、设施的使用创造良好环境。

同时，我国的西北地区还存在水资源浪费和滥用这一现象，要使节水观念深入人心，提高广大人民的节水意识。政府应出台相应的政策，使水资源的利用规范化，减少水资源的浪费。要遵循市场经济规则，利用价格杠杆合理调节水价。农业用水定价属于基础产业商品的定价，不能完全按照一般商品那样完全通过市场决定其价格，而是必须由国家控制或制定，在水价制定方面应学习国际先进经验，以最大限度地实现水资源的优化配置。具体来说必须坚持补偿成本、合理收益、公平负担、适时调整的原则。例如，以色列在税费征收上采取差别收费、超用处罚等措施。规定在计划用水量内正常收费，超过额定量要增加水费单价。若超额用水，除按规定价格计收差别水费外，还要加入罚款，而且超出部分计入下次用水定额中。若用污水灌溉，便对水费给予一定优惠。在实践中我们可使用两部制水价的核定方法。即在水价中，第一部分是按额定分配水量计算的固定收费，不论用户是否用了水，这部分费用是必须支付的，这样就可以保证供水设施的维修养护，确保水利工程长期发挥效益。两部制水价中的第二部分收费是按实际用水量计费部分。通过这种方式能够切实调控水资源的需求，通过一定的加价收费方式，可对超额用水起到较好的反向激励，有利于促进节水产业结构的构建。

2. 加快农业产业结构优化升级

当前，我国经济社会发展正处在同步推进工业化、信息化、城镇化、农业现代化的关键阶段，城乡居民收入水平明显提高、消费方式显著变化、消费结构加速升级，对食物的消费观念不再仅限"吃得饱"，而是逐步向"吃得好""吃得营养""吃得健康"转变。与此相对应的就是食物的供给结构，也就是农业生产结构的转变。在西北地区的农业生产中，不能仅仅重视粮食的生产，还要注重农业生产的多面性，避免农业生产结构的单一性造成的危害。要充分认识到食物安全概念的多元化内涵，不仅包括主粮安全，也包括食物的种类、质量，以及可持续获得性。因此，应建立多元化的农业生产结构，使农业生产适应当地的生产环境，达到生产效率的最大化，在考虑当地生态承载能力的前提下，尽可能在食物结构和质量上满足人民对食物的多元化需求。

我国西北地区虽然大环境相似，但也是各不相同各具特色的。所以，该地区的农业发展也应该因地制宜，各具特色。内蒙古地区草场资源丰富，适宜发展畜牧业，应减少耕地的开垦，加大退耕还草的力度，注重草场的发展和建设，使集约化、机械化的现代畜牧农业成为其支柱产业和特色产业。不仅如此，还应该加大对牲畜良种的研究和投入力度，努力培育良种，在资源节约的同时增加产量。新疆地区由于其独特的环境适宜长绒棉和果品的生产，应大力发展这两项农作物，发展它的优势作物，不断开发新品种，努力提高产量，而不是刻板地一味重视粮食作物的生产。陕西北部和山西大部分地区位于黄土高原地区，水土流失严重，应重视生态修复，加大退耕还林还草力度，注重水土保持，提高农业用水效率。依托省（区）高校和科研单位优势，通过农业科技提高粮食单产，以应对因退耕还林还草造成的耕地面积减少的问题。农业生产结构多元化，并不是只重视粮食作物的单一生产，而是应因地制宜大力发展果品、蔬菜、花卉产业。这些看似农副作物的农产品，在农业增收创收上潜力巨大，所以，我国的西北部农业生产结构也应该向多元化发展，不能单一地发展粮食作物，而应因地制宜地进行结构调整。

3. 建立以草地农业为基础的食物安全保障体系

长期以来我国农业生产"以粮为纲"的指导政策使我国农业结构发展不尽合理，导致我国食物生产产生系统性偏差，食物资源获取方式较为单一，以谷物为主。西北七省（区）由于气候条件和资源限制生态环境非常脆弱，如果一味强调粮食生产，一方面会对当地环境承载能力造成极大的压力，另一方面则忽视了耕地以外农业用地的食物生产能力和与之对应的农业结构，存在"弃大治小"的问题。对西北地区而言，如果过于强化"以粮为纲"的理念，容易对食物安全产生误导，因此需要跳出"以粮为纲"的束缚，站在全国高度，以生态修复为基础，通过区域优势互补，制定出符合我国国情的多元化的西北地区粮食和农业发展战略。

食物保障依托于健康可持续的农业系统，为了扩大食物获取源，重在农业结构调整。《国家粮食安全中长期规划纲要（2008—2020年）》将大力发展节粮型畜牧业作为发展的重要目标之一。即调整种养结构，逐步扩大优质高效饲料作物种植，大力发展节粮型草食畜禽。传统农业系统中植物生产层内除谷物以外的其他植物资源利用不够充分，造成资源的浪费，未达到其应有的生产力水平，也没有给反刍家畜应有的地位，导致动物生产层多样性被剥夺，进而影响到农业生产力水平的提高。要建立能保障食物安全的草地农业系统，就必须加快我国农业结构调整，这个调整重点在优化农业结构，延长农业产业链，以提高食物生产水平。

一方面大力发展栽培草地或实行草田轮作、间套作，实现农田与草地的结合，以充分发挥农业整体的食物系统的作用，激发食物系统的生产潜力。西北地区水资源匮乏，降雨量少，如果实行小麦连作，会产生"土壤有机质衰竭—土壤结构破坏—水分入渗和储存减少—水蚀风蚀加剧—生态环境恶化—产量下降—食物安全受到威胁"这样的恶性循环。而实施草田轮作、少（免）耕覆盖等保持性土壤耕作技术和合理施用化肥，不仅可以维持土壤肥力，使谷物产量提高，还可以发展畜牧业，实现资源合理利用，丰富食物供给。另一方面将粮食作物、牧草与家畜相结合发展草食家畜，使其作为完善食物系统的途径，这将在很大程度上增加动物性食物生产，不断优化食物结构，使食物系统不断趋向合理。建立草地农业后其巨大效应是可预见的，因豆科牧草根瘤能生产更多的饲料蛋白，如多花黑麦草的粗蛋白生产量分别是农作玉米的 2.1 倍和稻谷的 2.35 倍。从生态健康和生产效益来看，现代化农业中应有比例不少于 50%的以草食动物为主的畜牧业，草食动物的生产效益一般是舍饲动物的 3～4 倍，若改变我国"养猪为患"的现状，草食动物将大有用武之地，它与其他生产层耦合所带来的经济效益将是目前的 2 倍以上。

从资源条件和气候条件来看，西北地区有发展牧业和草地农业得天独厚的优势，但是目前这样的优势并没有得到发挥。截至 2010 年，我国畜牧业收益只占农业总收益的45%，西北七省（区）畜牧业收入只占农业总收入的 42%不到，只占全国畜牧业总收入的 10.2%。因此，从其保障生态安全、实现农业可持续发展、迎合食物消费的需求、发展潜力及带来的各种巨大效益来说，应在西北地区条件适合区域建立以草地农业为基础的食物安全保障体系，实现区域间优势互补，保障我国食物安全。在北方加强天然草原保护和改良，建设高产、稳产人工饲草地，提高草地产出能力。加快农区和半农区节粮型畜牧业发展，促进畜牧业规模化、集约化发展。发展节粮型畜牧业是完善食物系统的必由之路，合理提升种草比例，建立粮草畜并重的农业格局对于保障食物安全是绝对有必要的。

4. 开展全面调查，统一规划西北食物安全保障体系

全面了解西北地区可供开发整理的土地资源状况，光热水等自然条件，社会经济发展状况，以及土地权属状况及其他情况，为统一规划提供依据。根据地形、气候和生态环境状况把整个西北地区划分为黄土高原区、西北干旱区和青藏高原区三个小区，因地制宜地确定每个小区土地开发整理的目标。其中，黄土高原区包括陕西、宁夏 2 省（区）和甘肃陇东南 9 个地州市，本区以山区、高原为主，半干旱气候，旱地、坡耕地比例大，煤炭开采量大，水土流失、土地荒漠化严重，生态环境十分脆弱，土地开发整理的主要目标是加强农田基本建设和矿山土地复垦，陡坡耕地实行生态退耕；西北干旱区包括新疆和甘肃陇西 5 个地市，本区气候干旱，地广人稀，水资源短缺，耕地后备资源丰富，土地开发整理的主要目标是结合水资源合理利用，统一规划、稳步开发宜农荒地；青藏高原区包括青海，本区属高寒气候，区内人口稀少，土地利用程度低，农业经营粗放，土地开发整理的主要目标是对现有耕地的整理。

主要参考文献

陈印军, 王晋臣, 肖碧林, 等. 2011. 我国耕地质量变化态势分析. 中国农业资源与区划, 32(2): 1-5.

成六三, 吴普特, 赵西宁. 2010. 黄土丘陵区退耕还林工程对县域粮食安全的影响——以陕西省清涧、米脂、子洲、吴堡县为例. 自然资源学报, 25(10): 1689-1697.

程敏. 2013. 宁夏特色优势农业健康发展途径研究. 甘肃农业, (13): 9-11.

东梅. 2006. 退耕还林对我国宏观粮食安全影响的实证分析. 中国软科学, (4): 46-54.

甘肃省统计局. 2000-2015. 甘肃统计年鉴(2000—2015). 北京: 中国统计出版社.

国家林业局经济发展研究中心, 国家林业局发展计划与资金管理司. 2006. 2005 国家林业重点工程社会经济效益监测报告. 北京: 中国林业出版社.

国家林业局经济发展研究中心, 国家林业局发展计划与资金管理司. 2007. 2006 国家林业重点工程社会经济效益监测报告. 北京: 中国林业出版社.

国家林业重点工程社会经济效益测报中心, 国家林业局发展计划与资金管理司. 2004. 2003 国家林业重点生态工程社会经济效益监测报告. 北京: 中国林业出版社.

国家林业重点工程社会经济效益测报中心, 国家林业局发展计划与资金管理司. 2005. 2004 国家林业重点生态工程社会经济效益监测报告. 北京: 中国林业出版社.

何毅峰, 谢永生, 王继军, 等. 2008. 吴起县耕地变化与粮食安全问题研究. 中国农学通报, 24(10): 583-588.

华凤燕, 杨尚勤. 2008. 退耕还林对吴起县粮食产量影响初析. 科学技术与工程, 8(10): 2742-2745.

黄季焜, 李宁辉. 2003. 中国农业政策分析和预测模型——CAPSiM. 南京农业大学学报(社会科学版), (2): 30-41.

姜广辉, 赵婷婷, 段增强, 等. 2010. 北京山区耕地质量变化及未来趋势模拟. 农业工程学报, 26(10): 304-311.

柯水发, 赵铁珍. 2008. 农户参与退耕还林意愿影响因素实证分析. 中国土地科学, (7): 27-33.

李桦, 姚顺波, 郭亚军. 2006. 退耕还林对农户经济行为影响分析——以全国退耕还林示范县(吴起县)为例. 中国农村经济, (10): 37-42.

李桦, 姚顺波, 郭亚军. 2011. 新一轮补助下黄土高原农户巩固退耕还林成果意愿实证分析. 华中农业大学学报(社会科学版), (6): 76-82.

李建平, 上官周平. 2012. 陕西省耕地生产潜力实现程度与实证分析. 农业工程学报, 28(10): 239-246.

李文卓, 谢永生, 李晓, 等. 2010. 吴起县退耕后农户生产经营与粮食供需状况. 水土保持通报, 30(4): 209-213.

李哲敏. 2003. 食物安全的内涵分析. 中国食物与营养, (8): 10-13.

刘雅玲, 罗雅谦, 张文静, 等. 2016. 基于压力—状态—响应模型的城市水资源承载力评价指标体系构建研究. 环境污染与防治, 38(5): 100-104.

刘育成. 2000. 中国土地资源调查数据集. 北京: 中国大地出版社.

陆文聪, 李元龙, 祁慧博. 2011. 全球化背景下中国粮食供求区域均衡: 对国家粮食安全的启示. 农业经济问题, 32(4): 16-26.

吕金芝, 王焕良. 2010. 中国退耕还林工程对粮食产量影响分析与测度. 林业经济, 1: 78-89.

梅燕. 2010. 农村劳动力跨区域流动对中国粮食供求区域均衡的影响效应. 软科学, 24(5): 101-106.

内蒙古自治区统计局. 2000-2015. 内蒙古统计年鉴(2000—2015). 北京: 中国统计出版社.

宁夏回族自治区统计局. 2000-2015. 宁夏统计年鉴(2000—2015). 北京: 中国统计出版社.

农业部, 国家发展和改革委员会, 科学技术部, 等. 2015. 关于印发《促进西北旱区农牧业可持续发展的指导意见》的通知. http://www.moa.gov.cn/nybgb/2015/qi/201712/t20171219_6103731.htm. (2015-7-8) [2017-12-2].

潘新华. 2004. 西部地区生态环境治理的思考. 北方经济, (9): 46-47.

青海省统计局. 2000-2015. 青海统计年鉴(2000—2015). 北京: 中国统计出版社.

山西省统计局. 2000-2015. 山西统计年鉴(2000—2015). 北京: 中国统计出版社.

陕西省统计局. 2000-2015. 陕西统计年鉴(2000—2015). 北京: 中国统计出版社.

上官周平. 1998. 西北地区粮食生产潜势及其开发. 农业工程学报, 14(2): 13-18.

上官周平, 李建平, 李玉山. 2011. 耕地变化与粮食安全对策——以陕西省为例. 北京: 科学出版社.

上官周平, 彭珂珊, 彭琳, 等. 1999. 黄土高原粮食生产与持续发展研究. 西安: 陕西人民出版社.

上官周平, 彭琳. 1999. 黄土高原地区粮食生产发展前景及其开发技术. 国土开发与整治, 9(1): 23-29.

苏冰倩, 王茵茵, 上官周平. 2017a. 西北地区退耕还林工程对粮食生产与农民生计的影响. 水土保持通报, 37(2): 247-252.

苏冰倩, 王茵茵, 上官周平. 2017b. 西北地区新一轮退耕还林还草规模分析. 水土保持研究, 24(4): 59-65.

王立祥, 廖允成. 2016. 中国粮食问题——中国粮食生产能力提升及战略储备. 银川: 阳光出版社.

王雪梅, 曾蕾. 2003. 对伊春林区"天保"工程运行状况的分析及建议. 北京林业大学学报(社会科学版), 2: 49-52.

郗静, 曹明明. 2008. 陕北黄土丘陵沟壑区退耕还林对粮食安全的影响——以榆林市米脂县为例. 干旱区资源与环境, 22(8): 165-169.

新疆维吾尔自治区统计局. 2000-2015. 新疆统计年鉴(2000—2015). 北京: 中国统计出版社.

杨蕾, 王学真, 高峰. 2009. 基于灰色系统模型的粮食供给分析. 山东理工大学学报(社会科学版), 25(3): 10-12.

杨文杰. 2007. 西北地区主要农产品的比较优势及其专业化程度分析. 农村经济, 11: 54-56.

衣华鹏, 刘贤赵, 张鹏宴. 2005. 生态退耕对粮食生产的影响探讨——以陕西黄土高原水土流失区为例. 水土保持研究, 12(5): 197-200.

赵连武, 谢永生, 王继军, 等. 2009. 陕西省米脂县耕地动态变化与粮食安全研究. 水土保持通报, 29(4): 143-148.

赵永华, 刘晓静, 奥勇. 2013. 陕西省耕地资源变化及耕地压力指数分析与预测. 农业工程学报, 29(11): 217-223.

中华人民共和国国家统计局. 2000-2015. 中国统计年鉴(2000—2015). 北京: 中国统计出版社.

中华人民共和国国土资源部. 2009. 中国耕地质量等级调查与评定. 北京: 中国大地出版社.

周永娟, 侯彦林, 李红英. 2009. 吉林省玉米产量预测统计模型研究. 现代农业科学, 16(3): 232-239.

Deng L, Shangguan Z P, Li R. 2012. Effects of the grain-for-green programme on soil erosion in China. International Journal of Sediment Research, 27(1): 120-127.

Fornell C, Larcker D F. 1981. Structural equation models with unobservable variables and measurement error: algebra and statistics. Journal of Marketing Research, 18: 382-388.

Hanks R J, Rasmussen V P. 1982. Predicting crop production as related to plant water-stress. Advan Agron, 35: 193-215.

Higgins G M, Kassam A H. 1982. Potential population supporting capacities and food self-sufficiency (Near East). Rome: FAOBIB.

Hyde W F, Belcher B, Xu J T. 2003. China's Forests: Global Lessons from Market Reforms. Washington D.C.: Resources for the Future.

Loomis R S, Williams W A. 1963. Maximum crop productivity: an extimate. Crop Science, 3(1): 67-72.

Xu Z G, Xu J T, Deng X Z, et al. 2006. Grain for Green versus Grain: conflict between food security and conservation set-aside in China. World Development, 34(1): 130-148.